新时代文化艺术思想
研究文库

韩子勇·主编

金宁 李松睿·编

中华优秀传统文化创造性转化、创新性发展研究

文化藝術出版社
Culture and Art Publishing House

图书在版编目（CIP）数据

中华优秀传统文化创造性转化、创新性发展研究／
金宁，李松睿编.—北京：文化艺术出版社，2021.6
（新时代文化艺术思想研究文库／韩子勇主编）
ISBN 978-7-5039-6751-1

Ⅰ.①中… Ⅱ.①金…②李… Ⅲ.①中华文化—研究 Ⅳ.①K203

中国版本图书馆CIP数据核字（2021）第114348号

中华优秀传统文化创造性转化、创新性发展研究
（新时代文化艺术思想研究文库）

主　　编	韩子勇
编　　者	金　宁　李松睿
丛书统筹	董良敏　赵　月　贾　茜
责任编辑	张　恬
责任校对	董　斌
书籍设计	赵　蠹
出版发行	文化藝術出版社
地　　址	北京市东城区东四八条52号（100700）
网　　址	www.caaph.com
电子邮箱	s@caaph.com
电　　话	（010）84057666（总编室）　84057667（办公室） 84057696—84057699（发行部）
传　　真	（010）84057660（总编室）　84057670（办公室） 84057690（发行部）
经　　销	新华书店
印　　刷	国英印务有限公司
版　　次	2021年10月第1版
印　　次	2021年10月第1次印刷
开　　本	710毫米×1000毫米　1/16
印　　张	32.75
字　　数	360千字
书　　号	ISBN 978-7-5039-6751-1
定　　价	98.00元

版权所有，侵权必究。如有印装错误，随时调换。

总　序

　　文化艺术分期，从根本上说，总是和整个社会的变化紧密联系。文化艺术是社会生活的一部分，和生产力、生产关系、生产方式、经济基础、上层建筑、历史传统等等这些看上去或远或近、重重叠叠的构造，有着千回百结、直接间接的联系。它自身的规律性其实也存在于整个社会系统的规律性之中，它无法彻底地抽身而出、孤立于社会生活之外——文化艺术的道路就是历史走过的道路。

　　经过改革开放三十多年的持续积累和不断进步，从党的十八大开始，中国特色社会主义进入新时代。以习近平新时代中国特色社会主义思想为指导，中国社会方方面面发生了一系列影响深远的重大变化，中华民族伟大复兴的热切愿望和社会力量，从来没有像今天这样如此鲜明地浮现出来，碰撞着、隆起着、升腾着，塑造着新的格局与境界。我们感受着这一切，真切地触摸到历史发展的脉动，看到了风云激荡的百年变局里，中国人众志成城、奋楫扬帆的星辰大海之路。

　　从新时期到新时代，中国文化艺术波澜壮阔的发展变化值得梳理、总结和研究。特别是十八大以来，围绕着习近平总书记关于文化艺术的系列重要讲话、论述中的部分核心命题，新时代文化艺术思想研究呈现怎样的面貌？取得了哪些进展？我们编辑出版的这套《新时代文化艺术思想研究文库》，以期做一个在场的总结和描述，并拟随着深入和细化，不断续编，跟踪描述。

今年是党的百年华诞，也是中国艺术研究院建院七十周年。谨以此书献给党的百年华诞，献给中华民族伟大复兴的新时代，献给蓬勃而起的新时代的文化艺术。

韩子勇

2021年8月10日

中华优秀传统文化创造性转化、创新性发展研究报告

金 宁 李松睿

2013年11月，习近平总书记在山东曲阜考察时指出，"一个国家、一个民族的强盛，总是以文化兴盛为支撑的，中华民族伟大复兴需要以中华文化发展繁荣为条件。对历史文化特别是先人传承下来的道德规范，要坚持古为今用、推陈出新，有鉴别地加以对待，有扬弃地予以继承"，第一次明确提出要加强对中华优秀传统文化的挖掘和阐释，努力实现中华传统美德的"创造性转化、创新性发展"[①]。此后，习近平总书记又在《在十八届中央政治局第十三次集体学习时的讲话》(2014年2月24日)、《在北京大学师生座谈会上的讲话》(2014年5月2日)及《在哲学社会科学工作座谈会上的讲话》(2016年5月17日)等不同场合的多次讲话中，强调了"创造性转化、创新性发展"的重要意义。2017年1月25日，中共中央办公厅、国务院办公厅联合发布了《关于实施中华优秀传统文化传承

---

① 中共中央宣传部编：《习近平总书记系列重要讲话读本》，学习出版社、人民出版社2014年版，第97页。

发展工程的意见》，将"创造性转化、创新性发展"作为该工程实施的基本原则，并明确提出，要"坚持辩证唯物主义和历史唯物主义，秉持客观、科学、礼敬的态度，取其精华，去其糟粕，扬弃继承，转化创新，不复古泥古，不简单否定，不断赋予新的时代内涵和现代表达形式，不断补充、拓展、完善，使中华民族最基本的文化基因与当代文化相适应、与现代社会相协调"①。这份文件的发布，是我国政府第一次以中央文件的形式，强调和部署中华优秀传统文化的传承发展工作。

2017年10月18日，习近平总书记在十九大报告中指出，中国特色社会主义文化"源自于中华民族五千多年文明历史所孕育的中华优秀传统文化，熔铸于党领导人民在革命、建设、改革中创造的革命文化和社会主义先进文化，植根于中国特色社会主义伟大实践"②。也就是说，中华优秀传统文化、革命文化以及社会主义先进文化，对于中国特色社会主义文化来说是三位一体、缺一不可的。同时，十九大报告还特别强调，建设中国特色社会主义文化，"要坚持为人民服务、为社会主义服务，坚持百花齐放、百家争鸣，坚持创造性转化、创新性发展，不断铸就中华文化新辉煌"③，把"创造性转化、创新性发展"放在了十分重要的位置上。

习近平总书记从2013年开始对中华优秀传统文化"创造性转化、创新性发展"问题的反复强调，在社会各界，特别是哲学社会科学界乃至整个文化界引起了极为热烈的反响，在各类报刊上涌现了一大批评论文章和

---

① 《关于实施中华优秀传统文化传承发展工程的意见》，中国政府网（http://www.gov.cn/zhengce/2017-01/25/content_5163472.htm）。
② 习近平：《决胜全面建成小康社会 夺取新时代中国特色社会主义伟大胜利——在中国共产党第十九次全国代表大会上的报告》(2017年10月18日)，《人民日报》2017年10月28日。
③ 习近平：《决胜全面建成小康社会 夺取新时代中国特色社会主义伟大胜利——在中国共产党第十九次全国代表大会上的报告》(2017年10月18日)，《人民日报》2017年10月28日。

研究性论文，深入阐释和探讨中华优秀传统文化"创造性转化、创新性发展"的意义、内涵、路径，包括遇到的问题。根据我们通过检索"中国知网"数据库进行的统计，2013年以来，出现相关评论文章和研究性论文共1645篇，其中专门研究中华优秀传统文化"创造性转化、创新性发展"问题的论文438篇，从文化角度分析相关话题的论文538篇，从政治学角度讨论相关问题的文章248篇，从哲学角度处理相关话题的论文87篇，从历史学角度探讨相关问题的论文12篇，从文学角度分析相关话题的文章98篇，从法学角度讨论相关问题的论文11篇，从教育学角度思考相关话题的论文86篇，从美学角度论述相关问题的论文14篇，从影视、传媒等学科角度分析相关话题的文章65篇，从音乐、舞蹈、戏曲等学科角度分析相关问题的论文44篇，从设计学角度研究相关话题的论文4篇。

习近平总书记对中华优秀传统文化"创造性转化、创新性发展"问题的关注之所以能够在学术界引发如此广泛、热烈的响应，最关键的原因是这个话题抓住了事关国运兴衰、文化安全和民族精神独立性的重大问题。1840年鸦片战争以后，特别是进入20世纪以来，中国社会日益深刻地卷入国际政治经济格局之中。近代以来的中国，面对着来自欧美世界的政治、经济以及文化对传统观念的巨大冲击，已不再是"天朝上国"，外国也不再是"夷狄蛮戎"。在这种情况下，中国人用以理解世界与自我的中华传统文化面临着巨大的挑战，每个中国人都必须直面这样一些问题：传统文化是否还能成为中国人安身立命的根本？传统文化还能否适应瞬息万变的当代社会？如果传统文化需要做出改变才能适应新的时代，那么究竟哪些部分需要扬弃、改造，又有哪些部分应该继承、发扬？如果要继承和转化传统文化，那么具体的改造路径又是什么？现代化的最终结果，究竟是让中国社会成为欧美社会的翻版，还是以中华民族自身独特、昂扬的面貌屹立于世界民族之林？这一系列发问，都是中国社会在走向现代化的道路上必须加以解决的难题。纵观历史我们会看到，以林则徐、魏源、康有为、梁启超、孙中山、陈独秀、李大钊、毛泽东、邓小平为代表的一代代优秀的中国人，在探索中华民族独立富强、民族复兴的伟大道路的过程中，都在直面这些问题，并给出他们自己的答案。正是因为中华传统文化怎样转化、如何发展的问题，始终萦绕在那些为中华民族伟大复兴不断奋斗的仁人志士心头，也始终萦绕在倾力思考传统文化如何存续的优秀知识分子心间，使得习近平总书记提出通过"创造性转化、创新性发展"，让中华优秀传统文化得以在新时代焕发生机后，立刻解开了困扰人们特别是社会学科研究界和文化界多年的心结，引起了广泛持久的讨论和深入细致的阐释。

我们在梳理 2013 年以来有关中华优秀传统文化"创造性转化、创新性发展"问题的研究时发现，哲学社会科学研究界以及文化界对这一话题的讨论异常丰富，其中既有从宏观的视角思考如何转化、发展中华传统文化的整体性论述，也有从学科内部的微观视角出发，探讨如何在各自学科范围内转化、发展中华优秀传统文化的方法论研究，更有带着当代社会的问题意识，试图将中华传统文化中具有当代价值、世界意义的文化精髓提炼出来、展示出来的具体研究。由于相关研究卷帙浩繁，在单篇研究报告中很难一一呈现研究者的精彩观点，因此，我们选择从既有研究成果中提炼出文化主体性，文化转型的路径，中华传统文化、西方文化以及马克思主义之间的关系，人文社会科学领域各学科内部的方法论研究和个案研究等热点话题，一一予以分析和讨论，试图简明扼要地呈现中华优秀传统文化"创造性转化、创新性发展"研究的整体面貌，进而提炼出其中蕴涵的经验、问题和发展方向，为相关研究的进一步推进提供镜鉴。

一、文化主体性

"文化主体性"概念可以看作费孝通先生提出的"文化自觉"概念的延伸。费孝通指出:"'文化自觉'指生活在一定文化中的人对其文化有'自知之明',明白它的来历、形成过程、所具有的特色和它的发展趋向,不带任何'文化回归'或'全盘他化'。自知之明是为了加强对文化转型的自主能力,取得决定适应新环境、新时代对文化选择的自主地位。"① 在这段描述中,"文化自觉"概念包含两方面内容。首先,一个民族要充分了解自己的文化,正确把握其内在的源流、发展的轨迹、自身的特色以及未来的发展方向。如果对自己本民族的文化都完全不了解,或知之甚少,那么又何谈"文化自觉",更谈不上建立"文化主体性"。其次,"文化自觉"意味着一个民族要独立自主地把握其文化转型的方向,这里当然不排斥借鉴其他民族、其他文化的经验、教训,以及优秀的思想资源和文化产品,但绝不能简单照搬其他民族、其他文化的发展道路,而是要探索出一条适合本民族的文化转型之路。

从检索到的有关中华优秀传统文化"创造性转化、创新性发展"问题的研究来看,"文化主体性"是相关讨论的热点问题,而且学界的讨论基本上是围绕着上述两方面内容展开的。例如,很多研究者都表达了类似的看法:讨论中华优秀传统文化"创造性转化、创新性发展"问题的前提,就是"要更加精准地理解、阐释传统文化的思想精髓,不能将传统文化概念化、庸俗化、简单化,要准确地挖掘其中的丰富内涵"②。还有研究者指

---

① 费孝通:《对文化的历史性和社会性的思考》,《思想战线》2004年第2期。
② 刘京臣:《"两创":弘扬中华优秀传统文化的根本遵循》,《文学遗产》2018年第5期。

出,"中华民族五千年绵延不绝形成的文化是在历朝历代的继承发展中积淀下来的,在不同历史时期、不同地区都会形成不同的内容,表现出不同的特征,由此决定了中华文化的任何一个单元都是立体的、多层次的"[①]。因此,对于复杂的传统文化,必须进行严肃、认真的阐释与梳理,才能发掘出优秀传统文化的当代价值和世界意义,否则就有可能造成历史的沉渣重新浮起。一些有责任感的学者还痛心疾首地指出,"当下将《弟子规》上升到经典、国学的高度,一则是出版商的推波助澜,二则是很多受众并没有接受过正规的学术训练,对传统文化缺少必要的判断力。国内受众面对《弟子规》这样的伪经典尚且昏昏,遑论国外受众?若是入门不正、不得其法,那么受损害、受影响的只能是中华优秀传统文化。所以学者们有必要也有责任和义务廓清谬说,使民众走向上一路,直指经典"[②]。

此外,不少研究者也指出,由于中国在近现代史上长期的积贫积弱,使得很多中国人始终无法以平和、健康的心理状态直面中华传统文化,存在着文化自卑、文化焦虑以及文化自负等不健康的心态。这里所谓的"文化自卑",是指盲目崇拜来自欧美资本主义世界的文化,对中国传统文化妄自菲薄,视之如草芥,弃之如敝履。似乎在某些人看来,只要"全盘西化",就能完全解决中国社会的各类问题,使中国走上现代化的康庄大路。所谓的"文化焦虑",是指面对近代以来欧美资本主义世界强势文化的冲击,很多人一方面对中华传统文化葆有无限的热爱和认同,另一方面又觉得来自西方的异质文化才更符合现代社会的要求,认为中华传统文化在现代社会必然走向衰落,因此陷入巨大的精神焦虑与苦闷。而所谓的"文化

[①] 吴增礼、王梦琪:《中华优秀传统文化创造性转化与创新性发展的维度和限度》,《湖南大学学报(社会科学版)》2020年第1期。

[②] 刘京臣:《"两创":弘扬中华优秀传统文化的根本遵循》,《文学遗产》2018年第5期。

自负",则是指无视中国近现代以来为寻求现代化所进行的探索和努力,拒绝正视西方异质文化中值得学习的优点和特长,以"文化保守主义"或"文化复古主义"的态度对中华传统文化予以过高的评价。① 无论是采取上述哪种态度对待中华传统文化,都不可能以从容、平和的心态,保持高度的文化自信,并根据当代中国社会的实际需要,自由地选择古今中文的文化资源,独立自主地创造出中国特色社会主义文化,更不可能让中华优秀传统文化实现"创造性转化、创新性发展"。

应该说,国内研究者纷纷从"文化自主性"的角度讨论中华优秀传统文化"创造性转化、创新性发展"问题,是切中要害的。就像只有航行在正确的航道上,劈波斩浪、历尽艰辛才有意义,才能尽快抵达目的地,只有首先弄清楚究竟什么才是中华优秀传统文化,有了对其正确的认识,然后才谈得到"创造性转化、创新性发展"。此外,"创造性转化、创新性发展"恰恰是化解文化自卑、文化焦虑以及文化自负等不健康心态的有效途径。正如习近平总书记指出的,"传统文化在其形成和发展过程中,不可避免会受到当时人们的认识水平、时代条件、社会制度的局限性的制约和影响,因而也不可避免会存在陈旧过时或已成为糟粕性的东西"②。因此,面对传统文化,我们必须在对其进行充分了解和认识后,依据新的时代环

---

① 参见关健英《旧邦新命与文化传统——兼论中国传统文化创造性转化与创新性发展》,《苏州大学学报(哲学社会科学版)》2015 年第 6 期;张圆梦《中国传统文化创造性转化和创新性发展的当下思考》,《理论月刊》2018 年第 7 期;王彬、徐国亮《"两创"方针是弘扬中华优秀传统文化的根本路径》,《红旗文稿》2018 年第 5 期;陈卫平《对文化激进主义和文化保守主义的超越》,《马克思主义研究》2019 年第 9 期;李维武《传统文化创造性转化、创新性发展的主体问题》,《河北师范大学学报(哲学社会科学版)》2020 年第 1 期。
② 习近平:《在纪念孔子诞辰 2565 周年国际学术研讨会暨国际儒学联合会第五届会员大会开幕会上的讲话(2014 年 9 月 24 日)》,《人民日报》2014 年 9 月 25 日。

境，结合中国共产党在革命、建设、改革过程中形成的革命文化和社会主义先进性文化，才能在通向中华民族伟大复兴的道路上对其进行"创造性转化、创新性发展"，最终形成中国特色社会主义文化。这一过程既是传统文化获得新生的过程，也是中华民族改写被压迫、被欺凌的悲惨命运，实现伟大复兴的过程，自然可以救治在西方异质文化冲击下形成的文化自卑、文化焦虑以及文化自负等不良心态。正如张岱年先生所言，"一个民族，只有产生了民族的主体意识，才能具有自觉的内在凝聚力，才能具有推动民族延续发展的内在精神动力"[①]。总之，众多研究者从"文化自主性"的角度切入中华优秀传统文化"创造性转化、创新性发展"问题的探讨，可以说抓住了问题的关键，得出的结论也颇为相似，事实上在学术界形成了共识。

二、文化转型的路径

《关于实施中华优秀传统文化传承发展工程的意见》提出，对待传统文化要"扬弃继承，转化创新"，使之"与当代文化相适应、与现代社会相协调"[②]。这里，面向"当代文化""现代社会"的"相适应"与"相协调"，正是基于发展目标的必然要求和文化转型的主基调。换句话说，优秀传统文化只有适应、协调于当代的文化需求和社会进步，才能真正深入人心，具备充沛的实践活力。从我们检索到的有关中华优秀传统文化"创造性转化、创新性发展"问题的研究来看，学术界已经对中华传统文化必

[①] 张岱年、程宜山：《中国文化精神》，北京大学出版社2015年版，第313页。
[②] 《关于实施中华优秀传统文化传承发展工程的意见》，中国政府网（http://www.gov.cn/zhengce/2017-01/25/content_5163472.htm）。

须进行转型形成了共识。

进一步说,一种历史悠久的文化要想始终具有勃勃生机,就必须充分了解新环境、新时代带给本民族的挑战和冲击,根据新环境、新时代的特点和要求,自主选择文化转型的方向。只有当一种文化能够回应本民族绝大多数人的根本关切,回应事关民族复兴的重大问题的时候,这种文化才是活生生的、具备感召力和凝聚力的文化。因此,相关研究的另一个热点话题,就是探索中华传统文化转型的具体路径。

根据我们对相关研究成果的梳理,就中华传统文化转型的具体实践路径而言,主要有以下几种观点。

第一,有些学者认为,在当代中国马克思主义的伟大实践中,中国共产党人不断"吸纳并超越中国传统文化精华",最终,传统文化中那些"具有现代价值,符合人民大众的愿望,切合人民大众的需要,因而,对民众具有强大的感召力"[1]的组成部分,将融入中国化的马克思主义,这是一条中华传统文化向现代转型的可行性路径,也是一条被历史证明行之有效、正在被中国共产党人践行的道路。

第二,还有些研究者认为,中华优秀传统文化的"创造性转化、创新性发展",其转化的主体是社会主义核心价值观。"创造性转化是一种活生生的主客双向生成系统,而非僵死的主客二元对峙。作为转化主体的核心价值观,既要发挥对传统文化的主动能动作用,又要把传统文化作为自身土壤和源泉,从中吸收精华养分。"[2]也就是说,是社会主义核心价值观对中华优秀传统文化进行"创造性转化、创新性发展",从而激发出传统的

---

[1] 徐剑雄:《论传统文化与马克思主义大众化》,《马克思主义与现实》2009年第6期。
[2] 郗戈、张梧:《弘扬核心价值观要实现传统文化创造性转化》,《光明日报》2015年2月26日。

当代价值和世界意义。

第三，有些学者从具体的操作层面，希望从赋予新义（"对有些传统文化范畴，剔除其糟粕成分，保留其基本精神，并赋予新的时代内涵"）、改造形式（"对有些传统文化范畴，改造旧的形式，赋予其现代表达形式"）、增补充实（"对有些传统价值范畴，借鉴和吸收其他文化的有益成分，补充其内涵"）、拓展延展（"对有些传统文化范畴，根据时代的发展进步，挖掘其当代价值，拓展其内涵"）以及规范完善（"对有些传统文化范畴，根据时代的新要求，不断规范、完善其内容"）[①]五个方面，探索中华优秀传统文化的"创造性转化、创新性发展"的具体实施路径。这可以说是一种非常全面的对文化转型路径的思考，五个方面或有交叉融合，但总体来说，目前学界对中华优秀传统文化的改造和提炼基本上很难超出上述实施路径。

从以上梳理我们可以看出，无论是在中国共产党人的实践中"创造性转化、创新性发展"传统文化，还是以社会主义核心价值观激发传统文化的当代价值，抑或是从五种具体的实施路径转化和发展中华优秀传统文化，所有这些方案都表明，中国学界已经对文化转型的路径有了全方位的思考，为日后真正推进在具体学科展开相关研究并作用于实践，打下了极为坚实的基础。

[①] 李军：《坚持"创造性转化、创新性发展"方针 弘扬中华传统文化——认真学习习近平同志在纪念孔子诞辰 2565 周年国际学术研讨会上的重要讲话精神》，《光明日报》2014 年 10 月 10 日。

三、中华传统文化、西方文化及马克思主义之间的关系

中华优秀传统文化"创造性转化、创新性发展"问题研究的另一个热点话题，是中华传统文化、西方文化及马克思主义之间的关系，以及三者在中华传统文化现代转型过程中的地位和作用。这个话题是每一个认真思考中华优秀传统文化"创造性转化、创新性发展"问题的人都必须直面的。毕竟，中国特色社会主义文化要想具备蓬勃的生命力，就必须接地气，从本民族深厚的历史文化传统中吸纳养分。欧美资本主义国家的"强势文化"目前在国际社会还有着极为广泛的影响，它在现代化过程中的经验、教训以及对中国社会的巨大冲击，也是在建设中国特色社会主义文化过程中所无法回避的，必须认真清醒地加以对待，对其进行批判性的吸收和继承。而马克思主义更是在中国革命和社会主义建设中，被实践证明是行之有效地解决中国问题的方法，也必将在中华传统文化现代转型过程中发挥关键性作用。因此，对于中国文化发展来说，如果不认真处理中华传统文化、西方文化及马克思主义之间的关系，就只能得出抽象、空洞的结论。

从相关研究来看，学术界对于中华传统文化、西方文化及马克思主义是否应该融合在一起，以及最终能否融合在一起，已经达成了高度的共识[①]，几乎没有太大的争论，问题只是三者在融合过程中的相互关系，以及它们各自发挥的作用，不同研究者有着不同的看法。一种有代表性的观点是，强调复兴中华优秀传统文化，强调融合吸收中华传统文化、马克思

---

① 参见苏碧莲《中国特色社会主义与中国文化——孙正聿、陈来、韩震先生中西马高端对话》，载《北大中国文化研究》总第三辑，社会科学文献出版社 2013 年版。

主义及西方文化的精华，并不意味着三者是完全平等的，必须始终坚持马克思主义历史唯物主义在建设中国特色社会文化过程中的指导地位。有研究者就认为，"以马克思主义为指导，立足当代，背靠传统，面向世界和未来，这就是运用历史唯物主义观点考察当代中国文化建设中如何处理马克思主义与传统文化关系得出的重要结论"①。

学术界还有一种有代表性的看法，就是更强调中国传统文化的重要性，认为在中华传统文化、西方文化及马克思主义相互融合的过程中，来自中国本土的文化传统应该发挥更大的作用。例如，有些学者一方面承认"当代马克思主义与以儒家为代表的中国文化，以政治自由主义为代表的西方文化的融合"是历史的必然趋势，"在经济全球化、多重价值观并存的时代，马克思主义、儒学与自由主义有内在的紧张，但三者在中国现代化过程中的结盟已是客观之大势"；另一方面则认为，儒家思想将在融合过程中发挥更大的作用，因为"随着社会空间的进一步扩大，'大社会'的进一步形成，儒家思想对当代社会的作用空间及对当代社会的良性影响也会愈加显豁。在经济与社会发展、政治与社会改革、民族主体性的国民价值系统的建构等向度上，儒家的积极作用会更大一些"。②

另一种有代表性的观点，则是提出要以"马学为魂""中学为体""西学为用"这三个原则，处理中华传统文化、西方文化及马克思主义在建设中国特色社会主义文化事业中的关系。例如，有研究者认为，"中国文化发展的现实道路就是中国特色社会主义文化的建设和发展之路。它的实质内容就是要解决中、西、马三种文化传统、三大文化思潮的关系问题"，

---

① 陈先达：《当代中国文化研究中的一个重大问题》，《中国人民大学学报》2009年第6期。
② 郭齐勇：《儒学与马克思主义中国化及中国现代化》，《马克思主义与现实》2009年第6期。

而处理这一问题的原则,就是所谓"马学为魂""中学为体",以及"西学为用"。所谓"马学为魂",是指"以马克思主义的科学世界观和方法论为指导,坚持中国新文化建设的社会主义方向";所谓"中学为体",是指"以有着数千年历史积淀的自强不息、变化日新、厚德载物、有容乃大的中国文化为运作主体、生命主体、创造主体和接受主体,坚持民族文化主体性的原则";所谓"西学为用",是指"以西方文化和其他民族文化中一切对主体文化有学习、借鉴价值的东西为'他山之石',为我所用,坚持对外开放的方针"。①

在我们看来,学术界对中华传统文化、西方文化及马克思主义在建设中国特色社会主义文化过程中的关系的思考已经非常深入,提供了非常多有价值的观点,论述也相当周全。不过,考虑到中国特色社会主义实践本身就是立足于中国的传统与当代现实,在建设中国特色社会主义文化的过程中,似乎不必像有些学者那样,过分强调复兴儒家文化。正如习近平总书记在十九大报告中指出的,"当代中国共产党人和中国人民应该而且一定能够担负起新的文化使命,在实践创造中进行文化创造,在历史进步中实现文化进步"②。这也就是说,马克思主义在当代中国社会的实践创造自然会根据实际需要自主地选择需要的文化资源,创造出中国特色社会主义文化,中华传统文化、西方文化及马克思主义三者之间的关系,必然是以马克思主义为指导的。

---

① 方克立:《"马魂、中体、西用":中国文化发展的现实道路》,《北京大学学报(哲学社会科学版)》2010年第4期。
② 习近平:《决胜全面建成小康社会 夺取新时代中国特色社会主义伟大胜利——在中国共产党第十九次全国代表大会上的报告》(2017年10月18日),《人民日报》2017年10月28日。

四、寻求学科发展的方法论探索

中华优秀传统文化"创造性转化、创新性发展"在中国当代学术界不仅引发了研究者对文化自主性，文化转型的路径，中华传统文化、西方文化及马克思主义之间的关系等宏观问题的持续关注，而且，在人文社会科学领域各个学科内部也引起了极为热烈的讨论。很多学者都带着使中国传统文化得以"创造性转化、创新性发展"的强烈问题意识，考察本学科发展的历史过程，反思学科内部沿用至今的研究方法，探索符合学科发展内在规律、有利于重新激活传统文化的研究方法。

在历史学领域，有研究者在反思中国近代历史观之后，发现了近现代历史书写方法中存在的"有"与"无"的辩证。这位研究者认为，晚清时代的中国历史学者在本民族积贫积弱的语境下，受到西方史学思想的强烈冲击，如梁启超甚至认为，中国这样具有悠久历史书写传统的国家没有历史，即所谓"中国前者未尝有史，殆非为过"[①]。正是因为认为中国没有历史，使得近现代的历史学家纷纷按照来自西方的历史观念、历史叙述框架重新叙述中国的历史，出现了大量带有"目的论"色彩和西方编纂体例的历史学著作。然而，"史学观念以及编纂体例的'趋新'，未必能完全反映历史进程本身，仅仅展示与此相关的'有'，很容易遮蔽'无'所昭示的另外的'有'"[②]。很多中国社会异常丰富的历史事实，因为无法写入西方史观影响下的历史叙述，成了"无"，但这种"无"其实包含着丰富的"有"。中国的历史学研究者必须突破以往研究方法的惯性，将中国传统中

---

① 梁启超：《中国史叙论》，《清议报》第 91 册，1901 年 9 月 13 日。
② 章清：《"有""无"之辨：重建近代中国历史叙述管窥》，《近代史研究》2019 年第 6 期。

被视为"无"的"有"发掘出来。因此,"结合'有'与'无'审视近代中国的历史,尤其是展示以往被视作'无'的那些信息,对于增进对近代中国历史的认知,无疑是大有裨益的。做出'无'的判定,也有助于提升史家对另一部分'有'的重视。重点在于,历史叙述同样可以选择'有',舍弃的是更为重要的'无'。而对于'无'的重视,不仅可以突破'有'的樊笼,也有裨于揭示'无'中之'有'"①。在某种意义上,当下中国人对本民族传统文化的理解,深受来自西方的认识论框架的影响,其中同样存在着"有"与"无"的辩证,这样的历史学研究在方法论上的探索,可以帮助学界打捞那些以往被遮蔽的传统,重新激活其当代意义。

在文艺理论研究领域,有研究者在考察了20世纪80年代以来中国文论的历史后指出,存在一个从"跟着说"到"对着说",再到"自己说"的发展过程。这里所谓"跟着说",是指借用来自欧美资本主义国家的理论资源从事研究。这样的研究方式虽然从表面来看,揭示了中国研究者"努力融入和占据世界主流学术的渴望",但毕竟"缺少自己的独创性,落实在具体的理论阐释当中,实质上往往是费尽千辛万苦去证明别人观点的正确"②。我们虽然不能指责这样的研究思路缺乏文化自信,但丧失民族文化主体性的状况还是多少令人感到有些遗憾。而所谓"对着说",是指研究者以文化对抗的心态对来自西方的理论资源进行批判。这背后既有中国文论因自身处于理论边缘位置而产生的文化焦虑和愤懑,也表明中国当代文艺理论研究者在理论逐渐成熟后已获得了相应的文化自信。而所谓"自己说",则是指"在融合前两个阶段的思想资源之后,通过自我发展与自

---

① 章清:《"有""无"之辨:重建近代中国历史叙述管窥》,《近代史研究》2019年第6期。
② 张福贵:《新时代中国文论建构的历史演进与价值取向》,《文学评论》2019年第6期。

我创造，形成既具有文化特殊性又有普遍性的文论系统"①。在这一阶段，中国文艺理论界终于可以在自身的文化立场上，根据本民族的问题意识，独自寻找方法和思路处理理论问题。这位研究者还进一步指出，中国文论研究的发展方向，更应该由"自己说"出发，向着"一起说"的目标前进。所谓"一起说"，是指中国学术界不仅要探讨本民族关心的话题，更要阐发自身的历史文化传统，使其为全世界贡献独特的智慧。②这样的研究不仅是对 20 世纪 80 年代以来中国文艺理论界发展历程的梳理，也对其未来的发展提出了更高的要求。同时，这种要求中国文论研究不仅应该关心本民族文化传统的问题，同时要为整个人类贡献中华民族独特的智慧和力量的思路，对学术界其他学科的发展同样适用，是整个中国人文社会科学发扬光大的必由之路，极具前瞻性和指导性。

在中国现当代文学研究领域，有研究者在考察中国现当代小说、散文、诗歌等各文体创作及相关研究后指出，中国现当代文学研究者长期在中西维度上思考问题，把过多的精力放在辨析来自欧美资本主义强国的文化产品上，如何冲击中国传统的小说、散文、诗歌，使后者在 20 世纪初艰难地开启了持续百年、尚未完成的现代化转型之路。但他们恰恰忽略了"从古今维度探究中国古代文学传统在这场百年中国文学现代转型中所发生的潜在影响"③。事实上，中国现当代作家始终在学习和借鉴古典文学传统，使其在对当代中国的现实表达中重新焕发生机和活力。正如有研究者所指出的，"现代中国小说在第一个三十年里主要致力于对中国古代文学

---

① 张福贵：《新时代中国文论建构的历史演进与价值取向》，《文学评论》2019 年第 6 期。
② 参见张福贵《新时代中国文论建构的历史演进与价值取向》，《文学评论》2019 年第 6 期。
③ 李遇春：《中国文学传统的创造性转化——重建现代中国文学研究的古今维度》，《天津社会科学》2016 年第 1 期。

的抒情传统或言志传统以及中国文言小说或文人小说传统的创造性转化，及至第二个三十年转而主要致力于对中国古代文学的载道传统和中国古代白话通俗小说传统的创造性转化……在 20 世纪 80 年代主要致力于中国古代文言短篇小说传统的创造性转化，90 年代以后则集中出现了转向明清文人世情写实长篇小说传统的倾向"[①]。这样的研究勾勒了中国现当代文学发展历程中被很多人忽略的线索，将现当代作家"创造性转化、创新性发展"中国传统文学的努力揭示出来，在研究视野和研究方法上为以后的研究者打开了新的空间，对学科发展做出了重要贡献。

我们认为，这类有关学科内部研究方法的探究有着非常重要的意义，因为中华优秀传统文化"创造性转化、创新性发展"要想真正有所成就，必须落实到人文社会科学各个领域。而对研究方法的反思与探索，恰恰可以帮助研究者认识到那些已经成为权威或思维定式的研究方法存在的问题，注意到这些研究方法对来自西方的思想资源的过分倚重，以及背后存在的对本民族文化的不自信，进而用新的研究方法，寻找传统文化在当代社会的自然延伸，并激活那些在今天仍然对建设中国特色社会主义文化大有裨益的传统文化资源。

五、在具体研究中激活传统、锻造新知

2013 年以来，中国学术界对中华优秀传统文化"创造性转化、创新性发展"问题的研究，既在文化主体性、文化转型路径等宏观问题上产生

[①] 李遇春：《中国文学传统的创造性转化——重建现代中国文学研究的古今维度》，《天津社会科学》2016 年第 1 期。

了重要的研究成果，在各学科内部的方法论反思与创新方面也取得了重大突破。所有这一切，都为研究者在具体的学术工作中重新激活中华民族悠久、深厚的历史文化传统奠定了坚实的基础。因此，人文社会科学界各个学科这些年都涌现了一大批以马克思主义为指导，坚守中华文化立场，立足当代中国现实，致力发掘中华优秀传统文化的当代价值与世界意义的优秀成果。由于这类研究成果丰硕，很难在这里一一加以介绍、提炼，下面仅从若干学科中选择一些代表性成果加以介绍，从中我们亦不难看出这类研究推动中华优秀传统文化"创造性转化、创新性发展"的深度与广度。

在哲学研究领域，清华大学哲学系陈来教授的论文《论中华民族爱国主义的精神》，在中华民族悠久的历史传统中，寻找"爱国主义"这样一个产生自近现代中国的概念的文化渊源。文章认为，"中华民族的爱国主义精神源远流长，内容十分丰富"，其发展历程经历了先秦、汉至唐、宋，再至清、晚清近代，以及"中国共产党独立登上历史舞台并成为各族人民的领导力量之后"[①]等几个阶段。在每个时期，爱国主义的具体内容、表现形式及涵盖人群等都会根据当时的社会历史条件而有所变化。不过总体而言，中华民族爱国主义精神有这样几个特点：维护统一、反抗外侮、忧国忧民、守护中华文化等。陈来最后得出结论："爱国主义是鼓舞中华民族团结一致的奋斗旗帜，是推动中华民族历史前进的强大力量；爱国主义是中华民族最深厚的民族感情，也是中华文化的基本价值。在价值核心上，它体现了国家利益高于个人、族群利益的价值选择，要求个人把国家或中华民族的利益放在首要地位，从而有利于建立起个人对国家民族的责任感、使命感、忠诚与承诺。爱国主义在表现对象上，包括对祖国山川风

---

① 陈来：《论中华民族爱国主义的精神》，《哲学研究》2019年第10期。

物、人民同胞、历史文化、国家政权的热爱和理性认同；爱国主义在个体内心体现为民族自尊心、民族自信心、民族自豪感和民族感情；在行为上则体现在促进统一、保卫国家、报效国家、振兴祖国的忘我奉献与奋斗。中华民族悠久历史中的爱国主义精神传统是当代社会主义核心价值的源泉和基础。"① 对爱国主义这样一个在近现代中华民族抵御外侮的过程中产生的概念，梳理其历史文化渊源，一方面是将中华民族在近现代的历史实践续接到文化传统上去，另一方面也是用当代意识重新激活埋藏在历史尘埃之下的传统。从这个角度看，陈来的这篇论文是中华优秀传统文化"创造性转化、创新性发展"问题在具体概念史梳理上的一个典范。

在中国文学研究中，华南师范大学文学院蒋寅教授的论文《在中国发现批评史——清代诗学研究与中国文学理论、批评传统的再认识》，提出要重新认识中国文学理论、批评的传统。蒋寅认为，中国学界受到西方文艺理论的深刻影响，使得在考察中国传统文论时，往往在中西比较的逻辑下，认为中国文学批评是感悟式、印象式的，没有成系统的理论著作，缺少真正科学意义上的理论范畴，没有严格意义上的理论命题。而实际上，如果考察常常被学界忽视的明清两代的诗学文献，人们会发现当时的诗学理论和诗学批评已经显示出"学理化的自觉"和"实践的理论化"，"对中国古代缺乏成系统著作的遗憾，纯粹缘于对中国文学理论、批评文体形态及言说方式多样化的漠视"②。这篇论文还从解构对中国古代文学理论、文学批评的三个偏见出发，进一步思考了如何确立中国文论的理论根基、言说立场及理论自信，从而形成与当代西方文学理论彼此印证、互补的关

---

① 陈来：《论中华民族爱国主义的精神》，《哲学研究》2019年第10期。
② 蒋寅：《在中国发现批评史——清代诗学研究与中国文学理论、批评传统的再认识》，《文艺研究》2017年第10期。

系。蒋寅认为,理论创新不能从既有理论的组合或融合中实现,旧知识的融合仍然是旧知识。"文学理论的创新只能萌生在文学经验的土壤中,只有创作经验的总结和抽象才可能形成理论的结晶……全面认识古代文学理论和批评的传统,理解古代文学理论与创作、批评实践的互动关系,可以促使我们正视近代以来的文学经验,在古今、中外视阈的融合中发掘具有独特意义和规律性的问题,从中提炼有概括力的理论命题。这样,文学理论的创新便不难期待了。"[①] 这样的研究通过发掘此前不为学界关注的传统,重塑了中国传统诗学的形象,并就如何站在本民族文化立场与西方理论对话,通过"创造性转化、创新性发展"传统文化,实现理论创新做出了有益的探索。

六、结语

自 2013 年起,从习近平总书记发表一系列有关中华优秀传统文化"创造性转化、创新性发展"问题的讲话以来,中国学术界对这一话题进行了深入而富有成效的探讨和研究。正像上文所分析的,在文化自主性、文化转型的路径,中华传统文化、西方文化与马克思主义之间的关系,以及各学科内部的方法论研究和具体研究等方面,都产生了一大批高水平的研究成果,极大地推进了我们对中华传统文化的认识,并在中华民族伟大复兴的当代语境下开掘了传统文化的当代价值和世界意义。但同时我们也要看到,一小部分研究成果还存在着简单表态或用"创造性转化、创新性

[①] 蒋寅:《在中国发现批评史——清代诗学研究与中国文学理论、批评传统的再认识》,《文艺研究》2017 年第 10 期。

发展"概念包装陈旧的研究思路的问题，亟待学界认真加以解决。不过，重新激活有着异常丰富内涵的中华传统文化，用"创造性转化、创新性发展"赋予其在当代中国社会蓬勃的生命力，这项工作注定是艰难的。我们应该有足够的耐心，期待人文社会科学界深化吸收习近平总书记有关中国传统文化的重要思想，在具体的研究实践中提升科研水平，扩展研究视野，创造出更多以马克思主义为指导，坚守中华文化立场，立足当代中国现实，发掘中华优秀传统文化的当代价值与世界意义的优秀成果。我们认为，相对于探讨传统文化的现代转型等宏观问题，或许更值得学术界聚焦的是有关具体学术问题的个案研究。说到底，只有靠学术界深入探究中华传统文化中的具体概念、命题、思想，细致考察其历史流变、内容特色及当代价值，才能将推动中华优秀传统文化的"创造性转化、创新性发展"真正予以落实。只有涌现出越来越多具有较高学术价值的个案研究，才能在整个研究界形成"共振"，催生新的理论视阈和研究方法，挖掘传统文化蕴涵的丰富智慧，增强中华民族的文化自信，创造中华文明新的辉煌，为世界范围各民族文化的繁荣、发展做出自己的贡献。

目 录

第一辑　哲学内涵

003　创造性转化与创新性发展　　韩子勇

010　"两创"：马克思主义中国化在新时代的新发展　　陈卫平

029　传统与现代化的再思考　　姚新中

047　中华传统文化创造性转化、创新性发展的哲学审视　　万光侠

065　中国传统文化创造性转化和创新性发展的当下思考　　张圆梦

第二辑　方法论思考

081　"两创"：弘扬中华优秀传统文化的根本遵循　　刘京臣

100　"有""无"之辨：重建近代中国历史叙述管窥　　章清

145　文论史编撰的学科认知与方法论省思　　汪涌豪　王涛

165　论中国文艺批评标准的正偏结构　　林岗

185　论中国中古美学的"天人之际"　　刘成纪

238　"石窟研究"美术史方法论提案
　　　　——以敦煌莫高窟为例　　巫鸿

258　新时代中国文论建构的历史演进与价值取向　　张福贵

279　中国文学传统的创造性转化
　　　——重建现代中国文学研究的古今维度　　李遇春

第三辑　实践探索

333　论百年中国美学的创新性发展历程　　曾繁仁

352　文艺美学与中国美学的现代传统　　杜　卫

371　在中国发现批评史
　　　——清代诗学研究与中国文学理论、批评传统的再认识　　蒋　寅

403　"去耕种自己的园地"
　　　——关于回归文学本位和批评传统的思考　　张伯伟

443　中华造物文化的传承与创新　　管　宁

467　两汉：中国古代自然审美之自觉期
　　　——以汉赋为中心　　薛富兴

491　**编后记**

第一辑　哲学内涵

创造性转化与创新性发展

韩子勇

一、千年变局的发问

检视几千年中国封建王朝兴衰更替，平心而论，清王朝如果不是遇上了西方工业革命和变化了的世界，可能还能维系很多年。有清一代的皇子教育，在整个封建年代如果不是最成功的，至少是可圈可点的、合格的。清朝的皇帝都很勤勉，帝国治理也是成功的。但天下大变、世界殊景，让沉睡在盛世美梦中的清王朝始料不及，因此有了清帝国的中落，有了"千年未有之变局"。

1640年英国资产阶级革命开始，世界掀开近代史的面纱。1840年中英鸦片战争爆发，中国进入近代史。从1640年到1840年，整整200年时间，清王朝统治者有许多次参与世界现代化的机会。

比如康熙皇帝，很小就从耶稣会士南怀仁那里学到西方科学，他甚至可以说是一个几何学、微积分、天文历算的高手，用当时最先进的测绘方法，启动了世界历史上规模空前的一次大地测量，包括对黄河河源星宿海的勘察，搞出了带经纬度的《皇舆全览图》。在这份地图的绘制过程中，人们发现了地球经纬线的长度因纬度上下而有所不同，从而第一次证实了牛顿关于地球为椭圆形的理论。《皇舆全览图》的测绘成为世界地理学上的一件大事。但在根本上、整体上，他并未觉察到历史巨变的玄机。

比如他的孙子乾隆皇帝，1793年英国马戛尔尼使团来华时，与清王朝讨论贸易问题，携带了大量精心挑选的礼品，所乘坐的"狮子号"炮舰装有64门大炮，是当时第一流的炮舰。英国人的礼单中，还提到了榴弹炮，以及手提武器如卡宾枪、步枪、连发手枪。他们想，这些东西会引起中国人的兴趣，而天朝大臣们都是文人出身，他们对此不感兴趣，认为这些洋人的玩意儿不过是无用的奇技淫巧罢了。英国使团还带来了一些精美的仪器，如当时天文学和机械学最佳结合的天体运行仪。这个仪器代表了当时的整个宇宙，能够准确模仿太阳系天体运动，如月球绕地球的运行、太阳的轨道、带四颗卫星和光圈的木星及带卫星的土星等。另外，还有一个地球仪，上面标有各大洲、海洋和岛屿，可以看到各国的国土、首都以及大的山脉，并画出了所有远航的航海路线。

康、雍、乾三朝，国运昌隆，犹有余暇和转向的力量，而西方列强羽翼未丰，对我国清王朝不明就里，尚有忌惮之中的平等之心，这段时间不长不短，足够从容应对变化与挑战，是清王朝最有可能参与世界现代化的良辰佳期。但这段时间，一再蹉跎，天机稍纵即逝。路易十四、彼得大帝、康熙皇帝，是当时世界上最有作为的皇帝，路易十四和彼得大帝引导法兰西和俄罗斯走上现代化，而盛世之中的大清帝国，犹如一件丰满华贵的瓷器，那道无形的裂隙，一年年深重，就要碎成一地。

历史果不其然，这个加速度比预想要快。康、雍、乾盛世之后仅仅几十年，当道光皇帝与西方列强再次相见时，就只有屈辱的城下之盟，割地赔款，并且从此一发而不可收。1840年前去和谈的钦差大臣琦善到达广州，看到海面上飞驰的英人炮舰，身抖如筛糠。然而这种深重的焦虑，要传导到帝国辽阔的疆域和缓慢的族群，从而惊醒、奋起、变革、图强，还需要很多很多年。现在我们知道，这是将近一百年的再无胜算、一败再败。一百年的泪水、汗水和血水，汇聚起来，浸泡了整个中国近代史的地平线。

这就是"千年未有之变局"，是五千年悠久灿烂的农耕文明，与西方工业文明的短兵相接。没有彬彬有礼，只有弱肉强食；没有和风细雨，只有血雨腥风；没有自由、平等和人权，只有侵略、奴役和战争……整体来说，中国是在懵懵懂懂、缺乏准备、仓促应战中卷入这场天罗地网般蓄谋已久的雷风骤雨，来不及回眸探望、从容上路，来不及整理国故、安顿停当，来不及辞庙祭祖、规划前路，是被追着打着，走上近代之路，一次次痛定思痛，一次次大梦初醒，努力睁眼打量急剧变化的世界。

"千年未有之变局"的发问，更像是如刀相逼的追问、质问，是连续的、扩展的、日益急迫的、不断深化的历史之问、时代之问、文化之问、命运之问、生死之问。中学为体，西学为用的"体用之争""师夷长技以制夷"的"洋务运动"、甲午海战大败之后的"戊戌变法"、昙花一现的"君主立宪"、孙中山领导的"辛亥革命"、袁世凯复辟帝制的闹剧、北洋军阀混战、新文化运动、五四运动……所有这些一波一波、或清或浊、浪潮般涌动的历史力量，都仿佛是为了揭开一个铁证般的谜底，都仿佛是为了推出一个真理的答案，都仿佛是为了清场迎接真正的民族光明：中国共产党人、共产主义信仰和社会主义道路。

二、解开百年心结

1949年10月1日,毛泽东在天安门城楼庄严宣告:中华人民共和国成立了,中国人民从此站起来了。这是自1840年之后的109年时间里,我们这个民族、我们这个国家,九死而未悔、冲出重围、杀出一条血路的声音,是压在心底、藏在心里、沉淤太久,最想说出的一句话,是百年之败后终于胜利的声音,是浓缩了绝望和希望、奋斗和牺牲、泪水和血水的声音,是浴火重生、凤凰涅槃、"忽报人间曾伏虎,泪飞顿作倾盆雨"的声音。

这声音被镌刻在人民英雄纪念碑上:三年以来,在人民解放战争和人民革命中牺牲的人民英雄们永垂不朽!三十年以来,在人民解放战争和人民革命中牺牲的人民英雄们永垂不朽!由此上溯到一千八百四十年,从那时起,为了反对内外敌人,争取民族独立和人民自由幸福,在历次斗争中牺牲的人民英雄们永垂不朽!

三段浓缩了109年中国命运的文字,其实就是三个字:站起来!在被动挨打中站起来!在围追堵截中冲出来!在枪林弹雨中杀出来!但这部中国命运之书并没有写完,就像毛泽东在七届二中全会时所教导的:"夺取全国胜利,这只是万里长征走完了第一步","中国的革命是伟大的,但革命以后的路程更长,工作更伟大、更艰苦","我们不但善于破坏一个旧世界,我们还将善于建设一个新世界"。从革命转入建设,面对的是一穷二白、百废待兴,面对的是更为艰巨复杂的社会主义现代化建设。如同一次来过、无法重演的决赛,上半场赢了,不代表下半场会赢,况且这是一场永不散场的比赛。应该说,百年心结,并未全解。

从1949年10月1日到今年,也就是2019年10日1日,中华人民共和国将迎来 70 华诞。70 年的探索与奋斗，充满坎坷、极不平凡，同样是"路漫漫其修远兮，吾将上下而求索"。我们党带领人民，终于走出了一条中国特色的社会主义的现代化之路，实现了从"站起来""富起来"到今天开始"强起来"的伟大复兴。习近平总书记率领中共十八届中央政治局委员参观《复兴之路》展览时说："现在，我们比历史上任何时期都更接近中华民族伟大复兴的目标，比历史上任何时期都更有信心、有能力实现这个目标。"

现代化，是自 1840 年以来中华民族的梦与疼，是近代以来中华民族最大的命运公约数，是悬在中华民族头上的达摩克利斯之剑。为了求解这个命运公约数，各种政治力量轮番登场，但都被历史证明是错误的公式和答卷。只有中国共产党人领导中国人民，经过无数曲折和失败，找到了正确的道路，交出最符合历史必然、时代要求和人民愿望的答案。解开百年心结，我们才能完成中国精神、中国道路、中国价值的塑造。

三、创造性转化与创新性发展

文化自信来自实践。2018 年恰逢马克思 200 周年诞辰和中国改革开放 40 年。40 年前开始的改革开放，是以邓小平领导的"实践是检验真理的唯一标准"大讨论为标志的思想解放运动为先声的，经过改革开放的伟大实践，在马克思所揭示的社会历史道路上，今天的领路人、实践者，是以习近平为核心的中国共产党人和中国人民。马克思列宁主义传到中国，能够落地生根、开花结果，经历风霜雷电，长成今天郁郁葱葱、人民景仰的参天大树，其奥秘就在于，它从一开始、从一粒小小的种子，就根植于中国社会的具体实际，就根植于以毛泽东、邓小平、习近平为杰出代表的中国共产党人带领中国人民所进行的伟大实践。实践出真知，实践是认识的源泉，实践是人类历史的基础，实践是人类一切价值的来源。我们的道路自信、制度自信、理论自信、文化自信，来自实践又被实践所检验、所证实，它在今天，也被更大的国际范围和更多的世界民众所认可、所感佩。

实践的本质是创新、创造，实践是最活跃、最具革命性的因素。毛泽东思想是马列主义的普遍原理与中国革命和建设的具体实践相结合的思想结晶，是马列主义在中国的创造性转化和创新性发展。邓小平理论是在继承马列主义、毛泽东思想的基础上，结合中国社会主义改革开放和现代化建设的具体实践的思想结晶，是又一次创造性转化和创新性发展。习近平新时代中国特色社会主义思想是第三次理论飞跃、第三次创造性转化和创新性发展，是在中国特色社会主义进入关键时期和具有许多新的历史特点的伟大斗争实践中产生出来的思想结晶，是我们今天一切工作的指导思想。

中华优秀传统文化、革命文化、社会主义先进文化，来自祖先五千年卓尔不群的智慧实践，来自中国共产党人所领导的革命斗争和中国特色社会主义建设的伟大实践。中华优秀传统文化的创造性转化和创新性发展，从来都不是书斋中的坐而论道，它是在回答时代之问、社会之问、发展之问、人民之问，是积极探索实践的精神结晶。

习近平总书记说：时代是出卷人，我们是答卷人，人民是阅卷人。人民对美好生活的向往就是我们的奋斗目标。党的十九大报告，宣告中国特色社会主义进入新时代。新时代的总目标，是在 21 世纪中叶建成富强民主文明和谐美丽的社会主义现代化强国。新时代的社会主要矛盾已经转变为"人民日益增长的美好生活需要和不平衡不充分的发展之间的矛盾"。

在习近平新时代中国特色社会主义思想的指导下，中华优秀传统文化的创造性转化和创新性发展，也必将在中华民族伟大复兴的实践活动过程中得出完美的答案。

（原载《新疆艺术学院学报》2019年第3期）

"两创"：马克思主义中国化在新时代的新发展

陈卫平

党的十九大报告再次强调指出："推动中华优秀传统文化创造性转化、创新性发展。"（以下简称"两创"）这和坚定文化自信联系在一起，成为坚持和发展中国特色社会主义基本方略的重要内容。习近平总书记指出："怎样对待本国历史？怎样对待本国传统文化？这是任何国家在实现现代化过程中都必须解决好的问题。"[①] "两创"作为解决这个问题的根本方针，把马克思主义与中国实现现代化的实际过程相结合，体现了马克思主义中国化的新发展。这主要表现在两个方面：一是从更好地构筑中国精神的高度看待马克思主义与中华优秀传统文化的一致性，指明了马克思主义中国化对传统文化创造性转化、创新性发展的历史进程，以变革与融合为内涵，以走向世界为方向；二是改进和完善中国共产党对待传统文化的方针，指出确立评价传统文化价值标准的方向，使传统文化的创造性转化、创新性发展有了明确的依据。

---

① 《习近平在中共中央政治局第十八次集体学习时强调：牢记历史经验历史教训历史警示 为国家治理能力现代化提供有益借鉴》，《人民日报》2014年10月14日。

一、"两创"继承和提升了马克思主义与中华优秀传统文化相结合的历史经验

中国特色社会主义的现代化无疑以马克思主义为指导,"两创"作为中国现代化过程中正确对待传统文化的方针,也是马克思主义的正确对待传统文化的方针。习近平总书记指出:"中国共产党人是马克思主义者,坚持马克思主义的科学学说","我们从来认为,马克思主义基本原理必须同中国具体实际紧密结合起来,应该科学对待民族传统文化","中国共产党人始终是中国优秀传统文化的忠实继承者和弘扬者,从孔夫子到孙中山,我们都注意汲取其中积极的养分"。[①] 显然,科学对待传统文化是马克思主义同中国实际紧密结合即马克思主义中国化的重要方面,中国共产党人既坚持马克思主义,又汲取从孔夫子到孙中山的积极养分,就是马克思主义和中华优秀传统文化的结合。这是马克思主义中国化历史进程提供的宝贵经验,"两创"对此予以继承和提升。

(一)"两创"与民族精神的独立性

马克思主义与中国传统文化相结合的理论建构,概括来说,就是既接着马克思主义讲,又接着中国传统讲,是这两者的统一。毛泽东对马克思主义中国化的开拓正是如此。他一方面指出:"马克思这些老祖宗的书,必须读,他们的基本原理必须遵守"[②];另一方面指出,马克思主义中国化必须继承从孔夫子到孙中山的文化历史遗产,反对"言必称希腊,对于自

[①] 习近平:《在纪念孔子诞辰 2565 周年国际学术研讨会暨国际儒学联合会第五届会员大会开幕会上的讲话》,《人民日报》2014 年 9 月 25 日。
[②] 《毛泽东文集》第八卷,人民出版社 1999 年版,第 109 页。

己的祖宗，则对不住，忘记了"①。邓小平同样是这样，他指出，建设中国特色社会主义是"一项新事业，马克思没有讲过"，重新"解释了什么是社会主义，有些是我们老祖宗没有说过的话，有些新话"，但我们"没有丢马克思，没有丢列宁，也没有丢毛泽东。老祖宗不能丢啊"！同时，他指出："要懂得些中国历史，这是中国发展的一个精神动力。"②毛泽东和邓小平的这些论述，用形象的比喻来说，马克思主义与中国传统文化相结合就是以马克思和孔夫子为"老祖宗"，是接着这两个"老祖宗"讲的统一。这是马克思主义中国化的"初心"所在。

  继承这个"初心"是"两创"方针的重要基础。习近平总书记说："马克思、恩格斯在建立自己理论体系的过程中就大量吸收借鉴了前人创造的成果"，书写 21 世纪马克思主义中国化新篇章也应当如此，"需要注意的是，在采用这些知识和方法时不要忘了老祖宗"。这是以马克思为"老祖宗"，但并非"什么都用马克思主义经典作家的语录来说话，马克思主义经典作家没有说过的就不能说"，而是要"继续推进马克思主义中国化、时代化、大众化"。③同时，他在论述弘扬中华优秀传统文化时，多次强调不能"把老祖宗的好东西弄丢了"，"不能数典忘祖"。这是以孔夫子为"老祖宗"；但并非对传统文化采取全盘接受的态度，必须"结合新的实践和时代要求进行正确取舍，而不能一股脑儿都拿到今天来照套照用"。④"两创"方针正体现了对于两个"老祖宗"的接着讲：一方面，传

---

① 《毛泽东选集》第三卷，人民出版社 1991 年版，第 797 页。
② 《邓小平文选》第三卷，人民出版社 1993 年版，第 258、91、369、358 页。
③ 习近平：《在哲学社会科学工作座谈会上的讲话》，《人民日报》2016 年 5 月 19 日。
④ 习近平：《在纪念孔子诞辰 2565 周年国际学术研讨会暨国际儒学联合会第五届会员大会开幕会上的讲话》，《人民日报》2014 年 9 月 25 日。

承发展中华优秀传统文化不仅不是丢弃马克思主义，而是要巩固马克思主义意识形态领导权，让马克思这个"老祖宗"在中国进一步成长为深植于中华优秀传统文化沃土的参天大树；另一方面，使中华优秀传统文化与以马克思主义为指引的中国当代先进文化相适应，不仅不是消解中华优秀传统文化的历史命脉，而是要让孔夫子这个"老祖宗"走出近代以来的边缘化困境，激发出与时俱进的生命活力。习近平总书记对于"小康"的阐述是把这两个方面结合在一起的"两创"范例。他说："中国人民正在为实现'两个一百年'奋斗目标而努力，其中全面建成小康社会中的'小康'这个概念，就出自《礼记·礼运》，是中华民族自古以来追求的理想社会状态。使用'小康'这个概念来确立中国的发展目标，既符合中国发展实际，也容易得到最广大人民理解和支持。"[①] 就是说，对于"小康"的创造性转化、创新性发展，既使马克思这个"老祖宗"的科学社会主义具有中国传统的独特标识，又使孔夫子这个"老祖宗"的理想社会在中国特色社会主义中获得现代意义。习近平总书记说："'以古人之规矩，开自己之生面'，实现中华文化的创造性转化和创新性发展。"[②] "两创"就是以两个"老祖宗"之规矩开创马克思主义与中华优秀传统文化相结合的新生面。这既是马克思主义中国化的必然要求，也是中华优秀传统文化获得生机活力的必然要求。

"两创"还将两个"老祖宗"的统一提升到"更好构筑中国精神"、坚定文化自信的新高度。习近平总书记把两个"老祖宗"的统一深化为两个"精神家园"的统一。他多次强调："对马克思主义的信仰、对社会主

[①] 习近平：《在纪念孔子诞辰 2565 周年国际学术研讨会暨国际儒学联合会第五届会员大会开幕会上的讲话》，《人民日报》2014 年 9 月 25 日。
[②] 习近平：《在文艺工作座谈会上的讲话》，《人民日报》2015 年 10 月 15 日。

义和共产主义的信念,是共产党人的政治灵魂,是共产党人经受住任何考验的精神支柱。""要炼就'金刚不坏之身',必须用科学理论武装头脑,不断培植我们的精神家园"。① 同时,习近平总书记也指出:"中华文化源远流长,积淀着中华民族最深层的精神追求,代表着中华民族独特的精神标识,为中华民族生生不息、发展壮大提供了丰厚滋养。"② 传承和弘扬中华优秀传统文化是中华民族建设家园的精神活动,是不能割舍的"精神命脉"等。这表明引领新时代中国特色社会主义的中国精神,既是对马克思主义精神家园的继承发展,又与中华优秀传统文化的精神家园血脉相连,是这两个精神家园的统一。习近平总书记指出:"当高楼大厦在我国大地上遍地林立时,中华民族精神的大厦也应该巍然耸立。"③ 可以说,"两创"就是要让马克思主义和中华优秀传统文化在中国精神大厦里水乳交融而巍然耸立。这体现了马克思主义中国化在新时代的文化自觉新高度:把道路自信、制度自信、理论自信与文化自信并提,强调文化自信是最为根本的。以马克思主义和中华优秀传统文化两个精神家园相统一为建筑精神大厦的坚实基础,体现了坚定文化自信的导向。因为丰富悠久而博大精深的中华优秀传统文化是文化自信的历史源泉,是中国精神大厦的深厚地基,而马克思主义则是中国精神大厦的强大支柱。党的十九大报告指出,中国共产党从马克思主义中看到了解决中国问题的出路,"中国人民就从精神上由被动转为主动"④。由此在革命、建设、改革的不同历史阶段,都取得

---

① 《习近平总书记系列重要讲话读本》,学习出版社、人民出版社2014年版,第160、161页。
② 《习近平在中共中央政治局第十三次集体学习时强调:把培育和弘扬社会主义核心价值观作为凝魂聚气强基固本的基础工程》,《人民日报》2014年2月26日。
③ 习近平:《在文艺工作座谈会上的讲话》,《人民日报》2015年10月15日。
④ 习近平:《决胜全面建成小康社会 夺取新时代中国特色社会主义伟大胜利——在中国共产党第十九次全国代表大会上的报告》,《人民日报》2017年10月19日。

了震撼世界的伟大成就，这是文化自信的现实基础。"两创"把马克思主义和中华优秀传统文化在中国精神大厦里交融贯通，也就是把坚定文化自信的历史源泉和现实基础结合在一起。这样的结合突出了中国精神的民族独立性。习近平总书记指出：我们的国家和民族"如果没有自己的精神独立性，那政治、思想、文化、制度等方面的独立性就会被釜底抽薪"①。因此，"两创"不是书斋中的问题，而是指导构筑中国精神、坚定文化自信的现实方针。

（二）"两创"与中、西、马会通

从两个"老祖宗"的统一到两个精神家园的统一，"两创"把推进中华优秀传统文化与马克思主义紧密结合作为题中之义，指明了对传统文化的变革与融合是其中两个重要的环节，而这又和世界文明的交流互鉴相联系。马克思主义对中国传统文化的变革与融合，是以近代中国中西文化趋向合流为历史背景的。马克思主义来自西方，"没有18、19世纪欧洲哲学社会科学的发展，就没有马克思主义形成和发展"②。来自欧洲的马克思主义来到中国，存在着文化主体的民族性问题。这是中国近代西学蜂拥而入以来就面临的问题。鸦片战争后，随着列强入侵和国门被打开，"西方思想文化和科学知识随之涌入"，同时，"中华传统思想文化经历了剧烈变革的阵痛。为了寻求救亡图存之策，林则徐、魏源、严复等人把眼光转向西方"③。中国近代文化与传统文化的显著区别之一，是改变了与西方文化隔绝的状态，开始了两大文化从冲突走向会通的进程。这就有了创造性转

---

① 《习近平关于全面深化改革论述摘编》，中央文献出版社2014年版，第88页。
② 习近平：《在哲学社会科学工作座谈会上的讲话》，《人民日报》2016年5月19日。
③ 习近平：《在哲学社会科学工作座谈会上的讲话》，《人民日报》2016年5月19日。

化、创新性发展中国传统文化以推动这一进程的最初探索。如习近平总书记多次予以赞许的严复,在认为"旧学之必不足恃"[①]时把眼光转向西方,但这并非"尽去吾国之旧,以谋西人之新",而是"去其旧染,而能择其所善者而存之"[②]。他把原来在西方作为自然科学的进化论,变成了中国人思考社会人生的"天演哲学",即哲学世界观,就是对中国传统的"理气"之辩、"天人"之辩创造性转化、创新性发展的产物。他认为,"天演"作为进化过程即"始于一气,演成万物"[③],还说赫胥黎的进化论"与唐刘、柳诸家天论之言合"[④]。毛泽东作为"马克思主义中国化的伟大开拓者"[⑤],称洪秀全、康有为、严复和孙中山是"代表了在中国共产党出世以前向西方寻求真理的一派人物"[⑥]。洪秀全、康有为、孙中山等都在不同方面、不同程度创造性转化、创新性发展中国传统文化以推动中西文化会通,从而坚守中华文化的主体性。毛泽东把中国共产党作为他们向西方寻求真理的后继者,意味着他开拓的马克思主义中国化,是对这样的近代中国中西文化逐渐会通的历史潮流的推进和深化。因为马克思主义中国化对于传统文化的创造性转化、创新性发展,不只是像此前只存在中西文化的关系,而是需要面对中、西、马的关系。

1943 年通过的《中国共产党中央委员会关于共产国际执委主席团提议解散共产国际的决定》提出,整风运动"就是要使得马克思列宁主义这一革命科学更进一步地和中国革命实践、中国历史、中国文化深相结合起

---

① 王栻主编:《严复集》第一册,中华书局 1986 年版,第 152 页。
② 王栻主编:《严复集》第三册,中华书局 1986 年版,第 560 页。
③ 王栻主编:《严复集》第一册,中华书局 1986 年版,第 17 页。
④ 王栻主编:《严复集》第五册,中华书局 1986 年版,第 1395 页。
⑤ 习近平:《在纪念毛泽东同志诞辰 120 周年座谈会上的讲话》,《人民日报》2013 年 12 月 27 日。
⑥ 《毛泽东选集》第四卷,人民出版社 1991 年版,第 1469 页。

来"①。何谓"深相结合"？习近平总书记《在哲学社会科学工作座谈会上的讲话》中引用了毛泽东1944年与英国记者斯坦因的谈话，从如何处理中、西、马关系的视野对此做了论述。斯坦因说，一些人觉得中国共产党信奉外来的马克思主义，是否就抛弃了中国的民族传统，由此产生了"中国至上"还是"共产党至上"的问题。毛泽东的回答是："我们信奉马克思主义是正确的思想方法，这并不意味着我们忽视中国文化遗产和非马克思主义的外国思想的价值。中国历史遗留给我们的东西中有很多好东西，这是千真万确的。我们必须把这些遗产变成自己的东西。然而我们中国有些人却崇拜旧的过时的思想，这些思想对于我们今天的中国不仅不适用而且是有害的，这样的东西必须抛弃。外国文化也一样，其中有我们必须接受的、进步的好东西。而另一方面，也有我们必须摒弃的腐败的东西，如法西斯主义。继承中国过去的思想和接受外来思想，并不意味着无条件的照搬，而必须根据具体条件加以采用，使之适合中国的实际。我们的态度是批判地接受我们自己的历史遗产和外国的思想。我们既反对盲目接受任何思想也反对盲目抵制任何思想。我们中国人必须用我们自己的头脑进行思考，并决定什么东西能在我们自己的土壤里生长出来。"②这里说明了中国化马克思主义具有经过中国人头脑思考、在中国文化土壤里生长出来的中华文化主体性，自觉地把对于中国传统文化的变革和融合作为建构中国化马克思主义理论形态的必然要求，即"批判地接受"，抛弃过时、有害的东西而把好的东西"变成自己的东西"，而这和世界文明潮流是同步前进的，即不忽视"非马克思主义的外国思想的价值"，接受外国文化中

---

① 《建党以来重要文献选编》第二十册，中央文献出版社2011年版，第318—319页。
② 《毛泽东文集》第三卷，人民出版社1996年版，第191—192页。

"进步的好东西"。

近30年来,在看待马克思主义中国化的中、西、马关系上,存在如下三种质疑:一是认为马克思主义与传统文化相结合会导致前者的"失真";二是认为马克思主义与传统文化相结合会压抑后者的文化命脉;三是认为马克思主义与传统文化相结合会重蹈排斥包括西方文化在内的外国文化的封闭化。这些质疑可以归结为两种"文化冲突"论:第一、二种质疑是认为马克思主义与中国传统文化存在"文化冲突",第三种质疑是认为马克思主义中国化与西方文化存在"文化冲突"。习近平总书记提出的"两创",深刻总结了正确处理中、西、马关系,马克思主义与中华优秀传统文化"深相结合"的历史经验,实际上对上述三种质疑做了有效回应。他在哲学社会科学工作座谈会上的讲话中指出:"马克思主义进入中国,既引发了中华文明深刻变革,也走过了一个逐步中国化的过程。"①这意味着马克思主义中国化的历史进程,是变革与融合传统文化的统一。变革传统文化是马克思主义中国化的重要环节,是推动中华优秀传统文化创造性转化、创新性发展的应有之义。当然,变革是为了认同。这就必须与中华优秀传统文化相融合。否则,外来思想文化就会被看作是纯粹从外国输入和强加的,在中国传统文化中是没有根基的。所以,马克思主义中国化的另一个重要环节,是将两者处于自在状态的相通之处予以自觉地融合。在这样的变革和融合中形成的马克思主义中国化,在中国就不是浅土插花,而是为中华优秀传统文化所滋养,与之有着思想脉络上的连贯性。"两创"以"创造""创新"和"转化""发展"作为关键词,表明马克思主义中国化是将变革和融合传统文化这两个环节联系贯通在一起:创造、创新和转

---

① 习近平:《在哲学社会科学工作座谈会上的讲话》,《人民日报》2016年5月19日。

化、发展以变革为前提，同时以融合为效果。就是说，变革不仅仅是对传统文化有所否弃，更包含着对传统文化的提升；融合是在变革传统文化中实现的，更使变革获得认同感和亲和力。这样的变革和融合，以中、西、马交流互鉴的宽广眼界，把中国近代中西文化逐渐会通的历史进程推向新境界，"文明因交流而多彩，文明因互鉴而丰富"，"中华文明是在中国大地上产生的文明，也是同其他文明不断交流互鉴而形成的文明"①，马克思主义中国化不是要在中国文明和包括西方在内的世界其他文明之间制造壁垒，而是要指引当代中国文化走向世界。"两创"贯彻着这样的精神，正如习近平总书记在哲学社会科学工作座谈会上的讲话中所说的，"推动中华文明创造性转化、创新性发展，让中华文明同各国人民创造的多彩文明一道，为人类提供正确精神指引"，并指出这体现了"由特殊性到普遍性的发展规律"。② 这也就是说，"两创"推动马克思主义对传统文化的变革和融合，是要让中国文化的精神产品超越民族特殊性而具有普遍的世界意义。

二、"两创"改进和完善了中国共产党对待民族文化的方针

"两创"改进和完善了中国共产党对待传统文化的方针，即不仅对古为今用予以继承发展，而且指明了确立评价传统文化价值标准的正确方向。如何评价传统文化的价值，即以怎样的标准来评价传统文化，是进行

---

① 习近平：《在联合国教科文组织总部的演讲》，《人民日报》2014 年 3 月 28 日。
② 习近平：《在哲学社会科学工作座谈会上的讲话》，《人民日报》2016 年 5 月 19 日。

中华优秀传统文化创造性转化、创新性发展必须明确的问题。否则，转化和发展就无所依从。正是在这里特别表现了"两创"对于马克思主义中国化的新发展。

（一）古为今用、推陈出新与精神基因、创造创新

对待中华优秀传统文化，中国共产党长期以来的重要方针是古为今用、推陈出新。毛泽东提出发展音乐艺术要"古为今用，洋为中用"[①]，并强调在艺术上应当"百花齐放，推陈出新"[②]。邓小平指出文学艺术必须"坚持百花齐放、推陈出新、洋为中用、古为今用的方针"，"应当认真钻研、吸收、融化和发展古今中外艺术技巧中一切好的东西"。[③]以上讲的古为今用、推陈出新对于传承发展中华优秀传统文化具有指导意义，但毕竟是针对文艺领域而言的，而且这两句话还没有连成一气。之后江泽民、胡锦涛明确把这两句话联系在一起，作为整体对待传统文化的方针。江泽民说："坚持古为今用、推陈出新，在新的历史条件下运用和发展民族文化的精华。"[④]胡锦涛说："我们要发扬与时俱进的时代精神，坚持古为今用、推陈出新，大力弘扬中华文化的优秀传统。"[⑤]习近平总书记提出"两创"是在继承古为今用、推陈出新的基础上，进一步完善、改进了对待传统文化的方针。"两创"不仅指向中华优秀传统文化的整体，而且指向传统文化的深层内涵，就是其特有的精神标识，对此习近平总书记在论述传

---

① 《毛泽东书信选集》，人民出版社 1983 年版，第 598 页。
② 《毛泽东文集》第七卷，人民出版社 1999 年版，第 54 页。
③ 《邓小平文选》第二卷，人民出版社 1994 年版，第 210、212 页。
④ 《江泽民文选》第二卷，人民出版社 2006 年版，第 302 页。
⑤ 胡锦涛在中共中央政治局第七次集体学习时强调：始终坚持先进文化的前进方向 大力发展文化事业和文化产业，《人民日报》2003 年 8 月 13 日。

承发展中华优秀传统文化时，一再以"根""魂""命脉""血脉""基因"作为比喻。任何文化都有其传承载体，如文物、典籍、建筑、人物等，"两创"强调弘扬中华优秀传统文化要深入载体中的内在精神，即上述的"精神家园"。就是说，这不是停留在对传统文化载体的保存、修复、重现，而是要深入挖掘和阐发这些载体蕴含的精神品格。否则，弘扬中华优秀传统文化很难达到以文化人、以文育人的目的。故宫的国宝只是展品，雄伟的长城只是景点，众多的典籍只是藏书，历史的人物只是故事。显然，"两创"进一步把古为今用、推陈出新引向精神世界的深度和以文化人的高度。从语意来看，"两创"和古为今用、推陈出新有相近之处，后者的基本精神用毛泽东的话来说，就是"向古人学习是为了现在的活人"①，即踏着时代的节拍，传承发展中华优秀传统文化；"两创"贯穿着这样的意涵，就是"按照时代的要求和特点""时代的新进步新进展"赋予传统文化"新的时代内涵"，"对中华优秀传统文化的内涵加以补充、拓展、完善"，"激活其生命力"，"增强其影响力和感召力"。②然而，"两创"比之古为今用、推陈出新更加突出了文化主体的创造能动性，而且与新时代以创新发展引领的五大发展理念相一致。就是说，中华优秀传统文化的创造性转化、创新性发展是党的十九大提出的贯彻新发展理念、建设创新型国家的组成部分。因此，"两创"与古为今用、推陈出新既一脉相承，又对其进行了改进完善。

---

① 《毛泽东文集》第七卷，人民出版社 1999 年版，第 82 页。
② 《习近平总书记系列重要讲话读本》，学习出版社、人民出版社 2014 年版，第 101 页。

（二）区分精华、糟粕与文化双重价值的统一

"两创"对于中国共产党对待传统文化的方针的改进完善，更体现在指明了确立评价传统文化价值标准的正确方向。关于评价传统文化的标准，曾有大家熟知的"民主性""封建性"的二分法，即取其民主性精华，去其封建性糟粕，就是以民主性、封建性作为评价传统文化的尺度，在此基础上"批判继承"。然而，这样的评价标准在实践中暴露了缺陷。缺陷之一，这实际上是一个政治标准。所谓民主性，以人民性、革命性、进步性为内涵；所谓封建性，以反人民性、反动性、保守性为内涵。传统文化如对两千多年中国社会产生巨大而深远影响的儒学，自然具有政治性，但它贯穿和渗透于传统的哲学宗教、道德礼仪、文学艺术、教育科技等领域，评价儒学在这些领域的价值，显然不能只有政治性这个维度。因此，只用政治尺度评价传统文化无疑是片面的。缺陷之二，这很容易导致传统文化只有负面价值的结论。因为传统文化主要是在封建社会形成和发展的，很难有许多民主性的精华能在其中萌生发育。于是，以民主性和封建性为评价标准，传统文化恐怕就是糟粕居多了。事实上，在改革开放之前以阶级斗争为纲的相当长的一段时期，在民主性、封建性评价尺度的旗号下，基本上将传统文化作为"反面教员"来看待。与之相联系的"批判继承"，其"批判"失去了在马克思主义话语中辩证扬弃的本义，异化为"大批判"式的全盘否定，而"继承"则荡然无存。显然，民主性、封建性二分法的评价标准，对于新时代中国特色社会主义弘扬中华优秀传统文化是不适宜的。

在改革开放之前，对于民主性、封建性评价标准的问题，人们已有所认识。最突出的就是1957年冯友兰提出的"抽象继承法"，从具体意义和

抽象意义这两个尺度来评价儒学传统。他认为就前者而言，儒学传统没有什么当代价值，但就后者而言，几乎都可以分析出在当代还有价值的东西，并举出《论语》中的"学而时习之，不亦说乎"予以说明，指出其具体意义是叫人学《诗》《书》《礼》《乐》，这"对于现在就没有多大的用处"；而其抽象意义是以经常温习和实习学过的东西为快乐，这"对我们现在还是有用的"。[①] 显然，着意提出抽象意义，在一定程度上弥补了"民主性""封建性"评价尺度的两个缺陷。但是，这样的补救还是有缺陷的。因为对具体与抽象进行如此的区分，实际上是把两者相割裂。儒学传统绝非是具体和抽象互不相干的两橛，它既是具体的，即是在一定历史条件下形成的；又是抽象的，即具有超越特定时空的普遍性。同时，只有来自具体的抽象，才是有真实内涵的抽象，否则只能是没有根基的主观臆断。因此，如何从没有当代价值的具体意义中获得具有当代价值的抽象意义，"抽象继承法"是无法说通的。这意味着评价传统文化的标准问题在冯友兰那里仍然没有得到圆满的解决。

冯友兰作为哲学家、哲学史家，其"抽象继承法"的直接用意，是反对简单地以唯物主义和唯心主义作为评价中国传统哲学精华和糟粕的标准。当时以及后来很长时期，这被视为马克思主义的金科玉律。其实，马克思主义并非如此。马克思、恩格斯、列宁等马克思主义经典作家对于黑格尔唯心论辩证法的高度评价，是人们所熟知的。马克思说：当德国知识界把黑格尔当作一条"死狗"时，"我公开承认我是这位大思想家的学生"，还说在《资本论》第一卷的"有些地方我甚至卖弄起黑格尔特有的

---

① 冯友兰：《关于中国哲学遗产的继承问题》，《光明日报》1957年1月8日。

表达方式"。① 列宁指出："聪明的唯心主义比愚蠢的唯物主义更接近于聪明的唯物主义。"认为唯心主义是人类认识过程的重要环节，"是生长在活生生的、结果实的、真实的、强大的、全能的、客观的、绝对的人类认识这棵活树上的一朵无实花"。② 不结果实的鲜花，毕竟是鲜花而不是毒草。毛泽东在 1943 年说："王阳明也有一些真理。孔孟有一部分真理，全部否定是非历史的看法。"③ 当时，中国共产党正在批判蒋介石的《中国之命运》，指出他的"力行哲学"是利用儒学尤其是王阳明唯心主义拼凑起来的，其政治意图是主张法西斯式的"新专制主义"④。即便如此，毛泽东还是认为孔孟、王阳明有值得肯定之处。可见，以唯物主义还是唯心主义来区分中国传统哲学的精华和糟粕，在马克思主义中并没有根据。

那么，应当以什么标准来评价中国传统文化呢？"两创"为此指明了方向，就是从文化的价值本性着手，把传统文化的评价树立于其上。文化作为人们在社会实践基础上的创造，具有双重价值：一方面，它对于人们达到某个目的或某种利益具有实际的功效，这是工具价值；另一方面，它作为类本质力量的表现，本身就具有价值，这是内在价值。这就为评价传统文化的价值提供了两个尺度，评价中国传统文化应当正确地运用这两个尺度并将它们相统一。从工具价值的角度来评价传统文化，无论是政治制度层面，还是思想观念层面，或是礼仪习俗层面，它们的价值取向无疑都有落后于今天时代的性质，但并非完全没有正面的时代意义；从内在价值的角度来评价中国传统文化，其上述的那些层面都蕴含着我们民族富有创

---

① 《马克思恩格斯选集》第 2 卷，人民出版社 1995 年版，第 112 页。
② 列宁：《哲学笔记》，人民出版社 1993 年版，第 235、311 页。
③ 《毛泽东文集》第三卷，人民出版社 1996 年版，第 84 页。
④ 参见《周恩来选集》上卷，人民出版社 1980 年版，第 142—156 页。

造性的智慧，但也并非没有某些偏颇。必须将这两个尺度结合起来，即不仅从外在的时代根据，而且从内在的民族智慧来评价中国传统文化，由此把握其双重价值。这样来评价中国传统文化，既能克服"民主性""封建性"评价尺度只从政治上着眼而基本否定其正面价值的片面性，又能克服"抽象继承法"把抽象与具体相割裂的评价尺度的形而上学。"两创"正是以工具价值和内在价值的统一作为评价中国传统文化的标准。习近平主席《在纪念孔子诞辰2565周年国际学术研讨会暨国际儒学联合会第五届会员大会开幕会上的讲话》中阐述了这一要求。他指出，传统文化作为一定历史条件的产物，"不可避免会存在陈旧过时"的东西，而汲取中华优秀传统文化的积极养分，则要"把跨越时空、超越国度、富有永久魅力、具有当代价值的优秀文化精神弘扬起来"。习近平总书记多次说过类似的论述。这些论述指出中国传统文化有陈旧过时的一面，又有重要的当代价值，因而既要与当代文化相适应，又要挖掘蕴藏其中的解决当代人类面临问题的重要启示，这就是对于工具价值尺度的正确运用；指出中国传统文化具有"跨越时空、超越国度、富有永久魅力"的价值，其价值并不因为产生它的历史时代的消逝而失去，这是以内在价值尺度所作的评价。传统文化的内在价值不是静态的存在，需要在新时代中国特色社会主义实践中予以提炼、概括，显示其生命力所在。这就是把工具价值和内在价值的统一作为评价中国传统文化的标准。

（三）评价中西各有长短的辩证尺度

近代中国西学涌入，对于中国传统文化的评价，往往离不开与西学的比较。这在参与和融入全球化进程的当代中国更是如此。为了抵制西方随着全球化而来的强势霸权，必须在文化上确立民族的主体性，而认同中华优秀传统文化的价值无疑是其题中之义。然而，这种认同绝不是奉其为国粹，而是与吸收西学的长处以克服其短处相联系的。在此背景下来思考传统文化的价值评价标准，就存在如何评价中国传统文化和西方文化之长短的尺度问题。"两创"对此指出的方向是确立辩证的尺度。依据习近平总书记的相关论述，这主要有两个方面：一是不能把西方文化作为裁定中国传统文化优劣的绝对标准；二是中西文化各有长短。前者指出了什么不是评价中国传统文化和西方文化之长短的辩证尺度，后者指出了什么是评价中国传统文化和西方文化之长短的辩证尺度。习近平总书记从坚持文明的多样性出发，引用孟子的"物之不齐，物之情也"，说明评价一个国家和民族的传统文化"不应该以独尊某一种文明或贬损某一种文明为前提"①。这对西方文化霸权是特别有针对性的。由于西方在近几百年以来走在现代化的前列，因而就以为西方文化指示了人类文明的普遍道路，要求其他国家和民族的文化以此为标准。对此习近平总书记指出，任何国家和民族的思想文化在一定地域和历史条件中有其合理性，"但如果硬要把它们套在各国各民族头上、用它们来对人类生活进行格式化，并以此为裁判，那就是荒谬的了"②。这对于评价中国近代以来思想文化的历史也有很强的针对性。在中国近代面临的世界文化格局中，西方文化与中国传统文化是中心与边缘的关系，因而产生了以西方月亮评判中国月亮是否圆的问题，这就滑入了习近平总书记所批评的，"把一种理论观点和学术成果当成'唯一准则'"的"机械论的泥坑"。③ 这意味着如果把西方文化当作评价中国传统文化的最高标准，以此确定其转化和发展的方向，那就是形而上学的

---

① 习近平：《在联合国教科文组织总部的演讲》，《人民日报》2014年3月28日。
② 习近平：《在哲学社会科学工作座谈会上的讲话》，《人民日报》2016年5月19日。
③ 习近平：《在哲学社会科学工作座谈会上的讲话》，《人民日报》2016年5月19日。

机械论，完全丧失了"创造""创新"的本质属性。习近平总书记从坚持文明的平等性出发，指出："各种人类文明在价值上是平等的，都各有千秋，也各有不足。世界上不存在十全十美的文明，也不存在一无是处的文明。"① 他在纪念孔子诞辰 2565 周年国际学术研讨会暨国际儒学联合会第五届会员大会开幕会上的讲话中对此做了进一步的论述，指出每个国家和民族的文明，"都有自己的本色、长处、优点"，要"认识到每一个国家和民族的文明都是独特的，坚持求同存异、取长补短"，"不同国家、民族的思想文化各有千秋，只有姹紫嫣红之别，而无高低优劣之分"。② 这就是说，以辩证的尺度评价中国传统文化和西方文化之长短，需要把握两者的特点，不过特点并非缺点，而是既包含长处、优点，又包含短处、缺点，它们往往互相联系在一起，即中国文化的特点相比西方文化的特点，既是优点所在又是缺点所在，反之亦然。比如，在思维方式上，与西方哲学发展形式逻辑的悠久传统相比，热衷辩证思维是中国传统哲学的特点，它的长处是善于用"一阴一阳之谓道"的对立统一法则把握宇宙人生，它的短处是冷落了形式逻辑，因而概念缺乏确定性，思想体系缺乏严密的逻辑构造。以这样的辩证尺度衡量中国传统文化和西方文化之长短，揭示出两者的价值互补性，就能够既抗拒西方文化的霸权，又不走向国粹主义，从而"促进东西方两大文明互通互鉴，推动人类文明进步和繁荣"③。这正是"两创"所要求的，即在比较中西文化基础上，认识两者是尺有所短、寸

---

① 习近平：《在联合国教科文组织总部的演讲》，《人民日报》2014 年 3 月 28 日。
② 习近平：《在纪念孔子诞辰 2565 周年国际学术研讨会暨国际儒学联合会第五届会员大会开幕会上的讲话》，《人民日报》2014 年 9 月 25 日。
③ 习近平：《打开欧洲之门 携手共创繁荣——在荷兰〈新鹿特丹商业报〉的署名文章》，《人民日报》2014 年 3 月 25 日。

有所长，从而在取长补短中体现中华优秀传统文化的创造性转化、创新性发展。习近平总书记用"两创"指明了以怎样的价值标准评价中国传统文化，是对党对待传统文化的方针的重要改进和完善。

（原载《思想理论教育》2018年第4期）

传统与现代化的再思考

姚新中

  传统与现代性是一种复杂关系。在西方这一关系具有双重性，现代既是对传统的反抗与否定，是一种断裂，但现代性又是从传统中生发出来的，又是一种连续。在中国历史上，这样的双重性在很长的时间里并没有表现出来。因为中国的现代化最初是从西方引进的，在一定意义上是一种"被现代化"的过程，也就是说现代性的实现是以对中国传统的否定为代价的。因此在很长一段时间里现代与传统呈现着完全背离与对抗的关系，由此引发人们对同一问题的相互冲突、理解，或者持有截然不同的立场。今天我们正在主动地进行现代化，要实现中国特色的现代化，就必然引发关于什么是现代化，这样的现代化与中国传统是什么样的关系，如何才能实现现代化特殊性与普遍性的统一等一系列的问题。

  为了寻找对这些问题的答案，需要重新思考传统与现代的关系。本文的立论是从批判现代化理论对于传统与现代的狭隘理解入手，通过分析传统与现代的三种模式或模型，把传统与现代看作一个和而不同的有机体，反对把传统与现代化割裂开来的两种极端观点，即一是以现代来否定传统的历史虚无主义，一是以复兴传统为名对抗或排斥现代的价值保守主义。

在把传统与现代化有机结合起来的过程中，本文论证虚假的现代化割裂传统与现实，真实的现代化则需要以传统为基础。现代化具有化解传统阻力的强大量能，但也有不断汲取传统价值以丰富自己的迫切需要。以此而论，以儒家价值为核心的传统并非必然与中国的现代化相悖而行；相反，经过合理改造的中国传统应该成为中国现代化的必要内容。唯有如此，再现代化的儒家观念和理想才能重新成为现代生活的价值导向，具有中国特色的现代化才能真正实现。

一、"现代化理论"

讨论传统与现代化的关系，当从所谓的"现代化理论"（modernisation theory）开始。"现代化理论"的思想源头可以追溯到埃米尔·杜尔凯姆（Emile Durkheim，1858—1917）和马克斯·韦伯（Max Weber，1864—1920）。许多现代化理论的拥护者从社会经济政治发展过程来理解现代化，指出现代化是一个广义的概念，是前工业化社会随着经济发展、技术革命而产生的全面社会变化，特征包括人们的主要工作场所由家庭转移到工场（工业化）、从农村移居到城市以寻求工作（城市化）和大规模正式社会组织的出现（官僚化）。他们认为现代化的这三种内涵必然使得主要的社会单位和构成如家庭、宗教和教育发生根本性的变化，而这样的变化又必然会带来社会中人们之间权力结构的改变和意识形态方面的变革。从一般意义上，罗兹曼与伯恩斯坦（Gilbert Rozman & Thomas Bernstein）定义现代化为"在科技革命影响下社会已经发生或正在发生变化的过程"①，提出现代化一定是综合性的，应该从社会、经济、政治、文化和个人生活的各个角度进行衡量，因为科学技术、生产力和经济的提升和扩展一定会带来所有这些领域的改变。巴尔克（Chris Barker）指出，现代化是一个后传统的（post-traditional）、后中世纪（post-medieval）的历史时期，其标志是从封建制和农耕方式向资本主义、工业化、世俗化、理性化、民族国家及其相关的机构组织与监管形式的过渡。② 吉登斯（Antony Giddens）强调现代化的进步性，认为现代化指的是传统社会向现代社会或工业社会的发展和进步。现代性提供了比任何以前的社会秩序所能提供的更强发展动力，其社会更注重专业技术，其组织结构更为复杂。与所有以前的文化形态都不同，现代文化指向未来而不是过去作为人类生活和社会的理想。③ 无论从哪个角度或立场定义现代化，多数现代化理论的拥护者会认为，现代化过程必然产生与前现代完全不同的核心价值，主要表现在舍弃温情脉脉的人际关系和感情，而以批判的眼光评价一切的理性主义（rationalism）；拒斥否定个人利益、禁锢个人创造性的集体主义（collectivism），而代之以强调个人福祉、平等权利和独立人格的个人主义（individualism）；抛弃往后看和循环论的历史观，代之以向前看的价值取向和进步发展观（progressivism）。

现代化理论不承认特殊性。在其倡导者看来，现代不仅仅区别于前现代而且要彻底改造前现代，其进程必然改变传统的基本价值和生活方式，任何文化和国度都不可能超脱这样的改变。现代化理论的核心主张就是经

---

① Gilbert Rozman, *The Modernization of China*, New York: Free Press, 1981, p.3.
② Chris Barker, *Cultural Studies: Theory and Practice*, London: Sage, 2005, p.44.
③ Antony Giddens, *Conversations with Anthony Giddens: Making Sense of Modernity*, Stanford, California: Stanford University Press, 1998, p.94.

济发展必然会引发社会、文化、政治、价值等所有方面的根本变化，而这些变化是完全可以预测的。① 看到这样的独断在现实中的困难，英格尔哈特和贝克（Ronald Inglehart & Wayne E. Baker）修正了现代化理论的核心主张，指出经济发展所带来变化的方向是一致的，但变化的具体过程和途径则会受当地历史和文化方面因素的影响而各有不同。② 现代化理论的提出者或修正者有一个共同的倾向，那就是认为现代化的标志就是创造出"新"价值观、信仰和思维方式来对抗传统和习惯。传统在现代化过程中将不可避免地越来越被排挤出人们的生活，因为传统信仰和价值观等已经不能再与新兴的生活方式和实践相适应了。换句话说，传统的核心价值对现代人们而言已经不再是"价值"或最起码不再具有工具价值了，而现代化是以对抗、排斥、更替传统的使命来到这个世界。

二、传统与现代关系的三个模式

现代化理论对传统与现代关系的理解有一定的历史根据，但其哲学思

---

① "Economic development is associated with shifts away from absolute norms and values toward values that are increasingly rational, tolerant, trusting and participatory." 参见 Ronald Inglehart and Wayne E. Baker, "Modernization, Cultural Change and the Persistence of Traditional Values", *American Sociological Review*, Vol. 65, No.1, *Looking Forward, Looking Back: Continuity and Change at the Turn of the Millennium*, pp.19-51 (Feb., 2000)。

② "Economic development tends to transform a given society in a predictable direction, but the process and path are not inevitable. Many factors are involved, so any prediction must be contingent on the historical and cultural context of the society in question." Ronald Inglehart and Wayne E. Bake, "Modernization, Cultural Change and the Persistence of Traditional Values", *American Sociological Review*, Vol. 65, No.1, *Looking Forward, Looking Back: Continuity and Change at the Turn of the Millennium*, p.49.

维是单向度的，割裂了传统与现代或过分强调它们之间的不相容性。"现代化理论"所说的现代化，可以被称为"短现代化"（short modernisation），即现代化在某一时空中完成了对传统的背离、拒斥和替换。短现代化的典型表现是开始于 16 世纪西欧的社会运动，它以文艺复兴、启蒙运动、宗教改革、民族国家为表现形式，以自由、民主、人权为旗帜，以科技化、工业化、城市化和官僚化为基本内涵。现代化理论的拥护者大都从狭隘的视角看待传统价值与现代化的关系，认定现代化就是要不断地在根本上扬弃传统价值，并创造出一套与传统完全不同的全新价值体系。在传统与现代性的关系上，不仅仅认为从传统到现代是线性的，而且现代与传统是不可避免地对抗性的、断裂性的关系。因此我把这样的关系归纳为传统与现代性的断裂和对抗模式：

这种断裂和对抗的模式在特定历史时期具有一定的合理性，因为作为新的体系，现代性只有在突破传统束缚之后才能凸显自己的价值并得到人们的认可和接受。然而，即使作为历史上的一个阶段，现代化也不可以单纯视为"现代"现象来认识，必须在与传统的联系中才能真正把握。当人类进入 20 世纪后半叶之后，该模式的局限性越来越为人们所认识。在世界各个地区和国家，尽管现代化的浪潮风起云涌，在深度和广度上迅猛展开，但并没有出现如有些人预言的那样传统价值被彻底清除出人们的生活和各个社会领域。相反，各种各样的传统价值不仅存留下来，发挥着重要作用，而且不断得到传播、繁殖、扩展和革新。面对这样的现实，一些学者看到了现代化理论对于传统理解的片面性和局限性，开始重新认识传统、重新评价传统价值在现代化中的地位和作用。爱德华·希尔斯（Edward Shils）于1971年率先打响了传统的保卫战，发表了"论传统"的长文，明确提出，"所有现存的事物都有自己的过去，没有任何事物可以逃脱过去的掌控"①。现代化也不例外，只有从传统价值中才能得到合理的解释和理解。戴维·格罗斯（David Gross）在其名著《废墟中的过去：传统及对现代性的批判》中明确提出，在所有的现代化国家里传统依然存在并发挥着不可替代的作用。这一事实打破了现代化理论的独断，因为现代化进程并没有取代或排斥传统的价值。传统价值存留下来并得以发扬光大的原因是多方面的，或者是因为传统在现代实践上仍十分有用，或者是因为传统可以像镜子一样映射出现代性中的缺失。②不少学者指出，传统的重要性还在于它能给予人们以安全感和归属感。他们认为传统的重要性不仅在于可以为人们提供广阔的空间感和本体论上的安全感（ontological security），而且在于它是不可再生和不可重复的价值观的财富积聚，能使得个人和集体体验更加深厚和丰富。③传统价值的适应力和生命力证明了传统仍然是塑造现代的中坚力量。当然，任何传统都有"活"的部分与"死"的部分。对于现代具有生命力的传统不是指存在于过去的、考古遗

---

① Edward Shils, "Tradition", in *Comparative Studies in Society and History*, Vol.13, No.2, *Special Issue on Tradition and Modernity*, 1971, p.122.
② "治疗现代化疾病的唯一方式就是更现代化。"这样的偏执现代化观点已经受到广泛的批评。David Gross, 5. Rethinking "Tradition" (pp.77-91), in *The Past in Ruins: Tradition and the Critique of Modernity*, Amherst: University of Massachusetts Press, 1992, p.87.
③ Rethinking "Tradition" (pp.77-91), in *The Past in Ruins: Tradition and the Critique of Modernity*, Amherst: University of Massachusetts Press, 1992, p.83.

迹中或博物馆内的僵化传统，而是在学术中、实践中以思想、信念、规范和生活内容等方式延续下来并经过当代人重新解释和论证的活传统，是与现代息息相关的不断发展变化的传统。活传统乃不断累积而成，既是过去的延续也是一种新的叠加和增生，其形式和内容都在不断得到新的解释。这样发展变化中的传统只能是"现代化"的一部分，不可能孤立存在于现代进程之外。

在重新认识传统对现代化的作用和价值过程中，越来越多的人认识到传统与现代之间的联系是不可能割断的，提出现代性虽然是对传统价值的变革但又是从传统性发展而来。现代化本身不是一个点、一个阶段而是一个过程。这样的解释形成了"长现代化"（long modernisation）的概念。长现代化概念意味着现代化以渐进和全面的方式将传统融入现代化中。据此而论，现代化贯穿于人类文明长河，我们无法用某个点来断定之前是传统之后是现代。从原始文明到"轴心时代"文明、现代文明，再到各自本土化的全球文明，是一个具有一致性和连续性的演进过程。各个阶段虽然在价值观上有性质上的区别，但它们都是一个链条中的互相连贯的不同环节。根据这一观点，传统和现代之间不可能有明显的界线。现代性是由传统中生长出来的，现代化本身又是传统的合力推进。这样一个不断成长过程展现给我们的是传统到现代化的长景图，其内容只能是对人类共同关心的主题，例如人的本质、自由、价值的不断肯定，是在人的内在和外在、个人与群体、昨天与今天的矛盾与统一运动中不断展开的：

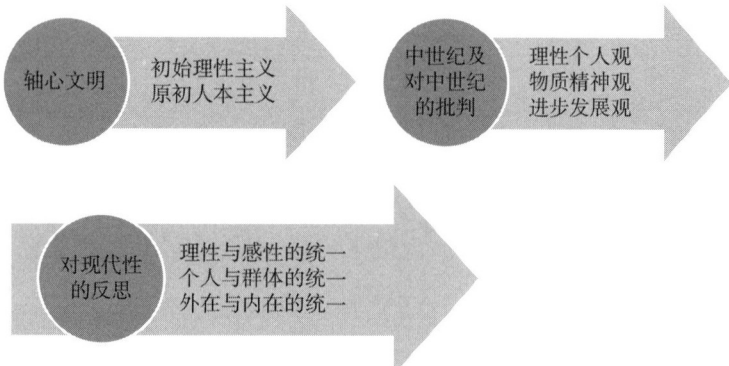

这样的演进过程在以欧洲为代表的西方世界里，具体表现为从古希腊文明与古希伯来文明中生发出中世纪文化—神学性的教会—国家—社会一体化，这样的中世纪文化一方面压抑了理性的发展，但另一方面又保存和承续着古代文化，鼓励了对上帝创造物规律的研究和理解。但由于单方面发展宗教精神性而压制物质性，中世纪后期产生了对严格神权主义的反抗和向重新解释的古代文化的回归与复兴，由此而出现了文艺复兴、宗教改革、启蒙运动。在科技革命的推动下欧洲率先成就了以理性主义、个人主义、进步主义为导向，以工业革命、技术创新、城市化等为手段的现代化运动；这一运动改变了世界也改变了人类社会自身，使得人类在与自然的搏斗中第一次成为真正的主人，实现了物质的丰富、个性的张扬与社会的进步。但它同时也带来了严重的后果，引发出所谓后现代的各种思潮如解放神学、关怀伦理、生态哲学等，对狭隘理解的现代性进行修正和批判，寻求内在与外在、感性与理性、个人与群体的统一。后现代并非与现代截然分开的另一个阶段，而是现代的延续和发展，在承接现代价值的同时而形成对现代性中极端价值的批判和修正。

"长现代化"理论否定现代化是对传统的隔断,把传统纳入现代化进程之中;现代化不再是一个时间点,也不是一个固定的空间,而是一个绵延的扩展,是一个不断演化、不断修正同时不断提高的过程。这就是传统与现代关系的第二种模式:

"长现代化"的提出对我们有特殊的意义。这对于那些把传统与现代对立起来的极端观点是一种批判。与短现代化模式相比,"长现代化"模式更适合中国的历史和现实国情。虽然传统受到西方现代性的根本否定(典型表现为"打倒孔家店"和"破四旧"),但中国传统并没有完全消失。相反,"文革"之后,很多传统的东西得到了迅速的恢复。"中国是一个完全现代化的社会,但其现代性所展现的方式又深深地为其前现代传统所塑造"①。由此而言,中国传统也并非与现代化完全对立的,也并非没有对长现代化做出任何贡献。早在2000多年前百家争鸣就开创了理性思考,儒家所倡导的道德主体性成为社会架构的价值基石,工商业活动很早就得到各大朝代的扶持和发展,大都市在规模和内涵上都居于世界前列,强大的中央政府和由科举考试所形成的官僚体制也远远早于欧洲而得以确立和盛行。

---

① Rana Mitter, *Modern China: A Very Short Introduction*, Oxford: Oxford University Press, 2008, p.12.

中国传统与现代之间的关系不可能由"短现代化"模式来解释。同时，中国传统与现代的关系也远比"长现代化"模式所能包容的要复杂，因为中国的现代化除了从传统中汲取养分之外，到现在为止主要还是在西方现代观念和价值的主导下进行的。自从西方在19世纪中叶开始把自己的现代化理念和价值强加给中国之后，中国被迫接受了西方的现代性，并以此来重新思考和评价、以短现代化模式来改造和解释中国的传统。因为特殊的历史和生活经历，大多数知识分子往往从对立的视角来审视现代与传统的不兼容性，批判传统中压抑个性、以义务压制权利、以集体否定个人的价值取向、集权政治等，认为这些是中国之所以落后的根源，必须彻底根除之，方能完全实现现代化。因此，在很长的时间里反传统成为现代性的价值导向而"西方化"则被看作是现代化的基本内容。另一方面，也有许多人厌恶西方式现代性对中国文化的入侵，提出要恢复中国文化的传统，就必须驱逐以现代性为代表的外来文化。他们把现代化等同于单纯的科学与民主，进而等同于西方化，并由此认定现代化是对中国文化的戕害。

这两种倾向以不同的方式割裂了传统与现代化。如果我们能换一个视角来看待传统与现代的关系，不是一味地强调其中的一个方面，那么传统与现代性之间是可以形成良性循环的。这样一个循环模式为传统与现代化的关系释放出更大的空间，允许更多的可能性，也准备了更多的可操作性。它可以有效地融合传统和现代，让不同的发展模型共存，让具有与中国同样经历的民族和国家可以按照自己的方式来实现现代化。一方面，"借来的"现代价值作用于传统，依此对传统进行反思和改造；另一方面，经反思而"过滤"了的传统反过来又施加于现代化进程，形成了一个循环往复的关系：

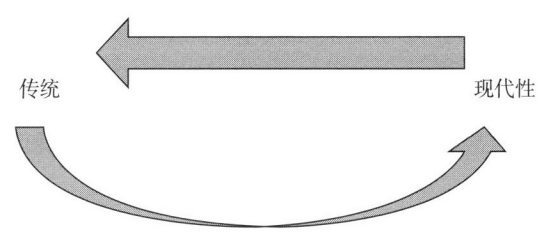

传统　　　　　　　　　现代性

    这可以说是传统与现代化的第三种模式。与"短现代化"和"长现代化"的模式相比,传统与现代化的"循环模式"更加肯定了传统和现代之间的无法割裂关系,从而使现代化既具有特殊性又具有普世性。传统与现代化之间不仅相互联系而且更重要的是互相包含、互相影响和互相改变,呈现出一种动态的全方位整合的关系。一方面,传统不断为现代性所改变,真正的现代化本身是一个继承和发展传统,在整合传统与现代基本价值的基础上不断"创造"和"再创造"传统、"改变"和"再改变"传统的过程。虚假的现代化对传统,或抛弃或与其抽象对立,或否定其根本价值而用一些边缘价值充当核心价值从而达到否定传统整体的目的。这样的所谓现代化是对文明的破坏,是价值传承的中断,也是无法维系、无法长久的。由于现代化的程序和过程只有在特定文化和文明之中才能展开,所以现代化在一定程度上和发展阶段必须转化为"传统化"和"本土化"。本土化的现代化是与传统结合起来的现代化,展现了现代化的多样性。传统与现代的循环模式又一次证明,传统是现代生活中不可或缺的一部分。所有现代化的形式都或多或少运用了传统的内容,用希尔斯的话来说,

"所有新的东西都不过是对于之前已经存在的某种修正而已"①。与此同时,传统也不总是单一被动地接受现代化的改变,而总是积极主动地参与改变自己的过程,从而修正和影响现代化的价值导向。传统和现代化的相互改变造就了:一个特定文明的生命力和一种特定的生活方式,得以维系和发生改变的语境和内容。

三、儒家价值的现代性

长现代化概念和传统与现代化的循环模式也改变了对儒家传统的评价,以及传统儒家如何可以应对迅速全球化的世界的看法。在此新观点的指引下,我们可以说儒家价值不仅仅是过去传统的主体,也是或应当是当代中国现代化和改革的一部分。

儒家思想的独特性质使其在现代世界中同时保留传统价值和形成新的生活方式成为可能。除了时间维度,我们也可以从空间角度来看这个问题。在表现中国文明的独特精神和参与全球文明的塑造上,儒家思想既是地方的,也是全球的。全球化的现代化不是也不可能是单一现代化模型普遍化的过程。它只能是不同文化的新元素和旧元素的大熔炉。现代化的实现预示着全球化和文化多样性的兼容与妥协。加里·汉密尔顿(Gary G. Hamilton)认为,我们在全球经济发展中所见证的不是以西方文化普遍化为形式的统一性提高,而是通过非西方文明模式积极地再创造和再融合

---

① "All novelty is a modification of what has existed previously." (Edward Shils, "Tradition", in *Comparative Studies in Society and History*, Vol.13, No.2, Special Issue on Tradition and Modernity, 1971, p.122.)

的文明多样化的延续。① 文明多样性给现代化增加了一个全新的维度，同时也为儒家思想在传统和现代化的相互转化中发挥作用提供了一个新的平台。学者们指出，"华夏民族所受儒家学说之影响，最深最巨者，是在制度法律、公私生活之方面"②。这样的影响不仅在过去，而且对现在和将来仍不可忽视："儒家关于权力制约的制度建设至今仍有深远意义。"③ 除了这些制度层面的东西，更为重要的是儒家思想中所体现的核心价值，如高度的道德主体性，强调自觉觉人的道德活动，论证个人—家庭—国家一体化的伦理合理性，要求"自天子以至于庶人，壹是皆以修身为本"(《大学》)，倡导理论上和实践中的理性思考，强调道德自律和履行责任，关注有效的国家治理等都应该是中国现代化的合理内涵等。这些价值既是传统的基本要素又包含了向现代转化的基质。

对于儒家传统与现代化的关系，中国知识分子经历了一个长期而痛苦、曲折而反复的认识过程，并在很长一段时期，主流思想或者顽固地以僵化的儒家规范来对抗现代化，或者把儒家价值当作现代化的阻碍，将其完全排斥在现代化之外。④ 后者尽管有其历史的理由，但其片面性显而易见，是没有"现代化理论"形式的简单和极端现代化理论，是对传统性与现代性关系的片面理解，也是近现代以来中国现代化过程曲折而缓慢的原因之一。随着中国的改革开放，人们对传统与现代的关系开始有了新的认

---

① Gary G. Hamilton, "Civilizations and Organization of Economies", in *The Handbook of Economic Sociology*, edited by N. J. Smelser and R. Swedberg. Princeton, NJ: Princeton University Press, 1994, p.184.
② 陈寅恪：《陈寅恪文集之三：金明馆丛稿二编》，上海古籍出版社1980年版。
③ 余英时：《朱熹的历史世界》，台湾允晨文化实业股份有限公司2003年版。
④ Xinzhong Yao, *An Introduction to Confucianism*, Cambridge: Cambridge University Press, 2000, pp. 266-279.

识。割裂和对立儒家传统与现代化的倾向自20世纪80年代末开始逐渐得到了根本性的扭转。出于不同的目的和动机，海内外儒家学者和有远见的政治领导人逐渐引领儒学处于文化发展中的显著地位，把儒学或儒家传统看作中国文化的核心和中华文明复兴的一部分。复兴的儒学是现代与传统相互作用的一部分，必须放到传统的现代化转换和创造性发展的大语境中才能得到真正实现。作为传统，儒家思想也包含着有价值的、无价值的不同方面，需要对其内容进一步甄别，区分什么是好的卓越的、什么是坏的过时的。这样的理性甄别和批判可以使人们进一步看清楚哪些传统价值观应该继续抵制，哪些传统价值观应该予以保留和发扬，如何使传统更好地用于弥补现代性和全球化的不足，服务于国家现代化建设和国家整体文化的发展战略。复兴的儒家思想不仅仅是过去传统的一部分，也是或应当是当代中国现代化和改革的一部分。从古老的传统里寻求当今中国核心价值的优秀资源正在成为新的"时尚"，因为当代中国需要以传统价值来批判各种各样的现代道德弊病。从积极的方面来说，重新理解的儒家传统也成为新价值观创造的动力之一，有助于回答当今人类面对的共同问题：如何在现代化过程中实现一个更加平等和谐的世界，促进人类与自然环境的和谐统一，逐渐缩小而不是扩大贫富之间的差距，等等。

我们可以根据儒家思想的基本价值提炼出其对传统与现代的理解：传统与现代的关系不是单一维度的，而是全方位的。它反对把政治、经济、文化、道德、教育、宗教等割裂为互不关联的部分，坚持所有这些方面只不过是一个整体的不同侧面，只有集合起来才能共同构造生活的内容。儒家并不反对经济和技术的现代化，但它特别强调现代化的文化和价值内涵。① 对现代化的这样的理解在文化重塑方面有着显著意义，对于以自我反思的方式定义什么是传统，怎么评价传统，以及如何才能重建传统，也会起着积极的作用。可以说作为理性和自我反思的传统，儒家思想已经在新的语境中开始了全方位的"创造性转化"和"创新性发展"，既表明了传统再生的巨大活力，也为传统与现代的统一奠定了牢固的基础，更为传统与现代的循环模式做了一个典型的中国注释。

四、儒家传统的再现代化

儒家传统和现代力量的相互作用构成当代中国现代化的主旋律，而这样的相互作用又全方位地影响着当代中国人的观念和价值。在这一相互作用中，儒家传统得以再现代化并进而融入现代价值之中。这之所以可能，一方面是因为真正的现代化是一个包容并蓄的过程，既不排外也不拒内，在中外融合、古今交融中实现的，另一方面也来自儒家传统本身。儒家从来就不是固定不变的，而是有不断自我更新的传统，无论是汲取先秦百家而形成的西汉儒学，援道入儒的魏晋儒学，批判地借鉴佛教、道家哲学的宋明理学，还是自觉以西方哲学来重新诠释传统的现代新儒学，都可以看作是儒家持续"现代化"的成功范例。经过重新诠释的儒家价值正在成为建设一个全新社会和政治秩序的推动力量。像"道德建设""文明复兴""创新性发展"等概念已经成为官方和民间话语中的常用词汇。这样术语的出现反映了在社会主义市场经济进程中"法治"与"德治"、"理

---

① 早在 20 世纪初，梁启超就已经指出，"中国学术以研究人类现世生活之理法为中心，以今语道之，即人生哲学及政治哲学所包含之诸问题也"。参见《经典学术：先秦政治思想史》，东方出版社1996 年版。

想"与"现实"、"传统"与"现代"价值统一的需要。"中国道路""中国特色""中国精神"等对于中国的现代化至关重要，因为它们所寻求的是植根于中国传统的现代化，而不是纯粹"借来的"或"植入的"现代化。当然，如何界定它们并非易事，单靠政治口号和宣传并不能使它们深入人心。因此我们必须把意识形态的导向和现实生活的需求结合起来，在自己传统中发掘现代化的资源，同时自觉地把中国传统置于世界文化之中，通过比较和鉴别，汲取所有的优秀成分，实现儒家传统的再现代化。

  提出儒家传统的现代价值就是要表明儒家传统与现代性在终极价值上的一致性。从传统与现代统一的立场来看待儒家传统，一是要反对片面的现代化理论，反对以现代否定传统，从现代性出发来割裂传统与现代的关联；二是要反对极端的传统主义，反对以传统否定现代，从传统出发来对抗现代。儒家的传统是现代的传统，而它的现代是传统的现代。这样的解读不仅仅是为文化更生、行政运作和治理构建寻找合法性，而且是为了建立一个基于传统儒家与现代文明互动的文化秩序，实现传统儒家价值和现代普世价值之间的良性转换。重新解读的儒家传统旨在团结人们，纠正在经济、政治、文化和社会运作中出现的各种弊端，引领人们建设一个共同富裕的社会，以公开且严谨的方式渗透到教育体系之中，通过各种各样的学习方式，把传统文化和传统价值观传授给广大受众，运用现代媒体手段重新创建社会道德网络，让个体和群体都拥有安全感和归属感。

  儒家传统是现代化的一部分，包含着现代性的可能和潜质。但要实现这样的可能性、发挥这样的潜质，儒家传统与现代要求必须实现价值上的统一。这样一个过程也可以说是一个儒家的再现代化。儒家传统与当代实践的价值统一可能会与当今政治有某种一致和契合，但我们绝不应该把它仅仅作为一种政治工具，否则现代化的儒家就会失去其自身的魅力，不能持久、全面地影响中国的现代化进程。① 再现代化的儒家也不是对传统的简单复归，而是儒家的传统性与现代性的价值结合，是对传统的新诠释和新解读。因此，它不同于简单的、极端的民粹主义。以现代否定传统，把西方现代性嵌入中国文化土壤中，不可能成长为现代化的大树。孤立于世界潮流之外的现代化或过于强调中国特色而要重起炉灶式的现代化既不可能也不现实，历史已经证明了它的失败。以完全复古为特征的保守主义是以传统对抗现代的又一种尝试，也是注定不会有成效的。与这些极端观点相反，再现代化的儒家文化是传统与现代的再平衡、再创造，是一种基于老传统的新价值形态，因此可以为我们在急剧全球化和"深度现代化"过程中保持传统并提供全方位的价值支持。

再现代化的儒家价值强调传统特殊性与现代普遍性的"和而不同"。起源于西方的现代性具有很强的自我扩张能力，要寻求同一性就必须清除异质文化和异质价值，从而引起民族之间、文化之间、传统与现代之间的巨大张力。儒家传统支持全球化的现代化，但也重视民族认同感和文化归属感，以实现具有传统意义的现代化文明特质。属于全球的首先是而且必须也是属于地方的。再现代化的儒家价值提倡传统与现代、部分与整体的全方位融合，强调不同之中的和合。② 不同国度学者开展的全球价值观调查都发现全球化的成功与否取决于我们是否能够重建把不同价值观融合在一起的价值体系。为了实现这一点，我们不能完全无视特定的文化价值

---

① 余英时特别强调儒家知识分子"士"的文化担当，承载着文化使命并且积极参与政治批评。参见《士与中国文化》，上海人民出版社 2003 年版。
② 儒家的独特世界观、政治观使得这样的国际包容成为可能。牟宗三指出："中国以往不是一个国家单位，而是一个文化单位，只有天下观念，而无国家观念。人民可以成一个伦常上的——道德的存在，而不能成一个政治的存在。"参见《历史哲学》，广西师范大学出版社 2007 年版。

观,相反,我们应该保留和转化中国的"固有价值观",比如和谐的价值观取向,高度的责任心,孝敬长辈,讲信修睦,仁者爱人,待人以礼等。在现代化过程中重新树立中国人的核心价值观,就意味着一方面要使得儒家传统作为中华民族的文化基因遗传结构继续发挥作用,同时还要使得中国的价值观与全球价值观相互影响,相互融合。当然,再现代化的儒家也强调"和中有异""异中有和",以实现过去与现在、内在与外在、特殊与普遍的矛盾统一。在差异中张扬共性,又在共性中提升差异。在儒家语境里,"人的素质"被认为是实现具备完美秩序的现代社会的力量,因为它可以创造深植在过去集体记忆中的以和谐为核心价值的现代性。[①] 传统与现代的统一、全球化与地域化的互补、个人与群体的和谐共荣、权利与义务的良好平衡是衡量现代生活质量的尺度,决定着我们能否真正实现在经济、政治、教育、价值和沟通各方面健康、良性循环的现代化。再现代化的儒家传统可以使我们在繁复杂乱的现代生活中反思自己,在激发个人创造性、保护每一个人的福祉中倡导高度道德责任感,在物质幸福追求之中保存内心的一片净土。因此,它是用于平衡植根于西方文化的强烈权利意识、个人主义的一个重要思想源泉,也是全球现代化不可或缺的中国元素,可以成为中国文化对现代化的特殊贡献。

(原载《北京大学学报(哲学社会科学版)》2015年第3期)

[①] Brge Bakken, *The Exemplary Society: Human Improvement, Social Control, and the Dangers of Modernity in China*, Oxford: Oxford University Press, 2000, p.1.

中华传统文化创造性转化、创新性发展的哲学审视

万光侠

创造性转化、创新性发展作为中华传统文化传承发展的基本原则，彰显了鲜明的价值指向，顺应着社会与文化发展规律，是增强中华传统文化的生命力和影响力、实现中华民族伟大复兴的必然抉择。中华传统文化创造性转化、创新性发展蕴含丰富的哲学意蕴，体现科学性、时代性和民族性的文化哲学属性。本文拟就中华传统文化创造性转化、创新性发展的哲学蕴涵、基本原则、方式方法和实践路径等问题做一哲学审视。

一、中华传统文化创造性转化、创新性发展的哲学蕴涵

中华传统文化创造性转化、创新性发展富有深刻的哲学意蕴，就其哲学本质内涵而言，是指以辩证唯物主义和历史唯物主义为方法论原则，以中华传统文化为文化资源，以创造与创新为手段，以转化发展为动力，使中华传统文化的优秀基因与时代相结合，不断赋予新的时代内涵和现代表达形式，实现中华传统文化内涵意蕴、表达方式与当代文化相适应、与现代社会发展相协调，实现中华传统文化的现代转型与提升超越，实现中华

传统文化的现代化。

（一）中华传统文化创造性转化的哲学蕴涵

理解中华传统文化创造性转化，首先必须明确创造性转化的几个相关概念界定。其一，关于创造性的概念界定。"创造"意指创始、首创，做出前所未有的事情。"创造性"意指，具有首创、创始的基本特性与本质属性。其二，关于转化的概念界定。"转化"是矛盾同一性的具体情形，即矛盾双方的改变，使事物性质发生变化。转化有两种基本情形，一种是双方朝着性质相反的方面转化，另一种是双方朝着对立面的地位转化。其三，关于创造性转化的概念界定。"创造性转化"意指，创造是事物的存在动力，转化是事物的存在趋向与状态。一方面，"创造"是事物存在发展的基本动力，即以矛盾双方的转变为前提，使原有事物发生质变，由新事物代替旧事物，形成了新的稳定状态，即矛盾双方形成新的相互依存促进关系。另一方面，"转化"是事物存在趋向与存在状态，通过矛盾双方的相互作用，使事物的性质发生根本变化，使事物处于不断的动态变化之中。

中华传统文化创造性转化是文化自身发展的内在要求，这种转化是通过改造使中华传统文化原有的价值体系适应新的时代要求。首先，中华传统文化创造性转化是一种自我生成的过程。在这个过程中，转化形成的新的东西是经由对传统中的积极的、健康的因素加以改造，与我们这个时代发展相融合而产生的，是一种有根据的创造过程。这种转化不是在全盘否定传统中进行，而是在与传统的衔接中进行的，一方面能使传统因获得新的意义而复苏，另一方面会使我们找到解决新的问题的新答案。只有从文化与社会现实的关系出发，以社会现实的自身需要为标准来衡量传统文化，才能把握其自我生成的过程。其次，中华传统文化创造性转化是内容和呈现载体的双重转化。一方面中华传统文化创造性转化是对内容的转化，中华传统文化所包含的传统的价值观内容是我们需要继承和转化的内核所在。另一方面，中华传统文化创造性转化也必然包括其表现形式的转化。内容总是要通过一定的外在形式表现出来，创造性转化了的传统的价值观必须通过新的载体体现出来。总之，中华传统文化创造性转化就是立足于中华传统文化本身，以社会现实的时代要求为标准，以服务现代化建设为目的，从新的时代条件出发创造性地对文化传统做出新的调整和充实，赋予中华传统文化新的时代内涵和现代呈现形式，从而使中华传统文化获得新的生命力的一种文化自我生成过程。

（二）中华传统文化创新性发展的哲学蕴涵

理解中华传统文化创新性发展，首先必须明确创新性发展的几个相关概念界定。其一，关于创新性的概念界定。"创新"意指抛开旧的，创造新的。"创新性"意指，破旧与立新并存的基本特性。其二，关于发展的概念界定。"发展"意指，事物由小到大，由简到繁，由低级到高级，由量变到质变，由旧质到新质的发展过程。其三，关于创新性发展的概念界定。"创新性发展"意指，创新是事物发展的动力，发展是事物创新的目标。具体而言，"创新"是事物在"旧质"与"新质"的对立统一关系中不断破旧立新的过程，"发展"则是事物在"量变"与"质变"的对立统一关系中，以前进上升为目标趋向，不断实现质的飞跃的过程。

就本质内涵而言，中华传统文化创新性发展是指中华传统文化的提升超越，是以发展为价值追求，以创新为价值特征，以文化与时代的有机融合为价值旨归，集中彰显了三个方面的内在规定性。其一，以传统文化发展为追求。创新性发展的本质内容是传统文化的继承发展，是实现传统文化核心思想理念、传统美德与人文精神的时代性发展。其二，以传统文化创新为特征。创新性发展是以创新为动力，在文化创新中使传统文化实现新飞跃，形成文化的新样态。其三，以传统文化的有机融入为旨归。创新性发展并非传统文化为了发展而发展，为了创新而创新，而是使传统文化以鲜活的生命力，有机融入现代社会形态之中，彰显"以文化人"的本真价值。

二、中华传统文化创造性转化、创新性发展的基本原则

中华传统文化创造性转化、创新性发展不仅仅是理论问题，更是实践问题。在实践中真正实现中华传统文化创造性转化、创新性发展须坚持传统与现代相统一、主导性与多样性相统一，以及民族性和世界性相统一的基本原则。

（一）坚持传统与现代相统一

传统是在文化发展过程中逐步形成和完善的观念、规范和认知的核心要素，编织了人们生活的背景，其中凝结着文化给予人们的生活方式与生存智慧，影响着文化中长期的、普遍起作用的生活方式和心理模式等。现代则是社会"结构—功能"的巨大变迁，是在新的时代背景下对原有"结构—功能"的渗透、改造、替换，是对旧的社会范式的变革与适应性整合。如何处理传统与现代的关系问题，也就是如何对待文化的传承与创新问题。文化的传承是人类主体为了自身的进步发展所进行的持续不断的、永不停息的改造旧文化、建设新文化的过程。传承包含两方面的含义，即

要在"传"的基础上"承"。只"传"不"承",传统的东西就失去存在的现代载体,传统的文化即使再优秀也是没有生命力的过去时;而抛弃传统,也就是抛弃了"承"的内核,传承便只是一句空谈。归结起来,坚持传统与现代的统一就是坚持扬弃继承与转化创新的统一。扬弃继承,就是有鉴别地加以对待,取其精华、去其糟粕,传承中华传统文化基因。习近平指出:"我们要对传统文化进行科学分析,对有益的东西、好的东西予以继承和发扬,对负面的、不好的东西加以抵御和克制,取其精华、去其糟粕,而不能采取全盘接受或者全盘抛弃的绝对主义态度。"① 转化创新,就是坚持推陈出新,赋予传统文化新的时代内涵和现代表现形式,形成相得益彰、协调适应的文化创新格局,充分弘扬中华传统文化的当代价值,积极服务当今社会发展和人的发展。"推陈出新并不是与传统文化彻底决裂,而是顺着中华传统文化的方向谋求新的发展。"② 通过扬弃继承和转化创新,使传统文化成为有利于解决现实问题的文化、有利于助推社会发展的文化、有利于培育时代精神和时代新人的文化,推动中华传统文化的现代化。

(二)坚持主导性和多样性相统一

任何一个国家和民族,必然有一种占主导地位的文化形态和思想体系。中华传统文化进行创造性转化、创新性发展,必须是在马克思主义指导下的转化和发展。当然,文化多样并存又是一个不争的事实,因此我们必须坚持主导性和多样性的统一。坚持主导性就是确立马克思主义的指导

---

① 习近平:《牢记历史经验历史教训历史警示 为国家治理能力现代化提供有益借鉴》,《人民日报》2014年10月14日。
② 陈来:《中华优秀文化的传承和发展》,《光明日报》2017年3月20日。

地位。历史和现实都告诉我们，坚持马克思主义指导地位是历史的选择、人民的选择、文化的选择。创造性转化、创新性发展不是散漫式的转化或发展，而是保持文化定力，明确文化指向的传承发展，即传承创新文化要赋予马克思主义的理论品质，充分彰显科学性、实践性、时代性与创造性等文化特质。同时，在保持主流意识形态主导地位的同时，还必须坚持文化发展的包容性和多样性。一元主导和多样发展本来就不是对立的，而是既有区别，又相互制约、相互贯通。不存在没有多样发展的主导性，也不存在没有主导的多样发展。主导性的发挥离不开多样发展。只有主导性缺乏多样性，一元主导的主导地位便无从谈起；反之，若没有主导性的支撑，多样性的发展就会失去方向性。在对中华传统文化创造性转化、创新性发展的过程中，必须正确对待马克思主义与其他多种文化发展的关系，既要尊重文化多样发展的客观事实，又必须始终坚持马克思主义在中华传统文化创造性转化、创新性发展中的指导地位，自觉坚持运用马克思主义立场观点方法，客观科学礼敬地对待传统文化，把马克思主义方法态度与中华优秀传统文化的文化滋养相结合，实现中华传统文化现代化，积极服务社会现代化和人的现代化发展。

（三）坚持民族性和世界性相统一

在世界文明体系中，每一种文化都具有鲜明的民族性。恩格斯指出，"每一时代的社会经济结构形成现实基础，每一个历史时期的由法的设施和政治设施以及宗教的、哲学的和其他的观念形式所构成的全部上层建筑，归根到底都应由这个基础来说明"[1]。每个民族的现实基础不同决定了

---

[1] 《马克思恩格斯选集》第3卷，人民出版社2012年版，第401页。

每个民族、地区的思想文化必定不同，不同民族和地区在长期的历史发展中所形成和积淀的思维方式、行为方式和价值取向不可避免地带有自身的地域和民族特性，不同的环境、条件，造就不同民族文化各自独有的风格。但是不同民族的文化又不是绝对相异的，不同民族的文化都是世界文明的组成部分，包含某些人类共同的价值追求和向往。随着人的交往的发展，文化的这种普遍性和共通性会不断增强。在交往普遍发展的条件下，"过去那种地方的和民族的自给自足和闭关自守状态，被各民族的各方面的互相往来和各方面的互相依赖所代替了。物质的生产是如此，精神的生产也是如此。各民族的精神产品成了公共的财产。民族的片面性和局限性日益成为不可能"①。世界的普遍交往不仅使各民族的文明成果广为流传，而且经过交流、传播获得了世界性的意义。因此，每一个民族的文化又都是世界的，这是文化本身所固有的特性。文化民族性和世界性的统一是文化发展的内在本质要求，中华传统文化作为世界文化的重要组成部分，必然遵循这一本质要求。在中华传统文化进行创造性转化、创新性发展的过程中，要坚持文化的民族性和世界性相统一。一方面，要积极吸收世界文明的优秀成果。历史的经验告诉我们，故步自封地坚守自己的民族性不仅不会带来民族文化的发展，反而使得原本先进的文化落后于世界文明发展的潮流，因此，吸收世界文明成果以丰富自身，是实现中华传统文化创造性转化、创新性发展的必然前提。正如习近平指出，"要理性处理本国文明和他国文明的差异，认识到每一个国家和民族的文明都是独特的，坚持求同存异，取长补短，不攻击、不贬损其他文明"②。"进行文明相互学习

---

① 《马克思恩格斯选集》第1卷，人民出版社2012年版，第404页。
② 习近平：《在纪念孔子诞辰2565周年国际学术研讨会暨国际儒学联合会第五届会员大会开幕会上的讲话》，《人民日报》2014年9月25日。

借鉴，要坚持从本国本民族实际出发，坚持取长补短，择善从之，讲求兼收并蓄，但兼收并蓄不是囫囵吞枣、莫衷一是，而是要去粗取精、去伪存真。"① "我们都应该采取学习借鉴的态度，都应该积极吸纳其中的有益成分，使人类创造的一切文明中的优秀文化基因与当代文化相适应、与现代社会相协调，把跨越时空、超越国度、富有永恒魅力、具有当代价值的优秀精神文化弘扬起来。"② 另一方面，要以民族性融入世界性。吸收世界文明成果是手段，而在坚持自身文化民族性的同时融入世界文明体系之中，使中华传统文化"走出去"，不断提高中华传统文化的影响力，彰显中华传统文化的世界意义是中华传统文化创造性转化、创新性发展的重要目的。

三、中华传统文化创造性转化、创新性发展的方式方法

中华传统文化创造性转化、创新性发展的实现要落在实处，要在原则指导的基础上运用理性认知与情感认同并重、显性宣传与隐性融入互补、生活世界与实践养成相统一等方式方法。

（一）理性认知与情感认同并重

理性认知，是相对于感性认识而言的，是指按照事物内在的规律认识事物，是对认知对象系统的、整体的和本质的认识。对中华传统文化的理

---

① 习近平：《在纪念孔子诞辰2565周年国际学术研讨会暨国际儒学联合会第五届会员大会开幕会上的讲话》，《人民日报》2014年9月25日。
② 习近平：《在纪念孔子诞辰2565周年国际学术研讨会暨国际儒学联合会第五届会员大会开幕会上的讲话》，《人民日报》2014年9月25日。

性认知，既不是对传统文化盲目推崇，也不是对传统文化一味批判，而是在了解中华传统文化的基本内涵和基本精神的基础之上形成的对中华传统文化整体的、正确的认知。所谓认同，是指作为主体的人对对象的肯定性评价，是主体在认识和实践过程中形成的对自身同一性及自身与他者之间同一性的内在认识和情感共鸣。对中华传统文化的情感认同即对中华传统文化内在的精神和特质所包含的意义、价值的内在情感相融。通过情感认同的方式，中华传统文化逐渐发展为一种群体的价值意识。

中华传统文化创造性转化、创新性发展，须坚持理性认知与情感认同并重。一方面，理性认知是情感认同的前提和基础，"理性认知是主体意识向高级阶段发展的起始点，它是实现客体主体化的前提和基础"[①]。通过理性的认识和分析，使得我们对本民族的文化历史传统、现实状况、未来发展有"自知之明"，对它的发展规律及特点、与时代发展的契合点和所存在的矛盾做到"心中有数"。也就是说，通过对中华传统文化本身的理性剖析，正确定位中华传统文化，由此才能"深入了解中国的文化血脉，准确把握滋养中国人的文化土壤"[②]。另一方面，对中华传统文化的情感认同是理性认知基础上的内在肯定和情感共鸣。单纯的理性文化认知不能够保证文化自觉践行。马克思指出，"激情、热情是人强烈追求自己的对象的本质力量"[③]。实现中华传统文化创造性转化、创新性发展须在理性认知的基础上形成个人对其在情感上的认同和共鸣，这是文化发展的内在原生动力。

---

① 双传学主编：《社会主义核心价值观研究丛书·实践篇》，江苏人民出版社 2015 年版，第 39 页。
② 习近平：《在纪念孔子诞辰 2565 周年国际学术研讨会暨国际儒学联合会第五届会员大会开幕会上的讲话》，《人民日报》2014 年 9 月 25 日。
③ 马克思：《1844 年经济学哲学手稿》，人民出版社 2000 年版，第 107 页。

（二）显性宣传与隐性融入互补

所谓显性即性质或性状表现在外的，隐性则指性质或性状不表现在外的、不易察觉的。中华传统文化的显性宣传方式即通过外显的、直接灌输的方式将中华传统文化的内涵和精神直接呈现在人们面前，具有直接性、系统性和导向性的特点。所谓融入，是指一事物和另一事物有机融汇和相互渗透。中华传统文化的隐性融入方式是以内隐、渗透的方式将中华传统文化的精神内核融入人们的日常工作、学习和生活，使人们在不知不觉中受到中华传统文化的熏陶，而这种隐性融入的过程也就是个体对中华传统文化的认同和接受过程。

中华传统文化创造性转化、创新性发展，需要培养认识主体对传统文化内在的热爱和崇敬，而这种内在的热爱和崇敬需要发挥显性宣传和隐性融入的共同作用。首先，显性宣传是隐性融入的重要依托。以隐性融入的方式推进中华传统文化的创造性转化、创新性发展需要以显性宣传为前提，显性宣传的直接性和系统性为中华传统文化真正融入群众内心提供了重要的认知前提。若没有显性宣传为先导，仅凭间接的文化熏陶，中华传统文化创造性转化、创新性发展就只能是碎片化的影响，难以成为全社会的文化共识。其次，隐性融入是显性宣传的必要补充。理论的深入人心仅靠外在的宣传难以实现，必须发挥隐性融入的作用。隐性融入的渗透性和自主性使得行为主体在不知不觉中将中华传统文化的精髓内化为自身的内心信念。

（三）生活世界与实践养成相统一

中华传统文化创造性转化、创新性发展要立足人们现实生活的世界。

实践的观点是马克思主义首要的和基本的观点。实践是人的根本存在方式和本质活动，马克思指出，"全部社会生活在本质上是实践的"①。生活是人的错综复杂的活动的总称，是人类社会所特有的。生活世界即人们活动的世界，是人的生活实践活动长期发展的必然结果与必然产物，是人生活于其中的并以全面的人为指向的人的世界。只有在现实的生活世界中，人们才能实现中华传统文化创造性转化、创新性发展。要立足日常生活，在"日用常行"中践行中华优秀传统文化。生活实践要尊重人民大众的主体地位与作用，使其成为中华优秀传统文化的传承者。传统节日的传承，必然要立足传统节日的振兴、非物质文化遗产的留存、传统人文精神的弘扬等多重维度，引导人民群众自觉认知中华传统节日的文化内涵，以春节、元宵、清明、端午、七夕、中秋、重阳等作为传统节日的重要节点，使传统节日在内涵深化与形式转化中，有机融入日常生活。因此，推进中华传统文化创造性转化、创新性发展，必须坚持从"现实的人"和现实的需要出发，使中华传统文化创造性转化、创新性发展真正满足人们的需要和利益。

中华传统文化创造性转化、创新性发展须以实践养成的方式进行。通过实践养成推动中华传统文化创造性转化、创新性发展是将其精神内核不断内化于心、外化于行的长期整合过程。中华优秀传统文化的实践养成，是要将文本意义上的精神理念转化为现实意义上的践行养成。此种养成方式正是以"反求诸己"的方式，立足个体的生活实践，通过具体的实践操作、工作锻炼，将传统文化中的人文精神与传统美德转化为个人的修身功夫。由此，要立足个体生活实践，引导个体以更为自觉的实践智慧，通过

---

① 《马克思恩格斯选集》第 1 卷，人民出版社 2012 年版，第 135 页。

个人经历与体悟的方式，感悟传统文化中的"格物"之学，内化为个体的文化修养功夫，外化为文化实践养成能力。

四、中华传统文化创造性转化、创新性发展的实践路径

要实现中华传统文化创造性转化、创新性发展，必须落实到具体的行动中，践行加强国民教育、家庭教育、社会教育的教化作用、强化宣传普及、创新文化话语体系、发挥人民群众主体作用的实践路径。

（一）加强国民教育、家庭教育和社会教育的教化作用

实现中华传统文化创造性转化、创新性发展，须发挥国民教育、家庭教育和社会教育的教化作用。

国民教育作为价值观教育的主要渠道，在培养情感、态度、价值观、理想、信念等方面的作用是其他组织和途径所无法替代的。首先，国民教育必须注重文化养成的隐性教育方式。通过学校教育实现中华传统文化的创造性转化、创新性发展，本质上是发挥中华传统文化的文化育人作用。潜移默化、润物无声的文化养成、文化认同和文化自觉，是推动学生真正领会中华优秀传统文化的有效手段。其次，国民教育要将学校教育和自我教育相结合。在人的精神成长、行为变化过程中学校教育是外因、是必要条件，自我教育是内因、是根据，外因只有通过内因才能起作用。实现学生中华传统文化精神的认知和认同，学校教育必不可少。但是学生的自我教育是必要的内在机制，没有自我教育，仅靠外在的学校教育很难实现中华传统文化基本精神的内化于心、外化于行的目标。

中华民族历史上重视家庭教育的优良传统和美德，它不但在数千年的

历史发展过程中,对文化传承发挥了重要的不可替代的作用,而且还为组织社会生活,协调人际关系,促进经济文化的发展,特别是对培养众多的人才,一直发挥着重要的作用。历史发展到今天,家庭的这种功能,仍然是其他社会组织无法完全替代的,家庭及家庭教育仍然有着强大的生命力和众多的社会功能。由此,我们应该更加注重发挥家庭教育在继承和发扬中华传统文化中的作用。首先,家庭教育要突出对中华传统道德的传承作用。家庭教育是对中华传统伦理道德最直接、最有效的传输模式。一方面,中华传统文化中的尊老爱幼、勤俭持家、艰苦奋斗等思想在当今社会仍然是我们所需要和发扬的;另一方面,我们还要学习中华传统文化强调的"言传身教、德教为本"的家庭教育方法。其次,家庭教育要注重发挥家风、家训的道德约束作用。"尊老爱幼、妻贤夫安,母慈子孝、兄友弟恭,耕读传家、勤俭持家,知书达理、遵纪守法,家和万事兴等中华民族传统家庭美德……是支撑中华民族生生不息、薪火相传的重要精神力量,是家庭文明建设的宝贵精神财富。"[①] 家风的熏陶和家训的训导作用,对良好的家庭环境的建设具有重要的意义。因此,家庭成员要将良好的家风和家训建设与家庭环境建设结合起来,创设和谐健康、积极进取、关爱他人、情系祖国和社会的家庭氛围,将中华传统文化的合理因素融入家风和家训的建设中。

中华传统文化是中华民族在世世代代的社会生活中形成的,并以传统核心价值观的方式影响着历代人们的生活。要真正实现中华传统文化创造性转化、创新性发展,还必须发挥社会教育的作用。首先,发挥社会教育的作用需突出榜样的力量,营造良好的社会风气。中华传统文化向来追求

---

① 习近平:《在会见第一届全国文明家庭代表时的讲话》,《人民日报》2016年12月16日。

"见贤思齐"的道德教育方式。榜样是一种价值的凝结,是一种价值资源,是一种做人做事的标杆,是一面镜子、一面旗帜。榜样可以是千古流传的英雄也可以是我们身边的普通的个人。通过学习榜样身上的优良品质,进而营造良好的社会风气。其次,发挥社会教育的作用还要重视乡规民约的作用。乡规民约是长期发展起来的用以教化、组织以及鼓励人们相互和谐地生活、老百姓自己认可和接受下来的行为规则。传统的乡规民约历来以劝善惩恶、广教化而厚风俗为己任,以稳固乡村社会秩序为目的。乡规民约作为一种不成文的规定,制约人们的行为,引导人们积极向善。发挥乡规民约的作用要丰富和发展乡规民约的内涵和发挥作用的方式。社会在变迁、时代在进步,现代乡规民约的内容和表现形式也必须日益丰富,涉及现代社会的经济发展、市场公平、社会稳定等在内的诸多关涉乡村和谐的内容也应该纳入其中。

(二)强化宣传普及

创造性转化、创新性发展是以全民族、全社会为主体,凝聚文化合力,推进文化传承发展。国民素养的现状与水平直接关涉创造性转化、创新性发展的程度与实效。加强宣传普及是提高国民文化素养的必要方式,增强宣传普及的拓展性、辐射性与渗透性是推进创造性转化、创新性发展的必要条件。

拓展系统性的宣传普及内容。宣传普及的核心要义是"宣传什么"与"怎么宣传","宣传什么"是要厘清与完善宣传普及的主要内容。宣传普及首先是要充分宣传中华传统文化的主要内容,即中华传统文化的核心思想理念、中华传统美德与中华人文精神。具体而言,宣传普及要立足核心思想观念,大力弘扬中华文化的价值观,推进社会主义核心价值观的培育践行；立足中华传统美德，深掘丰富的思想道德资源，推进社会公德、职业道德与家庭美德的建设；立足中华人文精神，充分汲取传统文化中治国理政的方略，深入挖掘传统文化中调节社会关系、提升人文修养的智慧法则。与此同时，宣传普及是要将抽象的文化价值原则与具体的生活场域相融通，将传统文化精粹与微观的生活情境相融合，将核心思想理念、传统美德与人文精神传播至社会各个领域，熏陶社会大众的心灵。习近平指出："这就需要人民在学习、研究、应用传统文化时坚持古为今用、推陈出新，结合新的实践和时代要求进行正确取舍，而不能一股脑儿都拿到今天来照套照用。"[①] 由此，宣传普及必然要拓展中华传统文化的内容深度，要让社会大众广泛了解传统文化"是其所是"的具体样态与表征，也要深度了解传统文化"是其所以是"的发展脉络、特征与本质，增强全社会礼敬传统文化的仪式感与庄重感，又增强推进传承发展的文化活力与创造力。

拓展多维性的宣传普及方式与载体。宣传普及的渗透深化过程是要将"宣传什么"转化为"怎么宣传"的现实实现过程。"怎么宣传"意味着要基于宣传内容的多样性，实现宣传普及的方式载体与宣传普及的对象、场域有机融通。就宣传普及的对象而言，宣传普及是要将中华传统文化的内容，以多样化的方式与载体融入社会各个层面。宣传普及要善用各种方式，将中华传统文化主要内容融入主流文化、精英文化与大众文化之中。宣传方式要根据宣传普及的受众，有选择地运用各种宣传方式与话语方式，既要以严肃性与学术性的宣传方式，推动主流文化与精英文化层面

---

① 习近平：《在纪念孔子诞辰 2565 周年国际学术研讨会暨国际儒学联合会第五届会员大会开幕会上的讲话》，《人民日报》2014 年 9 月 25 日。

的宣传普及；也要以灵动性与生活化的宣传方式，在大众文化层面，善用"小道理""小故事"，彰显主流意识形态的"大道理""大理论"。就宣传普及的场域而言，宣传普及是要将中华传统文化的内容有机覆盖面推及全社会，影响生产生活的各个领域。宣传普及要拓展载体的多维性，综合运用各类载体，实现现实载体与虚拟载体、传统载体与新媒体的有机融合，充分发挥电视、广播、报刊等媒体的话语传播优势，实现"线上"与"线下"媒体的有机融合，宣传普及要综合运用多媒体的形式，注重文化视觉传达系统的运用，注重文化载体的优化设计，以更为直观灵动的形象，更为厚重质朴的底蕴，将中华传统文化有机融入生活的各个领域。

（三）创新文化话语体系

每种文化都有自身的文化话语系统。由于时代的局限性，中华传统文化原有的话语体系必然存在与当代社会不相符合的地方。实现中华传统文化创造性转化、创新性发展是形式和内容的创造和转化，其中必然包含对中华传统文化话语体系的创新。

创新文化话语体系要与当代中国马克思主义文化语境相适应。要推动中华传统文化创造性转化、创新性发展，就必须创新传统文化的话语体系，使之与当代中国马克思主义的文化语境相适应，从而实现内容和形式上的"创造性转化"和"创新性发展"，赋予其语词、观念等新的时代内涵。研究话语内容转换创新，要实现中华文化的文本内容时代转化，"在文化传习过程中，阐释不是停留在古代文本的表面意义上，或停留在作者的原意上，而是建构性地把古代文化中原有语句或命题解释为另一种积极意义，扩大了原语句的意义及其适用范围，以适合当代的需要"①。研究话语方式转换创新，要将中华传统文化的话语表述方式赋予时代形式，将经典精辟的传统话语融入现代生活语言之中，形成自洽一体的话语语境与表述方式。

创新文化话语体系还必须创新文化发展载体。创新文化载体要在原有载体发展基础之上发挥新媒体传播优势。进入信息时代，互联网和移动网络迅速崛起成为新媒体，成为新闻传播中最活跃的形式，并开拓出一片特色鲜明的新兴舆论场，新媒体的超文本性为社会思想的宣传教育提供了双向交流、互动的平台。因此，实现中华优秀传统文化的"两创"，要充分利用互联网、手机等新兴媒体的互动性、开放性、功能多样性等优势，搭建传统文化传播平台，由抽象意义的文化载体向具象化、全息化的文化载体转化，完善文化话语的即时全息交互传播方式，努力占领网络舆论阵地，把握话语权，赢得主动权。

（四）发挥人民群众的主体作用

人民群众是中国特色社会主义事业建设的主体，也是中华传统文化创造性转化、创新性发展的主体。习近平指出，"中国特色社会主义是亿万人民自己的事业，所以必须发挥人民主人翁精神，更好保证人民当家作主"②。相信群众，依靠群众，尊重人民群众的主体地位和首创精神，就要让百姓唱主角。马克思主义唯物史观始终把人民群众放在首位，实现中华传统文化创造性转化、创新性发展，必须发挥人民群众的主体作用。

---

① 陈来：《中华优秀文化的传承和发展》，《光明日报》2017年3月20日。
② 习近平：《在十八届中共中央政治局第一次集体学习时的讲话》，《中国青年报》2012年11月19日。

发挥人民群众主体地位必须将中华传统文化与大众文化相结合。大众文化在内容和形式上不仅要结合中华传统文化的精华内容来对现代人的生活进行阐释，还要在此基础上对传统文化做出创造性的发展。这就要求人民群众加强对中华传统文化资源的自觉利用和开发，同时根据社会现实发展的需要与人民群众的日常生活和精神文化需求，充分发挥广大人民群众的聪明才智和主体能动性，创造多样的群众喜闻乐见的形式，赋予中华传统文化以新的时代内容和气息。

发挥人民群众的主体地位还必须加强文化人才队伍建设。文化人才是指在文化领域具有一定的专业知识或专门技能进行创造性劳动并对社会做出贡献的人。文化人才来自广大人民群众，是人民群众中的优秀知识分子，是中华传统文化创造性转化、创新性发展的积极参与者和重要推动力量。培育和造就一支高素质的文化人才队伍，既是建设文化强国的迫切需要，也是建设文化强国的重要前提。加强文化人才队伍建设，一方面要注重培养文化创意人才。培养文化创意人才，应该注重培养创意者的创新思维和创新能力，特别是要注重提高创意者文化底蕴、科技创新与艺术想象三者融会贯通的能力。另一方面要遵循文化事业发展的内在规律和文化人才的特点，从文化生活的需求出发，更新观念，创新机制，加大文化人才资源开发力度，为实现中华传统文化创造性转化、创新性发展，提升我国文化软实力提供人才和智力保障。

（原载《东岳论丛》2017 年第 9 期）

中国传统文化创造性转化和创新性发展的当下思考

张圆梦

马克思曾说:"任何真正的哲学都是自己时代的精神上的精华。"[①] 哲学既然作为特定文化精神和文化模式不自觉的外在显现,背后的文化更是特定时代的产物。当前中国正处于经济、政治、社会、文化事业取得突破性成就的新时代,但中华传统文化模式的优势地位也遭遇到前所未有的冲击。正如"抛弃传统,丢掉根本,就等于割断了自己的精神命脉。博大精深的中华优秀传统文化是我们在世界文化激荡中站稳脚跟的根基"[②],优秀传统文化精神潜移默化地塑造着华夏儿女普遍性的行为方式、思维方式和实践方式。要建设新时代中国特色社会主义新文化,中国传统文化必须实现在新的历史条件下的创造性转化、创新性发展。

---

① 《马克思恩格斯全集》第1卷,人民出版社2002年版,第220页。
② 《习近平谈治国理政》,外文出版社2014年版,第164页。

一、文化转型：传统与现代面临的时代选择

当前，由于全人类经济的迅猛发展、科学技术的快速进步和知识的不断增加，文化自觉性持续提高，文化转型在世界范围内展开。一方面，发达国家理性文化遭遇现实与道德层面上的自我怀疑甚至自我否定；另一方面，发展中国家经历传统与现代、非现代的激烈碰撞。但受限于发展中国家自身经济、社会发展的特殊环境，发展中国家的文化转型更为复杂和艰难。作为世界上最大的发展中国家，中国的文化转型时期尤为特殊，在西方工业文明高度发达甚至出现严重弊端的情况下逐步向工业文明进行转型，使传统与反传统、现代与后现代文化模式在中国呈现一个共时性的状态，并进行着前所未有的相互对抗和彼此冲击，随着全球化的进一步推进，这种对立将更会加剧。

现代性可以为中国传统文化注入新的活力和生命力，但更多的是带来挑战和危机。首先，可能会造成深刻的文化危机，引发对传统文化的蔑视甚至全面否定。正如马克思所言"物质生活的生产方式制约着整个社会生活、政治生活和精神生活的过程，不是人们的意识决定人们的存在，相反，是人们的社会存在决定人们的意识"[①]，事实上，近代以来中国每一次的社会经济转型都会带来复杂的文化转型，激烈冲击着中国传统文化的地位。例如明末清初，由于资本主义萌芽和市民阶级的出现，以李贽为代表的泰州学派，承认个人私欲，带有功利主义和自由主义色彩，这与正统儒家重义轻利思想形成鲜明对立。清末，随着近代资本主义的发展，文化转型的势头更为猛烈，无论是洋务派的"中体西用"说，还是改良派的"西

---

① 《马克思恩格斯全集》第 13 卷，人民出版社 1998 年版，第 8 页。

学中源"说，尽管都有失偏颇，放大了中西对立，但均体现出对中国传统文化的近代反思。改革开放以来，随着市场经济在中国的蓬勃发展，很多人简单地断言中国传统文化是愚昧和落后的代名词，甚至拒绝学习和欣赏中国传统文化，对其嗤之以鼻、不屑一顾，似乎接受传统文化就是对现代理性文化精神的亵渎。

其次，现代文化也带来人的物化危机，背离中国传统文化精神。正如"现代性的核心是市场化、现代性文化的实质是文化的物化与技术化"①，现代性容易使人物化成商品，丧失其能动性和主体性，也无法实现其真正本质。而《周易大传》曾提出"天行健，君子以自强不息"和"地势坤，君子以厚德载物"，中国传统文化实际上更多的是一种人生和伦理道德文化，重视自身品德的内在修养，儒家更是重义崇德。现代商品经济社会中的各种拜物教行为、道德滑坡、利己主义、重视私利等不良现象，恰恰是违背了中国传统文化"自强不息"和"厚德载物"的精神品质。

正如马克思所说："理论在一个国家实现的程度，总是决定于理论满足这个国家需要的程度。"②当前中国处于飞速发展的新时代，也无疑是一个文化多元化的时代。在现代西方文化对传统文化价值严峻挑战的今天，在技术理性获得胜利的今天，在市场经济不完善的今天，我们更需要"努力实现传统文化的创造性转化、创新性发展，使之与现实文化相融相通，共同服务以文化人的时代任务"③，而不应机械地走单线思维模式，将传统与现代完全对立。

---

① 孙来斌主编：《中国梦之中国复兴》，武汉大学出版社2015年版，第212页。
② 《马克思恩格斯选集》第1卷，人民出版社2012年版，第11页。
③ 习近平：《在纪念孔子诞辰2565周年国际学术研讨会暨国际儒学联合会第五届会员大会开幕会上的讲话》，《人民日报》2014年9月25日。

二、文化主体性的缺失：中国传统文化面临的时代困境

马克思主义将人看作实践的主体，实践的对象即客体，主体性的概念实际上表现了人自我解放、自我超越的能动创造能力。文化主体性概念由费孝通先生率先提出，笔者认为其内涵应该包括三个方面的内容：文化的自我意识是文化主体性的前提。自我意识既从文化的内生层面要求对文化进行自我认知，自我分析、自我判断和文化自省，也在同异质文化的交往层面上要求文化的平等交流，合理共生。文化的独立意识是文化主体性的保障。异质文化交融的必然要求便是彼此独立，民族自身的独立带来民族精神文化的独立，民族精神文化的独立巩固民族自身的独立。文化的独立意识意味着在多元文化交往过程中的不卑不亢的态度和主动选择的精神，绝不是被动接受，故步自封。文化的自强意识是文化主体性的目标。文化自强意识的培养关键在于文化的创新。本土文化既通过历史的继承和扬弃，使有用的经验和价值代代相传，又通过吸收异质文化的合理因子与自身进行创造性结合和转化，使文化兼具民族性和时代性的特征。

传统文化在当前中国面临主体性缺失的时代困境，主要表现在文化自卑、文化自负和文化焦虑三个方面。文化自卑，即对中国传统文化存在严重不自信，妄自菲薄，盲目崇信西方文化。尤其是近代以来，面对现代与传统的激烈交锋，对于传统文化的认知容易出现偏差。文化自卑心理其实一直存在，在学界表现为"全盘西化"范式。"全盘西化"最初是胡适、陈序经提倡，在当代中国仍有一席之地，全面否定中国传统文化和价值观，也是一种"西方中心主义"的体现，他们认为所谓的现代化，就是抛弃传统，走向西化。这实则是一种庸俗的文化进化论思想，严重不利于文化认同和民族凝聚。文化自负，即对中国传统文化的认识过高，排斥与拒

绝一切外来文化。在学界表现为"文化复古主义"和"文化保守主义"范式。这其实是一种"华夏中心主义"倾向。从近代张君劢引发的著名的玄学和科学的论战，到现阶段新儒家打出"复兴儒家"的旗号，试图将资本主义和儒学嫁接杂糅，带有超时代和现实的理想主义色彩。文化焦虑，即对于中国传统文化的怀疑犹豫和心理焦虑感。从根本上来说是一种由异质文化带来的对中国传统文化的认同危机。一是现代性的二律背反造成了精神焦虑和压抑，使人受异己文化的支配，消解其自由性和主体性。二是西方社会对中国根深蒂固的"他者"思维，利用话语主导权和民族偏见，制造和传播大量对发展中国家不利的负面信息，输出西方价值观念，直接或间接建立新的文化和媒介帝国主义霸权，造成国民对本土文化的犹豫甚至排斥心理。

张岱年先生曾就文化的未来发展问题提出著名的"综合创造"观点，指出"一个民族，只有产生了民族的主体意识，才能具有自觉的内在凝聚力，才能推动民族延续发展的内在精神动力"[①]，要想走出当前中国传统文化主体性缺失的困境，必须使中国传统文化实现创造性转化、创新性发展，使其走上自由自觉之路。

三、中国传统文化创造性转化和创新性发展的路径

2017年1月，中共中央办公厅、国务院办公厅印发了《关于实施中华优秀传统文化传承发展工程的意见》，第一次详细阐发了建设优秀传统文化的意义、要求、内容和途径，体现了中央对于继承和发展中华传统文

---

① 张岱年、程宜山：《中国文化精神》，北京大学出版社2015年版，第313页。

化的真切决心。其中之一的原则就有"创造性转化、创新性发展"。笔者认为应该从三个层面实现其路径的转化。

（一）重塑传统文化的主体性：从文化自觉到文化自信

这其中应该包括自觉认识和自我认同两个方面：首先需要对传统文化进行自觉认识。费孝通先生曾率先提出"文化自觉"的概念，他认为"文化自觉只是指生活在一定文化中的人对其文化的'自知之明'，明白它的来历，形成过程，在生活各方面所起的作用，也就是它的意义和所受其他文化的影响及发展的方向"[①]。这就要求我们一要自觉认清传统文化积极和消极两种因素，能够辩证地认识中国传统文化的基本内核。中国传统文化并不单单指的是儒家文化，实则是"百花齐放，百家争鸣"，其中蕴藏着丰富的思想宝藏，每个中国人的内心或多或少浸润着儒家"入世"和道家"出世"两种文化情感。譬如有"进德修业""终日乾乾"的自强不息精神，"先天而天弗违，后天而奉天时"的和谐自然思想，"气化流行，生生不息""反复相明"的朴素辩证法思想，"民为贵，社稷次之，君为轻"的民本思想，等等。也比如，由于中国传统文化认为现象与本体相统一，天地真实合一，与佛教崇尚虚幻不实的宇宙观相斥。同时注重万物和谐，使中国传统道德伦理哲学具有宗教情感的意味，这都使得佛教始终无法在中国占据统治地位，使中国传统文化更具有理性精神。这些积极因素不仅使西方文化可以顺利对中国近代化历程起到助推作用，同时也是马克思主义与中国传统文化结合的原因之一。但尤其要注意的是，中国传统文化也有其时代上的局限性，受自给自足的小农经济生产方式制约，存在强调尊

---

① 费孝通：《文化与文化自觉》，群言出版社 2016 年版，第 182 页。

卑的宗法等级思想、重实用轻理论等消极因素,这些也都是需要勇于摈弃的。其次要自觉抵制文化帝国主义对传统文化的侵蚀。萨义德曾在其《东方学》中对于西方文化帝国主义倾向做出深刻剖析,西方文化视发展中国家文化为"他者",利用西方在世界的话语主导权,构建一种想象中的和妖魔化的东方文化。再加上大众媒介在世界范围内推行西方的思维方式和价值观念,媒介帝国主义潮流也在愈演愈烈。当代西方一些敌对势力利用话语霸权,对中国传统文化进行歪曲和虚构,蓄意助长历史虚无主义的气焰。面对他们对中国传统文化的污蔑和诽谤,我们更要自觉抵制,捍卫中国传统文化的价值。

基于对中国传统文化的正确认识,由此应产生对传统文化的自我认同。身份认同理论在当代西方文化理论中有着重要的影响力,其实马克思也曾对这个问题有着深刻的理解。他将这种独特的文化心理解释为一种"内在的尺度"[①],他指出"在衡量事物的存在时,我们应当用内在观念的本质的尺度",这种尺度就是人对于艺术、美感、思想达到预期满足和形成共识的基础。

一方面,中国"传统文化的传递,不仅使中国的文化、人格特征、伦理规范得以延续和发展,且构成了中国人的情感体验"[②],构成了中国人应有的文化认同。语言、风俗、艺术、饮食、服饰等是共同文化心理的表征,凝聚着共同地域、共同生产方式留下的特有联系,形成一种稳定而又焕发蓬勃生机的群体力量。

另一方面,中华传统文化是一种绵延性文化,具有持久性和连续性,

---

① 《马克思恩格斯全集》第1卷,人民出版社2002年版,第166页。
② 孙来斌主编:《中国梦之中国复兴》,武汉大学出版社2015年版,第202页。

为世界文明创造了璀璨的精神财富,值得我们树立坚定的文化认同感。中华传统文化不仅有着内生的理性和人文精神,还创造了举世瞩目的财富,既包括物质层面,也包括科技、艺术、制度等精神层面。雅斯贝尔斯认为,处于轴心时代的孔子、老子,在中国奠基了人类精神的重要力量。汤因比将文明划分成 23 个形态,其中之一便为古中国文明,并在晚年对中国文化高度赞扬。"中华民族具有 5000 多年连绵不断的文明历史,创造了博大精深、光辉灿烂的中华文化,为人类文明进步做出了不可磨灭的价值"[①],习近平总书记这番话彰显的就是一种强烈的自我认同感。展现了大国自信。

(二)找准传统文化的转化定位:扎根于民,知行合一

马克思充分肯定人民群众的作用,从理论上来说,人民群众的劳动实践创造了中华民族悠久的文化财富。可以说,传统文化创造性转化、创新性发展的根本动力来自广大人民群众。

人民群众创造了大量优秀的传统文化。一个民族的传统文化实际上就是一种长期沉淀的集体无意识在民族成员间的代代传承,包括风俗习惯、语言形式、精神信仰等,是社会共同经验的积累,浓缩着整个民族的共同记忆。中国传统文化有雅俗文化之分,前者是士大夫阶层创造的特殊文化,后者则是直接来自人民群众,也可以称其为"大众文化"。如果说雅文化更多地浸淫了封建社会正统思想,那么俗文化大部分直接反映了贫苦劳动人民的真切愿望,产生于底层劳动人民之间,并口耳相传,使之得以扩展和延续。比如广为流传的盘古开天的神话,最初产生于民间,今天

---

① 《习近平总书记在文艺工作座谈会上的重要讲话学习读本》,学习出版社 2015 年版,第 108 页。

仍旧在我国很多少数民族地区影响深远。《述异记》曾记载其为"秦汉间俗说",并记载了当时南海有盘古墓盘古国,桂林有盘古祠等。在今天的广西盘古国旧址,民族学家也发现了44座盘古庙。同样很多谚语、歌谣、诗歌、戏曲等也直接是劳动人民的精神成果。有名的比如湖北地区流传的山歌《抗粮传》,祖国各地都有不同版本流传的《孟姜女》直接反映统治者对于底层劳动人民沉重的压迫和尖锐的阶级矛盾,民间小戏《走西口》《凤阳花鼓》等反映劳动人民流离失所的悲惨遭遇,以及很多我们耳熟能详的经典形象,包公、牛郎织女、嫦娥、鲁班、梁山伯与祝英台等,从中我们不仅可以体会到广大人民群众丰富的智慧和想象力,也可以感受到他们对美好生活的向往。很多俗文化经过知识分子的加工、改造和升华,形成了更加具有艺术性和人民性的优秀文化作品,完成了向雅文化的转化。比如民间陈胜吴广的故事,被记录在《史记》中,民间传说格萨尔王经过后人加工,成了伟大的英雄史诗《格萨尔》,经典文学著作《三国演义》《水浒传》《西游记》《西厢记》《桃花扇》等均源于民间。可以说,俗文化是雅文化的基础和源头,雅文化是俗文化的改进和升华,二者共同构成了我国传统文化完整而又宏大的体系。

传统文化的转化需要深入人民群众,深入实践。"理论的对立本身的解决,只有通过实践方式,只有借助于人的实践力量,才是可能的"[1],人民群众是实践的主体,传统文化的转化立足于民,实际上也是立足于现实,立足于实践。我们可以借鉴列斐伏尔、哈贝马斯对于日常生活的分析,日常的生活实践实际上是连接社会各种关系的纽带,也是人民群众开展社会活动的土壤,蕴藏丰富的文化精神和文化模式。中华传统文化的转

---

[1] 《马克思恩格斯全集》第3卷,人民出版社2002年版。

化如果不能在人民群众的日常生活实践里得以实现，就只能是一种徒劳的幻想。在日常生活实践中完成对中国传统文化的转化，实际上是个两全其美的良策，一方面随着实践的深入，中国传统文化内容和形式均可以在实践中得以进一步的丰富与发展，使其自身具有鲜明的时代特色和人文精神；另一方面，丰富的传统文化财富促进了知识的积累和文化自觉的提升，也构成了人进行一切活动领域和存在领域的内在机理，从深层次制约个体和整个民族的实践方式、生存方式。随着生产力的提高和人们对盲目经济必然性的控制能力逐步提升，传统文化将在实践中发挥更加重要的引领作用。传统文化在人民的日常生活实践中创造性转化需要采取知行合一的原则，实现从思想自觉到行动自觉的转化。现阶段传统文化的转化工作在现实里存在着硬件多、套话多、口号多，强制填鸭教学多，落到实处少、深入理解少、内化于心少的种种阻碍。很多人认为穿个汉服上街、死记硬背几句三字经、古诗词就算是热爱传统文化。这其实远远达不到传统文化实现现实转化的应有标准。我们应该结合时代和人民需要在其内涵、理念、表达各层面赋予其新的时代内涵，不局限于抽象的理解几个概念、范畴，反对断章取义和机械记忆，反对简单嫁接和移植，做到"知其然"也要知其"所以然"，真正将中国传统文化精神内化成指导实践的心理机制。习近平曾提出："道不可坐论，德不能空谈。于实处用力，从知行合一上下功夫，核心价值观才能内化为人们的精神追求，外化为人们的自觉行动。"[①] 总的来说，就是要做到理论联系实际，知行合一，学以致用。具体措施可以采取：一是提高传播宣讲者的文化素质，强化宣传广度和深度，形式多样化，深入基层实践，让人们充分理解和认同中国传统文化；

---

① 《习近平谈治国理政》，外文出版社2014年版，第173页。

二是加强国民教育对传统文化的重视力度，将传统文化与课堂教学、校园文化相结合，推崇经典阅读经典鉴赏经典解读，加强传统文化相关专业的学科建设；三是从文艺作品中挖掘和传承中国传统文化的魅力，反对戏说历史歪曲历史的历史虚无主义倾向。同时还要完善体制机制，加强传统文化设施的修缮和保护等。

（三）把握传统文化的发展动力：中西融合，超越创新

马克思在《德意志意识形态》中曾做出经典论述："历史不外是各个世代的依次交替。每一代都利用以前各代遗留下来的材料、资金和生产力；由于这个缘故，每一代各方面在完全改变了的环境下继续从事所继承的活动，另一方面又通过完全改变了的活动来变更旧的环境。"[①] 观念思想具有历史的继承性，从而具有传统的意义。一方面，在历史的进程中，相近的生产方式、交往方式得到文化的传承，另一方面，随着交往的扩大和时代的更新，旧有文化得以补充新的因子。无论是冯友兰的"抽象继承"，还是牟宗三的"返本开新"，抑或是张岱年的"综合创新"，这些理论范式的重心均落在超越创新之上。传统文化进行创造性转化必须要对自身形成历史的超越，既需要对自身进行扬弃，也需要处理好同异质文化的关系。

马克思主义经典作家高度重视文化遗产问题，恩格斯曾高度赞颂文艺复兴对于古希腊文化的继承："拜占庭灭亡时抢救出来的手抄本、罗马废墟中发掘出来的古代雕像，在惊讶的西方面前展示了一个新世界——希腊的古代。"[②] 毛泽东则明确提出："我们必须继承一切优秀的文学艺术遗产，

---

① 《马克思恩格斯文集》第1卷，人民出版社2009年版，第540页。
② 《马克思恩格斯选集》第3卷，人民出版社2002年版，第445页。

批判地吸收其中一切优异的东西。"①传统文化存在的积极因素和丰硕成果给后世留下了大量宝贵的经验财富，为后代的进步与发展铺平了道路。这里的继承不是一味地照单全收，而是批判性地继承合理的因素，抛弃落后的愚昧的因素，这才符合辩证法的原则。

对于异质文化同样需要合理融合。马克思、恩格斯曾称赞资本主义生产方式扩大了世界范围的精神交往活动，由此提出过著名的"许多种民族的和地方的文学形成了一种世界文学"②的论断。文明的多样性要求我们在理性思维和批判意识的指导下，在不同文明交融中实现传统文化的创造性转化、创新性发展。

首先，中国传统文化重视与异质文化的交融。中国传统文化存在一种"和合"哲学，这其实与西方重视对抗和斗争的文化精神有着本质不同。古希腊亚里士多德曾断言非希腊人都是天生的奴隶，几乎与其同时代的孔子，却讲求"仁者爱人""天下归仁"，西方人在血腥的征服与掠夺中实现其逐步现代化的过程，而中国却重视"协和万邦"，充分反映中西方文化差异，也充分体现中国传统文化海纳百川的胸怀。中西方文化交融的过程耗时长，范围广，在不同程度为当时的文化社会增添新的活力。比如唐宋时期广泛引进"胡乐番曲"，比如佛教对于唐代绘画、歌舞艺术的丰富等。

其次，中国传统文化在借鉴西方文化过程中需要立足本土，立足国情。中西方文化交流并不是所有文化的趋同化，而是一种基于开放和平等基础上的跨文化对话和交流，更要注重异质文化与本土文化的相互借鉴。也就是说，异质文化的引进并不意味着本土文化注定衰败或消亡，也不意

---

① 《毛泽东选集》第三卷，人民出版社 1991 年版，第 860 页。
② 《马克思恩格斯选集》第 1 卷，人民出版社 2012 年版，第 404 页

味着一种文化可以凌驾于另一种文化之上,双方应该尊重彼此差异,借鉴合理因子,立足于本国实践和国情,实现文化共生。比如佛教禅宗顿悟说,一开始在中国一直未能成为主流,就是因为未能与本国文化相结合,而始终不能得到大众认可,而后唐代经过与本土文化的融合,形成了一种佛教的中国化,在中国影响深远。马克思主义作为一种外来文化,也同样经过结合本国实际而逐步中国化的过程,开创了一个中国特色社会主义新时代。

最后,中国传统文化与异质文化在交融过程中要学会选择和创新。正是因为选择和创新意识不强,近代中国传统文化与西方文化的几次交锋都出现"全盘西化""文化复古"两种极端。我们应该"分清哪些是可以学习借鉴的积极因素,哪些是需要剔除抛弃的消极因素,而不能一股脑儿地拿过来,盲目崇拜,甚至'唯洋是尊'"[1]。同时注意区分文化对话交流的渠道和动机。世界文化不是无差别的霸权文化,文化的发展方向应该是构建可以实现全人类自由全面发展的"命运共同体",而不是文化大一统的霸权主导,我们需要警惕借着文化交流的名义分裂国家的行为。

斯宾格勒曾在其《西方的没落》中对各大文明的命运做出悲观的结论,认为文化如同人的生命,逃不出生老病死的命运。古希腊、古罗马、古埃及文化随着时间的推移过早夭折,而中华传统文化却是五千多年绵延不绝,林语堂先生更是笑称其正处于"童年时代",这无疑对文化衰亡说予以了有力回击。在当前建设社会主义文化强国的新时代,面对复杂的文化转型,中国传统文化必须实现其创造性转化、创新性发展,这是一个历时性的过程,面临着内外多重挑战和困难,但也是一个必然的选择。只有

---

[1] 《习近平总书记在文艺工作座谈会上的重要讲话学习读本》,学习出版社 2015 年版,第 121 页。

实现其在新时代的创造性转化、创新性发展,才能一直保持其蓬勃的生机与活力,才能真正将中华五千多年文明继续传承和发扬光大。

(原载《理论月刊》2018年第7期)

第二辑　方法论思考

"两创"：弘扬中华优秀传统文化的根本遵循*

刘京臣

20世纪50年代，毛泽东同志提出的百花齐放、百家争鸣的"双百"方针，是在当时的历史条件下，党促进艺术发展和科学进步，促进社会主义文化繁荣的重要方针。到了20世纪80年代，邓小平同志提出了文艺为人民服务、为社会主义服务的"二为"方向，真切地、完整地反映出社会主义时代对文艺的基本要求，符合当时的文艺客观规律。

2013年11月，习近平同志在山东考察时，首次提出要加强对中华优秀传统文化的挖掘与阐发，努力实现中华传统美德的"创造性转化、创新性发展"。之后，习近平同志又在多个场合强调"两创"方针。2017年初，中共中央办公厅、国务院办公厅印发了《关于实施中华优秀传统文化传承发展工程的意见》，第一次以中央文件形式全面部署中华优秀传统文化传承发展工作，在全党全社会引起了热烈反响。十九大报告指出中国特色社会主义文化由"源自于中华民族五千多年文明历史所孕育的中华优秀

---

* 本文为国家社会科学基金重点项目"元代文学地图数字分析平台"（项目编号：18AZW008）阶段性成果。

传统文化，熔铸于党领导人民在革命、建设、改革中创造的革命文化和社会主义先进文化"三部分组成，这三者是有机的统一体，再次强调要"推动中华优秀传统文化创造性转化、创新性发展"。

从"双百"到"二为"，再到"两创"，三者各有侧重，是有机的统一体，"'二为'方向深刻回答了文化发展的目标方向问题，'双百''两创'方针深刻回答了文化发展的路径方法问题，三者都是管根本、管长远的，集中体现了我们党对文化建设规律认识的不断深化"[1]。

"两创"包含两个层面："创造性转化，就是要按照时代特点和要求，对那些至今仍有借鉴价值的内涵和陈旧的表现形式加以改造，赋予其新的时代内涵和现代表达形式"[2]，侧重于理念、内容、表达、形式等各层面的"现代转型"[3]；"创新性发展，就是要按照时代的新进步新进展，对中华优秀传统文化的内涵加以补充、拓展、完善，增强其影响力和感召力"[4]，侧重于提升超越，最终要增强中华优秀传统文化的影响力与感召力。"两创"的主体都是中华优秀传统文化，前提都是继承，是继承基础之上的"转化"与"发展"。

新的历史条件下，如何继承？习近平同志指出对待传统文化，要坚持历史唯物主义立场，"古为今用、推陈出新，结合新的实践和时代要求进行正确取舍，而不能一股脑儿都拿到今天来照套照用。要坚持古为今用、以古鉴今，坚持有鉴别的对待，有扬弃的继承"[5]，这就意味着我们继

---

[1] 刘奇葆：《坚定文化自信传承中华文脉》，《求是》2017年第8期。
[2] 《习近平总书记系列重要讲话读本》，学习出版社、人民出版社2016年版，第203页。
[3] 商志晓：《中华传统文化创造性转化创新性发展的哲学审思》，《光明日报》2017年1月9日。
[4] 《习近平总书记系列重要讲话读本》，学习出版社、人民出版社2016年版，第203页。
[5] 习近平：《在纪念孔子诞辰2565周年国际学术研讨会暨国际儒学联合会第五届会员大会开幕会上的讲话》，人民出版社2014年版，第11页。

承五千多年来的传统文化，首先面临着一个判断取舍的问题。

一

对学界而言，要更加精准地理解、阐释传统文化的思想精髓，不能将传统文化概念化、庸俗化、简单化，要准确地挖掘其中的丰富内涵。

现在《弟子规》比较流行，甚至还进入了中小学校园。很多人，包括许多中小学老师将其奉为圭臬。实际上《弟子规》仅是清代顺治至雍正年间的秀才李毓秀所编纂的童蒙读物。考察《弟子规》的内容，其本身是对朱熹《小学》《童蒙须知》改编的结果，在清代并不是必读的儒家经典，民国时期则被新式教科书所取代。[①]

当下将《弟子规》上升到经典、国学的高度，一则是出版商的推波助澜，二则是很多受众并没有接受过正规的学术训练，对传统文化缺少必要的判断力。国内受众面对《弟子规》这样的伪经典尚且昏昏，遑论国外受众？若是入门不正、不得其法，那么受损害、受影响的只能是中华优秀传统文化。所以学者有必要也有责任和义务廓清谬说，使民众走向上一路，直指经典。

其实这也是一个阵地的问题，如果没有真正的优秀传统文化，那么必然会有伪经典或糟粕伺机占领市场；如果没有对经典进行普及化阐释的阵地，那么大众很可能不读或者误读经典。

说到阵地与文化普及，居功甚伟的当推中央电视台科教频道自2001

---

① 参见于翠玲《理性对待〈弟子规〉在当今的传播现象——兼论童蒙读物进入中小学的争议》，《河北师范大学学报（教育科学版）》2015年第1期。

年 7 月 9 日开播的讲座式栏目《百家讲坛》。该栏目一贯坚持"让专家、学者为百姓服务"的宗旨,通过在专家、学者与百姓之间架起"一座让专家通向老百姓的桥梁",来达到普及中华优秀传统文化的目的。该节目开播十八年来,对全社会的传统文化热,起到了至关重要的推动作用。

同样道理,如果没有真正专业的学者,阵地也容易沦陷。对学者而言,在注重深化细化专业研究的同时,若有余力也应当进行一些面向大众的通俗性的文学文化推广。当然,普及活动也需要一些刊物的支持。《古典文学知识》《文史知识》都主张大专家写小文章,力图用深入浅出、雅俗共赏的方式带来知识性、趣味性与学术性兼备的内容。

自 1994 年到 2016 年,陶文鹏先生连续 23 年在《古典文学知识》中开设"名句掇英"专栏,从大处着眼、自小处入手,先后发表相关文章 130 篇,"阐释品鉴,或淹贯中西,或融汇今古,从而上升到理论高度,使读者于审美享受中受到启迪","普及古典诗词以提高国民素质的作用是显而易见的"[①];2011 年到 2013 年,又在《文史知识》中开设"宋诗精华品读"专栏品读鉴赏宋诗,与莫砺锋先生的"唐诗品鉴"可谓是双璧辉映。

在这两份刊物以专栏形式连载的,还有周裕锴先生的"禅诗精赏"、陈尚君先生的"唐人佚诗解读"、彭玉平先生的"王国维词赏析"等。这些既能在各自研究领域深耕,又乐于开设专栏、发表普及性文章的专家,对弘扬、普及中华优秀传统文化都做出了有益的尝试。

---

① 霍松林:《古诗名句掇英》"序",江苏古籍出版社 2000 年版。

二

"创造性转化"侧重于现代转型,至少包含三个层面。其一是创造性的而非简单的固守与因袭;其二是体现出时代性,要能在发掘、发现、继承传统文化的优秀成分的基础上,"赋予其新的时代内涵和现代表达形式";其三是转化,要能将被赋予了时代意义的中华优秀传统义化与当下、与实践、与火热的现实生活结合起来,用以指导实践,在实践中检验,在检验中提升。

起源于苏州、在明清两代创造了三个多世纪辉煌的昆曲,是我国传统戏剧中最优美、最精致的剧种之一,以一种优雅的态势展现着舒缓、曼妙而略带惆怅的文化品格,深受明清文人士大夫的钟爱。乾嘉之际,地方戏勃兴,花部兴盛带来雅部的衰落,昆曲开始走下坡路;20世纪早期内忧外患,昆曲愈加式微。中华人民共和国成立前,全国范围没有一个职业昆曲社团。虽然20世纪50年代,一出《十五贯》救活了它,一批昆曲表演艺术家相继涌现,也编演、整理了一些昆曲剧目,但随着演员的老龄化、昆曲的程式化,观众流失日趋严重。

有鉴于此,白先勇先生制作了青春版《牡丹亭》,目的就是想做一次尝试,"借着制作一出昆曲经典大戏,举用培养一群青年演员,而以这些青春焕发、形貌俊丽的演员来吸引年轻观众,激起他们对美的向往与热情;最后,将昆曲的古典美学与现代剧场接轨,制作出一出既古典又现代,合乎21世纪审美的戏曲"[①],这振衰起敝的尝试,最终获得了成功,为昆曲赋予了新的青春生命。何西来先生认为:"重振昆曲,只是重振中

---

① 白先勇:《〈牡丹亭〉还魂记》,载白先勇编著《牡丹还魂》,文汇出版社2004年版,第13页。

华,重振中华民族文化声威的一个方面、一件具体的事情……如今,中华民族面临着重新振兴、重新崛起的难得机遇,炎黄子孙,特别是她的精英们都应携起手来,继承和建立我们自己的与日益上升的国势相称的强势民族文化,加入到全球化的大潮中去,对人类文化做出自己的贡献,而不是被别的强势文化给吞没。从这一点看,白先勇实为先知先觉者、先行者。"①

这是继承昆曲古典之美基础上的与现代剧场、现代审美及现代观众紧密结合的成功尝试。其中有传承,例如剧本完全继承汤显祖《牡丹亭》原词,只删不改;唱腔亦继承原谱而不重新作曲;角色搬演则传承了老一代"传"字辈南昆正宗的演唱风格。当然,除了传承,还创造性地改变,如在舞美设计上,"既保持写意、抒情、象征的传统意境,又放手打造古典与现代相互交融的舞台场面"②。

可以说,青春版《牡丹亭》"让昆曲的古典美学与现代化剧场互相接轨,让传统与现代的文化对接。尊重传统而不因袭传统,利用现代而不滥用现代"③,以"现代表达形式"赋予了古老的昆曲"新的时代内涵"。

自2016年以来《中国诗词大会》连续三年的热播,唤起了国人对中国古典诗词的集体认同。作为中华民族传统文化载体之一的古典诗词,彰显着优秀传统文化的特质,它们是中国古人带着身世经历、生活体验、理想意志写就的:我们能够体味他们对民生疾苦的关注、对家国兴亡的感

---

① 何西来:《传统与现代的审美对接——论白先勇青春版〈牡丹亭〉的成功演出及其意义》,载白先勇主编《圆梦:白先勇与青春版〈牡丹亭〉》,花城出版社2006年版,第159页。
② 吴新雷:《青春版〈牡丹亭〉的独特创意和杰出成就》,载白先勇主编《圆梦:白先勇与青春版〈牡丹亭〉》,花城出版社2006年版,第166页。
③ 吴新雷、白先勇:《中国和美国:全球化时代昆曲的发展》,《文艺研究》2007年第3期。

慨,体味他们对边塞战伐的厌恶、对田园牧歌的期待……"仰天大笑出门去""明朝散发弄扁舟",既有狂歌又有落寞;"万里悲秋长作客,百年多病独登台",是登高必赋的书写传统与怀才不遇的愤懑相冲突……除却这些,诗词中更多的是山水风情、田园牧歌,是日月星辰、四时节令,是思亲恋旧、闺阁怨恋……体味他们的内心,感知他们的理想,回味他们的悲喜,非读诗词,何以至此?"不学诗,无以言",可以说古典诗词是熔铸于每一位华夏儿女血脉之中的,是中华民族的文化基因之一。

从这个意义上看,以"赏中华诗词、寻文化基因、品生活之美"为基本宗旨的《中国诗词大会》,通过对诗词知识的比拼及赏析,带动全民领略诗词之美、感受诗词之趣,从古人的智慧和情怀中汲取营养、涵养心灵,最终推动了全民的诗词热潮。

《中国诗词大会》的成功,首先与国人的文化认同密不可分。前几年的《中国汉字听写大会》《中国成语大会》《中国谜语大会》开始使国人对汉字、成语与谜语产生了浓厚的兴趣,有了此前的积累与铺垫,到了《中国诗词大会》,国人集体记忆中的诗词基因被彻底唤醒与激活,对以古典诗词为代表的中华优秀传统文化的认同感也随之增强;其次,该栏目从点评嘉宾的选择、声光舞美的布置,再到比赛规则及场内外互动等,都精心策划。例如,"飞花令"本为古人饮酒时所行的酒令,《中国诗词大会》对其进行了改造,赋予古老的酒令以现代之用;再次,可以说几乎每一首诗词背后都有一个含着中国韵味、藏着中国智慧的故事,该栏目虽是诗词知识的比拼及赏析,却不囿于诗词本身,而是能将其中的意象、意境、人物、故事抽取、展现出来,当诗词的节奏之美、韵律之美、意象之美、意境之美与故事之美结合在一起呈现出来时,亿万观众欣赏接受的就不仅仅是一句、一首、一阕,而是与之相关的鲜活的气息——它们或是"岂曰无衣"的秦风,或是"大风起兮"的汉韵,或是"明月松间照"的唐音,或是"一蓑烟雨任平生"的宋调,跨越千百年,扑面而来……

如果说,青春版《牡丹亭》的成功在很大程度上得益于紧跟现代剧场、现代审美与现代观众,那么《中国诗词大会》的成功则在很大程度上要归功于迅捷的电视媒体所带来的巨大影响。应当说,二者都借助了现代的表达形式,将优秀传统文化中的古典之美、经典之美赋予了时代内涵,使当下受众愿意了解、接受,进而产生喜欢与追寻,从这个角度来看,它们都实现了中华优秀传统文化的创造性转化。

马克思曾说:"理论的对立本身的解决,只有通过实践方式,只有借助于人的实践力量,才是可能的。"① 我们认为,一些优秀传统文化的创造性转化,必须要与实践结合起来。我们再来看古典诗词,它的传承,除了记诵,还有创作。没有创作实践,便失去了展现火热当下的契机,失去了这个时代的印记。我们能够想象一个没有律诗的唐朝,一个没有词作的宋朝吗?

2009年秋,自东南大学退休的王步高先生北上清华大学,为清华学子开设了八年的诗词格律与写作课。课程成果之一就是《清华学生诗词选》的出版,该书收入了自2009年以来选修此课程的241位清华学子的诗词作品600余首。这241位清华学子,有82%为理工科学生。其实"一个时期以来,我国高校中文系对传统诗词只作解读和鉴赏,即使研究生层次也不要求搞诗词创作……反映了时至今日对中华诗词以至中华传统文化的伟大作用认识的虚位"②,有鉴于此,王先生不但讲格律,而且讲

---

① 马克思:《1844年经济学哲学手稿》,人民出版社2000年版,第88页。
② 梁东:《回归,和再出发》,载王步高主编《清华学生诗词选》,清华大学出版社2016年版,第4页。

平水韵，讲入声字。在他看来，这些正是认知诗词、创作诗词的落脚点，"在传统文化复苏大潮澎湃有声、高校人文素质教育提倡经年的大背景下，源远流长的中国诗教传统，在人们印象中以理工科见长的清华园中结出累累果实"①。

诗词创作，必然离不开格律、用韵，这是起点，也是难点。王先生迎难而上，将诗词创作的必修技能倾囊相授。在他看来，传承诗词创作技巧是一个方面，更为重要的是不能让源远流长的诗词传统在我们手上断代。

就学生作品的内容而言，既有亲情孝道、思乡怀旧、相思别离等传统题材，又有一些关注民生、反腐和雾霾的针砭之作。例如电机系 2013 级黄欣因"见校工劳苦，忽忆小童送别父母外出打工"，遂成《远行》一首，悲悯之情溢于言表；近年来，党和政府一直在加大反腐力度，却总有一些宵小逆时而动。生命学院 2009 级朱明原在《议内部专供酒》中写道："陈年美酒换新装，干部包间暗地尝。外表无奇遮耳目，内涵奢侈保排场。应知上意常求俭，可恨民心总被伤。壮志豪情澄玉宇，奈何敷衍蠹猖狂。"语语质朴无华，但忠悃之情、拳拳之心毕现笔端。化工系 2011 级李凌霄在诗中直写雾霾问题："雾霾连日罩神州，拍遍栏杆登故楼。五岳雄奇无旧色，三江秀水雾中流。兴昌经济周遭罪，累及黎民国祚忧。莫畏浮云遮日久，乾坤肃正待从头。"这首《忧神州雾霾》虽点化前人处甚多，却敢于直面雾霾肆虐的现实。尾联宕开一笔，由心"忧"到"莫畏"，再到"肃正"，透露着治霾的信心。诚如梁东先生所言，一些作品"力求面向世界、贴近生活、有思想、不跟风，对国计民生较为关注，对雾霾、贫富差

---

① 张修智：《因为他，清华理工学子写出让诗人"震撼"的诗》，《新华每日电讯》2017 年 9 月 22 日第 9 版。

距加大、钱学森之问、教育制度、低头族等问题有清晰冷静的看法"①，这既是清华学子的才学，又是清华学子的胆识。说到底，是在王先生的带领下，用古典诗词的形式，低吟或高唱出时代的声音。

当后人回望我们这个时代的诗词作品时，我相信，这些书写了时代印记的作品，因为歌唱了这个时代的快乐、呈现了这个时代的悲悯而成为这个时代的标志之一。从这个意义上看，清华学子的诗词创作，因与当下、与生活的紧密结合而具有了特殊的意义和"新的时代内涵"，也是中华优秀传统文化创造性转化的卓越成果之一。

白先勇先生振衰起敝，将现代要素与古老的昆曲相结合，使其焕发出"青春"的活力。《中国诗词大会》以全民参与的模式唤醒国人对经典诗词的集体记忆。王步高先生以一己之力为清华学子授业八载，传授诗词创作之道，既延续了诗词创作的传统，又指导学子以诗词写我心、写我口，大胆真切而直率地反映时代。

这三者无一例外，都借鉴了有价值的内涵，改造了"陈旧的表现形式"，也都能以现代的表达形式，赋予各自对象"新的时代内涵"，在理念、内容、表达与形式上实现现代转型。

三

"创新性发展"侧重于提升超越，至少也包含三个层面。其一是创新的而非守旧的，要注重守正开新；其二是发展，发展的目的是面向现实、

---

① 梁东：《回归，和再出发》，载王步高主编《清华学生诗词选》，清华大学出版社2016年版，第8页。

服务现实，紧扣时代之需、民众之愿；其三是面向未来，在对中华优秀传统文化补充、拓展、完善的基础上，使其具有我们这个时代独有的文化特色与技术底蕴，成为中华文明历史长河中的绚烂篇章。

如果说"创造性转化"强调现代转型，偏重于现代视域下的优秀传统文化呈现，那么"创新性发展"则强调提升超越，目的是要增强优秀传统文化的"影响力和感召力"，发展是内在要求，是借助现代技术手段的大发展、大超越。在这一过程中，必然会烙下技术的印记。这些技术恰恰是我们这个时代才有的技术，体现了时代性与进步性。

国产网络游戏，大多从中华传统文化中汲取养分，有一些甚至直接从中取材，正如《三国群英传》系列之于三国故事，《梦幻西游》之于西游故事等。作为当下最流行的网络游戏之一的《王者荣耀》，"80%以上的英雄角色都基于传统文化原型设定，邀请中国社科院、北京大学的有关专家成立了顾问团队，分别从民俗、文学、音乐、历史等维度，对其中的文化表达进行专业指导"[①]，玩家往往因游戏而去挖掘角色的背景，从侧面切入中华优秀传统文化当中。

当然，也有学者对网络游戏"是否应该"和"能否担负起"传播中华优秀传统文化持怀疑态度。但即使是这些怀疑者，也不得不承认仅在2016年"中国网络游戏市场的销售收入达到了1655.7亿元，同比增长17.7%，游戏用户高达5.34亿人……2016年中国自主研发的网络游戏的海外销售收入更是多达72.3亿美元——单是出口这一块，我国的网络游戏行业就已经达到了我国电影的国内票房规模"[②]，网络游戏产业已经远超

---

① 张焱：《有中国传统文化元素的游戏该登场了》，《光明日报》2017年10月17日。
② 孙佳山：《网络游戏与传统文化传承、发展的现代路径》(2017年7月20日)，中国社会科学网。

电影业成为文化产业的真正领头羊。我国本土游戏除了牢牢占据国内游戏榜单前列外,还在东南亚、东欧、中东、拉美等地区盛行,这在以前是难以想象的。

习近平同志曾说:"提高国家文化软实力,要努力展示中华文化独特魅力……把跨越时空、超越国度、富有永恒魅力、具有当代价值的文化精神弘扬起来,把继承传统优秀文化又弘扬时代精神、立足本国又面向世界的当代中国文化创新成果传播出去。"[1]既然国产网络游戏深受国内外玩家的青睐,且多以优秀传统文化为题材,那么它就成为既有传统性又有现代性的"当代中国文化创新成果"之一,这就提醒我们应当更为积极主动地将中华优秀传统文化以更为专业的方式在游戏世界表达与展现,这既是提升国家文化软实力,又是实现优秀传统文化创新性发展的契机。

那么,到底如何"将中华优秀传统文化以更为专业的方式在游戏世界表达与展现"呢? 或许孙佳山先生所说的借鉴《文明》系列、《魔兽世界》等知名游戏,既"在游戏中设置了详细的百科全书,将游戏中涉及的历史人物、传统典故等进行了翔实的解析",又能"在知识类网站上,设置了一系列相关词条,构建了完整的游戏世界观"[2],倒不失为一种成功的尝试。这种阐释游戏涉及的历史人物、传统典故,编制相应的词条和百科全书,进而构建"完整的游戏世界观",如果有文学、史学、美学、民俗学、地理学、神话学、军事学、建筑学等领域的专家来把关甚或操刀,相信游戏将更为专业,更贴近人物,更符合史实,故事也更完整。

---

[1] 习近平:《提高国家文化软实力》,《习近平谈治国理政》,外文出版社 2014 年版,第 161 页。
[2] 孙佳山:《网络游戏与传统文化传承、发展的现代路径》(2017 年 7 月 20 日),中国社会科学网。

我们且以《山海经》为例。最初《山海经》是被作为地理书看待的，《隋书·经籍志》将之列于史部地理类之首，历代公私书目也大都将之归于史部地理类。到了清代，四库馆臣称："道里山川，率难考据，案以耳目所及，百不一真。诸家并以为地理书之冠，亦为未允。核实定名，实则小说之最古者尔。"① 已经不再将其视为地理类而归入了小说类。且不论该书如何归类，就其中所涉及的种种珍禽异兽而言，用现代眼光来看，它是极为玄幻的。所以，无论是影视作品还是游戏，如果试图建构上古神话体系，《山海经》当是不二之选。

以《山海经》题材为背景的国产网络游戏，有新玄幻动作卡牌手游《山海经 OL》(2016)、3D 奇遇式手游《山海异闻录》(2017) 和《轩辕传奇》(2017) 等。其中，由腾讯北极光工作室研制的移动端 3D MMORPG 手游《轩辕传奇》，将产品定位于"山海经神话巨制"，致力于弘扬中华传统文化。该游戏的官网除游戏攻略、玩法、战报等之外，还特设了"山海经品牌站"栏目每日一讲《山海经》，将游戏中的人物角色与《山海经》的记载相对照，让玩家在享受游戏乐趣的同时，也能体会和领略《山海经》故事的魅力。游戏给了《山海经》别样的解读，让传承多了一种可能。

网络游戏的流行，使其与文学、音乐、电影等一样，越来越影响着受众的价值判断与兴趣趋向。利用这个新兴媒介，能让更多的玩家接触中国传统元素，既使国产网游具备了中国风格与中国气派，又赋予了中华优秀传统文化以新的使命。

在五千多年文明发展进程中，中华民族创造了灿烂的文化。要使中华民族的文化基因与当代文化相适应、与现代社会相协调，就要做到让

---

① 永瑢等撰：《四库全书总目》卷一四二《子部·小说家类》，中华书局 1965 年版，第 1205 页。

群众喜闻乐见、广泛参与。只有这样，才能"把跨越时空、超越国度、富有永恒魅力、具有当代价值的文化精神弘扬起来，把继承传统优秀文化又弘扬时代精神、立足本国又面向世界的当代中国文化创新成果传播出去"。这里面有两个关键点，一是"弘扬起来"，二是"传播出去"，正与"创新性发展"所要求的"按照时代的新进步新进展，对中华优秀传统文化的内涵加以补充、拓展、完善，增强其影响力和感召力"相吻合，实现的途径之一就是习近平同志指出的"系统梳理传统文化资源，让收藏在禁宫里的文物、陈列在广阔大地上的遗产、书写在古籍里的文字都活起来"①。

让收藏的文物、陈列的遗产、书写的文字"都活起来"，是美好的愿景，更是对我们提出的要求，这意味着我们的探索必须要与时代相结合，要充分利用包括数据库、电子地图、虚拟现实等在内的多种技术手段呈现文献，特别是文献背后隐含的信息。时代在变，记录的载体也在变。刻石、简帛、纸张都有各自时代的印迹；当下有必要，也有条件将中华优秀传统文化以能体现时代水准的、可以永久留存的、更为直观便捷的、不受地域与空间限制的方式呈现出来。

如何让"书写在古籍里的文字都活起来"？

或许王兆鹏先生以别样的方式为我们带来了答案。他主持制作的《唐宋文学编年地图》于2017年初试行上线。该地图制作历时五年，截至2018年1月共收录唐宋两代诗人156人。初衷是方便教学和研究，但在实际应用过程中也引发了大众对古典诗词的兴趣。该地图将唐宋两代的诗人、诗歌容纳进来，以时间、空间为基点，既支持单元素模式，点击

---

① 习近平：《提高国家文化软实力》，《习近平谈治国理政》，外文出版社2014年版，第161页。

某人，如杜甫，地图上便能呈现其一生的活动轨迹，经行之处凡有作品皆会在地图上呈现，跟着杜甫去旅行，诚非虚言；点击某地，如洛阳，便可知655—1123年，共有五十七位诗人曾在此停留，留下了603首诗歌。此外，又支持多元素模式，选择两个时间点，如政和元年（1111）、二年（1112），便可知苏辙、晁端礼、贺铸等二十九位诗人在该时间段内的活动轨迹。

在我们业已习惯了谷歌地图、百度地图等基于实况应用的数字地图的大背景下，《唐宋文学编年地图》的推出，对专业研究而言，是一种全新的尝试，它开拓了古典文学研究的新领域；同样具有普及性的意义，可以为人们提供文化之旅的路线。关于某地、关于唐宋诗人，都可以在地图上直观呈现，这在某种程度上将古典文学研究领域的最新成果，以一种更容易为大众所接受、更喜闻乐见、更便捷的方式呈现出来。并且该项目还计划加入音频和视频，比如加入作者的画像、书法作品、诗词吟唱等，使呈现更加立体丰富。除了电脑版之外，还提供手机版，更能跨越时空、超越国度，扩大了中华优秀传统文化的传播与影响。

无独有偶，浙江大学与哈佛大学联合推出了"学术地图发布平台"，旨在提供地理信息研究成果发布、可视化分析及多功能查询服务。迄今已发布了诸多自建的学术地图。这其中既包括《全宋文》《全元文》《全元诗》等文献中的列女传、清代戏曲作者、浙江集部著述、浙江古今人物等群体性数据，又包括汤显祖、沈周、宋濂等人行迹等个体性数据。平台的上线意味着学者们已经充分意识到了GIS技术在中国古代文史研究领域的重要作用,以及"空间分析和可视化呈现对人文社科研究所起的作用"①。

那么,能否让"收藏在禁宫里的文物、陈列在广阔大地上的遗产"也"活起来"呢?

答案是肯定的,我们可以借助虚拟现实技术,让它们以三维形式呈现。所谓虚拟现实,是指用技术手段构造出来的一种人工环境,它具有模仿人的视觉、听觉、触觉等感知功能的能力,具有使人可以亲身体验沉浸在这种虚拟环境中并与之相互作用的能力。它能帮助我们创建一个时间和空间可变的虚拟世界,人跟这个世界的关系就是沉浸其中、超越其上、进出自如、交互作用②,就如陆机所说"观古今于须臾,抚四海于一瞬"(《文赋》)。

通过实物三维模型数据的建立,可以"保存文物原有的各项形式数据和空间关系等重要数据,实现濒危文物资源的科学、高精度和永久的保存",这样能够实现更加全面、生动、逼真地展示文物,"从而使文物脱离地域限制,实现资源共享,实现文化遗产展示和保护的现代化,真正成为全人类可以'拥有'的文化遗产"③。在这一领域做得比较好的有故宫博物院的"V故宫"和敦煌研究院的"数字敦煌"④项目。

近六百年的故宫积极利用现代科技推动文化破壁,"集合十余年来故宫博物院积累的故宫古建筑、文物三维数据优质资源,基于多种(剧场、穿戴设备、移动终端)交互体验方式,不断引入新技术,拓宽应用场景,

---

① 《浙大与哈佛大学签约合作共建学术地图发布平台》,浙江大学求是新闻网(http://www.zju.edu.cn/2017/1019/c578a673478/page.Htm)。
② 汪成为:《人类认识世界的帮手——虚拟现实》,清华大学出版社、暨南大学出版社2000年版,第3页。
③ 王耀希主编:《民族文化遗产数字化》,人民出版社2009年版,第138—139页。
④ 2018年1月15日访问链接如下:https://www.e-dunhuang.com/index.htm。

为公众提供欣赏古代宫廷建筑的独特方式,为爱好者与研究者提供高质量的可交互故宫三维可视化知识资源"①,相继完成《天子的宫殿》《三大殿》《养心殿》《倦勤斋》《灵沼轩》五部大型虚拟现实作品,借此全面、直观呈现故宫建筑内涵,做到了让文物"活起来"。

较之故宫,一千六百多年的敦煌莫高窟不仅要面临干旱、风蚀、粉尘、积沙等恶劣条件,还要承受游客数量激增等问题。莫高窟日渐老化,为延缓这一趋势,敦煌研究院通过数据采集、图像处理、三维重建、3D打印等技术实现石窟的数字化保护。2016年5月"数字敦煌"上线,该项目第一期的30个经典石窟,跨越北魏、西魏、北周、隋、唐等多个时期,其中绝大多数石窟是未对公众开放过的。通过虚拟现实技术,观众足不出户便可以实现360度全景漫游,沉浸式感受洞窟的艺术魅力。2017年,"数字敦煌"的全年访问量达到347万次,实现了文化遗产的全球共享。

从"V故宫"到"数字敦煌",虚拟现实技术给文物保存和展示带来了模式,这自然要归功于技术。但我们也要清醒地意识到内容是根基、技术是手段。目的在于内容的呈现,在于利用时代赋予的技术力量实现中华优秀传统文化的创新性发展。同时,我们也欣喜地看到,一些科技公司开始与故宫博物院、敦煌研究院加大合作力度,以"科技 + 文化"为基础策略,"用年轻人喜闻乐见和易于接受的方式,以契合时代的创意形态,让传统文化在新生代潮流中焕发出新的活力"②。

中华文明延续着我们国家和民族的精神血脉,既需要薪火相传,也需

---

① 2018年1月15日访问链接如下:http://v.dpm.org.cn/。
② 《找寻打开历史的新方式》,《人民日报》2018年1月19日。

要与时俱进，正如习近平同志所指出的，传承中华文明"绝不是简单复古，也不是盲目排外，而是古为今用、洋为中用，辩证取舍、推陈出新，摒弃消极因素，继承积极思想，'以古人之规矩，开自己之生面'"①，扬弃继承、守护出新，这是我们对待中华文明应有的态度。"楚辞汉赋、唐诗宋词、元代戏曲、明清小说，都是中国乃至世界文艺发展史上的瑰宝，也都蕴含着中华民族的文化基因"②，我们有必要做好中华优秀传统文化的挖掘与阐发。一些有着悠久历史的戏曲，能否在保持本色的前提下，主动适应时代的趋势与要求进行变革？青春版《牡丹亭》给出了答案。中国是诗词的国度，阅读与记诵是传承、体味诗词的重要途径，电视媒体下的全民参与模式，进一步助推了古典诗词的流行。创作是诗词传统中非常重要的一环，格律、用韵是外在的体式要求，能否反映当下、描写现实，则是考察其是否具有时代性的重要标志。

作为新兴媒介的国产网络游戏，多以传统文化为底蕴，且在国内外有着深远的影响，所以有必要将中华优秀传统文化与其相结合，传递勇敢、爱国、正义等正能量，形塑完整的、向上的游戏世界观。借助 GIS 和虚拟现实，在对唐宋文学地图、故宫宫廷建筑和敦煌石窟等进行技术干预的基础上，基本可以实现"让收藏在禁宫里的文物、陈列在广阔大地上的遗产、书写在古籍里的文字都活起来"的愿景。

这些愿景的实现，当然要感谢技术，感谢时代，同时不应忘记技术的意义在于使中华民族最基本的文化基因与当代文化相适应而不过时、与现代社会相协调而不脱节，"把跨越时空、超越国界、富有永恒魅力、具有

---

① 习近平：《在文艺工作座谈会上的讲话》，人民出版社 2015 年版，第 26 页。
② 中共中央宣传部编：《习近平总书记在文艺工作座谈会上的重要讲话学习读本》，学习出版社 2015 年版，第 109 页。

当代价值的文化精神弘扬起来。要推动中华文明创造性转化、创新性发展,激活其生命力,让中华文明同各国人民创造的多彩文明一道,为人类提供正确精神指引"①。

(原载《文学遗产》2018年第5期)

---

① 习近平:《在哲学社会科学工作座谈会上的讲话》,人民出版社2016年版,第17页。

"有""无"之辨：重建近代中国历史叙述管窥[*]

章　清

弗兰西斯·培根（Francis Bacon）尝试对人类的学问进行划分时，曾颇有洞见地指出：对人类学问的分类最好依据学问活动的主要场所，据此可以判明："历史与记忆相关，诗与想象相关，哲学与理性（Reason）相关。"[①] 史学作为延续记忆的一门学问，其遗存物（史料）原本即是选择性"记忆"或"遗忘"的结果，为此，历史之"有"与"无"，亦实属平常。值得深思的是，"记忆"的延续往往与历史进程息息相关，还受到特定时代所形成的史观及史学编纂体例等多重因素的影响。此亦意味着，无论是历史或史学所呈现之"有"，都并不单纯。近代中国的历史叙述，所受到的影响尤为突出。20世纪初，梁启超倡导的"新史学"的成长既影响史学观念的变化，还改变着"存史"的方式。因此，治中国近代史的学

---

[*] 本文为教育部重点研究基地重大项目"知识的在地化：近代中国出版市场与教育体制转型"（批准号：16JJD770014）阶段性成果。

[①] 柳卸林选译自 De Augmentis Scientiaram, *The Philosophical Works of Francis Bacon*, London: George Routledge and Son, 1905, pp. 426-436。何兆武主编：《历史理论与史学理论——近现代西方史学著作选》，商务印书馆1999年版，第13页。

者需要面对的是历史遭逢巨变的时代,也是史学观念与史学方法发生重大转变的时期。

如何辨析"有"与"无",在方法论上还构成影响历史书写重要的一环。关乎此,常为人所征引的是陈寅恪的精到诠释:"凡前人对历史发展所流传下来的记载或追述,我们如果要证明它为'有',则比较容易,因为只要能够发现一二种别的记录,以做旁证,就可以证明它为'有'了;如果要证明它为'无',则委实不易,千万要小心从事。因为如果你只查了一二种有关的文籍而不见其'有',那是还不能说定的,因为资料是很难齐全的,现有的文籍虽全查过了,安知尚有地下未发现或将发现的资料仍可证明其非'无'呢?"① 这番话道出历史研究常常遭遇的情景——"说有容易说无难"。这也导致史家所揭示的历史,往往基于"有"展开,有意或无意忽略了"无"的一面,似乎只有"有"才能提供确凿的信息。其实不然,无论做出"有"还是"无"的判断,都是在揭示历史的一些面相,所提供的信息同样重要。

本文拟结合晚清"新史学"的成长及其所催生的新的史学观念与史学方法,对此略加申论。不可否认,基于"有"的言说,自有其成因,但忽视对"无"的揭示,却可能导致对历史的"遮蔽"。尤其突出的是,进入近代以后,历史书写所揭示的"有",往往基于"普遍历史"所昭示的"目的论"立说。过于关注这样的"有",舍弃的很可能是更为重要的"无",况且"无"也并非不能提供有价值的信息,其所展现的实际是另外的"有"。因此,关注于历史中"无"的一面,既可以突破"有"的樊笼,也有裨于呈现"无"所包含另外的"有"。中国近代史研究受此影响最为

---

① 罗香林:《回忆陈寅恪师》,台湾《传记文学》1970 年第 17 卷第 4 期。

严重，或许也最有突破的可能。近些年也不乏学者辨析了与此相关的一些问题，或者阐明近代中国存在"多个世界"，或者强调应重视处于边缘地带的思想者所发出的"执拗的低音"。①"新××史"的不断浮现，即表明学界不满足于以往所揭示的"有"，而试图展示以往较少注意的"无"，以重建中国近代历史叙述。

一、从"无史"到"有史"：目的论史学的成因

柯林武德（R. G. Collingwood）曾辨明，所有的历史都是"思想"的历史，并且是那些在心灵里能够"重演"的东西。②晚清以降"历史记忆"的延续，即揭示出历史是以什么方式不断"重演"。清初广织"文网"，以收缴删禁图书的方式磨灭人们的历史记忆，即埋下历史记忆"复活"的根基；晚清时期遭逢"三千年未有之大变局"，"他者"又唤起被"遗忘"的历史。受此影响，中国的历史书写也逐渐落入"目的论"史学的窠臼。其成因及具体表现，大致可结合中国对"普遍历史"（universal history）的接纳加以解析。③20世纪初梁启超倡导"新史学"，与此不无关系，还引发中国究竟"有史"还是"无史"的争辩。本文探讨的围绕历史研究"有"

---

① 参见罗志田《新旧之间：近代中国的多个世界及"失语"群体》，《四川大学学报（哲学社会科学版）》1999年第6期；王汎森：《执拗的低音——一些历史思考方式的反思》，生活·读书·新知三联书店2014年版。
② 参见［英］R. G. 柯林武德《历史的观念》，何兆武、张文杰译，中国社会科学出版社1986年版，第43页。
③ "普遍历史"是将人类历史描绘为一个整体，理解为一致的发展过程。对此的检讨，参见章清《"普遍历史"与中国历史之书写》，载杨念群等主编《新史学——多学科对话的图景》上，中国人民大学出版社2003年版，第236—264页。

与"无"的论辩,也发端于此。

立足于"无"认知中国,在晚清一度甚为流行。诸如"无国""无史",乃至于"无学""无社会"之类的议论,曾嚣尘上。这自有深意在,昭示着以不同于过往的方式重新认识中国;而且,其语境既指称当下,还指向过去。以"无史"论来看,梁启超发表的《中国史叙论》《新史学》,可视作"无史"论之滥觞。前者明确表示,"虽谓中国前者未尝有史,殆非为过"[①];后者则道出中国之"旧史"存在种种弊端:"不知有国家""不知有群体""不知有今务""不知有理想"。这种种"不知",指向的也是"无史"。梁启超甚至表示:"遍览乙库中数十万卷之著录,其资格可以养吾所欲给吾所求者,殆无一焉。"[②]此外,1902 年《天南新报》的一篇文章,借表彰"公史",也指出中国只有"私史","以是为史,谓之无史可也"。[③]1903 年"支那少年"为翻译出版的《"支那"四千年开化史》一书所写"弁言",则喊出:"恫哉,我国无史!恫哉,我国无史!"并表示翻译是书,为的是取法该书"去吾二十四姓家乘所备载之事实","以饷我无史之士夫"。[④]这样的声音显然颇有影响,以至于马叙伦还写下《中国无史辨》:"人之言曰中国无史,中国无史夫?"[⑤]

尤为特别的是,"无史"之说还盛行于以捍卫"国粹"为宗旨的人士中,且往往与"无国"论相结合,突出这样的意思——"无史"则"无

---

① 梁启超:《中国史叙论》,《清议报》第 91 册,1901 年 9 月 13 日。
② 梁启超:《新史学》,《新民丛报》第 1 号,1902 年 2 月 8 日。
③ 所谓"私史",乃"一家之史,非全国之史也。一时之史,非万世之史也。王公之纪年史,非世界之权衡史也"。黄世仲:《私史》,《天南新报》1902 年 9 月 12 日第 2 版。又见《新民丛报》第 19 号,1902 年 10 月 31 日。
④ "支那少年"编译:《"支那"四千年开化史》,上海"支那"翻译会社 1903 年版,"弁言",第 1 页。
⑤ 马叙伦:《中国无史辨》,《新世界学报》第 5 号(壬寅第 5 期),1902 年 10 月 31 日。

国"，显示出对"无史"的判定，以及对"有史"的接纳，另有枢机。1902年2月邓实、黄节等人在上海创办《政艺通报》，即宣称当"使天下皆知吾学以爱吾国，则学存而国可不亡"①。邓实甚至表示，阅读三千年之史书，不能不感叹，"史岂若是邪？中国果有史邪？"阐明"中国史界革命之风潮不起，则中国永无史矣，无史则无国矣"②。1905年在上海成立的国学保存会，对"国学"的思考同样结合"无国"与"无史"展开。黄节阐述了这样的看法："黄史氏受四千年中国史而读之，则喟然叹曰：'久矣夫，中国之不国也，而何史之足云！'"③

在中国这样一个有着深厚史学传统的国家，否认"有史"、流行"无史"之说，大有意味，表明此一时期读书人对历史的理解逐渐突破传统的范畴，重新提出了"历史是什么"的问题。④ 与之相应，何谓"有史"也成为读书人思考的重心。

梁启超举起"新史学"的大旗，紧扣的即是对"史学"新的界说，"欲创新史学，不可不先明史学之界说。欲知史学之界说，不可不先明历史之范围"⑤。征诸其他人阐述的见解，可知悉他们所关切的主要是历史究竟该书写什么，对照的则是"西人之史"。徐仁铸1898年已言及：中国正史，"民间之事，悉置不记载"，此则"不过十七姓家谱耳，安得谓之史哉"。相反地，"西人之史，皆记国政及民间事，故读者可考其世焉"。⑥

---

① 邓实：《第七年〈政艺通报〉题记》，《政艺通报》戊申第1号，1908年2月16日。
② 邓实：《史学通论一》，《政艺通报》壬寅第12号，1902年8月18日。
③ 黄节：《黄史·总叙》，《国粹学报》第1年第1号，1905年2月23日。
④ 参见王汎森《晚清的政治概念与"新史学"》，《中国近代思想与学术的系谱》，河北教育出版社2001年版，第165—196页。
⑤ 梁启超：《新史学》二，《新民丛报》第3号，1902年3月10日。
⑥ 徐仁铸：《輶轩今语·学语》(续)，《湘学报》第30册，1898年3月13日。

严复 1903 年所译斯宾塞（Herbert Spencer）《群学肄言》，借介绍"群学"也道出，前史体例"于国事常载其然，而不载其所由然"，尤其是"于帝王将相之举动，虽小而必书，于国民生计之所关，虽大有不录"。① 马叙伦针对"无史"提出辨析，则关注如何拓展史之范围："若是推史，则何必二十四史而为史？何必三通、六通、九通而为史？更何必六经而为史宗？"② 这样的见解，也得到众多应和。王舟瑶在京师大学堂讲述"中国通史"，即注意到"今之言新史者，动谓中国无史学"。他对此持同情立场，道出"其言虽过，却有原因"：

> 西人之史，于国政、民风、社会、宗教、学术、教育、财政、工艺，最所究心，所以推世界之进状，壮国民之志气。中国之史，重君而轻民，陈古而略今，正闰是争，无关事实，纪传累卷，有似志铭，鲜特别之精神，碍人群之进化。③

重新思考"历史之范围"及"史学之界说"，自是为探索历史书写新的体例。从"无史"转向"有史"，明显是中西史学会通的产物，主要涉及两个环节的突破：其一是将中国历史纳入"普遍历史"的架构，按照上古、中古、近世等时代进行把握，书写通贯古今之"通史"。其二则是吸收各分科知识规划出"专门史"，书写各学科之"专史"。

首先来看，中国历史书写是如何被纳入"普遍历史"的架构。中西

---

① ［英］斯宾塞：《群学肄言》，严复译，上海文明编译书局 1903 年版，第 7 页。
② 马叙伦：《史界大同说》，《政艺通报》癸卯第 16 号，1903 年 9 月 21 日。
③ 王舟瑶讲述：《京师大学堂中国通史讲义》，载京师大学堂编《京师大学堂中国通史讲义》二编，商务印书馆 1904 年版，第 2 页。

交往引发的历史之"和合",影响中国之历史书写,主要体现在接受另一种有起点、有目标的线性"历史"。① 来华西人对西学的介绍,往往依托历史进程加以辩护,并将中西纳入同样的历史维度中,以检视中西之差异。谢卫楼(Devello Z. Sheffield)编译的《万国通鉴》,在这方面不无用心。该书分为"东方国度""西方古世代""西方中世代""西方近世代"四卷,展现出对历史富于深意的理解,而"东方国度"没有像书写西方历史那样区分三个"世代",多少在暗示"东方国度"还没有发展到"近世代"的意识。② 李提摩太(Timothy Richard)则基于"古世""近代"的维度对中国加以评述,指出"中国古世善体天心","是以巍然高出于亚洲为最久之大国"。然而,"近代以来良法美意忽焉中改,创为闭关自守之说……沿至今日,竟不能敌一蕞尔之日本"。借介绍其所翻译的《泰西新史揽要》一书,李氏还阐明"西国之广兴多在近百年中","欲治近世亦无有出其右者"。③

将人类历史按照不同的"世代"进行划分,依凭的是对历史的二元认识,"文明"与"教化"渐渐构成划分历史的准则。在这方面日本对中国也有重要影响。福泽谕吉 1875 年所著《文明论概略》强调,野蛮、半

---

① 1833 年广州出版的《东西洋考每月统记传》,即体现了沟通中西历史的努力。该刊分 11 次刊登了麦都思(Walter H.Medhurst)《东西史记和合》,上为"中史",下为"西史",各以"汉土帝王历代""西天古传历记"开篇。参见黄时鉴整理《东西洋考每月统记传》,中华书局 1997 年版,第 3—4 页。
② 实际上,该书也固守西方各国走在历史进程前列的立场,指明"试以西方奉耶稣教之国,与东方奉他教之国,平心比拟,则西方各国,实有数事愈于东方焉"。谢卫楼编译:《万国通鉴》第 4 卷下,上海益智书会 1882 年版,第 64 页。
③ 李提摩太:《〈泰西新史揽要〉译本序》,载李提摩太译,蔡尔康述《泰西新史揽要》,上海广学会 1895 年版,第 1—3 页。

开化和文明是"人类的必经的阶段","文明发展的过程"。① 福氏 1885 年提出著名的"脱亚论",更可视作力图将日本纳入"普遍历史"的努力。② 而将中国史分为若干时期,再用分章分节的体裁写作,也是由日本间接输入的。那珂通世 1888 年出版《"支那"通史》,将中国历史区分为"上世史""中世史""近世史"三个时期。③ 桑原骘藏 1898 年出版《中等东洋史》,则以"上古期""中古期""近古期""近世期"作为"时代的划分"。④ 除此之外,还应当重视 1879 年冈本监辅出版的《万国史记》一书。该书在编纂体例上有明显突破,"其文虽用汉字,其体反仿泰西史例"⑤。冈千仞在为该书撰写的《序》中指出:西史分称三古——上古、中古、近古,不独"明古今之异同也",而且还昭示这样的"世运岁进",乃万国常态,"与地球始终者矣"。冈千仞也试图将东洋纳入这一模式去认识:

> 东洋国俗,是古非今,谈时事辄曰世运日降,论人道辄曰风俗不古,其不求进益,与西洋中古教法之弊害略相似。⑥

冈千仞将中西历史纳入相同的时间序列,按照上古、中古、近古三个世代进行把握,是将人类历史纳入"普遍历史"最集中的体现。晚清不仅接受了这样的"历史",还以此为"有史"。梁启超在《中国史叙论》中道

---

① 福泽谕吉:《文明论概略》,北京编译社译,商务印书馆 1959 年版,第 9—10 页。
② 参见野村浩一《近代日本的中国认识》,张学锋译,中央编译出版社 1999 年版,第 110 页。
③ 那珂通世:《"支那"通史》卷一,东京中央堂 1888 年版,第 1 页。
④ 桑原骘藏:《中等东洋史》上卷,东京日本图书株式会社 1898 年版,第 17—21 页。
⑤ 冈本监辅著,中村正直阅:《万国史记》"凡例",(东京)内外兵事新闻局 1879 年版,第 1 页。
⑥ 冈本监辅著,中村正直阅:《万国史记》"序",(东京)内外兵事新闻局 1879 年版,第 7 页。该书很快在中国陆续出版了多个版本,最初为 1880 年的"申报馆聚珍版"。

出,虽然西人以上世史、中世史、近世史编写历史稍嫌"武断",却只能"权宜"而为之。他也按照"上世史""中世史""近世史"划分中国历史,并分别命名为"中国之中国""亚洲之中国""世界之中国"。① 稍后,梁启超又按照下列四个阶段划分中国历史:(1)"野蛮自由时代"(黄帝以前);(2)"贵族帝政时代"(自黄帝至秦始皇);(3)"君权极盛时代"(秦始皇至清乾隆);(4)"文明自由时代"(清乾隆以后)。并明确表示:"此数种时代,无论何国何族,皆循一定之天则而递进者也。"② 在此背景下,许之衡还主张对历史采纳"断世"以替代以往之"断代":

> 断代一例,尤为史家之大惑。断代者,徒为君主易姓之符号,是朝史而非国史……故今后之作史,必不当断代,而不嫌断世(如上古、中古、近古之类),借以考民族变迁之迹焉。③

影响所及,中国读书人所撰写的中国历史,如夏曾佑的《最新中学教科书 中国历史》和刘师培的《中国历史教科书》,即接受了划分时代的办法。夏曾佑颇有意思地谈道:"讲堂演述中学较西学为难,西学有途辙,中学无途辙也。"这话用在史书编纂上,当有所指,缘于夏曾佑了解到西方处理历史有简便方式,为此也按照上古之世、中古之世、近古之世,将

---

① 梁启超:《中国史叙论》,《清议报》第91册,1901年9月13日。
② 梁启超:《尧舜为中国中央君权滥觞考》,《清议报》第100册,1901年12月21日。梁的这些见解受到日本的影响。参见松尾洋二《梁启超与史传——东亚近代精神史的奔流》,载狭间直树编《梁启超·明治日本·西方——日本京都大学人文科学研究所共同研究报告》,社会科学文献出版社2001年,第244—288页。
③ 许之衡:《读〈国粹学报〉感言》,《国粹学报》第1年第6号,1905年7月22日。

中国史分为"三大期"。① 在其看来，只要"不随朝而举"，"则不觉繁重矣"。② 刘师培也有类似感受，"欲治中史，非编一繁简适当之中国历史莫由"。他同样接受了西方区分时代的办法：

> 西国史书多区分时代，而所作文明史复多分析事类。盖区分时代近于中史编年体，而分析事类则近于中国三通体也。今所编各课，咸以时代区分先后，即偶涉制度文物，于分类之中亦隐寓分时之意，庶观者易于了然。③

按照不同的时代划分中国历史，所展示的"有史"不只具有形式上的意味，还逐渐以西方社会的演进代表着人类"普遍"的发展模式，并以此作为中国历史演进的"目的"。1904年严复翻译甄克思（Edward Jenks）所著《社会通诠》，就接受甄氏提出的"始于图腾，继以宗法，而成于国家"的发展模式，甚至认为"此其为序之信，若天之四时，若人身之童少壮老，期有迟速而不可或少紊者也"；进而还推断中国社会也是由宗法而渐入军国，"综而核之，宗法居其七，而军国居其三"。④ 夏曾佑读了该书，受到颇大触动，认为其对于中国"所以入宗法社会而不能出者"，已"初明其故"⑤；并赞同该书"胪殊俗之制以证社会之原理"，接受"人之于宗

---

① 夏曾佑编著：《最新中学教科书 中国历史》第1册"凡例"，商务印书馆1904年版，第1、6页。
② 夏曾佑编著：《最新中学教科书 中国历史》第2册"凡例"，商务印书馆1905年版，第1页。
③ 刘师培：《中国历史教科书》"凡例"，1905年由国学保存会出版。此据《刘申叔遗书》下册，江苏古籍出版社1997年版，"凡例"，第2177页。
④ 严复：《译者序》《〈社会通诠〉按语》，《社会通诠》，商务印书馆1904年版，第1—2、19页。
⑤ 夏曾佑：《致严复》二，1903年1月24日，王栻主编：《严复集》第5册，中华书局1986年版，第1575页。

法社会也，进化所必历也"。①《东方杂志》在"新书介绍"中也盛赞《社会通诠》一书所论，"无一不与我国四千年来社会吻合"。②

接受"普遍历史"为中西共同之"有"，在多方面都有所体现。1908年商务印书馆出版的《英华大辞典》，对 history 的释义也接受了划分时代的观念，所举例证即包括"上古史、古代史"（ancient history）、"中古史、中世史"（medieval history）、"近世史、新史"（modern history）。③在历史教科书编写方面，傅斯年注意到，直至"五四"时期，仍"概以桑原氏为准，未见有变更其纲者"。虽然傅斯年并不赞同这样的分期，但也承认，历史学"要以分期为之基本，置分期于不言，则史事杂陈，樊然淆乱，无术以得其简约，疏其世代"。④不宁唯是，有了历史分期，一向为史家视作畏途的"通史"，也成为史家竞相尝试的体裁。《民国时期总书目（1911—1949）》所收中国史之"通史"，即约有 80 种。⑤

将中国历史纳入"普遍历史"的架构，所要者是为中国历史确立明确的"目标"。甚至可以说，"历史的终结"于此有了实质的意味。别的且不论，对近代中国历史的把握，即很难摆脱这样追逐"有"的"目的论"。柯文（Paul A.Cohen）标举的"中国中心观"，即与其所检讨的"冲击—回应""近代化""帝国主义"等模式，存在同样的问题。"在中国发现

---

① 夏曾佑：《〈社会通诠〉序》，《社会通诠》，商务印书馆 1904 年版，第 1—5 页。
② 《新书介绍·社会通诠》，《东方杂志》第 1 期，1904 年 3 月 5 日，第 255 页。
③ 颜惠庆主编：《英华大辞典》，商务印书馆 1908 年版，第 1110 页。
④ 傅斯年：《中国历史分期之研究》，《北京大学日刊》第 113 号，1918 年 4 月 17 日。该文连载于《北京大学日刊》第 113—118 号。
⑤ 《民国时期总书目（1911—1949）：历史·传记·考古·地理》上册，书目文献出版社 1994 年版，第 75—83 页。

历史",与"发现在中国的历史",毕竟不是一回事。① 其他研究者对此也不乏反省。何伟亚（James L. Hevia）注意到，中国思想家重新审视中国，主要体现在接受时间观念和组织分类，这"与从前存在于中国的任何治史方法完全不同"②。艾尔曼（Benjamin A. Elman）也强调，20世纪中国史学为"目的论"所主导，将历史现象化约为它们从来不是的东西——"迈向现代化过程的'步骤'或'障碍'"。③ 这也意味着，晚清以降从"无史"转向"有史"，主要体现在将西方社会演进所经历的作为人类社会共同之"有"，将中国纳入其中，除证明中国"有史"之外，还确立了中国历史的"目标"。

二、"新史学"的基调：立足于"有史"的规划

化解"无史"的紧张，将中国历史纳入"普遍历史"，只是问题的一面。与之相应，"有史"的见解还有更具体的表现。从"无国""无史"的困惑中摆脱出来，重新确立"有国""有史"之论述，最基本的是获得认知国家与历史新的维度。秉持这样的"有史"论，意味着接受"社

---

① 参见柯文《在中国发现历史——中国中心观在美国的兴起》，林同奇译，中华书局2002年版；罗志田《发现在中国的历史——关于中国近代史研究的一点反思》，《北京大学学报（哲学社会科学版）》2004年第5期。

② 何伟亚：《怀柔远人：马嘎尔尼使华的中英礼仪冲突》，邓常春译，社会科学文献出版社2002年版，第250页。柯文也明确指出："中国史家，不论是马克思主义者或非马克思主义者，在重建他们自己过去的历史时，在很大程度上一直依靠从西方借用来的词汇、概念和分析框架"。柯文："序言"，《在中国发现历史——中国中心观在美国的兴起》，林同奇译，中华书局2002年版，第1页。

③ 参见艾尔曼《中国文化史的新方向：一些有待讨论的意见——代中文版序》，赵刚译，《经学、政治和宗族——中华帝国晚期常州今文学派研究》，江苏人民出版社1998年版，第1—20页。

会""文明"的演进构成历史的基调,并立足于从政治、经济等因素解释历史的发展。从 20 世纪初开始,"专门史"的兴起,就成为史学编纂体例"有史"的具体体现;以之为"有史",也重新塑造了"中国之过去"。

梁启超阐述的"新史学",即试图在史学编纂体例上开辟出"有史"。梁启超特别提到昔之史家的两项弊端:其一,"知有一局部之史,而不知自有人类以来全体之史"。其二,"徒知有史学,而不知史学与他学之关系"。① 这是"新史学"关切的要点所在,当"历史之范围"拓展为"全体之史",目标是立足于"有"以揭示"社会"与"文明"成长的历史。② 黄节指认中国"无史",即是针对"吾四千年史氏,有一人之传记,而无社会之历史","社会之衰落,而史氏无征也"。③ 而提倡"文明史",更成为富于代表性的看法。1901 年蔡元培将"史例"区分为"记注""辑比""撰述",并指明,所谓"撰述者",乃"抽理于赜动之中,得间于行墨之外,别识通裁,非文明史不足当之"。④ 梁启超、章太炎在规划历史书写新的体例时,"文明"与"社会"也成为思考历史书写之关键。梁在《东籍月旦》中即指明"文明史者,史体中最高尚者也",并且表示:

> 中国为地球上文明五祖国之一……惟其文明进步变迁之迹,从未有叙述成史者。盖由中国人之脑质,知有朝廷而不知有社会,知有权

---

① 梁启超:《新史学》二,《新民丛报》第 3 号,1902 年 3 月 10 日。
② 正因为此,各学科的"术语"也被用于描绘历史,展现出"新名词"之"入史"。参见章清《"文明"与"社会"奠定的历史基调——略论晚清以降"新名词"的浮现对"中国历史"的重塑》,载孙江、陈力卫主编《亚洲概念史研究》第二辑,生活·读书·新知三联书店 2014 年版,第 187—228 页。
③ 黄节:《黄史·总叙》,《国粹学报》第 1 年第 1 号,1905 年 2 月 23 日。
④ 蔡元培:《蔡叙》,《选报》第 1 期,1901 年 11 月 11 日。

力而不知有文明也。①

章太炎也指出："中夏之典，贵其记事，而文明史不详，故其实难理。"②围绕如何纂修《中国通史》，章太炎明确表示，通史重点要揭示"发明社会政治进化衰微之原理"③。章还指出中国史家各有阙失，实难"当意"：

> 太史知社会之文明，而于庙堂则疏；孟坚、冲远知庙堂之制度，而于社会则隔；全不具者为承祚，徒知记事；悉具者为渔仲，又多武断。④

日本在这方面的影响也很突出。在明治时期，文明史观呈现"文明（开化）/野蛮""进步/停滞"的二元认识，成为重新认识中国的坐标轴。各种"支那史"，"正是欧洲文明史教科书影响下重新书写中国历史的产物"。⑤那珂通世的《"支那"通史》认为，"中华"或"华夏"之称，"犹言文明之邦也"；该书即旨在借叙述"历代治乱分合之概略"，以"察我邻邦开化之大势"。⑥前述翻译出版的《"支那"四千年开化史》之原书

---

① 梁启超：《东籍月旦》，《新民丛报》第11号，1902年7月5日。
② 章太炎：《尊史》，载徐复注《訄书详注》，上海古籍出版社2000年版，第785页。
③ 章太炎：《章太炎来简》，《新民丛报》第13号，1902年7月。
④ 章太炎：《致吴君遂书八》，载汤志钧编《章太炎年谱长编》上册，中华书局1979年版，第141页。其中提及的史家分别是司马迁、班固、孔颖达、陈寿、郑樵诸人。
⑤ 黄东兰：《书写中国——明治时期日本"支那"史·东洋史教科书的中国叙述》，载黄东兰主编《新史学》第四卷，中华书局2010年版，第130页。
⑥ 那珂通世：《"支那"通史》第1卷，东京中央堂1888年版，第1、6页。

《"支那"史》，也基于"开化"揭示中国历史之演进，分别述及"太古之开化""三代之开化""秦汉三国之开化"……具体描绘的则是制度、学术、宗教、技艺、产业、风俗等内容。①

这也成为清末历史书写转变的象征。征诸各种以"中国历史"为题名的书籍，可注意到历史书写的基本架构，逐渐以"文明"与"社会"为主轴。1903 年横阳翼天氏所作《中国历史》，便强调是书之作，"以国民精神为经，以社会状态为纬，以关系最紧切之事实为系统"。②夏曾佑也阐明，其书写中国历史，"以发明今日社会之原为主"，即"关乎社会者，如宗教、风俗之类，每于有大变化时详述之"。③

以这样的方式所展现的中国历史，也成为"有史"的具体呈现。李广濂为文明书局出版的《高等小学国史教科书》撰写的《序》，就回答了"国胡为有史"的问题，明确传递所谓"有史"，要揭示"文化之迹象，风俗之短长，孰宜守，孰宜革，修明改缮，而不至茫昧无措，失宜废事者也"。④商务印书馆 1907 年出版的《新体中国历史（中学堂教科书）》，也表达了类似的看法，指明"历史者，研究人类进化、社会发达、文明进步之学也"，当关注"学术技艺之隆替，武备之张弛，政治之沿革，文明之进步，实业之发达，风俗之变迁等事"。⑤1908 年文明书局出版的《中学中国历史教科书》，其"编辑趣意"开宗明义，指出"史之例凡五"，分

---

① 参见市村瓚次郎、滝川龟次郎：《"支那"史》，（东京）吉川半七 1888 年刊行，目录页。
② 横阳翼天氏：《中国历史出世辞》，《政艺通报》第 2 年第 9 号，1903 年 6 月 10 日。又见横阳翼天氏《中国历史》，上海东新社 1903 年版，第 3 页。
③ 夏曾佑编著：《最新中学教科书 中国历史》第 2 册 "凡例"，商务印书馆 1905 年版，第 1 页。
④ 汪承镛编：《高等小学国史教科书》"序"，文明书局 1904 年版，第 1 页。
⑤ 吕瑞廷、赵澄壁等合编：《新体中国历史》（中学堂教科书）"叙论"，商务印书馆 1907 年版，第 1—2 页。

别为"政治史""文明史""世界史""分国史""国别史";并进一步说明:"本编叙事,注意之端凡八:一国势,二风俗,三社会,四制度,五族类,六政制,七人才,八学术,皆分条详述,逐代钩稽,而联之使成一贯。"①

以"文明""社会"为主轴书写历史只是"专门史"成长的一个方面,此一时期各分科知识的成长,也构成影响史学发展的重要因素。不只是梁启超试图结合各分科为"史学"寻求新的定位,还有不少学者阐述了类似的看法。章太炎在论及通史时指明:"通史上下千古,不必以褒贬人物、胪叙事状为贵,所重专在典志,则心理、社会、宗教诸学,一切可以熔铸入之。"②陈黻宸言及史学,也自觉结合其他学科进行界定,"史学者,凡事凡理之所从出也","是故史学者,乃合一切科学而自为一科者也"。甚至表示,史学"必合政治学、法律学、舆地学、兵政学、术数学、农工商学而后成"。③黄节同样强调:

> 西方诸国,由历史时代进而为哲学时代,故其人多活泼而尚进取。若其心理学、政治学、社会学、宗教学诸编,有足裨吾史料者尤多。④

晚清士人针对"史学"与"他学"阐述的这些见解,表明近代学科知识在中国的成长也影响到"史学",肯定"历史一门最切于今日学界,亦

---

① 章嵚编著:《中学中国历史教科书》,文明书局1908年版,第1—2页。
② 章太炎:《章太炎来简》,《新民丛报》第13号,1902年7月。
③ 陈黻宸讲述:《京师大学堂中国史讲义》,载京师大学堂编《京师大学堂中国史、万国史讲义》二编,商务印书馆1904年版,第1、2页。
④ 黄节:《黄史·总叙》,《国粹学报》第1年第1号,1905年2月23日。

莫杂于今日学界"①。及至民国时期，这依然是推动史学成长的关键要素。1928年傅斯年在《历史语言研究所工作之旨趣》中强调：

> 现代的历史学研究已经成了一个各种科学的方法之汇集。地质、地理、考古、生物、气象、天文等学，无一不供给研究历史问题者之工具……若干历史学的问题非有自然科学之资助无从下手，无从解决。②

问题还不只是"他学"有裨"史学"，"史学"有功于"他学"，二者之结合尚可产生"他学"之"史"——学科史。陈怀注意到，欧美史学之种类，"无论为政治，为法律，为宗教，为教育，为经济，为天文，为地理，为格致，为社会中种种现象，莫不有史"③。邓实质疑中国之"有史"，也是因为"若所谓学术史、种族史、教育史、风俗史、技艺史、财业史、外交史，则遍寻乙库数十万卷充栋之著作，而无一焉也"④。宋恕更是明确表示："有一学必有一学之史，有一史必有一史之学。"⑤此所意味的是，伴随分科知识的成长，发掘各学科之"有"而进行"专门史"书写，构成重塑"中国历史"新的方向。这样，除了与"断代史"相对的"通贯古今"的"通史"之外，还产生了"通贯政治、经济、学术、宗教等等"的

---

① 《历史类总叙》第2卷，《新学书目提要》，上海通雅书局1903年版，第1页。
② 傅斯年：《历史语言研究所工作之旨趣》，《历史语言研究所集刊》第1本第1分，1928年10月。
③ 陈怀：《学术思想史之评论》，《新世界学报》第9号（壬寅第9期），1902年第9期。
④ 邓实：《史学通论一》，《政艺通报》壬寅第12号，1902年8月18日。
⑤ 宋恕：《粹化学堂办法》，载胡珠生编《宋恕集》上册，中华书局1993年版，第380页。

"专史"。①

"专门史"之所以构成史学编纂体例上"有"的呈现,其实质是寻找各学科发展的历史资源,与"西学中源"说可谓异曲同工。成长于明清之际的"西学中源"说,堪称"有史"之滥觞,旨在强调西学之"有",本于中学之"有";现时中学之"无",原即为"有"。降至晚清,王仁俊编撰的《格致古微》也成为"西学中源"说之集大成者,指明"格致之学,中发其端,西竟其绪",如伟烈亚力(Alexander Wylie)之《数学启蒙》,合信(Benjamin Hobson)之《全体新论》,"类能引吾中书敷畅厥恉"。② 俞樾为该书所作的"叙"更是阐明:是书之作,"使人知西法之新奇可喜者,无一不在吾儒包孕之中","所谓光学、化学、重学、力学,固已无所不该矣"。③

既如此,则意味着中国历史资源早已有各分科知识;相应地,发掘这样的"有",以书写各学科之史,也成为题中应有之义。刘师培1905年发表的《周末学术史总序》,就显示出这方面的努力。其自诩谓,此书之作,乃"采集诸家之言,依类排列,较前儒学案之例,稍有别矣";并且解释称:"学案之体,以人为主。兹书之体,拟以学为主。义主分析,故稍变前人著作之体也。"岂止是"稍有别矣","以学为主"的结果,是依照分科知识重新梳理中国学术,分解出各分科的"学科史",包括心理学史、伦理学史、论理学史、社会学史、宗教学史、政法学史、计学史、兵学史、教育学史、理科学史、哲理学史、术数学史、文字学史、工艺学史、

---

① 周予同:《五十年来中国之新史学》,《学林》第4辑,1941年2月。这方面的讨论参见章清《重塑"中国历史"——学科意识的提升与"专门史"的书写》,《学术月刊》2008年第8、9期。
② 王仁俊:《〈格致古微〉略例》,《格致古微》,王氏家刻本1896年版,第1—2页。
③ 俞樾:《〈格致古微〉叙》,《格致古微》,王氏家刻本1896年版,第1—2页。

法律学史、文章学史等。①

到民国时期，对分科知识的认识不断增进，据此清理中国历史资源也催生更多的"专门史"。胡适的《中国哲学史大纲》即依托所理解的"哲学"展开，蔡元培为该书撰写的序，也特别指明"中国古代学术从没有编成系统的记载"，"非研究过西洋哲学史的人，不能构成适当的形式"。②同样是撰写中国哲学史，冯友兰更是点出了问题的关键：

> 哲学本一西洋名词，今欲讲中国哲学史，其主要工作之一，即就中国历史上各种学问中，将其可以西洋所谓哲学名之者，选出而叙述之。③

不独"哲学"如此，政治、经济方面的"专门史"同样如此。萧公权的《中国政治思想史》明确表示："本书采政治学之观点，用历史之方法，略叙晚周以来二千五百年间政治思想之大概。"之所以自晚周讲起，也是因为之前存留的零星材料，"究非学术思想之记录"，"就政治学之观点论，殊觉其鲜裨实用"。④经济史遭遇的困难更大，1929年侯厚基撰写《中国近代经济发展史》，已感叹"经济之范围，又至广泛，内容挂一漏百，

---

① 参见刘师培《周末学术史总序》，《国粹学报》第1年第1号，1905年2月23日。该文连载于《国粹学报》第1年第1—5号。
② 蔡元培：《中国古代哲学史大纲·序》，载胡适《中国哲学史大纲》上卷，商务印书馆1919年版，第1页。
③ 冯友兰：《中国哲学史》，商务印书馆1934年版，第1页。该书1931年神州国光社出版的初版没有这段话。
④ 萧公权：《中国政治思想史》第一册"凡例"，商务印书馆1945年版，第1页。

自所不免"。① 然而，此后出版的相关著作，仍未找到解决之道。李剑农1943年所著《中国经济史稿》上册，缺了"导论"（注明待刊），多少是因为难以厘清"经济史"的范畴。② 朱伯康、祝慈寿1946年出版的《中国经济史纲》，也留下这样的说明："经济史研究之对象为人类之经济生活，然此语似嫌空泛，究何所指，不很确定。"③

尽管如此，这并没有影响学者撰写"专门史"的热情。较之"通史"，有关"专门史"的著作，更是多到难以统计的地步。④ 这无疑表明，"历史之范围"较之过去大为拓展，"通史"与"专史"的出现，多少化解了由此产生的紧张。"专门史"的不断涌现，也意味着中国的历史书写从"无史"的困惑中摆脱出来，而对于"有史"的追逐，也有具体呈现。

三、新的史学编纂体例塑造的"历史"

"我国史学根柢之深厚既如彼，故史部书之多亦实可惊。"⑤ 梁启超总结中国史学发出的感叹，道出有着悠久历史书写传统的中国面临的困局，由此也促成史学编纂体例的不断调整。进入近代以后，"西史"之加入，更冲击着"中史"的编纂体例。可以说，近代既是巨变的时代，也是史学观念与史学方法发生重大转变的时期，并深刻影响到"存史"。"地方"的历史按照新的史学编纂体例进行书写，即是值得检讨的一环。研究者逐渐

---

① 侯厚基：《中国近代经济发展史》"凡例"，大东书局1929年版，第1页。
② 参见李剑农《中国经济史稿》上册，新中国书局1943年版，目录页。
③ 朱伯康、祝慈寿：《中国经济史纲》，商务印书馆1946年版，第7页。
④ 在前述《民国时期总书目：历史·传记·考古·地理》列有"政治史""文化史"等分目，经济、政治、法律等学科的"专史"，则散见于各分册中，难以计数。
⑤ 梁启超：《中国历史研究法》，商务印书馆1924年版，第46页。

有这样的共识,"地方"的近代史对于把握中国近代史的基调有重要意义。然而,需要面对的是,梳理地方近代史主要依凭的地方志等资料,同样受到新的史学观念与史学方法的影响,往往按照"有史"加以呈现,即突出"变"的一面,较为忽略地方的"不变"。最明显的是,编纂体例与前述"通史""专史"也渐渐趋同。

有关"地方"在历史上的存在,常被引述的是"刑不上大夫,礼不下庶人"的说法;每逢激烈变动的时代,所谓"礼失求诸野"之论调也常常泛起。① 降至晚清,1910 年发布的《国会请愿同志会意见书》,仍传递出这样的看法:"吾国之风气,原皆启发于地方,而养成于士夫。"② 应该承认,近代国家、社会遭逢巨变,"地方"也不免卷入其中。印刷书刊,以及铁路、电报的出现,使"地方"与外部世界的联系不可同日而语;国家政权建设更是推动"地方"承担不同于以往的角色。1939 年王寿彭即以户口、土地、警察、救济、教育、道路、水利、卫生诸端,为地方的基本事务。③ 这表明,近代以后地方事务确实增添了不少"有"。

然而,国家政权建设的成效如何?尤其是地方如何"变"?却值得深思。抗战发生后,对基层组织的建设有不少议论。任颖辉认为:"最高当局的计划经过中层,到了下层的县区,迟滞因循,就很难贯通到民间去,结果要获取突飞猛进的政治的进步当然是很难的。"④ 李洁之则指明:基层组织展现出由简单到复杂的情形,"政出多门,莫衷一是","所谓农林、

---

① 参见王汎森《"儒家文化的不安定层"——对"地方的近代史"的若干思考》、罗志田《地方的近世史:"郡县空虚"时代的礼下庶人与乡里社会》,载罗志田、徐秀丽、李德英主编《地方的近代史:州县士庶的思想与生活》,社会科学文献出版社 2015 年版。
② 《国会请愿同志会意见书》,《国风报》第 1 年第 9 号,1910 年 5 月 9 日。
③ 参见王寿彭《地方自治主要事务之研讨》,《县政研究》第 1 卷第 5 期,1939 年 5 月 30 日。
④ 任颖辉:《怎样健全下层政治机构》,《新政周刊》第 1 卷第 19 期,1938 年 5 月 16 日。

水利、道路、桥梁，和育幼养老、济贫救灾、自卫、教育那些重大的事件，能够同时举办恐怕很是少数，十九都没有举办"。① 为此，也有文章发出培养"地方元气"的呼声，指明今日之地方早已由"有为"之区，成为"无能"之域。②

"地方"的景象既然如此，那么，以"存史"为目标的地方志又是如何书写的呢？不可否认，这一时期地方志书的书写也开始受到新的史学编纂体例的影响。民国建立后，邓之诚发表的《省志今例发凡》，已明确表示旧志体例必当破除，"今之志非昔比也，国体既变，拘牵禁忌，皆可破除"；"事变日繁，必宜增辟门类，以重今制"，"不有改作，何以推古知今"。③ 南京国民政府成立后，地方志的编纂成为国家政权建设的重要一环，从一开始即在全国范围进行部署。内政部颁发《修志事例概要》，要求各省"应于各省会所在地，设立省通志馆"，完成编纂通志的工作。在内容上尤其强调多体现国家建设的成就，"土地、户口、物产、实业、地质、气候、交通、赋税、教育、卫生，以及人民生活、社会经济各种状况，均应分年精确调查"。④ 1944 年内政部又颁布《地方志书纂修办法》，除内容上比照《修志事例概要》之外，还越发重视"变"，要求"各省、市、县政府设立修志馆"，而且，"省志 30 年纂修一次，市志及县志 15 年

---

① 李洁之：《改进行政基层组织刍议》，《大众生路》第 2 卷第 7 期，1938 年 4 月 24 日。
② 陈习挺：《培养国家基层的家乡"地方元气"》，《潮州乡讯》第 3 卷第 3 期，1948 年 9 月 16 日。杜赞奇（Prasenjit Duara）针对华北农村的研究，也说明"进入 20 世纪以后，国家权力的扩大及深入极大地侵蚀了地方权威的基层"，但"国家政权并不能将其意志强加于所有的文化网络的结构之上"。杜赞奇：《文化、权力与国家——1900—1942 年的华北农村》，王福明译，江苏人民出版社 1994 年版，第 234 页。
③ 邓之诚：《省志今例发凡》，《地学杂志》第 9 年第 4、5 期合刊，1918 年 9 月。
④ 《修志事例概要》，《内政公报》第 2 卷第 12 号，1930 年 1 月。

纂修一次"。①

在此背景下,"重修"地方志也成为潮流,并引起多方议论。以"今例"替代"旧例",是重点考虑的内容。1931年刘复撰写的《重修山东通志事例商榷》,就较为重视"前志所当革易者",阐明"修志笔削,以时代而异,民国不同于清以前,今日又不同于民初":

> 清季以还,鲁省情势大异,曩者若外交、交通、实业、司法,则前志所未有也,若职官、学校、兵防,则名似而实异者也,若内政、财政、区域,则事增于前者也。此当舍其旧而新是谋,审订纲领,疏具条目。②

民国时期修纂省志、县志所制订的体例致力于揭示地方之"变",自不难理解。而且,除紧紧配合国家政权建设所涉及的内容之外,新的体例还接受了晚清以降所形成的新的史观,展现出"新史学"如何"入志"的情形。1949年出版的《新纂云南通志》,即明确宣称:"史学史观日新月异,后来居上理所当然。"③

前述邓之诚撰写的《省志今例发凡》,已阐明编纂地方志需参考近代知识所取得的进展,认为"西儒专精地理,造端宏远,类次相从,而一归实用","宜取彼成规,略事改创"。④1933年吴景超发表的《中国县志的改造》,则具体展示了"社会科学"如何直接引入修志中。吴景超针对章

---

① 《地方志书纂修办法》,《行政院公报》渝字第7卷第6号,1944年6月30日。
② 刘复:《重修山东通志事例商榷》,《山东省立图书馆季刊》第1集第1期,1931年3月。
③ 龙云、卢汉修,周钟岳纂:《新纂云南通志》"凡例",云南通志馆1949年版,第8页。
④ 邓之诚:《省志今例发凡》,《地学杂志》第9年第4、5期合刊,1918年9月。

学诚有关方志的见解指出，章终究是清代中叶的人，其看法无论如何高明，"在今日看来，应当修正的地方，还是不少"，尤其是方志的内容，其主张虽然"高人一等"，"但我们用社会科学的眼光去看，似乎还有增减之余地"。① 这也点出问题的关键，意味着进入民国以后已盛行用"社会科学的眼光"观察"地方"。1935年李泰棻出版的《方志学》一书，也阐述了同样的看法："居今日而谈方志，必须增加门目若干，方能适合史学潮流。必须备有方法多条，始能达到内容目的。"② 1937年朱士嘉在《怎样编纂新式的县志》中也指出："地方志与史地学、社会科学、自然科学都有相当的关系，因为它所贱括的门类很繁多，所记载的范围也很广大。"职是之故，朱士嘉说明无论担任编纂还是分纂，都要求"对于史地学或者社会科学有专门的研究而成绩卓著者"，还需"酌量情形聘请自然科学的人才"。③

当时各省成立的通志馆，也有交由大学办理的情况。广东、河南通志馆1932年、1934年分别移交中山大学、河南大学，由大学校长兼任通志馆馆长之职。由此，各学科学者也在修志中扮演了重要角色。如，朱希祖受聘担任广东通志馆纂修，撰写了《广东通志馆征访条例》《广东通志略例》等修志所涉及的重要文本。不仅如此，特殊的时空格局还造

---

① 结合该文对比的章学诚《石首县志》与李景汉所编《定县社会概况调查》，亦可知新的方法带来全新的视野。前者共分八门：一编年，二方舆，三建置，四民政，五秩官，六选举，七人物，八艺文；后者则分为十七章，包括一地理，二历史，三县政府及其他地方团体，四人口，五教育，六康健与卫生，七农民生活费，八乡村娱乐，九乡村的风俗与习惯，十信仰，十一赋税，十二县财政，十三农业，十四工商业，十五农村借贷，十六灾荒，十七兵灾。在吴看来，后者"才是我们所需要的县志"。吴景超：《中国县志的改造》，《独立评论》第60号，1933年7月23日。
② 李泰棻：《方志学》"序"，商务印书馆1935年版，第3页。
③ 朱士嘉：《怎样编纂新式的县志》，《禹贡》半月刊第7卷第1、2、3期合刊，1937年4月。

成民国时期地方志的编纂另有枢机，一些地方志的编纂者不再以本籍人士为主，而是接受专业训练的外来人士。如黎锦熙参与编纂陕南城固县志，即缘起于 1938 年其所在国立西北联合大学从西安迁往陕南城固，遂结合"联大教授及本邑学界人士"组成"城固续修县志委员会"。黎锦熙特别说明，"凡此皆名誉职，其有给者，名'专门技术员'，大抵联大毕业生为之"。对此，黎锦熙也乐观其成，还明确提出："抗战建国，我以为文化界中人要真正负起责任来，第一步工作，就在给所在的地方修县志。"修志工作开始后，黎被推负责草定"续修工作方案"，由此还成就了《方志今议》一书，"泛陈现代新修方志之要旨及其方法"。该书关注的即是"新方法"如何"入志"。黎锦熙明确表示："今修方志，先明'三术'，即'续''补''创'是也。"重点则落在"创"字上，强调"居今而修方志，决非旧志之旨趣与部门所能范围"。所谓"创"，指的即是"事类新增者"：

> 例如地质、气候、公路、卫生等，固可云创；即旧方志曾有者，如关于自然之山水、物产等，关于经济之食货、储恤等，关于政治文化之学校、风俗以及方言等，或宜更易故称，用符实际；或则悉换新质，仍循旧名：皆属之"创"。①

民国时期新派学者希望新修志书能展示"事类新增者"，自有其考量。耐人寻味的是，民国时期出版的省志，沿袭旧志体例的明显占据多数。这也留下可资检讨的问题——地方志的编纂该如何"存史"？按照"有史"

---

① 黎锦熙：《方志今议》，商务印书馆 1940 年版，第 1 页。

的方向修志，之所以难以实现，既有操作上的因素，但未尝不是地方所发生的"变"，并不像一些方志学者所期待的那样。

1934年出版的《续修陕西通志稿》，所以用"续修"之名，原因在于，"前志为卷一百，为类三十二，纲举目张，允推详尽"，尽管"时代有须略为变通者"，但也只是"更定门类二十有八，细目略有变易"，而"大端无改前编，总期不失赓续成书之意"。该书断限为"始于乾隆，终于宣统"，也便于按照"旧志"体例编纂。① 1949年出版的《新纂云南通志》，有"新纂"之名，却无其实。该书也言明：处今之际，地方志之编纂，"非博采资料，扩充门类，无以破宿昔之固陋，导人士以开明"②。然而，实际之成书也多参考"旧志"："一自云南文化初开截至清宣统三年止，参考旧志，补阙订讹，勒成一书，计二百六十六卷，一自民国初元起，网罗事实，别具长编，分别纂修，以为新志。"③

与之相应，较为"趋新"的通志却是未完成的居多。1940年成立的江西通志馆，拟编纂新的《江西通志》，最终只留下稿本十编。主持此事的吴宗慈重点考虑的是"古今方志"之别，颇为关切新志"所汇记之史迹，能否随古今事变而不失其进化之步骤"。尤其还述及："今修方志，应注意全国性，期为此后全国一统志，永远继续之统计底册。"④《广西通志》

---

① 《续修陕西通志稿》"凡例"，陕西通志馆1934年版，第1页。所分类目为：星度、疆域、建置、职官、田赋、户口、仓庾、征榷、学校、选举、兵防、交通、水利、盐法、钱法、名宦、人物、祠祀、荒政、古迹、金石、纪事、艺文、物产、风俗、祥异、拾遗、文征。
② 龙云、卢汉修，周钟岳纂：《新纂云南通志》"序四"，云南通志馆1949年版，第2页。
③ 龙云、卢汉修，周钟岳纂：《新纂云南通志》"凡例"，云南通志馆1949年版，第1页。
④ 吴宗慈：《论今日之方志学》，《江西文物》第2卷第2期，1942年4月1日。1941年吴宗慈拟定的类目，也遵循于此。江西省省志编辑室编：《江西地方志序跋凡例选录》，江西省志编辑室1986年版，第115页。

的编纂也试图更多展示"近代事物":"旧志之阙略者既应补编,而近代事物之必须记录者,又复不可胜数。"① 大致按照地理、社会、政治、文化、经济、军事、党史、抗战、胜迹、宦绩、人物列传、大事记、附录分为各编。② 最后完成的,也只有稿本18册。

按照"新例"编纂而成的省志,最终完成的并不多。究其原因,既是因为"近事"难以甄别,编纂体例也不无影响。黎锦熙在参与《洛川县志》的工作时,试图按照新志编纂,强调"方术要点,首在解散旧体,悉依新轨"③。结果却发生了令黎锦熙意想不到的一幕,该书采照《方志今议》拟出二十余种调查表格,却"未见一纸之填报"④。更值得检讨的是,"新轨"所展示的内容,是否能配合地方之"变"呢?对照《洛川县志》所制订的篇目,可以发现要呈现其中之"有",困难重重。⑤ 如"卫生行政"方面,1933年洛川县政府"始有卫生助理员之设";1940年成立了中心卫生院,负责"各项卫生事业";后因新县制实施,1941年中心卫生院改为县卫生院,"设医师、助产士、卫生稽查、护士各一人,卫生员、事务员各二人"。以这样的人员构成,显然无法真正落实一县之防疫、医疗、保健、宣传、医药管理、人才培植等工作。⑥ 而这样的"卫生行政",是"有"还是"无"呢?

上述较为"趋新"的志书在编纂体例上渐渐趋同,更淡化了地方的"差异性";而其所展示的"变",是否实实在在发生,并构成历史之"主

---

① 封鹤君:《纂修广西通志之我见》,《广西省通志馆馆刊》创刊号,1948年1月,第2页。
② 参见广西壮族自治区通志馆编《广西方志提要》,广西人民出版社1988年版,第53—54页。
③ 余正东主修,黎锦熙总纂:《洛川县志》"序",泰华印刷厂1944年版,第4页。
④ 余正东主修,黎锦熙总纂:《洛川县志》"序",泰华印刷厂1944年版,第5—6页。
⑤ 参见余正东主修,黎锦熙总纂:《洛川县志》"凡例",泰华印刷厂1944年版,第1—3页。
⑥ 余正东主修、黎锦熙总纂:《洛川县志》第18卷"卫生志",第10—11页。

调",也值得检讨。地方志既以"存史"为目标,则自应守护地方本身。以国家政权建设为维度,或以新史学主导的史观为出发点,不仅难以呈现所希望的"有",而且还不能展示"无"所映射的以往之"有"。因此,在旧志的基础上做一些"加法",倒是可取。黄炎培主持编纂的《川沙县志》即是值得肯定的例证。① 该书承袭光绪五年(1879)所修《川沙厅志》而来,主要增加了实业、工程、教育、卫生、议会、慈善、司法、警务、故实等新类目。② 朱希祖也注意到通志体例的规划或"式遵旧史",或"别裁新制"。依其所见,"二者各有所长,未可偏废"。其所撰《广东通志略例》也强调:"兹定体例,聿遵旧式,新制之作,俟乎通人。"③

毋庸讳言,近代以降虽然产生了"不一样的地方",但如何"变",其程度究竟如何,难以一概而论。梁思成等人1941年留下的广汉县(今四川省广汉市)的影像资料,就揭示了从空间维度看,尽管地方的事务发生了改变,但地方的建筑仍沿袭以往,"变"与"不变"交织在一起。④ 即便立足于"变",其两面性也应当重视。最基本的,国家政权建设未必能完全覆盖以往由地方承担的事务,甚至还可能导致某些地方事务的弱化。据此也应考虑,过往由地方承担的事务,哪些渐渐消失了?而地方事务的承担者,又如何发生改变?"地方性"与"时代性",是朱士嘉思考地方志

---

① 陈方瀛修、俞樾纂:《川沙厅志》"凡例",光绪五年刊本,第1页。
② 方鸿铠修、黄炎培纂:《川沙县志》"例言",国光书局1936年版,第7页。
③ 朱希祖:《广东通志略例》,《国立中山大学文史学研究所月刊》第1卷第3期,1933年3月25日。
④ 从中可以判明:"城里的公共建筑大多是清朝遗留下来的,县政府、卫生院、邮政局、警察局虽有洋气的名字,却也借用古建筑:县政府是清代衙署所在地,卫生院占据了某个不知名的祠堂,警察局则借用了亚圣祠;城外的乡镇中,还散落着数不胜数的寺院、宗祠、会馆、民居。"萧易著,梁思成、刘致平摄:《影子之城——梁思成与1939/1941年的广汉》,广西师范大学出版社2018年版,第6页。

编纂提出的要点。① 这正是最难以平衡的，因为占据上风的往往是"时代性"，"地方性"则常常被忽视。当然，对于"地方"的观察，依托各分科知识进行研究也难以避免，谈不上有什么不妥。②

进入近代以后，地方历史的"有"与"无"或许更为突出，短时间里也难以趋同，仅结合政府行为书写地方历史，突出"变"的一面，未必合适。重点在于，地方近代史所揭示的是"地方"的"近代史"，而不是"近代史上的地方"。对比过往，自然有"不一样的地方"，但各地方之"不一样"，并不因为国家政权建设的加强而当即消除。③ "地方"作为更小的"历史研究的单位"，需要以特别的方式呈现，正是因为存在着差异。因此，对地方近代史的观察，如致力于呈现历史的"有"，甚至与"通史""专史"的架构渐渐趋同，自是问题多多。消除了"差异性"的"有"，不免是放大的，乃至是牵强的，反倒是被忽视的"无"的一面，或更能展示地方的历史。结合历史进程所昭示的"有"与"无"，即可看出症结之所在。

---

① 朱士嘉：《怎样编纂新式的县志》，《禹贡》半月刊第 7 卷第 1、2、3 期合刊，1937 年 4 月。
② 摩尔根（Lewis Henry Morgan）《古代社会》一书，研究路径即体现为所展示的"各种发明和发现所体现的智力发展""政治观念的发展""家族观念的发展""财产观念的发展"。路易斯·亨利·摩尔根：《古代社会》上册，杨东莼等译，商务印书馆 1981 年版，第 3 页、目录页。勒华拉杜里（Emmanuel Le Roy Ladurie）的《蒙塔尤》也是如此。关于这个村庄的"原始资料"是基于宗教裁判的立场"编纂起来的"，后来的研究者则基于"人种志学"进行了解析。埃马纽埃尔·勒华拉杜里著，许明龙、马胜利译：《蒙塔尤：1294—1324 年奥克西坦尼的一个山村》，商务印书馆 1997 年版，第 1—12 页。
③ 沈艾娣（Henrietta Harrison）针对山西太原士绅刘大鹏进行个案研究，曾道出其体会："真实的人从不是典型的。"受此启发，论者也强调，真实的"地方"也从不是"典型"的，所谓典型性或特殊性的地方，通常遭受研究者过度的诠释，很难说是历史上真确存在过的"地方"。沈艾娣：《梦醒子：一位华北乡居者的人生，1857—1942》，赵妍杰译，北京大学出版社 2013 年版；徐佳贵：《乡国之际：晚清温州府士人与地方知识转型》，复旦大学出版社 2018 年版，第 13 页。

四、历史进程所昭示的"有"与"无"

晚清以降新的史学编纂体例的浮现,不仅重塑了"中国之过去",更奠定了近代中国历史的基调。然而,史学观念以及编纂体例的"趋新",未必能完全反映历史进程本身,仅仅展示与此相关的"有",很容易遮蔽"无"所昭示的另外的"有"。结合此一时期国家政权建设"自上而下"的推进,尤其是叙述近代中国历史至今仍沿袭的"现代化"这一框架,不难看出,历史书写所呈现的"现代化"之种种"有",未必占据"主流",或者反倒是"低音",而被舍弃的"无",也许才是"主调"。重建近代中国历史叙述,或也应当避免以未必有实际成效的"有",遮蔽"无"所昭示的更具意义的"有"。

如何成长为一个现代国家,乃近代中国的基调所在。南京国民政府建立后,国家政权建设在各个环节均有所拓展。与此相关,"现代化"问题也引起关注,而中国社会的不平衡问题一开始就成为思考的重点。1930年《大公报》一篇文章就指出:"中国国家现方在新旧过渡时期中","其间文化技术之程度,往往距离数十年乃至数百年以上,而同时并存,新旧兼容焉。于此固足以表现中国之大,又正可证明其改革之难"。因此,"平衡发展实为必要条件","一有畸形,便生弊害"。[①] 1933 年 7 月,《申报月刊》还曾刊出"中国现代化问题特辑",将此作为一个"八九十年来的宿题",追溯到"西方势力进侵",以及中国遭受的"鸦片战争的挫败",表明"中国现代化"甫一提出,就与中国近代史结合在一起。在"国难"背

---

① 《现代化与非现代化》,《大公报》1930 年 7 月 7 日,第 1 张第 2 版;《国闻周报》第 7 卷第 27 期,1930 年 7 月 14 日。

景下，中国现代化之"幼稚落后"也受到重视：

> 中国生产以及国防方面的"现代化"，至今还是十分幼稚落后，到了现在，竟然国民经济程度，低落到大部分人罹于半饥饿的惨状，对外防卫的实力，微弱到失地四省，莫展一筹的地步；而大家对此宿题，却都好像淡焉若忘。①

或许是此一时期对"现代化"的理解有太多"歧义"，"差不多只是一种很广泛的空谈"，胡适更愿用"建国问题"来表述"当务之急"，似乎认为"现代化"还谈不上是当前的大问题。他相信，"近两年的国难，似乎应该可以提醒一般人的迷梦了。今日当前的大问题依旧是建立国家的问题"。②孟森同样主张，"国是之为国是，有超乎现代化与不现代化之上者，谓之'先决问题'，则专言'现代化'，似不足包括"③。尤为特别的是，如何防止"中国化"也引起重视。周木斋就指明："百年来的中国是一个现代化的过程，同时也是现代'中国化'的过程。"言下之意，中国现代化之所以失败，正是缘于"未注意怎样的防止中国化"，"要现代化首先要防止中国化"。④陈序经也结合教育的事例说明，所谓"中国化"，"骤然看起来，好像非没有她的道理；然而细的去考察，实在是一种很大的

---

① 《编者之言》，《申报月刊》第 2 卷第 7 期，"中国现代化问题特辑"，1933 年 7 月 15 日。对"现代化"的关切，也在这个时期出版的中国近代史论著中体现出来。蒋廷黻的《中国近代史》，就对这段历史有这样的归纳："近百年的中华民族根本只有一个问题，那就是：中国人能近代化吗？"蒋廷黻：《中国近代史》，商务印书馆 1938 年版，第 1—3 页。
② 胡适：《建国问题引论》，《独立评论》第 77 号，1933 年 11 月 19 日。
③ 孟森：《现代化与先急务》，《独立评论》第 77 号，1933 年 11 月 19 日。
④ 周木斋：《现代化与中国化》，《社会与教育》第 6 卷第 18 期，1933 年 9 月 30 日。

错误"。①

略说与近代中国历史叙述颇为相关的"现代化"论述的浮现，尤其是掺杂的各种声音，不难发现，尽管20世纪30年代"现代化"已引起重视，但还难以成为"主调"。这自是因为"现代化"在实践层面的推进还乏善可陈。既如此，以此作为近代历史书写的基本架构，自当考虑，是应该展示"现代化"之"有"还是"无"呢？此一时期所关注的"现代化"，往往以卫生、教育、法制等环节的建设作为指标，对此略加分析，可发现立足于"有"加以展现，问题不少。"有"未必构成"主调"，尤其存在严重的不平衡。

首先来看卫生行政上的推进情况。1928年行政院颁布的《全国卫生行政系统大纲》，表明国民政府试图建立从中央到地方的卫生行政系统。由于考虑到当时县一级的卫生行政系统毫无基础，故特别说明"县卫生局未成立以前之卫生事宜暂以县公安局兼理之，县公安局亦未成立时，得于县政府设立卫生科"②。1940年实行新县制，行政院又公布《县各级卫生组织大纲》，提出县各级当设立下列卫生机关：县为卫生院，区为卫生分院，乡（镇）为卫生所，保为卫生员。③成效如何呢？1943年担任行政院卫生署署长的陆润之对此进行总结，仍将改善卫生行政的努力指向"卫生行政系统强化及连（联）络"，表明进展远不如预期。④

担任上海市卫生局局长的俞松筠也注意到，至1943年，后方各省除绥远、青海两省尚未设置县卫生机关外，其余15省1297县中，设立县

---

① 陈序经：《教育的中国化和现代化》，《独立评论》第43号，1933年3月26日。
② 《全国卫生行政系统大纲》，《行政院公报》第8号，1928年12月26日，第8页。
③ 参见《县各级卫生组织大纲》，《行政院公报》第3卷第10、11号合刊，1940年6月1日。
④ 参见陆润之《中国之卫生行政》，《卫生保健医药专号》，1943年9月。

卫生院者，计 798 县（尚未调整仍称县立医院或县立医务所者，计 157 县）。其余 357 县，或因人力、财力限制，或因沦为战区，尚未设置县卫生机构。① 而在县以下的卫生机构，仅有县卫生分院 140 所、乡镇卫生所 1357 所。最为匮乏的是医务人员。截至 1945 年 6 月，共登记医师 12956 人，护士 6008 人，助产士 5153 人，药师 918 人，药剂生 4290 人，牙医师 352 人。这些医务人员，"能参加县乡卫生工作者，恐不及全数三分之一"。② 1947 年《统计月报》发布的"县（市）卫生机关"统计数据显示，当时县（市）卫生行政及各类卫生院总计不过 2795 所，其中县卫生院 1305 所，县卫生所 17 处，设治局卫生所 22 处，特种区卫生所 4 处，区卫生分院 371 所，乡镇卫生所 983 处，市级各类卫生机构 93 处。而地区差异尤其突出，青海、热河、绥远、宁夏四省均只建起几家县卫生院；山东、辽宁、新疆、台湾、西康、江苏、山西、安徽、甘肃、福建等省也仅建起几十家县卫生院。③ 即便是在卫生行政建设有所推进的地方，事实上也难以解决实际问题。1947 年检讨重庆卫生行政的一篇文章就指出："本市县有卫生所十四所，分布于城郊各区，但以本市人口之众，区域之广，此十四所卫生所势难顾及周全。"④

如此明显的地区差异，表明卫生行政呈现的实际是"有"与"无"的状况。作为模范省的广西在卫生行政上取得了不俗的成绩，在 1933 年颁布的广西建设纲领中，就包括"筹设各级卫生机关"，经过十年的发展，

---

① 原文如此，此处县的计数不确。
② 参见俞松筠《卫生行政概要》，正中书局 1947 年版，第 109—112 页。
③ 参见《表二十六，县（市）卫生机关》，《统计月报》第 117、118 号合刊，国民政府主计处统计局 1947 年 5、6 月编印，第 100—101 页。
④ 李之郁：《一年来之卫生行政》，《新重庆》创刊号，1947 年 1 月 30 日。

到 1943 年"已有良好之成绩"。①但有些地区的卫生行政的状况很不理想。1937 年贵州省政府民政厅编印的《贵州省卫生行政概况》，述及"本省各县极少医生药店，疾病发生，则多听其自生自灭，或迷信巫卜，致传染流行，遍及城乡"。该省 1935 年也曾部署在各县设立医务处，结果只有 14 县成立医务处，其他 66 县"皆因此项所长人选，境内及邻县均难物色，无法成立"②。事实上，截至 1937 年，《全国卫生行政系统大纲》颁布已近十年，贵州仍是这样的情形，自然难说地方卫生行政有成效。而作为贵州省会的贵阳，1943 年的情况仍很不理想。③

教育方面展现的则是现代的"有"无法替代过去的"有"，即存在另外的"有"。以国民教育的落实情况看，1940 年公布的《国民教育实施纲领》，指明自该年 8 月起实施国民教育，要求五年内"各乡（镇）均应成立中心学校一所，至少每三保成立国民学校一所"④，以普及国民教育。其成效如何呢？针对教育部 1947 年 6 月公布的《全国初等教育统计》，沈百英进行了检讨："全国有二十七万个小学，在小国看起来，可使人吓了一跳；但在我们堂堂大国说来，要行普及教育，还差得很远呢。"而且，"全国小学平均只有三级"，"读不到三年的不知有多多少少"。这样一来，按六年规划的"义务教育"，"事实上大部分不能学完规定的课程"。而"六十八万学级，由七十九万教师担任"，更意味着一个教师担任一级，"不论初小高小，不论哪一种科目，大概都是一人包办一级"。⑤

---

① 王世荣：《十年来之广西卫生行政》，《广西卫生通讯》第 3 卷第 7 期，1942 年 7 月 31 日。
② 《贵州省卫生行政概况》，贵州省政府民政厅 1937 年编印，第 20—21 页。
③ 参见张崇德、姚克方《两年来之卫生行政》，《贵阳市政》第 4 卷第 1 期，1943 年 7 月 1 日。
④ 《国民教育实施纲领》，《行政院公报》渝字第 3 卷第 6、7 号合刊，1940 年 4 月 1 日。
⑤ 沈百英：《从统计上看国民教育的问题》，《教育杂志》第 32 卷第 6 号，1947 年 12 月。

国民教育之成效不彰，也表明"私塾"实际构成另外的"有"。1933年湖北教育厅就对此提出问题，其设问方式颇类似于科举考试之"策论"题："改良私塾是否可济学校之穷，能否补教育之不及，其得失利弊若何。"① 这实际是一直存在的问题。1939 年的一篇检讨私塾的文章，即主张以私塾作为补充初级教育之不足。原因无他，政府所规划的小学教育，"约仅及百分之三十或四十"②。该年另一篇文章则阐述了"改良私塾"之主张，认为私塾"最合民间之需要"，"除增加教育效果外，并能节省教育行政之经费，协助'普教'之实施"。③ 1948 年《燕京新闻》还登载了一则消息，指明"广州学龄儿童共有十五万人，但公私立小学只能容纳八万多人，所以'塾师馆'还很多"，由于"比私立小学便宜一半以上，所以都有人满之患"④。尤有甚者，即便有私塾作为国民教育之补充，仍有相当数量的失学儿童。据 1948 年《北平市政统计》提供的信息，"未入学者53642 人，占学龄儿童总数之 31.6%"。⑤ 北平的情况已然如此，其他区域自是更为不堪。

除卫生行政、新式教育之外，其他与"现代化"密切相关的要素，也呈现类似的情形。在司法的推进上，县一级司法较为迟缓。1939 年公布的《县知事兼理司法事务暂行条例》，明确"凡未设立法院或县司法处之

---

① 《问题讨论》，《湖北地方政务研究周刊》第 1 卷第 2 期，1933 年 9 月 19 日。
② 其中提及：山西教育，向称普及，为全国之冠，该省小学生人数，约当学龄儿童人数的 67.8%；其他各省，浙江 32.6%、河北 29.5%、江苏 25.5%，至于广西、陕西、湖南、云南、四川、甘肃六省，最高的 25%，最低的 20%；尚有许多省份，不及此数，如贵州 8%，江西 7.2%，湖北 5.2%。庄谌：《私塾问题之研究》，《新命月刊》第 3 号，1939 年 4 月 10 日。
③ 何宇海：《地方教育中之一个实际问题——私塾制度之改革》，《县政研究》第 1 卷第 2 期，1939 年 1 月 15 日。
④ 《校长门难进，私塾患人满》，《燕京新闻》1948 年 3 月 1 日。
⑤ 北平市政府统计处编：《北平市政统计》，1948 年第一季公务季报。

各县司法事务暂由县知事兼理之"①，但多年以后仍没有进展，"除城市冲繁地方，酌设正式法院外，多数县份，仍沿县知事兼理司法旧制"②。此外，图书馆、博物馆以及新式传播媒介的成长也极不均衡。据教育部统计室提供的资料，1936—1939 年西康、青海、宁夏、新疆建立图书馆的数量，都是个位数，尤其是宁夏，录得的数字始终为 1。③博物馆方面的情况则更不理想，据 1948 年的统计，全国的公私立博物馆共计 17 所。④而报纸等传播媒介的情况则有所不同，主要集中于上海等中心城市，这往往导致"地方"式微，存在报纸数与人口数极不匹配的情况：

> 京、沪、粤、平、津五处报纸的销售量，差不多占全国总数三分之二。这五个地方的人口，约八九百万，占全人口百分之二。然则其余三分之一的报纸，实全人口百分之九十八共同分配之。⑤

需要说明的是，与"现代化"相关的各项因素能否成长，固然是社会发展程度的指标，而能否将相关数据完整呈现，也是政府"社会控制力"的具体体现。但是"现代化"之于近代中国，是"有"还是"无"，却是值得思考的问题。毛泽东在中国共产党七届二中全会上曾指明："中国已经有大约百分之十左右的现代性的工业经济"，但"中国还有大约百分之九十左右的分散的个体的农业经济和手工业经济，这是落后的，这是和古

---

① 《县知事兼理司法事务暂行条例》，《政府公报》第 60 号，1939 年 6 月 26 日。
② 蒋贡梁：《县司法》，《市县行政研究》第 2 卷第 3 期，1944 年 3 月 15 日。具体情形可参见《各省区司法机关》，《统计月报》第 117、118 号合刊，1947 年 5、6 月。
③ 参见《最近四年图书馆概况（廿五年度至廿八年度）》，《统计月报》第 66 号，1942 年 2 月。
④ 参见《全国博物馆统计 公私立共十七所》，《四川教育通讯》第 34 期，1948 年 2 月 8 日。
⑤ 聂士芬、罗文达：《中国报业前进的阻力》，《报人世界》1936 年第 6 期。

代没有多大区别的,我们还有百分之九十左右的经济生活停留在古代"。①尽管这只是粗略的判断,但到1949年鼎革之际,中国有相当地区的生活仍停留于古代,确是实情。

由此也提出值得思考的问题,对于这段历史的研究,应该按照"现代化"的"有"还是"无"来加以呈现呢?多考虑"无"的一面,而不局限于"有",或许也是必要的。尤其应该重视,当"现代化"呈现的是"无"的状态,则需要追问"有"又是什么?某一区域现代意义上的教育、卫生、法治等方面的建设不充分,没有更多的"有",则当关切这些与人们日常生活密切相关的内容,究竟是怎样的状况,不能因为缺乏"有"就一笔抹杀,而有必要将"无"所涉及的实质性的"有"揭示出来。

近代中国历史叙述秉持"沿海—内地""现代—传统"等二元化分析架构遭遇诸多困难,也意味着揭示"无"的一面的必要性。以围绕"中国现代化"的研究来说,无论是基于"中国"整体还是"区域"的研究,大致都以某些"指标"为研究的基准。以此审视较为发达的中心城市,倒也能描绘"现代化"取得的进展,然而,以此观察"边缘"地带,却很可能看不到"现代化"的"有"。如能注意到"现代化"之"无"意味着有另外的"有",即不再固守"现代化"的框架,这样的区域研究仍是可以持续下去的,同样不失其意义。其他类似的理论难以为继,也受制于此。"公共空间"(public sphere)与"市民社会"(civil society)的理论,同样试图判明近代中国之"有",孔飞力(Philip Alden Kuhn)颇有洞见地指出其难以避免落入"自由主义萌芽论"之窠臼(亦即"资本主义萌芽论"在

---

① 毛泽东:《在中国共产党第七届中央委员会第二次全体会议上的报告》,载中共中央文献研究室、中央档案馆编《建党以来重要文献选编(1921—1949)》第26册,中央文献出版社2011年版,第163页。

政治上的翻版)。① 与之适成对照的是，后现代史学理论致力检讨"历史知识的可能性与不可能性"，主要质疑与挑战的正是各种"有"；其围绕"无"展开论述，倒也避免了陷入"现代性"论述类似的困局。②

问题的症结仍体现在近代中国存在着"多个世界"，意味着任何理论也好，分析架构也好，皆须立足于"有"与"无"分析这段历史。原因在于，以中国作为"历史研究的单位"，无论确立怎样的维度，皆难以贯穿"自上而下"的视野，"上"之"有"很容易失落于"下"之"无"。而立足于"地方"也同样会陷入这样的困局中，难以确立贯穿"由下而上"之"有"。重建近代中国历史叙述，这方面正是需要多加考虑的。

余 论

近代中国历史叙述表现出对"有"的追逐，起步于"无史"之论的流行，很明显是阐释中国的"焦虑"的体现，可视作遭逢巨变引发的结果。无论是将中国纳入"普遍历史"，还是在史学编纂体例中发展出"专门史"(包括"新名词"之"入史")，皆是致力于呈现所谓"有"，以此化解中西会通后所陷入的"紧张"(包含历史、当下与未来)。这也成为研究中国近代史较为特别的一环，重建有关近代中国的历史叙述也需直面此问题。

历史书写遭逢影响深远之"巨变"，也留下许多值得检讨的问题。实

---

① 孔飞力:《公民社会与体制的发展》,《近代中国研究通讯》1992 年第 13 期。这方面的讨论可参见魏斐德 (Frederic Evans Wakeman)《清末与近代中国的公民社会》, 载汪熙、魏斐德主编《中国现代化问题——一个多方位的历史探索》, 复旦大学出版社 1994 年版, 第 23—57 页。

② 参见伊格尔斯 (Georg G.Iggers)《二十世纪的历史学: 从科学的客观性到后现代的挑战》, 何兆武译, 山东大学出版社 2006 年版, 第 123 页。

际上，上述所涉及的诸多问题，在当时就不乏反省。严复所译《社会通诠》出版后，章太炎就检讨了这种"有史"论，认为"甄氏之意，在援引历史，得其指归"，然其所涉及并未包括中国，即"未尽经验之能事"，故甄氏之书"不足以悬断齐州之事"，"皮傅其说"的严复并不了解中国。①此外，章太炎还对将中国纳入"普遍历史"的做法表达质疑。1906年针对斯时流行的"欧化主义"，他就表示其秉持的"并不像做'格致古微'的人，将中国同欧洲的事，牵强附会起来；又不像公羊学派的人，说什么三世就是进化，九旨就是进夷狄为中国，去仰攀欧洲最浅最陋的学说"②。

胡适1929年也撰文指出，今日中国之危机，体现在"只是抓住几个抽象名词在那里变戏法"，所检讨的正是将中国纳入"普遍历史"所使用的"资本主义""封建势力"等符号。③钱穆的《国史大纲》也阐述了相近的看法："近人率好言中国为'封建社会'，不知其意何居？"并将此归于"懒于寻国史之真，勇于据他人之说"。④傅斯年则持续关注历史教科书的问题，指出自然科学"可以拿大原则概括无限的引申事实"，然而，"在历史几不适用"；史家"以简单公式概括古今史实"，"是史论不是史学"。⑤

与此相关，当"专门史"以近代学科知识清理古代中国的遗产，也不乏检讨的声音。1923年梁启超在《先秦政治思想史》再版自记中，承认"吾侪每喜以欧美现代名物训释古书，甚或以欧美现代思想衡量古人"⑥。陈寅恪则检讨了"文化史"研究流行的两种倾向，认为"旧派失之滞"，

---

① 章太炎：《〈社会通诠〉商兑》，《民报》第12号，1907年3月6日。
② 章太炎：《演说录》，《民报》第6号，1906年7月25日。
③ 胡适：《我们走那条路？》，《新月》第2卷第10期，1929年12月10日。
④ 钱穆：《国史大纲》"引论"，商务印书馆1940年版，第3—4页。
⑤ 傅斯年：《闲谈历史教科书》，《教与学》第1卷第4期，1935年10月1日。
⑥ 梁启超：《先秦政治思想史》，商务印书馆1923年版，第23页。

"只有死材料而没有解释，读后不能使人了解人民精神生活与社会制度的关系"；而"新派失之诬"，"看上去似很有条理，然甚危险"，"以外国社会科学理论解释中国的材料"，并非皆适用，"因为中国的材料有时在其范围之外"。①

陈寅恪在为冯友兰《中国哲学史》上册所写审查报告中，还具体针对"哲学史"加以说明。他也承认，"今日所得见之古代材料……非经过解释及排比之程序，绝无哲学史之可言"。然而，必须警惕的是，"若加以联贯综合之搜集，及统系条理之整理，则著者有意无意之间，往往依其自身所遭际之时代，所居处之环境，所熏染之学说，以推测解释古人之意志"。这样的哲学史，"即其今日自身之哲学史者也"，"其言论愈有条理统系，则去古人学说之真相愈远"。②同样是为冯著所写审查报告，金岳霖也针对"中国哲学"发问："所谓中国哲学史是中国哲学的史呢？还是在中国的哲学史呢？"指出这涉及两个基本"态度"："一个态度是把中国哲学当作中国国学中之一种特别学问，与普遍哲学不必发生异同的程度问题；另一态度是把中国哲学当作发现于中国的哲学。"③

用不着特别指明，上述种种至今仍是困惑史家的问题，之所以延续多年仍难以有理想的解决办法，即源于其并非单纯的史学问题。"无史"之

---

① 卞僧慧：《怀念陈寅恪先生》（未发表），见蒋天枢《陈寅恪先生传》，载张杰、杨燕丽编《追忆陈寅恪》，社会科学文献出版社 1999 年版，第 460 页。
② 陈寅恪：《审查报告一》，载冯友兰《中国哲学史》，上海神州国光社 1932 年版，附录页，第 1—2 页。
③ 金岳霖：《审查报告二》，载冯友兰《中国哲学史》，上海神州国光社 1932 年版，附录页，第 5 页。傅斯年还曾结合"哲学"指出以"新名词"指称"旧物事"并不合适，表示其"不赞成适之先生把记载老子、孔子、墨子等等之书呼作哲学史。中国本没有所谓哲学"。傅斯年：《与顾颉刚论古史书》，《国立第一中山大学语言历史学研究所周刊》第 2 卷第 13 期，1928 年 1 月 23 日。

甚嚣尘上，并且与"无国""无社会"等纠葛在一起，表明"新史学"是基于对"新国家"的追求。[①]列文森（Joseph R. Levenson）将从"天下"到"国家"的转变作为近代中国的核心问题，不无洞见。[②]在这个意义上，上述基于"有史"而展现的种种，有必要纳入这个背景加以理解。当然，要破除从"无史"的焦虑中重建起的"有史"，也意味着需要回到问题的出发点。

换言之，重建近代中国历史叙述，需面对"现代—传统"或"国家—社会"等架构之"得"与"失"。秉持这样的视野，较为重视近代中国之"变"，只是问题的一面，关键还在于其导致对近代中国历史的审视，明显存在偏向，致力于书写种种所谓"有史"。如区域研究明显集中于沿海及中心城市，甚至围绕某一空间的研究也是如此，上海史针对"华界"的研究即明显偏少；对于不同社会阶层的研究也多关注读书人、商人，较为忽视"不入流者"。当然，在"现代—传统"或"国家—社会"的二元架构中，也更为重视前者。究其原因，皆是为追逐"有史"，以展示历史中"有"的一面。

类似的情形，在近代中国的研究中还有诸多体现。如各种史料的"再生产"，即往往围绕"有"加以"选择"。刘大鹏《退想斋日记》是"选辑"而成，研究者注意到，选辑者的标准是"史料价值较大的部分"，相

---

① Rudolf G. Wagner, "Importing a 'New History' for New Nation: China 1899," in Glen Most(ed.), *Historization-Historisierung, Aporemata, Kritische Studien zur Philologiegeschichte* (Gottingen: Vandenhoeck & Ruprecht, 2001), Vol.5, pp.275-292.
② 参见列文森《儒教中国及其现代命运》，郑大华、任菁译，中国社会科学出版社 2000 年版，第 87 页。尽管列文森的见解受到不少挑战，但相关话题仍受到关注。James Townsend, "Chinese Nationalism," in Jonathan Unger(ed.), *Chinese Nationalism*, New York: M.E.Sharpe, Armonk, 1996), pp. 1-30.

应地也将"封建保守思想"和"迷信、错误的或是当时社会误传的东西",定为史料价值"较小"的部分。① 这样的选择即为呈现符合某种标准的"有",而舍弃了可能包含更多价值的"无"。这也正类似于今日研究者大致皆会利用的文献检索,然而,"检索"是秉承于"有"进行的,殊不知无论"有"是多是少,皆不能提示"无"的一面。尤有甚者,针对"有"立说,未必有确凿的证据,于是建立起不具"正当性"的假设。② 对各种"影响"的判定,颇为典型。报章创办了,文章发表了,"影响"也就发生了。同时,对于"影响"的探究,也往往将注意力集中于事件的参与者,关注的是"有",而不受此影响地成为"失语者",皆归于"无"。③

相应地,对此的突破也应当回到"有史"所涉及的基本史实,即近代中国历史本身的"有"与"无",或"变"与"不变",并重视"无"所呈现的另外之"有"。换言之,近代中国历史既然展现出"现代"因素的不足,则表明仅仅展示与此相关的"有"未必妥当,更值得重视的反倒是"无"。当某些面相呈现的是"无"的状态,或者只是"低音",则不妨正视这样的"无",且并不因此而沮丧。地方的近代史之所以值得重视,即是因为避免按照"有"的架构进行书写,多少更容易实现。重点在于,唯有确信"有"与"无"皆能呈现有价值的信息,方能书写"地方的历史"

---

① 罗厚立、葛佳渊:《近代中国的两个世界——一个内地乡绅眼中的世事变迁》,《读书》1996年第10期。
② 参见罗歇·夏尔提埃《文本、印刷术、解读》,载林·亨特编,江政宽译《新文化史》,台湾麦田出版社2002年版,第227—228页。
③ 对于新文化运动的"影响",林林总总的"回忆"提供的即是"有"的情况。对《新青年》的"阅读"也是如此,各种"回忆"建立起"读《新青年》,参与五四运动"的叙述模式。但同样可以基于"无"展开,因为判定何时阅读,也表明此前未曾接触《新青年》。章清:《五四思想界:中心与边缘——〈新青年〉及新文化运动的阅读个案》,《近代史研究》2010年第3期。

而非"历史上的地方"。

实际上,以"无"立说,也可以引发研究者对于近代中国一些重大问题的思考。"转型时代"至今仍是解读近代中国历史颇受重视的看法。张灏揭示了,1895年至1920年是中国思想文化由传统过渡到现代的关键年代。[①] 如结合张灏之前所开展的研究,可获悉这一看法的提出,实际是建立在对相关史实"无"和"有"的判断上,尤其涉及对"西方影响"和"传统因素"的评估问题。他重点说明了:

> 自五口通商以来约有半个世纪,西方文化对晚清文化的冲击限于沿江沿海的商埠中的工商阶级和政府中少数负责办理所谓"洋务"的官吏。除此而外,其影响,对于绝大多数的士大夫而言,是极微小的。易言之,在一八九五年以前,士绅阶级仍然大多数生活在传统的思想世界里。[②]

正是这样的判断,促成其对"无"与"有"之反省。因为"西方影响"之"无",表明实际上存在着另外的"有",即"传统因素"。为此,张灏指出:"'西方的冲击'的概念可能会对传统文化的复杂性和发展动力

[①] 张灏:《中国近代思想史的转型时代》,《二十一世纪》总第52期,1999年4月。后来张将"转型时代"修订为"1895—1925年",见张灏《转型时代中国乌托邦主义的兴起》,《新史学》第14卷第2期,2003年6月。

[②] 张灏:《晚清思想发展试论——几个基本论点的提出与检讨》,台湾《"中央研究院"近代史研究所集刊》1978年第7期。

估计不足","强调外部影响，容易产生忽视中国传统内涵的危险"。① 这方面不乏类似的研究。史华慈（Benjamin I. Schwartz）善意警告过那种把西方看作"已知"这一过于自负的假设，说明针对中西之研究，"所涉及的并非一个已知的和一个未知的变量，而是两个庞大的、变动不居的、疑窦丛生的人类实践区域"。② 这里对"已知"与"未知"的辨析，也意在说明对于西方与中国难以轻率地判断"有"或"无"。柯文提出"中国中心观"，秉持同样的研究路径，也是因为注意到"外部因素"的"无"，才会转向去探讨"内部因素"的"有"。③

综而言之，结合"有"与"无"审视近代中国的历史，尤其是展示以往被视作"无"的那些信息，对于增进对近代中国历史的认知，无疑是大有裨益的。做出"无"的判定，也有助于提升史家对另一部分"有"的重视。重点在于，历史叙述同样可以选择"无"展开，尤其是当所谓"有"是基于"目的论"立说，则更要注意过于重视这样的"有"，舍弃的是更为重要的"无"。而对于"无"的重视，不仅可以突破"有"的樊笼，也有裨于揭示"无"中之"有"。具体来看，近代中国历史研究所涉及的一些基本论题，无论是西学的影响还是现代性因素成长等问题，实际上皆可基于"无"立说。庞朴对"无"的辨析，曾颇有深意地道出，所谓"无"，

---

① 张灏:《梁启超与中国思想的过渡（1890—1907）》，崔志海、葛夫平译，江苏人民出版社1997年版，第1页。芮玛丽（Mary Clabaugh Wright）也指明，主导"同治中兴"的改革派仍是在传统的构架内力图达到内部的复苏，展示的是"传统框架内的近代化"。芮玛丽：《同治中兴：中国保守主义的最后抵抗（1862—1874）》，房德邻等译，中国社会科学出版社2002年版，第26、80页。
② 史华慈：《寻求富强：严复与西方》，叶凤美译，江苏人民出版社1996年版，第1—2页。
③ 美国对中国近代史的研究，长时期占据压倒优势的是"探讨西方入侵如何左右中国历史"。柯文却注意到，"在这一时期所发生的许多事情尽管具有历史的重要性，但与西方冲击并无关联，或者关联甚少"。柯文：《在中国发现历史——中国中心观在美国的兴起》，林同奇译，中华书局1989年版，第2、7—8页。

实际上有三个字——"亡""無""无",包含"有而后无""似无实有""无而纯无"等不同的情形,"表示有之失的亡,和表示失之有的无,都还不是绝对的空无"。① 近代中国历史中的"无",或许也是这样的形态,在"无"的环节多加用心,重建近代中国的历史叙述,或也才能实现。

（原载《近代史研究》2019 年第 6 期）

---

① 庞朴:《说"无"》,载刘贻群编《庞朴文集》第四卷,山东大学出版社 2005 年版,第 57—70 页;庞朴:《谈玄说无》,《光明日报》2006 年 5 月 9 日。

文论史编撰的学科认知与方法论省思[*]

汪涌豪　王　涛

一、古文论研究的学科认知与定位

中国古代文论是中国古代文学理论的省称,它研究的对象包括观念形态的文学理论、具体的文学批评、鉴赏以及其他相关文学理论批评。与众多的中国人文学科一样,虽然现代学科意义上的古代文论成立于"五四"之后,但其大概的形态古已有之,最早可上溯至魏晋文学自觉时期。其时,已有曹丕《典论·论文》、挚虞《文章流别论》和陆机《文赋》等专门的论文之作。至南朝,因出现了像刘勰《文心雕龙》、钟嵘《诗品》这样体大思精的专著而日臻成熟。隋唐以降,相关著述更多,言说形态也更为丰富,以至目录学将其从总集中析出,先专列"文史"一类归置,以后又别出"文评""诗评"来厘定其身份。到了传统学术总结期的清代,四库馆臣终将两者合为"诗文评",列于集部之后。察其所收书目与所撰提

---

[*] 本文为2016年度教育部人文社会科学重点研究基地重大项目"中国古代形式批评理论类编与研究"(项目编号:16JJD750013)阶段性成果。

要中的判语,与现代意义上的文学理论已非常接近,所以称传统"诗文评"与古代文论意指相当,大抵是不错的。古文论的学科基础由此得以奠定。

不过,这一学科并非一开始就有"古代文学理论"的定名。1949年前,它通常被称为"中国文学批评史"。如1927年,陈中凡出版了被称为学科开创的那部著作就是以此命名的。只是它仅依据《四库全书》"诗文评"中的材料,对古人的观点做了简要的胪述,虽框架初建,内容却欠丰赡。而后郭绍虞于1934年推出同名《中国文学批评史》上卷,搜罗较陈著为广,尤能以"演进与复古""杂文学与纯文学"这样历时与共时交互的方式展开论述,诚如朱自清所说,因"材料与方法都是自己的"[①],被视为真正的现代意义上的学科奠基之作。再以后,代表一时研究最高成就的方孝岳的《中国文学批评》(1944)、朱东润的《中国文学批评史大纲》(写于1934年,出版于1944年),还有罗根泽的《中国文学批评史》(周秦至六朝部分出版于1934年,1943年重版时扩充至隋唐)先后面世,也都采用这样的命名。这其实代表了学者共同的认知,即认为这一学科是以研究古人文学批评的发生发展历史为基本任务的。然1949年后,郭氏率先将所著改编为《中国古典文学理论批评史》(1959)。对此,他的解说是,"我们有时称文学理论批评,有时称文学批评,含义是一样的,为从简计,称'文学批评'的时候要多些"。受此"从简"说的影响,此后除黄海章、刘大杰、周勋初,以及王运熙、顾易生所著仍沿用"批评史"的定名外,其他研究者开始在书名中加入"理论"二字,如敏泽《中国文学理论批评史》(1981)、张少康《中

---

① 朱自清:《书籍评论:中国文学批评史上卷》,《清华学报》1934年第9卷第4期。

国文学理论批评发展史》（1995）等。蔡钟翔等所著五卷本，干脆径题作《中国文学理论史》（1987）。

审视这种易名，是可以看到一个时代整体风气的影响的。本来，诚如陈中凡《中国文学批评史》所说，古代"诗文之有评论，为书多矣"，"顾或研究文体之源流，或第作者之甲乙，为例各殊，莫识准的"，对于"批评"一词也从"未能确认其意义也"。他并指出远西学者所说"批评"的含义不尽相同，有用彼所论来裁量古文论，以突出"文学作品之性质及其形式"的意思。罗氏《中国文学批评史》绪言中所立界说也从远西来，他指出所谓"文学批评"，在西方原指"文学裁判"，后引申为文学裁判的理论，"所以狭义的文学批评就是文学裁判，广义的文学批评，则文学裁判以外，还有批评理论及文学理论"，而"中国的文学批评本来就是广义的，侧重文学理论，不侧重文学裁判。所以研究'中国文学批评史'，必须采取广义，否则不是真的'中国文学批评史'"。基于这一认知，他主张择用"文学评论"为学科定名，不过考虑到约定俗成，最后才退而沿用了旧名。前及郭氏的"从简"说与二人所言看似并无二致，如同书绪论中，他也认为文学批评有广狭二义，"就广义讲，可以包括文艺理论；就狭义讲，只指对文学作品作的评论"，以前常合在一起的两者之所以现在会分开，是因"古典文学之中狭义的文学批评，只能偏于技巧方面，讲些起承转合的作法，讲些平仄协调的声律，或摘句隽句，或考证事实，不会接触到作品里的思想性和人民性的"。故同样是本西人之说，陈、罗更多承继的是欧洲的传统，郭氏遵行的则是主流意识形态和20世纪60年代风行的"俄苏"的传统。故他改"批评"为"理论"，在指导思想和言说立场上显然有跟上时代步伐的考虑。只是这种将内容形式截然二分，同时扬此抑彼、轻忽"作法"的观点，与他此前着意倡导的"纯文学"多少有些龃龉，故后来但凡援"理论"二字做学科、著作命名的研究者，除敏泽明确标示内容优于形式外，大多仅借"理论"之名，并未全盘沿袭其观点，而将"狭义的批评"排除在外。相反，越到后来，对它的重视程度越高。

近年来，随学术本位意识的凸显，学科论定之事悉归学理，对古人文学观的研究因此也开始在不舍弃具体批评的同时，更重视对批评观念、原则和方法的审视，通史类专著则更多关注古人对创作、批评所作的理论化表述，以及这种表述所达到的深度、广度与纯净度，故相应地用"文学理论"而非"文学批评"的渐渐多了起来，而"中国古代文论"这一省称也日渐为学界所普遍接受。有学者进而分疏两者的不同，在所著文论史中开宗明义指出原用"中国文学批评史"这一称名不足以反映古人文学言说的全部，更不能用作整个学科的概括，因为"文学批评只是文艺学的一个分支"，"文学批评似应主要评述古人文学批评活动的历史，以及从中总结出来的批判观念和批评方法"，而中国古代文论的重点是"对古代文论中蕴含的文艺美学思想资料的发掘、整理和阐释，评述文论史上具有重要地位的理论思想、理论范畴、理论体系"①。但因为分疏得有些绝对，从而将狭义的"文学批评"逐出了"文学理论"。其实，将批评理论与批评实践截然断作两橛，不惟行不通，与古人的致思习惯和言说特点也不能兼容。众所周知，基于因事生言，言不离事的言说习惯，古代"批评家"大多好追求触处见机、目击道存的论辩机趣，并借以张大个人情性，彰显哲理智慧，故鲜有脱离传统文化、哲学与美来从事抽象的文学批评，并由此总结出一系列论理性的观念与方法。相反，基于所谓"赏者所以辨情也，

---

① 赖力行：《中国古代文论史》，岳麓书社 2000 年版，第 1 页。

评者所以绳理也，赏而不正，则情乱于实；评而不均，则理失其真"①的认知，经常是赏与评合一，既寓赏于评，又要求评中见理，"从中总结出来的批判观念和批评方法"，即使最后凝定为整赡的概念、范畴，也大多不脱自然与人事两端。并且，与西人以创设新的理论名言作为个人学术成熟的标志不同，不崇尚互相驳诘，不喜欢抗论别择，更愿意在前人的旧词中注入己见，延展新意。故与其说中国古人的文学言说是一个纯粹的理论"单体"，毋宁说正是传统的思想观念与文化，构成其言说的"前理解"和"知识背景"，并使这种言说始终带有虽能抽象而终究不脱具象的色彩，使其对文学的理解与表达，显得既有自圆自足的闭合一面，又有曲应泛当的开放一面。故而今天检视古人对文学的言说，乃至确立学科的知识边界，自然应重点关注那些具有重要地位和影响的观点与主张，究明其见潜在的逻辑联系，但绝不能将理论与批评对立起来。批评固然从来需要并实际上接受了理论的指引与罩摄，却构成了古文论整体的重要部分，乃至赋予了这种理论最鲜活生动的品性。从这个意义上说，将批评史和文学理论史分开只具有逻辑的可能性。事实上，一个熟悉古代文学理论批评生态的人是不会这么做的。它是可以而非必须，更谈不到应该。且这两者的分野，无碍于今人对学科的认知。至于用"古代文论"或"古文论"这样的称名，更不过是取其简洁而已。

二、贯通古今与中西：古文论研究的方法论起点

如前所述，与许多人文学科一样，现代意义上的中国古代文论学科诞

---

① 刘昼：《刘子·正赏第五十一》。

生于"五四"以后传统学术范式的转变期，是彼时学人重估传统价值与重构知识谱系的产物。此所以朱自清会说："中国文学批评史的出现，却得等到五四运动以后，人们确求种种新意念、新评价的时候"，"这也许因为我们正在开始一个新的批评时代，一个重新估定一切价值的时代，要重新估定一切价值，就得认识传统里的种种价值，以及种种评价标准；于是乎研究中国文学的人就有些将兴趣和精力放在批评史上"。①

既然是重估，则"传统"与"现代"的断裂，难免会成为学科诞生的逻辑预设。又因为其时所谓的现代观念是在"国故派"与"新文化派"的新旧论争中形成的，以后又逐渐会聚成以西方强势话语为主导的整赡体系，因此"古今"与"中西"，便成为与中国文论学科相伴生的乃至构成其无计回避的知识观照背景的两大重要问题。任何一部与中国文论相关的论著，无不主动被动，或隐或显地回应着这两个问题，提出对其质的异同和价值高下的判断。不同的只是，有的偏重论古，有的旨在鉴今，立场有些许差别而已。而时风所及，晚清以来饱受冲击的"中"与"古"，在价值序列上往往低于"五四"新文化运动后的"西"与"今"，这使得诸如"以西律中"或"移中就西"，常成为论者普遍选用的阐述方式。相关专著的出现乃至整个学科的成立，从某种程度上便从回应这种阐述方式开始。

新派学者好用"六经注我"的方式，做所谓传统学术科学化的尝试。具体来说，就是以西方理论为一切评判和裁量的依据，又仅将传统学术作为解决现实问题的资源使用，因而论述过程往往观念先行，具体的史料不过用来佐证其所持的观念而已。胡适和周作人可为这方面的代表。胡适在《国语文学史》和《白话文学史》等书中明言中国文学发展的趋势是直线

---

① 朱自清：《诗文评的发展》，《读书通讯》1946 年第 113 期。

进化式的，后书引言更直称"白话文学史是中国文学史的中心部分"，"这一千多年中国文学史是古文文学的末路史，是白话文学的发达史"，显然想以这样"文言—白话"二元对立模式建构起的文学史来替自己的"文学革命"服务。周作人《中国新文学的源流》一书则把传统文学思想划分为"言志"和"载道"两派，将前者解释为"即兴的文学"，后者则"主张以文学为工具"来表现"道"，并进而认为中国文学的演进趋势是"这两种潮流的起伏"，从而将"五四"以后的新文学，视为晚明公安派性灵文学的延续。这类解读因明显有失偏颇，当时就遭许多人反对，并刺激一时学界对传统文学批评投入更多的关注。作为回应，他们集心力于史的撰述，且大多遵循以揭示古人原意为极诣的研究理路，如前及陈中凡在所撰《中国文学批评史》中，开宗明义提出"以远西学说，持较诸夏"的主张，要求以西方理论为参照，又强调立足点须始终放在中国。郭绍虞在所撰《中国文学批评史》上册序中，更进一步主张能"在材料中间，使人窥出一些文学的流变"，特别强调论述应"极力避免主观的成分，减少武断的论调，所以对于古人的文学理论，重在说明而不重在批评"，似以还原历史为撰写的最高原则。朱东润虽认为一切史的叙述不可能将主观判断排除净尽，但在《中国文学批评史大纲》序言中仍坚持以"完全是史实的叙述"作为"我们的目标"。这一为早期学者共同遵守的"释古"立场，日后成为中国文论研究的主调。

然而，要真的做到不盲目"信古"、轻率"疑古"，然后合理"释古"，谈何容易。虽然上述诸家都反对新派学者的主观臆断与率意解释，但就知识结构而言，经"五四"新文化运动的洗礼，大多数学人已经学杂中西，虽主观上能提醒自己恪守专业本位，实则很难自外于时代潮流。有时为矫他人之弊而下的结论，自以为平情客观，其实仍不脱主观独断。即以郭绍虞为例，尝从先秦典籍中"文学"一词的含义考辨入手，指出有"尚用"与"尚文"的分别，儒家"尚用"而道家"尚文"，"尚用"是"散文"而"尚文"是"韵文"。由此两家衍生的文学观，则又被其分别等同于"杂文学"和"纯文艺"。他并用这两种文学观的演进贯穿于以后所写的批评史①，结果难免削足适履。如六朝文笔之争实基于时人"有韵为文""无韵为笔"的认识区隔，并无关于"纯文学"和"杂文学"的讨论。"纯文学"观念是经日本中转，从欧洲传入的②，古代的杂文学体制决定了其自身本不足以产生百分之百的纯文学，是确然无疑的事实。进言之，若一定要清晰地判分中西，现代意义上的"文学"观念也是经由日本中转，从欧洲传入的，若真要契合中国的实际，便不应将"文学"一词置于核心地位。此所以，朱自清称其所著虽有开创意义，仍犯了时人"直用西方的分类来安插中国的材料"的毛病，进而认为如真要符合中国文学理论批评的实际，应首先探讨"六义"中的"赋""比""兴"，而非西来的"文学"。前者影响后世诗论极大，尤其"比兴"，"更是历代评诗的金科玉律"③。于此可知，欲追求全然客观的态度，从实践层面而言是困难的，从理论层面而言毋宁说是不应该的。欲由传统学问造成现代学科，须有重新审视、解读甚至解构文本，以催成符合现代知识论公义的转型的功夫，而这一过程必然要求研究者对既有史料有所取舍与整合。如一味以还原历史为终极追求，只能陷入逻辑上的二律背反。

---

① 参见郭绍虞《所谓传统的文学观》（《东方杂志》1928年第25卷第24号）、《儒道二家论"神"与文学批评之关系》（《燕京学报》1928年第4期）等文章。这些观点后被他写入《中国文学批评史》。
② 参见张健《纯文学、杂文学观念与中国文学批评史》，《复旦学报（社会科学版）》2018年第2期。
③ 朱自清：《书籍评论：中国文学批评史上卷》，《清华学报》1934年第9卷第4期。

这一点，后出的罗根泽看得更清楚一些。他在所著《中国文学批评史》绪论中明言没有"绝对的客观"，"我们亲自看见'五四'以前的载道文学观，亲眼看见'五四'对载道文学观的革命，又亲自看见'五四'的缘情文学观的被人革命"，基于时代观念的转变，所以著述的关键便不能"自锁于一种胶固的时代意识"，也即若要在观念的嬗变中保持中国文论学术性的相对稳定，就必须打破时代的桎梏，在方法论上有足够的自觉。所幸"因为时代意识所造成的主观成见，则我们得时独厚，可以祛除"。因此，他结合"英人森次巴力（Saintsbury）的《文学批评史》(*The History of Criticism*)"①，从批评的前提、批评的进行、批评的立场、批评的方法、批评的错误和批评的建设等七个方面条分缕析，以期"探述文学批评的真相"。且不论实际成效如何，至少较之前述诸人，认识上似更能自觉采用新进理论来规避或来自时代，或刻意与他人立异的先验立场。这意味着作为现代学科的文论史，至少其中通史类撰著已开始有理论上的自觉，所得到的成果因此也就显得更为成熟一些。

此外，具体个案研究不断深入，也标志着学科的成熟。在这方面，郭著也较同时代其他著作为典型。它非常重视单个概念、范畴的辨析，乃至不乏以具体的概念、范畴，以及由这些概念、范畴造成的理论命题和主张，如"知言说""养气说""复古说"作为各章节的讨论中心。至于行文中用大量笔墨分辨诸如"文学""文章"与"文辞"，"文"与"笔"，"情文""声文"与"形文"等名言的异同，更使论述趋于密致和深入。不过尽管如此，因有如前所述"纯"与"杂"这样的预设性判断，有的论说不

---

① Saintsbury George 的书原名为 A History Of Criticism And Literary Taste In Europe，副标题 from the early texts to the present day，分三卷，1900—1904 年由 William Blackwood And Sons 出版社出版，而后多次再版，参见该书第一卷 "classical and medieval criticism" 前言，1910 年第 4 版。

免片面主观，反不若朱自清《诗言志辨》借镜西方理论所作的梳理与阐释来得深切著明。朱氏专注于"诗言志""赋比兴""诗教"和"诗正变"等传统命题发生发展历史的考察，所谓迹其流变，是基于《诗经》特有的经典地位，抓住其如何成为文学批评的"中心观念""基本问题"和如何足以作为"传统——或则说文艺批评者的传家衣钵"，从而使个案研究有了"以大处落墨底办法画出全部中国文学批评的轮廓"①的范式意义。须特别表出的是，在方法论上，他所依据的同样来自西方，尤其受到以瑞恰慈（I. A. Richards）和燕卜逊（William Empson）等为代表的"剑桥学派"的影响。这个兴起于20世纪二三十年代的学派，开了西方将文学分析打造成具有严谨学理和方法的"文学批评"学科的先河。它主张以"文本细读"（close reading）代替个人的判断，所确立的有所依凭的批评知识论，深刻地影响了此后的"新批评"。朱自清早在任教清华时便留意到燕卜逊的《多义七式》（*Seven Types of Ambiguity*），后两人共事西南联大，所以他所谓的"借镜西方"，某种程度上说正是将"新批评"的理念付诸古代文论研究的过程。他从传统经史子集中搜罗广泛的材料，从中抽绎出几个核心概念来建立更符合本土知识体系的文学批评观念史②，这造成他对这些概念、命题的辨析，较同时代人更为清晰，也更为准确。

由此可见，无论就象征学科成立的通史撰写而言，还是从有助于学科走向密致深化的个案研究而言，中国古代文论在其学科建成之初都借鉴了域外的理论与观念，再辅之以对传统史料的搜集与董理，以及在中西兼容中尽可能平情准确地阐释与诠解。今天所见到的初具现代知识特征的文论

---

① 朱光潜：《朱佩弦先生的"诗言志辨"》，《周论》1948年第2卷第7期。
② 参见陈国球《从现代到传统：朱自清的中国文学批评研究》，《华南师范大学学报（社会科学版）》2015年第5期。

研究体系大都植基于此。它被规定了必须处理好"古今"与"中西"两对矛盾,并只有在此基础上,加以会通和整合,才有可能为后人贡献足资借鉴的言说资源,乃至最终造成具有科学性和开放性的合理整赡的学科体系。

三、别异和求同:古文论研究的迷思与困境

借由学科成立过程中的知识定位与方法论省思,不难看出,古文论学科的特质正是在参照了西方的文学观念与理论后得以显现的。从逻辑上说,两相参照,自当以辨明异同为职志。不过从后来实际展开过程看,研究者对"别异"的探求兴趣似远远超过"求同"。而更为真实的情况是,无论"别异"还是"求同"的研究都倍感滞重,并与真正的知识论建构或沉淀需求多少相脱节。

由"别异"出发,学者普遍重视将文论史研究带回历史现场。体现为常常强调相较于西方逻辑推演式的文论框架,中国古代文论更重视一己的感悟,并多由思维片段而非系统理论构成自己言说整体的特异性。从面上看,这样的判断没有太大的问题,只是类似的话,1927 年出版了《中国诗学大纲》的杨鸿烈就指出过,他认为"中国千年多前就有诗学原理,不过成系统有价值的非常之少,只有一些很零碎散漫可供我们做诗学原理研究的材料"。稍后,朱光潜《诗论》序也说,中国的诗歌理论"大半是偶感随笔,信手拈来,片言中肯,简练亲切,是其所长;但是它的短处在零乱琐碎,不成系统",并认为其原因与"中国人的心理偏向重综合而不喜分析,长于直觉而短于逻辑的思考"有关。我们承认,文论史上像《文心雕龙》和《诗品》这样"体大思周"的著作确乎少了些,但这不等于说研

究者可以一直将自己的观察停留在上述直观判断上，并以此"第一观感"统摄对古文论特异性的整体认知。事实是，不说宋以后特别是明清两代出现了许多具有相当整赡的逻辑结构的理论著作，就像西方文论形态其实非常多样，远非一概高冷一样，传统文论也绝非仅用"羚羊挂角，无迹可求"八字就可概尽。

质言之，传统文论远没有特异到可以越出人类论理性思考的共有的边界。倘若说古人的言说果真都缺乏逻辑联系，那他们对文学的任何判断岂非都成了随机杂出的清谈，甚至纷乱无序的梦呓？所以更为准确的表述应该是，中国古代文论固然不像西方文论的主流形态那样，严格依凭不同层级的概念、范畴和命题，构筑起整赡自洽的庞大的理论体系，却自有符合其特殊思维模式与言说方式的潜在逻辑。今人的研究重点，因此必须放在如何揭示和开显这种论说的"潜体系"方面。为此，需要调动包括西方文论在内的一切理论与方法，以避免堕入彼人所称的"只知其一等于一无所知"的窘境。然而，在古文论有观点无理论、有片段无体系的"别异"认知的宰制下，许多研究者只知不断重复特异论的老调，由此关注重点长期偏在同质性的确认上，日积月累，知识的边界固然也能扩展，但对更为关键的结构性特征的开显则殊为不利，也是一望可知的。至于因缺乏对西学的了解，又短于理论的训练所产生的有意无意地因袭固有回避拓新，更不能不说是一件至为遗憾的事情。

我们再次确认，后出的那些文论史能结合特定时代的历史—文化背景，或从思想史层面，对作为笼括古人立身行事法则的儒释道之于古人论文的影响做出分析；或从知识论层面，对历代人提出的观点、命题乃至概念、范畴做出界定和诠解，都是非常有价值的。它们可以让诗文之外不同文体的批评被更多人关注，从而使古文论整体样态变得更加清晰，并最终为其体系的探讨与建立创造条件。但这些工作不能仅仅停留在具体名言的疏通、诠释，甚至古文今译上。这种诠释与翻译行为被不断地放大和确认，使得有时候所谓著作的集大成，恰恰成了对文论史研究本该有的充满活力的多途探索的湮灭。今天，许多学者已经认知到，随着这种研究越来越走向套路化，一线批评家与批评著作被搜罗殆尽后，失焦的边缘关注与盲目的冷门追索，正在使研究呈现一种可怕的"碎片化"趋势，古文论研究的进路因此正越走越窄，它所产出的成果的格调与境界正越来越显得寒俭与逼仄，它的不少判断在许多时候正越来越跌出真批评的语境，日渐成为缺乏创生活力的静止的"观念的容器"①。我们无意否认新材料的搜讨与发掘可以延展学科的景深，开拓学术的新话题乃至新领域，但在资料获取日趋便捷的今天，"社会—历史的世界的经验是不能以自然科学的归纳程序而提升为科学的"②。对此一点，研究者不能不有所体悟，倍加关注。如果不从理念和方法上做出改变，任何材料非但不能弥补研究的跛足，适足会导致人前行动力的消失和创新能力的萎缩，并最终使古文论固化为知识圈的清供，而难以成为有益于人类知识图景共建的有效的资源。而这，显然与古文论学科建立的初衷是背道而驰的，也与它原本具有的可回应时代、融汇多元的能力不相符合。

意多相违碍甚至无关。这种"六经注我"式的研究看起来头头是道，因为与古人赖以言说的文化根基是脱开的，所以无助于古文论特质的开显，更谈不到通过与古人"结心"的努力，将研究带回传统文学观发生的

---

① ［美］宇文所安：《中国文论：英译与评论》，王柏华、陶庆梅译，上海社会科学院出版社2003年版，第1页。
② ［德］汉斯－格奥尔格·加达默尔：《真理与方法》上卷，洪汉鼎译，上海译文出版社1999年版，第4页。

现场。相较于前一时期观念保守、方法单一导致的论述的僵化，它所带来的表面繁荣因无法凝定为学界的共识，最终难逃"当时则荣，没则已焉"的宿命。有鉴于强调自性的还原式研究与重视阐发的附会式研究都陷入颓势，21 世纪以来，有学者在感叹"文化失语"的同时，提出"古代文论的现代转换"命题，惜乎虽引起广泛的讨论，但言人人殊，其分歧与争议的背后，凸显的正是古文论研究整体性的困局，尤其是"求同"的困局。

如果回到本学科建立之初，不难发现，其虽未与现代西方文学批评同步，但也相去不远。而百年后，面对西方文论从新批评、结构主义到后结构主义一路层出不穷的更替迭代，才由勉强能备"旁通"沦落为孤独的"异响"，乃至再难具备与前者直接对话的能力。可倘做实际考察，在一切传统价值都遭遇重估困境的今天，西方理论所面临的挑战一点都不比中国少，它也有不被认同的困惑和再回中心的焦虑。同时，"捍卫经典再也不能由中心体制的力量来进行，也不能由必修课来延续"①。故古代文论学科若要保持久远的生命力，并能对别的文学理论做出有效的应答，对将要到来的新的知识共同体构建贡献自己的方案，就必须基于现有的研究基础，充分汲取多元文化、文论和一切符合当代知识论公义的理论资源，在"古今"与"中西"的颉颃中，做出无愧于时代的独到的回应。

为此，一方面理论体系的构筑应立足于对史料穷尽式的掌握，因史料的搜罗不仅决定了研究的视野，更决定了书写的基本结构，乃至学科的整体面貌。但同时，须力避囿于具体史料而昧于整体认知的情况出现，为其有可能在论说的理序与逻辑上多生扞格，不能熨帖；更须注意力避因囿于

---

① ［美］哈罗德·布鲁姆：《西方正典：伟大的作家和不朽的作品》，江宁康译，译林出版社 2011 年版，第 3 页。

自来的传统或所谓的"历史性"(Geschichtlichkeit)而产生的昧于人类共通理性的偏执，为其有可能在播扬过程中，因拒绝他人的质疑而导致自我固化与封闭。如此既不止步于各种变相的"以中就西"或"以西律中"，又能在自性开显的同时，明白即使是古人的言说也未必能穷尽其对文学复杂的认知——当然西方人也同样——从而更多借鉴，有效融汇，在反思业已凝定的传统的过程中，重新梳理包括被有意无意遮蔽或排除在阐释视野之外的殊散史实，发现其与其他异文化、异文学观念的连接与感通，从而在凸现"中国语境"的同时，让自己向一切其他的文论开放，在差异中凸显自己的质性，在区隔中裸出彼此的关联，从而真正搭建一个"意见平台"，为一种更具普遍有效性的"整全"的文学观或理论的出现创造条件。

四、走出更平衡开放的古文论研究的新局

基于上述认知，结合古文论研究的实际，为今之计，须找到一条既平衡又开放的古文论研究的新路。所谓平衡，是指从结撰体例到观照角度的允切周洽；所谓开放，指从基本理念到研究方法的广采博取。仍从材料与观念两方面置论。先就材料言，众所周知，因唐前史料稳定，故早期文论史书写一般只需围绕正史和总集中的单篇甚至片段记载，以时代为章，按人设节，就足以铺衍成篇。如遇《文心雕龙》《诗品》这样的专书，则再做重点讨论。这种处置方式看似合理，其实展开过程会碰到不少问题，直至造成以时代为章、按人设节的体例破功。前及郭著于汉代专设"由史籍中窥见汉人对于文学之认识"一章，以后不再出现以"史籍"标目的章节，就显得不很统一，失了平衡。究其原因，并非汉以后文论与史籍无关，只不过因汉代材料有限，故只能依《史记》《汉书》和《后汉书》中

的零星记载展开。但由于缺乏对传统文论发展"长时段"的动态把握,还有"过程史"的整体观照,这样的处置未免给人留下拘泥材料就事论事的印象。至于后面"南朝之文学批评"第二节"关于文评之论著"中既已列《诗品》与《文心雕龙》"之目,第五、六节又专论钟嵘、刘勰,明显属于重复。凡此,均可见受限于史料的"因时性"与"因人性",而缺乏"因事性"的论列,是有碍于对两者背后所隐蓄的理论脉络的深入把握的。

再如罗著,于魏晋南北朝设两章辨析"音律说",隋唐再设两章讨论"诗的对偶及作法",晚唐五代又设两章论诗格、一章论诗句图,其他讨论李、杜及元结诗学等处也有涉及。如此排布,似有意凸显文学的语言特质,实际效果上也确实在一定程度上矫正了历来轻忽形式规制的风气,但因缺乏对文学形式因的学理论证,并进而将这种论证罩摄始终,其对文学语言特质的强调,难免成了对特定材料的有所偏执的倚重。盖依书的前言所示,其时作者寄居北京,曾量力购求公私藏书,仅诗话就积得四五百种,"手稿秘笈,络绎缥缃,闲窗籀读,以为快乐","最珍贵者,有明刊本宋人蔡传《吟窗杂录》,明人胡文焕《诗法统宗》。二书皆诗学丛书,收有晚唐、五代以至宋初诗格诗句图甚多,得以分述于五篇二、三、四各章,由是五代前后之文学批评,顿然炳蔚。"可见,他之所以多论唐五代诗歌形式,与所据有的材料大有关系。但问题是,宋元以后这样的讨论每常可见,而且更趋精细,尤多分门,是不是也应给予同样的重视呢?罗著的照察显然居于一隅,有违平衡。即此,既可见材料能决定撰述的框架,又证明倘无全局意义上的博察与通观,这种基于材料所做的讨论难免会因失去逻辑依归而显得支离破碎。

进言之,在文论史整体性的建构过程中,一切只重主流一线的记载而不重底层边缘的实录,只重纸质文献而不重实物见证(主要为各类地下出土文献），并由此只重事件而不重细节，只重结果而不重过程，都很难说是拿捏得当，在史料掌握方面做到了合理平衡，其难以在观照的角度进而论说的展开中实现真正的平衡几乎是可想而知的。

再就观念而言，必须强调，所谓广采博取，尤其引入和借鉴西方理论，绝非如"木偶被文绣"般地仅满足于采撷若干新名词虚事招摇，更非片面牵衍甚至生造与古人儿无关涉的夹生命题，而应针对元典的语境与意指，借各种外来理论的激荡，尤其是从其致思逻辑和论说理路所获得的独特的视角和方法，切境契情条分缕析地将古人论说中未曾明言的潜在意义揭示出来。众所周知，中国传统学术经常是由一系列特别名言串联而成的，组成名言的概念、范畴之间，意义的边界并不十分明晰，甚至很不稳定。这当然不是什么缺点，而是古人故意采用的言说策略。质言之，它是基于对《庄子·齐物论》所说的"夫道未始有封"的根本性认知。天下知有所至，"以为有物矣，而未始有封也"，因此它的内涵可以依论者的理解而与时俱化，相袭而日新，此所以朱熹《论语集注》会说"圣人之心，浑然一理，而泛应曲当，用各不同"，"若得胸中义理明，从此去量度事物，自然泛应曲当"。但尽管如此，因道体不变，历代论者的解说与发挥还是存在一定的理路和可供依循的指归。古文论话语体系深受此名言串联与诠解的影响，既密密交缠，又层层展开，表现为大多为切题分疏，但也有跨类活用，若仅沿袭本质论、作家论、创作论、鉴赏论、风格论这样老旧的框架，或一味宽泛地带过缺乏针对性的政治、经济背景的罗列，而未能揭示其如何内化、细化为一定的规制、原则，进而上升为理论和思想，由此开显古人言说的真实背景或内生性动力，就会使所有的阐释显得空泛不切，甚至让人知其然而不知其所以然。

故今天的古文论学科要升级换代，尤应强调开大门，走新路，不能再满足于简单地从人物、著作到流派，做浮光掠影的简单分述，而应既从器物、制度到思想，又从语言、习尚到信仰，多个维度，多方照察，整体性地还原古人文学观的层累叠加的过程，从而为在更深层次上把握古人的论述体系，周全对古文论原生态的认知提供扎实的进路。譬如明代江南经济发展对文人的影响很大素为人所共知，但过往此一阶段的文论研究大多仍偏重在剖析其时文学观念的因革迭代和谱系勾连上，且经常有意无意地脱离其所以产生的特殊语境，相反，常怀揣如面对唐前经典文论时的庄敬心态，做字斟句酌式的还原性解读，致使特定时代思想观念、生活趣味和价值理想的多重影响，以及这些影响的展开逻辑和作用机理常常被忽略和遗落。为今之计，尤须在新观念的带动下，明确除《历代诗话》这样常为人征引的汇编之作外，其时文学批评更多系时人依闻见兴趣抄撮而成的事实，明确其不惟来源驳杂，用途也极广泛，是既满足了精英阶层的趣味，也常被用来迎合大众以牟利的特点。由此，针对其文本生成过程中很强的互动性，以及与人们在消费社会中世俗化理想至为密切的相关性，在引入市场维度的同时，更多顾及书坊主和读者的立场，更多做类似福柯所强调的"知识考古"（archaeology of knowledge）的工作。只有这样，才能揭示其时传统的文学观念被遮蔽、新起的异端主张得以凸显的历史—文化原因，才庶几使静态的观念因回到初发生的现场，而重新获得鲜活的生命。

又如清代，因科举而兴的试帖诗历来不为人所重视，相反，被视为五言六韵或八韵的文字游戏。但作为乾隆以降知识精英所努力掌握的文字言说技能，"其体制则排比律切声律对偶之是讲也，其辞则宏壮严整之是尚也"[1]，一定程度上将对诗歌形式规制的讲求发扬到了极致。虽说格于正统

---

[1] 王鸣盛：《应制扶轮集》"序"，吴烺、程梦元辑注，乾隆二十五年（1760）五云堂刻本。

的立场，主流诗学甚少提及其起承转合的琐细法则，但早年习得期"与唐人精于试律者争得失于毫厘之间"①的经历，无疑深深地植入他们的记忆，成为其文学认知的组成部分，怎能不对其后来所提出的"格调""肌理"诸说产生影响？试帖诗学从某种意义上因此可认为是一种"技术诗学"，其强烈的形式诉求与主流精英的雅正美学如何互动，又如何长入传统正宗的"精神诗学"，并在怎样的层面上影响人的创作，进而对其论诗趣味与文学理想发生影响，都是值得深入追究的大问题。基于对非主流但更丰富的文论史的真切了解，再引入包括布尔迪厄"场域"(field)理论在内的各种新的理论与方法，是可以有助于人获得对清代文学理论批评更切实周延的认识的。至于还有许多与文论关系不大的议论，偏重在文字的实际运用，对古人来说属应知应会，没有特别表出的必要，但于今人而言也不可习焉不察。

  进言之，一切唯纯文学是从，不关注那些表面看似与文论无关，实际上是传统文学理论批评重要环衬的书写与言说，不能体认到失去对这部分"埋养在自古到今谈艺者的意识田地里，飘散在自古到今中国谈艺的著作里，各宗各派各时代的批评家多少都利用过"的观念与趣味的关注，乃或"唯其他是这样的普遍，所以我们习见而相忘"②，注定不能使文论史的构建真正摆脱旧观念的掣肘。基于这样的立场，为能立体感知古人审美诉求的实态，并对其文学认知和文学观念的形成有真切的感知，今天是到了明确文论史研究不仅仅是一种观念史，而必须引入"总体史"维度的时候了。为此，必须借鉴一切有效的理论与方法，乃至后

---

① 刘墉：《今雨堂诗墨·序》，见金甡撰《今雨堂诗墨》乾隆四十四年（1779）刻本。
② 钱锺书：《中国固有的文学批评的一个特点》，《写在人生边上》，生活·读书·新知三联书店2002年版，第118页。

现代的理论与方法，在更广阔的历史—理论的视野中评估古文论固有的特点与长短得失，才能真正激活传统，才是真的发扬传统。需要指出，这种开放的研究本身也有助于将研究导向平衡，当然，这是一种基于内在关注的更高的平衡。

（原载《北京大学学报（哲学社会科学版）》2020 年第 1 期）

论中国文艺批评标准的正偏结构

林　岗

如果将中国固有的批评传统视为一个整体，可以看到，在这个整体里用以衡量、批评作品的标准显然存在一个正偏结构。从古至今，批评的关注点都聚焦于分辨、考究何者为正，何者是偏；哪些是值得弘扬的主流趣味，哪些是可以给予存身之地的旁流趣味。文艺批评即立足于正与偏的分梳、辨别和判定。在这个批评传统里，正和偏之间通常不是对立的，而更多是差异、主次的关系。每一个时代，被批评确立为主流"正者"的文艺作品都处于正面价值的位置，并因此得到弘扬，而次要的"偏者"则处在主流之外的偏旁。对于具体作品，批评者或有争议和龃龉，但要之批评作为整体，其孜孜不倦的努力、耿耿在怀的辨正识偏却是贯穿性的，超越具体的时代场景而成为恒久的传统。经过一番分辨、考究确定下来的正者和偏者，各自占据的位次不可更改。或许有的批评家过分执着于个别趣味，将本来处于偏次位置的作品悄悄提升到正者的位置，但这种扶正的"偷袭"事后总被证明无效。正与偏不可相互代替，其位序不可淆乱，这个中国固有的批评传统值得我们一番解会。

一

最早体现这个批评传统的词是"雅"与"俗"。今天，我们往往执着于雅俗的阳春白雪和下里巴人的区分意味。以文体和题材定雅俗这个后起之义另当别论，雅俗的本然意味：雅者，正也；俗者，偏也。因为是正，故位居上等，衍为阳春白雪；因为是偏，故位居下流，衍为下里巴人。批评标准所论的"雅俗"包含了严肃的伦理意味，不是纯粹的文学艺术形式之分。《左传·襄公·襄公二十九年》包含了古代文献确凿记载的第一个关于诗和音乐批评的故事。吴国公子季札往聘鲁国，顺便观周乐以及诸侯国乐。鲁国当然尽力接待，"使工为之歌《周南》《召南》"。季札观后评论道："美哉！始基之矣，犹未也，然勤而不怨矣。"观过周乐，鲁国又为季札演郑乐。"为之歌郑，曰：'美哉！其细已甚，民弗堪也。是其先亡乎！'"季札的批评标准很清楚，他并未完全否定郑乐的艺术成就，无论对周乐还是郑乐，第一个评价都叹道"美哉"。但他认为"二南"是王化的始基，虽未尽善尽美，却灌注着勤而不怨的精神。而细究下去，季札对郑乐"美哉"的评价，更多是对鲁国乐工精湛演出的褒扬，对其诗句则微词颇多。什么是"其细已甚"？为什么"细"就导致"民弗堪也"？季札的逻辑是什么？杨伯峻的注释给我们提供了理解的线索。他说："此论诗辞，所言多男女间琐碎之事，有关政治极少……风化如此，政情可见，故民不能忍受。"[①] 以今天的眼光看，"男女间琐碎之事"同样可以谱写成不朽的文学，这几乎是常识，但是季札对之并不认可，中国固有的批评传统对之也不认可。这种不认可不是蛮说，而是自有它的一番道理。

---

① 杨伯峻编著：《春秋左传注》第三册，中华书局1990年版，第1161—1162页。

"二南"雅正而郑风低俗，这个定评意味着"二南"的文辞典雅而入于主流，郑风的文辞低俗而流于闾里曲巷。因为前者可以顺理成章地归入由文王、武王开创的教化正统，而郑风则局限于表现私情，偏离了礼乐教化的正途，流入抒发男女私情的偏门，所以季札将文辞传达的意思与邦国的生死存亡联系起来。正是在这个意义上，文辞音乐的正与偏被认为关乎国运。陆德明解《毛诗·小雅》之义曰："先其文王以治内，后其武王以治外，宴劳嘉宾，亲睦九族，事非隆重，故为小雅。皆圣人之迹，故谓之正。"① 连"宴劳嘉宾，亲睦九族"都归入"事非隆重"之列，虽雅而小，更遑论男女私情、桑间濮上，其等而下之者，固然之理也。正是由于中国的礼乐文明，德义教化才有如此高隆的地位，亦是在这种社会氛围下，形成了文艺批评标准的雅俗之别。雅正趣味羽翼礼乐教化，而低俗趣味局限于男女私情，虽是人情的不得已，也只能处于偏旁的地位。

　　季札对诗的鉴别和批评精神，在孔子身上同样可以看到。孔子也如季札一般，在正与偏的讲究、斟酌中衡量、估定和解说文本的价值。举个例子，《关雎》何以居诗三百篇之首，这个问题今天可以重新讨论。② 司马迁在《史记·孔子世家》中谈到孔子返鲁后整理删定三百篇。如果太史公所言不虚，那么今天我们读到的《诗经》就是孔子手订的，而整理删定的最重要关目就是确定"四始"："《关雎》之乱以为《风》始，《鹿鸣》为《小雅》始，《文王》为《大雅》始，《清庙》为《颂》始。"③ 孔子为什

---

① 《毛诗正义》卷九，载阮元校刻《十三经注疏》上册，中华书局1979年版，第401页。
② "五四"新文化运动中，随着三百篇被重新估定价值，它不再是古代的"神圣文本"而被认作歌谣，包括司马迁"四始"的说法在内的传统解释也失去了意义。笔者认为，以三百篇为歌谣，离历史真相更远。
③ 《史记·孔子世家》，载《史记》第六册，中华书局2014年版，第2345页。

么要将《关雎》放在第一首？我们知道，目录编排中的首位通常意味着开端、基本和重要的意思。《诗小序》"后妃之德"的说法虽然牵强，却因早出却无从违背，因此这个问题一直得不到学理的说明。如今楚竹书《诗论》出土，为这个问题的正解提供了强有力的线索和依据。楚竹书《诗论》是战国时代儒门师生讲论三百篇含意的文献。[①] 它比毛诗更早出、更可靠。《诗论》将《关雎》的主题定为"改"，就是改过迁善的"改"。讲论者认为："《关雎》以色喻于礼，□□□□□□□□两矣，其四章则喻矣。以琴瑟之悦拟好色之愿，以钟鼓之乐［拟婚］［姻之］好，反纳于礼，不亦能改乎？"[②] 讲论者注意到，这首五章、每章四句、共八十字的短诗表达了两种要素：一是"色"，另一是"礼"，诗的可贵在于由"色"而进于"礼"。由"色"而进于"礼"的机杼便在于"改"。故说诗者判《关雎》的主题为"改"。概而言之，《关雎》其实是一首高度浓缩的叙事诗，它用指代修辞的手法浓缩了君子改过迁善的故事。诗中的君子出于私情爱慕而不遵礼法去追求淑女，却自招烦恼，后来他幡然醒悟，遵从礼法指引，终于获得圆满结果。《关雎》结尾暗示得非常清楚：一场粗鲁不文的色欲追求，最后走上了文明的礼仪轨道。可以说，《关雎》表现了礼乐对人本能的规范、约束，它是礼乐驯服色欲之诗，也是粗鲁服从文明之诗。《诗论》的作者对诗意的训解纵有瑕疵，但对其基本精神的把握是准确的。礼乐

---

① 学术界对《诗论》产生的准确时间迄今尚无一致认识。李学勤认为其产生于战国晚期（参见李学勤先生在清华大学"新出楚简与儒家思想国际学术研讨会"上的演讲，http://www.bsm.org.cn）。刘信芳和黄怀信则认为其产生于战国早期。参见刘信芳《孔子诗论述学》之《〈诗论〉的作者与成书年代》一节，安徽大学出版社 2003 年版；黄怀信《上海博物馆藏战国楚竹书〈诗论〉解义》的"作者及成书时代问题"一节，社会科学文献出版社 2004 年版。
② 简文参见黄怀信《上海博物馆藏战国楚竹书〈诗论〉解义》，社会科学文献出版社 2004 年版，第 18—19 页。

驯服色欲就是"反纳于礼",也就是所谓"改"。说诗者认为,《关雎》的这个主题非常宏大和重要,"《关雎》之改,则其思赗(益)矣"①。《诗论》以"改"来判定《关雎》的主题,笔者以为是合乎篇意、有充分文本根据的。如果不是楚竹书重见天日,《关雎》的真义或许将永远湮灭。

  作为诗,《关雎》当然只是讲述故事、抒发情志,但它确实又可以被上升到文明基石的高度来理解,从中阐发出"微言大义"。因为诗所表现的由"色"而进于"礼"的"改",涉及中国礼乐文明的根本。按照荀子的说法,礼是约束、规范人欲的制度安排,可以使欲望成就人事,而不是败坏人事。②欲望因此被视为礼的腐蚀性力量。一面是礼乐制度对欲望的约束和规范,另一面是欲望对礼乐制度的挑战与腐蚀。盖人诸欲之中色欲最顽强、最根本,举凡制度之衰朽、人事之腐败、人心之不可挽回,色欲往往在其中扮演主要角色。《礼记·经解》说:"昏姻之礼废,则夫妇之道苦,而淫辟之罪多矣。"③可见古人对于色欲对礼乐制度的危害是有充分认识的。正因为这样,礼乐制度就有很重要的方面是针对色欲的,要对色欲加以约束和规范。规范色欲的婚礼制度就成了整个礼乐制度的基石。在古人的冠礼、婚礼、丧礼、相见礼、射礼和乡饮酒礼等诸礼之中,婚礼居于"本"的地位。婚礼是诸礼的基石,《礼记·昏义》曰:"男女有别,而后夫妇有义;夫妇有义,而后父子有亲;父子有亲,而后君臣有正。故曰:

---

① 简文参见黄怀信《上海博物馆藏战国楚竹书〈诗论〉解义》,社会科学文献出版社2004年版,第18—19页。
② 《荀子·礼论》:"人生而有欲,欲而不得,则不能无求;求而无度量分界,则不能不争;争则乱,乱则穷。先王恶其乱也,故制礼义以分之,以养人之欲……是礼之所起也。"王先谦撰,沈啸寰、王星贤点校:《荀子集解》,中华书局1988年版,第346页。
③ 《礼记·经解》,载孙希旦撰,沈啸寰、王星贤点校《礼记集解》下册,中华书局1989年版,第1257页。

'昏礼者，礼之本也。'"① 这正是司马迁指出《关雎》"始于衽席"②之义。在礼乐文明的意义下，夫妇是人道世界的开端，这个开端正与不正事关重大。如若男女无别、夫妇丧义、色欲横流，则人道的世界将倒退回孟子所说的"禽兽"世界。

如果不希望这种倒退发生，礼乐德义就是一条必须坚守的底线。坚守礼乐德义的底线就是坚守文明的底线。正是由于礼乐德义的价值观，孔子和后来儒家的三百篇讲论者对《关雎》一诗表现的"色"与"礼"的因素特别垂意，尤其肯定它"反纳于礼"而"能改"的主旨。孔子生活的年代虽然还未发展出战国时代那种对《诗经》篇意的讲论，但孔子特别赞美《关雎》，是有案可查的。他既称美《关雎》的意旨"乐而不淫，哀而不伤"③，又赞美其音乐声调"洋洋乎盈耳哉"④。这首短诗之所以能位列三百篇之首，得到孔子和后来儒家论诗者的赞美、垂顾和敬意，其背后所隐藏的对礼乐文明命运的关切是根本原因。用今人的话说，以儒家的批评标准来看，《关雎》所写的就是那个时代的"重大题材"。它不仅题材重大，而且对人心、人性存了一种不唱高调的理性解悟，十分符合儒家"中道"的审美趣味，所以也可认为这首诗体现了那个时代美学的"主旋律"。从这个例子可以看到，儒家所代表的批评标准其实植根于中国礼乐文明的深厚土壤。

---

① 《礼记·昏义》，载孙希旦撰，沈啸寰、王星贤点校《礼记集解》下册，中华书局1989年版，第1418页。
② 《史记·孔子世家》，载《史记》第六册，中华书局2014年版，第2345页。
③ 《论语·八佾》，载程树德撰，程俊英、蒋见元点校《论语集解》第一册，中华书局1990年版，第198页。
④ 《论语·泰伯》，载程树德撰，程俊英、蒋见元点校《论语集解》第二册，中华书局1990年版，第542页。

钱锺书在《中国诗与中国画》中指出了批评史上一个十分有意思的现象,即批评旧诗和旧画所采取的标准是有分歧的。他说:"中国传统文艺批评对诗和画有不同的标准:论画时重视王世贞所谓'虚'以及相联系的风格,而论诗时却重视所谓'实'以及相联系的风格。因此,旧诗的'正宗''正统'以杜甫为代表。"①"神韵派在旧诗史上算不得正统,不像南宗在旧画史上曾占有统治地位。"②钱锺书的观察十分敏锐,今天可以略作补充的是这种现象形成的原因。正如朱自清说的那样,"诗言志"是中国传统诗学"开山的纲领"③。诗是抒发情志的,而志又是分大小的,并不是所有诗人的志都可等量齐观。那些关乎天下江山和国运民生的志当然是大志,而关乎林泉高致和溪山寒月的志就是小志。批评史上的主流是首重其大者,然后才兼容那些小者。当大小放在一起比较时,价值的天平就要求分出位置的主次和地位的高下。志之大者自然就略胜一筹,而那些"神韵"一脉的闲逸小品,无论艺术造诣多么精致,多么富有纯粹的情趣,都不可能取得诗史上"正统"的地位。钱锺书说得好:"唐代司空图和宋代严羽似乎都没有显著的影响;明末、清初,陆时雍评选《诗镜》来宣传,王士祯用理论兼实践来提倡,勉强造成了风气。这风气又短促得可怜。王士祯当时早有赵执信作《谈龙录》,大唱反调;乾、嘉直到同、光,大多数作者和评论者认为它只是旁门小名家的诗风。这已是文学史常识。王维无疑是大诗人,他的诗和他的画又说得上'异迹而同趣',而且他在旧画传统里坐着第一把交椅。然而旧诗传统里排起座位来,首席是轮不到王维

---

① 钱锺书:《中国诗与中国画》,《七缀集》,上海古籍出版社1994年版,第22页。
② 钱锺书:《中国诗与中国画》,《七缀集》,上海古籍出版社1994年版,第21页。
③ 朱自清:《诗言志辨》,《朱自清诗言志辨 朱自清新诗杂话》,吉林人民出版社2013年版,第8页。

的。中唐以后,众望所归的最大诗人一直是杜甫。"①

中国批评史上的种种现象,无论是《关雎》何以为三百篇第一首,神韵派的诗作何以不能如南宗画一样被视为正统,还是杜甫何以坐上诗人的第一把交椅,都涉及传统批评标准的正偏结构。中国的传统批评讲究辨识正偏,且既毫不含糊地树正,也能够容偏。不像欧洲批评史,一种主义起来,就排斥另一种主义,新的打倒老的。例如浪漫主义起来,就排斥古典主义;写实主义起来,就排斥浪漫主义;而现代主义起来,又排斥写实主义。中国的批评格局只是分主次、排座次。广而言之,不但在批评史上存在这种正偏格局,思想史上也存在类似的现象,它们甚至影响日常语言的用法。例如在中国思想传统里,儒家与释道及其他诸子也是分出主次的,前者为主而后者为辅。李泽厚有"儒道互补"的说法②,但儒道的互补,不是位次对等的互补,是主次相济、羽翼主流的互补。儒家又有"正经"和"兼经"的说法。五经为"正经",其余的归入"兼经"。中国文化倾向于兼容并包,讲究有容乃大,但要兼容得好,就要分辨主从。如果没有主脑、缺乏心骨,就会导致容而淆混、杂乱无章。这或许可以解释批评史和思想史上为何存在正偏结构。

二

经过现代革命,中国的文化传统已经"日日新,又日新"③,旧貌换了新颜。从变的角度来看,可以说是前古未有、天翻地覆,但从不变的角度

---

① 钱锺书:《中国诗与中国画》,《七缀集》,上海古籍出版社1994年版,第21页。
② 李泽厚:《美的历程》,广西师范大学出版社2000年版,第89页。
③ 《礼记·大学》,载阮元校刻《十三经注疏》下册,中华书局1979年版,第445页。

看，正如苏轼《赤壁赋》所说，"逝者如斯，而未尝往也。盈虚者如彼，而卒莫消长也"①，历史过程中形成的稳定特质依然存在不变的一面。比如我们还是可以问：新的文艺批评标准有没有继承古代的惯性？纵然"正"的内涵已经完全不同，"偏"的内涵也与古代相去甚远，我们还是可以思考悠久的文艺批评传统在现代社会积淀了什么。

在再造中国的现代革命过程中，形成了与古代中国的批评传统相似或接近的新批评传统。在这个批评传统里，关于文艺批评的标准也依然存在一个正偏结构。经过19世纪末20世纪初现代性的洗礼和社会的转型，新的现代批评传统所使用的批评术语已经与古代固有的批评传统完全不同，所树立的文本典范也不一样。无论是"诗言志"还是"文以载道"，都不见诸现代批评的范畴。然而，"五四"新文化运动之后的现当代文学形成了强大的现实主义文学传统。其中，写实的艺术手法还在其次，更重要的是关怀现实、感时忧国的现实主义精神，因此，这个传统也把使用浪漫主义手法的文学包含进来。鲁迅是这个现代文学传统的创立者之一，也被认为是最杰出的典范。正如杜甫在古代诗史中坐第一把交椅，鲁迅是代表新文学传统的第一人。近一个世纪以来，任何流言、中伤、贬低都不能撼动鲁迅的文学地位，这个地位经受住了偏颇的政治"神化"和无聊的"妖魔化"的双重考验而未被撼动，岂不说明鲁迅的文学趣味与现代批评标准之间存在深度的契合？任凭文坛舆论风云变幻，这种深度契合一直维持不变。如果没有研究者和读者汇合而成的批评力量跨越世代的持续推动，鲁迅如何能成为现代文坛的第一人？

归根到底，诞生于20世纪现代革命过程中的新文学，在很大程度上

---

① 苏轼：《赤壁赋》，载孔凡礼点校《苏轼文集》第一册，中华书局1986年版，第6页。

形成了启蒙大众、教育人民和引导舆论的传统。它要求文学在文化生活中同时扮演批判和鼓舞的角色。文学的使命是诉诸大众的,它在与人生发生密切的精神联系中实现自身的使命。简言之,文学是而且必须是深度嵌入现实生活中的。如果上述看法有道理,那么,尽管古代有古代的文学和现实,现代有现代的文学和现实,但是就文学与现实关系的格局来说,古代和现代其实是一脉相承的。正是在这个基础上,现代批评中同样存在正偏格局。进入延安时期后,毛泽东基于已经变化了的"客观现实","从实际出发,不是从定义出发"[①],在《在延安文艺座谈会上的讲话》中提出了文艺的"工农兵方向"。中华人民共和国成立后有"重大题材"和"典型环境中的典型人物"的创作提倡[②]。而在现代文学研究领域,处于主流地位的当然就是被文学史家排序为"鲁郭茅巴老曹"所代表的文学。这个排序曾受到坊间挑战,但最终再次获得肯定,显示出历久弥新的性质。[③] 现在,"以人民为中心"不仅作为文艺的方向得到大力弘扬,而且作为批评的标准推动着文艺创作,并落实到政策实践层面。正如"主旋律"一词所表明的,凡是符合、接近这个文艺方向的文学,理所当然居于主流的位置,它们是文坛的正者。

---

① 毛泽东:《在延安文艺座谈会上的讲话》,《毛泽东选集》,人民出版社 1966 年版,第 854—855 页。
② "典型环境中的典型人物"一语,出自 1888 年恩格斯写给作家哈克奈斯的信。这个说法在左翼文艺运动时期传入中国,成为现实主义的经典表述。参见中共中央马克思恩格斯列宁斯大林著作编译局编《马克思恩格斯选集》第 4 卷,人民出版社 1972 年版,第 462 页。
③ 这个排序在 20 世纪 50 年代即告形成,它反映的是以现实主义创作为中心的文学史叙述框架。20 世纪 80 年代,随着"西学"再次东渐,该排序受到挑战。1994 年王一川等主编《二十世纪中国文学大师文库》,再定"座次"为鲁迅、沈从文、巴金、金庸、老舍、张爱玲、郁达夫。1995 年钱理群提出大师的新名单为:鲁迅、老舍、沈从文、曹禺、张爱玲、冯至、穆旦(均参见刘卫国《中国现代文学研究通史·第五卷·突破与创新》,广东人民出版社 2020 年版,第 91—93 页)。

就像古代有神韵一脉——这里指的不仅是被叫作"神韵派"的文学，还有钱锺书所说的"'虚'以及相联系的风格"的文学，20 世纪初文学转折时期也产生过类似的美学旨趣和风格。它们或被贴上"自由主义"文学的标签，或被叫作"象牙塔"文学。这两个名称也许都不准确，还不如周作人的散文集名《自己的园地》那样直白地说出了这一脉文学的追求和美学趣味。《自己的园地》这样的文学也产生了不小的社会影响，但和那个时代处于强势的左翼文学相比，不能不说是处于弱势，即整体文学格局中偏的位置。洪子诚在论及正偏双方最显对峙性的 20 世纪 40 年代文学状况时说："40 年代后期的文学界，虽然存在不同思想艺术倾向的作家和作家群，存在不同的文学力量，但是，有着明确目标，并有力量决定文学界走向，对文学的状况实施'规范'的，却只有由中共领导和影响下的左翼文学。在中国文学总体格局中，左翼文学成为具有影响力的派别。"[①] 或许有人认为，以左翼文学为代表的与"实"相联系的风格的文学，是依凭其政治诉求取得了强势的位置，然而在 20 世纪三四十年代文坛的对峙中，自由主义文学同样是依凭其政治诉求的。双方背后的政治诉求固然有其作用，但不是问题的全部。当我们观察同样由现代性所催生的现代文坛正偏格局的时候，不能不关注持久的美学趣味的顽强作用。那些与人生、社会、时代发生更紧密关系的文学，总是能得到更多阅读和评论力量的青睐，反之则总是处于偏弱的位置。植根于传统、历史和文明的美学取向，当然在历史的具体情景里与具体的政治发生关系，但仅仅从政治势力的强弱角度去解释渗透着美学评价而形成的正偏格局是偏颇的。鲁迅批评弥洒

---

① 洪子诚:《中国当代文学史》(修订版)，北京大学出版社 2007 年版，第 9 页。

社的小说是"咀嚼着身边的小小的悲欢，而且就看这小悲欢为全世界"①。若从题材来看，或许有人认为鲁迅的看法不见得完全合理，写个人的小悲欢同样可以写成不朽的巨著。但鲁迅讲的不是题材，而是美学趣味。在鲁迅的批评标准里，咀嚼个人小悲欢的文学在艺术上无论如何精美，比起忧愤深广之作当然是稍逊一筹。习近平的《在中国文联十大、中国作协九大开幕式上的讲话》代表了当代主流的美学趣味对文艺的期盼："我们的文学艺术，既要反映人民生产生活的伟大实践，也要反映人民喜怒哀乐的真情实感，从而让人民从身边的人和事中体会到人间真情和真谛，感受到世间大爱和大道。关在象牙塔里不会有持久的文艺灵感和创作激情。离开人民，文艺就会变成无根的浮萍、无病的呻吟、无魂的躯壳。"②由于现代性的作用，现代批评标准里的正偏对立和对峙总是显得比古代更明显一些，但是对立和对峙总也不妨碍主流和支流在事实上的共存。在整体批评格局上，当今和古代相似，古代有雅俗二分，现代有主流与旁流二分。文学批评辨识、分梳和衡量所形成的正偏格局将长期存在。

三

为什么是这样？道理在哪里？解释这种现象应当从根本说起。自欧洲浪漫主义文学观念兴起以来，文学的独立性或曰"自性"的观念就根深蒂固地树立起来。于是，研究文学的理论常常走在将文学与其他领域划清边界的路上。最关键的划界当然是划分文学与政治的边界，以及文学与道德

---

① 鲁迅：《〈中国新文学大系〉小说二集序》，《鲁迅全集》第六卷，人民文学出版社1981年版，第242页。
② 习近平：《在中国文联十大、中国作协九大开幕式上的讲话》，《学习活页文选》2016年第74期。

伦理的边界。文学怎样和它们不同，又怎样自成一体，常常得到超常的理论关注。的确，遇到有文学自觉意识和热情的作家，你若说文学的独立性值得怀疑，或说文学的自性是想象多于现实，就似乎有冒犯之嫌，像是不尊重作家和他做的事。说作家写作是在做一件与其他领域划不清边界的事情，似乎就是不尊重作家和他的专业，这种观念已经牢牢扎根并得到广泛的认可。可是，即便笔者认同浪漫主义的文学观念，它也解释不了上文讨论的文学事实和批评现象。因为正偏格局的存在，不是正好说明文学本来不是那么独立，文学的自性也不是那么可靠吗？

历史地看，文学的独立性或自性命题，更多是文学在现代性的环境下产生的防御性命题。它指涉文学"应该如此"的理想状态甚于文学"本来如此"的事实状态。应当承认，防御性命题也有其价值。当作家和批评家受到现代性环境的过度刺激时，揭出文学独立性和自性的主张能使作家认清写作的本分，回归本职使命。然而对这个"应然状态"的追求不能替代对事实的认知，从文学的事实和历史出发认识文学，依然是一项重要的工作。只有从事实上说明了对象，理论批评的任务才能更好地落在实处。对文学的认识应当从它的"本来面目"出发，即从它的事实存在状态出发。事实和价值诉求虽然在人文领域难以截然分开，但这种"你中有我、我中有你"的纠缠更多存在于短时段的观察里，长时段地看还是能够基本分清的。所谓长时段，就是要求我们从一个相对漫长的历史阶段去观察文学，看它如何被评价、如何在社会场域发生作用、如何进入读者等，不是从概念去认知它，不是从原理去发展对文学的认识。

无论中外，文学都是人的精神生活的一个领域。它有自身的特质，但又与其他精神生活领域交互作用，并且从属于更大的文明传统。这个文明传统事实上规约了作为精神生活领域之一的文学与其他精神生活领域关系的性质。不同的文明传统演变出文学与其他精神生活领域关系不同的规约。这些规约集合成人们对文学的基本认知。于是，不同的文明传统就有不同的对文学的认知。古希腊时代那些沉思奥秘的思想家将诗看作一种技艺的"制作"[①]，这种对诗的认识将诗自身的特质强调出来，而对诗与其他精神领域的关系缺乏论述。这成为后来西方文学理论探究文学独立性的精神起点。如果我们要问古希腊思想家何以产生这种认识，那就要从当时社会精神生活的情形中寻找答案。那些"上穷碧落下黄泉"地思考事物真谛的古希腊思想者，都是高高在上的"精神贵族"。由于奴隶制的存在，社会上下层隔绝，加上小邦小国的民主政治，使人们视野单一、纯而不杂。与利用思想的命题发挥社会作用相比，他们更愿意发现事物的特性。于是，文学之为文学的技艺"制作"一面就被发掘出来。儒家礼乐教化的文明传统则不然，首先是家族、宗族聚居农耕，血缘纽带纵横、贯穿社会，组成牢固的人际网络，集体主义的价值和气质弥漫于礼乐文明精神生活的各个领域。在这个前提下，诗自然不是也没有可能置身事外。论诗者并非不知道诗是由人"制作"并体现着制作者的技艺，只是由于"诗由人作"这一点太微不足道而不屑于将其置于台面上追究罢了。最要紧的是诗和文作为一种精神生活，如何在社会的整体格局中起到积极作用，推动良政美治、上下和洽。这种社会价值的最高追求不仅是宗族秩序的向往，也是公共政治秩序的向往，诗和文自然也只能在这个大文化格局中扮演自己的角色。诗文作者在"致君尧舜"的时候当然乐此不疲，即使在归隐林泉后，也不愿公开"叫板"。他们明白，与这头等大事相比，个体的隐情和需求

[①] 宇文所安在对"诗言志"与古希腊"a poem is something made"的比较中有更详细的论述。他认为希腊文"poiēma"（诗）来自"poein"（制作）。参见［美］宇文所安《中国文论：英译与评论》，王柏华、陶庆梅译，上海社会科学出版社2003年版，第26页。

只能放在次要的位置。总而言之，在这个文明传统里，被现代批评理论视为有充分独立性的诗和文，首先被置于辅助礼乐教化的位置，然后才被置于抒发个人情志的位置。诗文之辅助礼乐教化是一方面，抒发个人情志是另一方面，它们当然是共存的，但前者重、后者轻是不能被颠倒的，两者的先后位置也是无法改变的。那些忽视前者或悄悄以后者代替前者的努力，在这个文明传统里是不被认可的。季札听了郑风觉得不妙，孔子特别垂顾《关雎》，后来的诗评家将杜甫置于诗圣的地位，其道理都是前后一贯的。

现代革命重塑中国后，社会的基本价值不再由儒家所阐释的礼乐德义来规定，马克思主义开始扎根于现代中国的社会土壤。有意思的是，这种基本价值体系的重建并未改变中国文明一以贯之的集体主义品格，这种品格只是由建基于宗法社会之上转型到建基于现代社会之上。在集体主义价值观的框架内，文学被关注和取重的依然是它在更大社会范围里发挥积极作用的那种性质。鲁迅在"五四"时期愿意称自己的创作为"听将令"和"呐喊"，乃是因为他对这一点有深切的认同。在革命战争年代，文学被称为"致胜法宝"中仅次于"枪杆子"的"笔杆子"，其意义不同凡响。在中华人民共和国成立后的建设年代，那些愿意紧随时代步伐的作家一度被称为"灵魂的工程师"。在市场经济推进、消费主义高涨的现在，作家虽然没有自信当"灵魂的工程师"了，但文学还是被赋予了传达社会主义基本价值观的使命。关注当代史的人也许观察到，取重文学在更大社会范围的积极作用的批评诉求和立足于"自己的园地"的批评诉求，不再像古代那样和衷共济或"井水不犯河水"，而是分庭抗礼了。这是由于现代性放大了有差异的美学趣味的分歧，使得不同趣味的双方更有排斥性。政治诉求有时盖过了不同的美学趣味诉求，这种趣味歧异和对峙性增强的情况，并不能说明文学之个人情志抒发的取向就没有地位。在事实的格局中双方还是共处一体的，批评标准的正偏格局较之古代并无大的改变，只是局面更为复杂罢了。

文学在社会诸要素中所处的位置，归根结底是被比它更大的文明传统所规约着的，不是文学存在一个超越、凌驾于文明传统的"本质"，而是文明传统确定了文学作为精神领域之一所处的位置。文艺不会因为出于作者之手而天然地具有与其他社会要素无关的自性。当人们超越"文艺之所以为文艺"的局限，驻足观察千百年来诗评、文评的价值取舍，看看批评家对文本价值的辨识、估定，就可以发现比文学更大的文明传统对规约文学位置起到的巨大作用。因为文艺也是文明传统当中的一部分，它自然不能脱离产生它的母体。中国的文明传统从奠基期开始就将诗文纳入礼乐教化之内，作为羽翼良政美治、作育君子的组成部分，但同时给个体性的情志抒发留下一扇半开的门。即便诗文不是全部从属于礼乐教化，其主要部分也被要求追随礼乐教化。礼乐教化不仅是社会主导意识形态的儒家伦理，也是华夏社会日常生活的规定性。诗文无法离开礼乐教化而独立，不过，礼乐教化也并非绝对排斥个体情感的抒发，表现在批评标准的考究里，只不过将纯粹的个体感情抒发摆在了非主流的偏旁位置而已。

四

批评标准所考究的正与偏，并不完全等于文艺创作的优与劣。文艺作品的优与劣，换言之，作品经典化的确定，与其说是批评辨识正偏的结果，不如说是跨越世代的读者反复阅读的结果。同一世代的批评努力固然可以造就一时风气，但是归根到底，不同世代的读者不约而同的阅读选择起着决定性作用。长远来看，诉诸语言文字的诗文小说，它们的第一性质还是可阅读性。当然，这里的阅读性不但指同时代的阅读性，更指跨世代的阅读性、被历代读者反复选择的那种阅读性。于是，一面是批评传统孜孜考究、辨识正与偏，另一面是它得到的结果与不同世代读者所筛选出来的结果时常存在不一致的情况。

传统批评标准辨识出来的优劣，当然也有站得住脚的。例如中唐之后杜甫即被视为"诗圣"，与杜甫相隔约半个世纪的韩愈在《调张籍》中说："李杜文章在，光焰万丈长。"[1] 这评价距今超过 12 个世纪，即使今天有人认为李杜的光焰不足万丈，但其在诗史上光芒最为耀眼总是说得通的。无论从选本的取舍、流传的广度，还是从文学史评价来看，李杜诗篇都是居于前列的。又如用现代民主革命过程中所形成的批评标准来考究、辨识现代作家作品，最容易得到共同认可的作家无疑是鲁迅。虽然批评史上也有人诋毁鲁迅，但最终证明那不过是诋毁者的偏见。鲁迅文学在批评史上所受的推崇、他的作品版本之繁多、读者之广泛，在现代严肃作家中无出其右。那种认为鲁迅的文学地位是政治力量推崇所造就的看法是毫无根据的。

然而，事情还有另一方面。历代批评标准所推许的典范有时也未必靠得住，未必经受得起时间和阅读的考验。比如，季札真有那样的神通，能预知郑风与郑国丧亡有关？又如，孔夫子所推崇的《关雎》到底有没有那么好？在笔者看来，孔夫子看中的是《关雎》的主题，如战国儒家说诗者所认为的那样，它的主题确实宏大，但它作为叙事诗表现力不够，过于简略；就主题而言过于伦理化，说教的一面超过了诗润物无

---

[1] 韩愈：《调张籍》，载严昌校点《韩愈集》，岳麓书社 2000 年版，第 69 页。

声的一面。作为诗,《关雎》只能是一首二三流的诗作。孔夫子将它推崇得高过了它应有的程度。他这样做在当时也许没有什么问题,也合乎批评标准和美学趣味。但随着时间的流逝,《关雎》作为诗的弱点逐渐显露出来:它其实没有那么好。今天我们完全明白,它主要是因为题材重大和完美地诠释了儒家价值观而得到孔夫子的垂顾,与三百篇中如《小雅·采薇》《周南·汉广》等诗相比,在艺术上要逊色很多。正因为这样,孔子列《关雎》为三百篇的第一首,在今天成为一个需要重新认识的问题。

文艺在社会中所处的位置不能脱离它生长的文明传统,这并不是说它只应该被当作实施良政善治的工具。文艺归根结底是作者的创作,作者主观上接纳教化的伦理价值,从而"导乎前路"是一回事,但政策实行者硬性推广和施行又是另一回事。社会的批评标准当然得有一个正面的价值主张,但这个正面的价值主张也要像随风入夜那样浸润作者的心灵,才能使文学创作最终受益。作为批评标准,正有正的理由,但偏也有它的一隅之地。无偏则无正,无偏则不显正。文学最终作用于人,而人的情志是多方面的。批评标准有正有偏就体现了情志表达的多样性。孔子删定三百篇,固然推崇《关雎》,但郑卫之诗也赫然在列。就像毛泽东固然偏爱鲁迅,但也提倡"百花齐放"一样。

从古至今,批评标准既要讲正,也要容偏,这说明文艺确实有其复杂性。这种复杂性并不来自它有多么独立、多么超凡脱俗,而是因它是艺术才华的产物。生活固然是文艺的源泉,但需要艺术才华才能使这个源泉不白白流失,才能将它转化为真正的艺术。没有诗才,讲再多关于诗的大道理,一样产生不了不朽的诗篇。艺术才华纵然并不神秘,但也不能单靠外部推动的良好意图实现。对艺术才华的认识和肯定，反倒是古人胜于今人。晋陆机《文赋》开首短序即揭"才士之所作"，"非知之难，能之难也"，故陆机观才士之作，"得其用心"，又"每自属文，尤见其情"①。钱锺书说这是全文"眼目所在"②。刘勰《文心雕龙·神思》也不讳言才华不足的尴尬："方其搦翰，气倍辞前，暨乎篇成，半折心始。"③苏轼讲得更加坦率："求物之妙，如系风捕影，能使是物了然于心者，盖千万人而不一遇也。而况能使了然于口与手者乎？"④正是艺术才华的重要性，使批评标准下无论正的还是偏的，都被放在同一天平下衡量。批评者如果对这一点深有默契，就能够既扬正，也容偏。

我们既要从文明传统与文艺的特定关系角度去认识文艺，也要从人性心灵表达的个体角度去认识文艺。古人虽然有批评标准的正与偏的考究，但对这个格局复杂性的一面缺乏认识。王国维最早触及这个问题，他意识到诗词评价会涉及艺术与道德的两难。他以古诗十九首之《青青河畔草》和《今日良宴会》为例予以说明。从道德评价的角度，这两首诗"可谓淫鄙之尤"。因为诗意从正面的角度肯定不严肃的两性关系和杨朱哲学。然而王国维又发现，诗评上"然无视为淫词、鄙词者，以其真也。五代、北宋之大词人亦然，非无淫词，然读之者但觉其沈挚动人；非无鄙词，然但觉其精力弥满"⑤。两性不伦，固然涉"淫"，但这是站在道德的立场看问题。"淫"而真情流露，则"沈挚动人"；"鄙"而

---

① 陆机：《文赋》，载萧统编，李善注《文选》第17卷，中华书局1977年版，第239页。
② 钱锺书：《管锥编》第三册，中华书局1979年版，第1176页。
③ 刘勰著，范文澜注：《文心雕龙》下册，人民文学出版社1958年版，第494页。
④ 苏轼：《与谢民师推官书》，载孔凡礼点校《苏轼文集》第四册，中华书局1986年版，第1418页。
⑤ 彭玉平：《人间词话疏证》，中华书局2011年版，第401页。

真情流露，则"精力弥满"。这就是艺术的角度。当"真"成为估量作品优劣的标准之一的时候，它有时与"善"就存在不一致的情况。在礼乐教化的诗文传统中，衡量作品价值的主要还是与道德伦理相伴随的价值标准。即使到了现代，主流的价值也在批评标准里占据举足轻重的分量。这样，一旦文艺取其真，而批评标准取其善，就难免产生相互冲突的状况。如果批评标准一时强势，就会"误伤"作者和作品。因此文艺作品的批评既要顾及普遍性的准则，又要落实到具体作品具体分析，做到"扬正容偏"，切忌简单化、粗暴化。

（原载《文艺研究》2020年第10期）

论中国中古美学的"天人之际"*

刘成纪

做历史研究,首先面对的往往是历史分期问题,美学史研究也不例外。目前,我国的美学史研究大致采用两种分期法:一是按照王朝的兴废为历史排出顺序,如先秦美学、两汉美学、魏晋美学等,具有编年体性质;二是为整个历史理出一个有序的逻辑进程,使其显现规律性,如将其设定为发端、展开、繁荣、总结等环节。比较言之,前者更专注于每一时代的美学创造,重点在史实;后者更重视历史的宏大叙事,重点在史观。新时期以来的中国美学史研究,大抵依靠这种局部历史和整体历史之间的相互印证和相互发明。这也是人们一般所讲的历史与逻辑相统一的研究法在美学史研究领域的具体应用。通观我国四十余年来的美学通史研究,这种"两结合"分期法的缺点日益显露。其中,以朝代更迭为基础的历史分期固然使历史失之零散,但由发端、展开、繁荣、总结诸环节确立的宏观历史框架,也极易导致逻辑对历史的强制,使历史进展看似自洽,实则与

---

* 本文为国家社会科学基金艺术学重大项目"传统礼乐文明与当代文化建设研究"(批准编号:17ZD03)阶段性成果。

其本来面目相距甚远。在这种背景下,似乎有必要找到一种既避免王朝史的破碎又能适当遏制人们逻辑冲动的分期方式。从中国历史看,这种更趋中性和简易的分期法是存在的,即上古、中古、近古的三分法,或者简称为"三古"法。如《易传·系辞下》讲:"《易》之兴也,其于中古乎?"① 这里使用的"中古",意味着上古和近古。《韩非子·五蠹》以"上古之世""中古之世"和"近古之世"② 区分过往历史,则使这一分期模式完型化。

当然,不同时代面对的历史长度不同,相应"三古"所涵盖的历史区间也不同。近年来,作为这种分期法在现代的延续,日本学者内藤湖南在20世纪初提出的"唐宋变革论",在我国学界引起广泛回应。在他看来,"唐和宋在文化的性质上有显著差异:唐代是中世的结束,而宋代则是近世的开始"③。按照这一论述,先秦显然属于上古或上世,汉唐属于中古或中世,宋代以降则是近古或近世。至于在唐宋之间做出切分的依据,内藤湖南主要立足于政治,认为汉唐(尤其六朝至唐中叶)是贵族政治主导的时代,宋以后则是君主独裁的时代。但就哲学和美学这类更具精神性的学科来讲,我倾向于认为,中国上古即先秦时代,最具奠基性的命题是天人关系问题;汉唐时代,这一命题被用更趋神性和感性的方式表述出来;宋代以后,以宋明理学为标志,时代精神变得理智清明,心物作为天人关系的变种,重要性被凸显。换言之,天人关系问题,一方面保持了对中国历史的纵贯,另一方面则在不同历史时期形成了差异化表述。本文致力解决

---

① 李学勤主编:《十三经注疏·周易正义》,北京大学出版社 1999 年版,第 312 页。
② 王先慎撰,钟哲点校:《韩非子集解》,中华书局 1998 年版,第 442 页。
③ [日] 内藤湖南:《概括的唐宋时代观》,载刘俊文主编《日本学者研究中国史论著选译》第一卷,黄约瑟译,中华书局 1992 年版,第 10 页。

的问题，就是在天人关系这一视野内，看中国汉唐美学如何确立并展开自身。

一、"天人合一"与"天人之际"

现代以来，治中国哲学和美学思想史者，几乎无一不碰触天人关系问题，并以中国的天人合一与西方的天人二分相区别。如 1990 年，钱穆在其带有"学术遗嘱"性质的文章中讲："中国文化过去最伟大的贡献，在于对'天''人'关系的研究。中国人喜欢把'天'与'人'配合着讲。我曾说'天人合一'论，是中国文化对人类最大的贡献。"① 以相关论述为背景，这一命题不断向美学延伸，如有论者认为："在认知意义上，它是人与自然关系的形上学说；在伦理的意义上，它反映了古人善待自然的积极态度……而在审美意义上，它又体现了人们以人情看物态、以物态度人情的思维方式。"② 这是将中国美学视为天人合一的分有形式。更多论者则是直接将天人合一作为美学命题来对待，认为它的理论起点、过程和目标无一不是审美化的。但是，像其他学科一样，美学也有其理论边界，逾越这一边界，要么导致对天人合一命题阐释的狭隘化，要么导致美学学科的泛化。比较言之，一般哲学和作为其分支的美学存在着一个基本的分野：前者抽象，后者具象；前者普遍，后者感性。人类的审美活动永远离不开看和听，美学的问题必须诉诸形象，而哲学则并非这样。或者说，感性是对美学作为人类知识的最基本规定，美学意义上的天人合一是研究其感性

---

① 钱穆：《中国文化对人类未来可有的贡献》，《钱穆纪念文集》，上海人民出版社 1992 年版，第 250 页。
② 朱志荣：《中国美学的"天人合一"观》，《西北师大学报（哲学社会科学版）》2005 年第 2 期。

呈现的侧面。

以此为背景看中国社会早期对天人关系的理解，人们一般认为，有汉一代，受战国稷下学派和阴阳家的影响，中国哲学逐步从传统的形而上学向宇宙论下降，原本观念性的天人问题变得具象化了。比如对于人，先秦哲学更注重对人性的探讨，到汉代则位移为身体问题；对于天，先秦诸子更注重天的形上品格，汉代则一方面将它神学化，另一方面用阴阳、四时、五行、八风等自然元素将其塞满，显现空间化的秩序性特征。关于这一变化，徐复观曾讲："汉人不长于抽象思维，这是思想上的一种堕退。"① 许多哲学史家谈及汉代，也大多因此对其成就评价不高。但是，一种反向的价值也正由此生发出来，这就是审美。也就是说，天与人从抽象向具体、从观念形态向经验形态的转变，一方面使其成为更具审美价值的感性学，另一方面也是以"三古"分期法在先秦和两汉之间做出切割的重要依据。近年来，学界对汉代美学身体问题及空间秩序审美化问题的讨论，正是以这一时代对天、人的认识向感性全面"堕退"作为前提的。

同时值得注意的是，在中国哲学和美学史上，真正将天人组合为一个统一概念，并大谈两者的"合一"问题，也是起于汉代。此前，先秦文献虽然弥漫着天人合一思想，但它只是一种思想表达，而不是自觉的理论命题。唯一的例外是，荀子曾以"天人"并举谈二者的关系，但得出的结论恰恰相反，即他是主张天人二分的。如其所言："天行有常，不为尧存，不为桀亡……故明于天人之分，则可谓至人矣。"② 就此而言，说汉代才是中国传统天人合一思想真正自觉的时代，并不过分。如董仲舒讲："天人

---

① 徐复观：《两汉思想史》第二卷，华东师范大学出版社 2001 年版，第 133 页。
② 王先谦撰，沈啸寰、王星贤点校：《荀子集解》，中华书局 1988 年版，第 306—308 页。

之际，合而为一。"(《深察名号》)① "以类合之，天人一也。"(《阴阳义》)②尤其重要的是，董仲舒论天人合一，并未停留在观念层面，而是侧重其感性的构成。比如他首先将人身体化，然后在人天之间寻求匹配，即"人之身，首妢员，象天容也；发，象星辰也；耳目戾戾，象日月也；鼻口呼吸，象风气也；胸中达知，象神明也；腹胞实虚，象百物也"(《人副天数》)③。这其实是将人体视为天地的缩影，将天地视为人体的展开，两者既是感性的、构成性的，又形成同构关系。在情感层面，他讲："人有喜怒哀乐，犹天之有春夏秋冬也。喜怒哀乐之至其时而欲发也，若春夏秋冬之至其时而欲出也。"(《如天之为》)④ 这样，人的情感变化与自然天道的运动节律之间也形成了一体关系。据此可以看到，在董仲舒的天人观念中，人不仅在身体结构和情感状态上被赋予了天的意义，天也相应被赋予了人的意义，这种感性化和构成性的天人合一被他表述为天人相副。以此为背景，当天具有了人的身体结构和情感，它也必然是生命性的，必然能够与人产生共感和互动，这被董仲舒称为"天人感应"。要而言之，他讲的天人合一，并不仅是人抽象的自然态度或观念，而是包含了天人相副、天人相感等诸多环节。于此，看似各是其是，各安其分的天、地、人，就借助感性化或审美化的相互勾连，成为两相匹配的互动形式，并进而显现完美的秩序感。

但对于汉代美学，天人同构和天人共感只是天人合一命题向美生成的初步。也就是说，董仲舒借助天人同构和共感形成的对人与世界关系

---

① 董仲舒撰，凌曙注：《春秋繁露》，中华书局1975年版，第359页。
② 董仲舒撰，凌曙注：《春秋繁露》，中华书局1975年版，第418页。
③ 董仲舒撰，凌曙注：《春秋繁露》，中华书局1975年版，第441页。
④ 董仲舒撰，凌曙注：《春秋繁露》，中华书局1975年版，第596页。

的感性体认，只是阐明了感性的现实或日常，而审美总是更关注日常世界之上的超验维度，即杜夫海纳式的"超感性"或"灿烂的感性"①。同时，在天人之间，如果双方仅仅以具身化的感性被组合为一体，这固然有助于克服世界的分裂，但这种组合毕竟是机械的。值得注意的是，董仲舒关于天人关系的认识，并没停滞于两者同构、共感的表层，而是更重视两者在互动之中向超验维度的生成。这种被生成的具有超验性质的现象被称为"祥瑞"和"灾异"。其中的祥瑞，是由天人交感生成的吉祥形象，如"天为之下甘露，朱草生，醴泉出，风雨时，嘉禾兴，凤凰麒麟游于郊"。(《王道》)② 它是正常世界之上的超常。相反，灾异则是正常世界之外的反常，如"日为之食，星陨如雨，雨螽，沙鹿崩，夏大雨水，冬大雨雪。"(《王道》)③ 按照这一思路，如果天人同构、共感构成了世界的常态或一般规律，那么超常的祥瑞和反常的灾异则是天道对人事的两极性反应。其中，祥瑞因为浸染了上天神性的光辉而让人追慕，具有灵韵或灵氛的性质；灾异给人传达的则是带有陌生效应的惊惧感，类似于现代美学所讲的怪诞。

当然，在汉代，董仲舒对传统天人关系的发展乃至改造，更多是基于政治的理由。此前，孔、孟、荀及《大学》等也谈天人，更多是基于士人的个体立场。但到汉代，儒家由传统士人的修身之学一变而化为国家哲学，它就无法使其理论继续建立在个体的道德自觉基础之上，而必须确立新的权力主体，以对人间诸多的"道德不自觉"形成外在强制和威慑。那么，在人的视野内，什么东西具有最强大的威慑力？中国传统的回答是

---

① ［法］杜夫海纳：《美学与哲学》，孙非译，中国社会科学出版社1985年版，第54页。
② 董仲舒撰，凌曙注：《春秋繁露》，中华书局1975年版，第116页。
③ 董仲舒撰，凌曙注：《春秋繁露》，中华书局1975年版，第125页。

天。就此来讲，董仲舒在汉代将天实体化，并强化其作为神意的权力主体的性质，是儒家哲学对其社会角色变化的必然回应。这是一种为先秦儒家"补天"的工作，也是儒家从追求内在超越向政治化的外在强制的重要转换。从美学角度看这种转换，它舍弃了儒家传统的心性美学，而造就出一种以天命规约人事的政治美学或制度美学。

进而言之，在汉代儒家的视野内，天命对人事的规约是通过祥瑞灾异的显现来完成的。按《礼记·中庸》："至诚之道，可以前知。国家将兴，必有祯祥。国家将亡，必有妖孽。"① 这里的祯祥和妖孽或祥瑞和灾异，被视为国运的预兆，而国家的兴亡又被直接关涉于帝王的节制与泰侈、官僚体系的勤勉与怠惰、国风的雅正与淫邪。由此，相关预兆就成了上天评估国家现状并预测未来的信号。其中，祥瑞代表奖励和肯定，灾异代表警告和惩罚。有汉一代，史志和士人著述对这类预兆的记载不计其数。比如，帝王年号的更改往往与一次重要的祥瑞出现有关，如汉武帝的元鼎，汉昭帝的元凤，汉宣帝的神爵、五凤、甘露、黄龙，等等。而两汉帝王层出不穷的"罪己诏"，则大抵以某次被视为上天谴告的灾异作为诱因。这样，作为超感性现象的祥瑞和灾异，就既有大自然或神光灵耀、或妖祟麋集的景观性，又以美丑和吉凶的双向夹持对现实构成强制性的约束和重塑。在一种政治美学的视野下，帝王和官僚体系治世的任务，似乎就是实现祥瑞的递增和灾异的递减，并最终使人间普遍祥瑞化。同时，政治实践的过程被表象为化灾异为祥瑞，即化丑为美的过程，它的理想世界则是按照祥瑞（即美）的尺度建造的世界。简言之，这是一种在天人之间被"灿烂的感性"建构的政治，也可以直接称为"景观政治"。

---

① 李学勤主编：《十三经注疏·礼记正义》上、中、下，北京大学出版社1999年版，第1449页。

可以认为，祥瑞与灾异是汉代思想者将天人合一推向极致的美学表达，它既有超越性的审美表现，又对社会现实形成强劲的建构作用。甚至可以说，不理解祥瑞和灾异对汉代人精神取向的指引和对社会的反向塑造，就无法真正理解汉代美学。如上文所言，关于汉代对天人关系的认识，我们可以将其大而化之地称为"天人合一"，也可以更直接地称之为"天人相副"和"天人感应"，但天人合一更趋于哲学，天人相副带有明显的生物主义倾向，天人感应更趋于神学，均无法充分切中祥瑞和灾异在感性与超感性之间游移的特征。那么，更具针对性的概念是什么？从汉代文献看，应该是"天人之际"。如董仲舒讲："臣谨案《春秋》之中，视前世已行之事，以观天人相与之际，甚可畏也。国家将有失道之败，而天乃先出灾害以谴告之。"（《汉书·董仲舒传》）[1] 司马相如讲："披艺观之，天人之际已交，上下相发允答。圣王之德，兢兢翼翼也。"（《史记·司马相如列传》）[2] 韩婴讲："善为政者，循情性之宜，顺阴阳之序，通本末之理，合天人之际。如是，则天气奉养而生物丰美矣。"（《韩诗外传》卷七）[3] 司马迁讲："究天人之际，通古今之变，成一家之言。"（《报任安书》）[4] 也就是说，关于天人关系，"天人之际"是一个被汉代思想者更常使用的概念。

那么什么是"天人之际"？按《尔雅》："际、接、翜，捷也。"这是在以"捷"释"际"，那么什么是"捷"？郭璞注云："捷谓相接续也。"宋邢昺疏："际者相会之捷也。"[5] 按照这一释义链条，"际"是指一件事物与

---

[1] 《汉书》，中华书局1999年版，第1901页。
[2] 《史记》，中华书局1999年版，第2338页。
[3] 韩婴撰，许维遹校释：《韩诗外传集释》，中华书局1980年版，第262页。
[4] 《汉书》，中华书局1999年版，第2068页。
[5] 李学勤主编：《十三经注疏·尔雅注疏》，北京大学出版社1999年版，第49页。

另一件事物之间的接合与连续,同时强调两者相遇的偶成感和瞬间性。这意味着"际"是一个过程性概念,它既不是此事物也不是彼事物,而是存在于事物的彼此之间,是其两相交接的动态化的中间场域。又按《说文》:"际,壁会也。"段玉裁注:"两墙相合之缝也。引申之,凡两合皆曰际。际取壁之两合,犹间取门之两合也。"① 这一释义与《尔雅》大体一致,均不是指事物本身,而是指事物之间。就天人之际而言,显然也就意味着天人之间有待弥合的缝隙,是需要建立关联的中间态。董仲舒又将天人之际称为"天人相与之际",这里的"相与"正是强调了两者的相遇、相应和相互给予。而祥瑞和灾异正是由两者交会生成并显现的形象。

  天与人,在物理意义上,原本风马牛不相及,那么两者为什么会相交相会,并显现形象?这显然和中国古代的天人观念,以及相应被置入的价值有关。按照汉代的元气自然论,无论是人体、物化的自然界还是苍莽之天,均以气为其元质。气进而分阴阳,双方相激相荡,相交相合,然后幻化出亦虚亦实、变动不居的形象,并向人间传递信息。汉代思想者将其称为"阴阳消息"。如刘向《说苑·辨物》:"夫天地有德合,则生气有精矣;阴阳消息,则变化有时矣。"② 在中国思想史中,人们一般认为,这种元气自然观念起于战国时期的阴阳五行家,到汉代则形成了覆盖性影响。其中儒家最大的贡献,就是把这种自然理论注入了人间道德伦理的内涵,使其与人事活动的善恶交相辉映。如董仲舒讲:"世治而民和,志平而气正,则天地之化精,而万物之美起;世乱而民乖,志僻而气逆,则天地之化伤,气生灾害起。"(《天地阴阳》)③ 这是把"万

---

① 段玉裁:《说文解字注》,上海古籍出版社 1981 年版,第 736 页。
② 向宗鲁校证:《说苑校证》,中华书局 1987 年版,第 452—453 页。
③ 董仲舒撰,凌曙注:《春秋繁露》,中华书局 1975 年版,第 598 页。

物之美"视为从世治、民和、志平、气正到天地精气不断生成并上升的环节，而自然灾害则被视为由世乱、民乖、志僻、气逆向阴阳不调的逐步引发。比较言之，如果万物之美和自然灾害仍然是人间性的，那么一旦"世治"的祥和性和"世乱"的摧毁性达到某种极致，它们也就必然会以更强大的势能，将顺、逆二气推向天人相与之际，从而化生或召唤出祥瑞和灾异。如董仲舒所言："无为致太平，若神气自通于渊也；致黄龙凤皇，若神明之致玉女芝英也。"（《天地之行》）① 换言之，祥瑞和灾异是天人关系的强化象征，是贯通天人的气向象的两极化生成。关于这种建立在元气自然论基础上的天人观念，以及它的形象的两极性显现，西汉匡衡曾在向汉元帝上的一道奏疏中讲："臣闻天人之际，精祲有以相荡，善恶有以相推，事作乎下者象动乎上。"（《汉书·匡衡传》）② 这正是将自然界的精气和妖气与人间的善恶相勾连，并进而将超现实的天人之际作为两者分别向美丑两极形象显现的空域。

从以上分析可见，天人之际为汉代美学开出了一个游移于经验与超验世界之间的独特空间。在这一空间之内，气徘徊在有无之间的非确定性，使祥瑞既真实又虚幻，使灾异既基于实然灾难又引发意义，进而也使这一天人相接的中间地带很难被用一个固定的美学词汇来形容和界定。它既不是充分的天也不是充分的人，既是象征又不是充分的象征，既感性又超越了常规的感性。对此，我们只能说它是由天人互动化生出的新形象，是带有灵异性质的自然奇观。它的特征是暧昧，它的价值在于暗示。它类似于本雅明的"灵韵"，也类似于格尔诺特·伯梅的"气氛"。但无论如何，它

---

① 董仲舒撰，凌曙注：《春秋繁露》，中华书局1975年版，第590页。
② 《汉书》，中华书局1999年版，第2487页。

为理解汉代美学提供了一个独特视界，同时也将汉代儒家建基于天人同构、生成于天人相感的美学之思推向了极致。

二、"天人之际"的美学构成

汉代儒学，是被阴阳五行观念重建的儒学。后世儒家，尤其是宋明以降以心性为本的新儒家，往往认为它背离了孔孟的宗旨，因而不愿将其纳入正统儒学的范围。现代以来，西方科学观念的传入更强化了这一态度，如劳思光讲："秦汉之际，古学既渐失传，思想之混乱尤甚。南方道家之形上旨趣、燕齐五行迂怪之说，甚至苗蛮神话、原始信仰等等，皆渗入儒学。以致两汉期间，支配儒生思想者，非孔孟心性之义，而为混合各种玄虚荒诞因素之宇宙论。等而下之，更有谶纬妖言流行一时。"①

但是，宋明及现代新儒家的这种看法是有失公允的。首先，汉儒谈谶纬、谈祥瑞灾异，并没有脱离孔门"古学"的思想面貌。像孔子讲："凤鸟不至，河不出图，吾已矣夫！"（《论语·子罕》）②明显就是在讲祥瑞，《春秋》谈及的大量自然异象，如"六鹢退飞，过宋都"（《左传·僖公十六年》）③之类，则明显是指灾异。其次，汉儒谈祥瑞灾异，也没有溢出孔子"不语怪力乱神"的界限，而只是对其做了适度拓展。比如，我们不妨将天人关系分成天人之内、之际和之外三个层次，前者是现实界，后者是神鬼界，而作为祥瑞灾异存在空域的天人之际，至多是碰触了神鬼世界的边际线。或者说，它只是关注了神鬼世界传递的阴阳消息，并不是神鬼

---

① 劳思光：《新编中国哲学史》二卷，广西师范大学出版社2005年版，第3页。
② 杨伯峻译注：《论语译注》，中华书局1980年版，第89页。
③ 李学勤主编：《十三经注疏·春秋左传正义》上、中、下，北京大学出版社1999年版，第385页。

世界本身。就此而言，汉代儒学并没有背离先秦儒家的在世传统。它是以神鬼的显现代替了神鬼，并以此反向回护现实世界，与稍晚的道教和佛教舍身入于彼岸世界是存在重大差异的。至于劳思光指责汉儒"谶纬妖言流行一时"，则大抵是因为研究者缺乏对历史同情理解的态度。事实上，今人眼中的妖妄世界往往是古人眼中的真实世界。以科学时代的世界观评价历史，极易以后知后觉的所谓"明见"强历史所难。

汉代思想中的天人之论，以董仲舒为代表，同时也是当时社会具有广泛共识的世界观念。武帝时代，董仲舒上《天人三策》，使谶纬化的儒学成为官方意识形态，以致"汉朝每有疑议，未尝不遣使者访问，以片言而折中焉"①。以此为背景，西汉言阴阳灾异者代不乏人，并渐成思想的洪流。如班固所言："汉兴推阴阳言灾异者，孝武时有董仲舒、夏侯始昌，昭、宣则眭孟、夏侯胜，元、成则京房、翼奉、刘向、谷永，哀、平则李寻、田终术。"(《汉书·眭两夏侯京翼李传》)②《汉书·五行志》记载了大量春秋至西汉末的灾异，其中大多配有上述诸人的解释文字。至王莽时代，自然性的祥瑞灾异开始向人文领域深化。如王莽为了给篡汉制造舆论，"班《符命》四十二篇于天下。德祥五事，符命二十五，福应十二，凡四十二篇"(《汉书·王莽传》)③。其中的十二福应，即武功丹石、三能文马、铁契、石龟、虞符、文圭、玄印、茂陵石书、玄龙石、神井、大神石、铜符帛图，均不是前文所讲的自然现象，而是具有人文圣物的性质。至东汉，光武帝刘秀"宣布图谶于天下"(《后汉书·光武帝纪》)④，将其确

---

① 严可均辑：《全晋文》，商务印书馆1999年版，第1560页。
② 《汉书》，中华书局1999年版，第2387页。
③ 《汉书》，中华书局1999年版，第3020页。
④ 《后汉书》，中华书局1999年版，第57页。

定为治国理念，依托的大抵是这类人文性图谶。要而言之，汉人理解的天人之际绝不仅限于自然性的祥瑞灾异，而是将其深入到了人文精神的方方面面。

据此，我们当能为汉代的祥瑞灾异建立一个基本的理解框架：首先，这种带有灵异性质的自然或人文现象，建基于汉儒神学化的宇宙观，它悬于天人之间，是将两者勾连为一个整体的中间环节；其次，天人之际为这个中间环节提供了存在场域，祥瑞和灾异是这个场域中两相对峙的力量；再次，祥瑞灾异有自然和人文之分，前者主要关乎自然灵异现象的空间展示，后者则通过对历史人文因素的纳入而更具预言性。要而言之，从一般性的天人关系到天人之际，再到祥瑞灾异，又到祥瑞灾异的自然、人文二分，基本构成了这一问题的延展序列。下面我将按照这一顺序，看它在汉代美学中如何呈现自身。

首先，在中国古人关于天人关系的思考中，对人命运的关切是一切哲学和美学问题的重心，但这类思考却往往从天开始，然后自上而下形成序列，汉代也不例外。按《史记·天官书》，愈是遥远的天象愈是与人形成宏大且崇高的相关性。如其中言："天则有日月，地则有阴阳。天有五星，地有五行。天则有列宿，地则有州域。"① 但这种关联并不仅是物理性的两相匹配，而是将天象之变作为引发人间福祸的最大变数，即在两者之间，"未有不先形见而应随之者也"②。据此，司马迁列举了汉代一系列重大事件与天象的呼应关系，如："汉之兴，五星聚于东井。平城之围，月晕参、毕七重。诸吕作乱，日蚀，昼晦。吴楚七国叛逆，彗星数丈，天狗

---

① 《史记》，中华书局1999年版，第1153页。
② 《史记》，中华书局1999年版，第1157页。

过梁野；及兵起，遂伏尸流血其下。元光、元狩，蚩尤之旗再见，长则半天。其后京师师四出，诛夷狄者数十年，而伐胡尤甚。越之亡，荧惑守斗；朝鲜之拔，星茀于河戍；兵征大宛，星茀招摇：此其荦荦大者。"① 在这段话中，由于"五星聚于东井"被与汉兴联系在一起，它无疑是有汉一代最重大的祥瑞。② 其次，平城之围是汉朝建立之初遇到的最严重危机，所以"月晕参、毕七重"是最大的灾异。此后，诸吕、七国之乱，武帝时期的诸夷战争，无不关乎国运兴衰，所以也无不被认为有上天垂兆在先。就此而言，在有汉一代的史志类著作中，司马迁的《史记·天官书》堪称开了相关祥瑞灾异之论的肇端，此后到《汉书》和《后汉书》的《天文志》，这是理解这一问题的基本线索。关于这一论题在汉代所涉天象的广度和丰富性，《汉书·天文志》讲："凡天文在图籍昭昭可知者，经星常宿中外官凡百一十八名，积数七百八十三星，皆有州国官宫物类之象。其伏见早晚，邪正存亡，虚实阔狭，及五星所行，合散犯守，陵历斗食，彗孛飞流，日月薄食，晕适背穴，抱珥虹蜺，迅雷风祅，怪云变气：此皆阴阳之精，其本在地，而上发于天者也。"③

比较言之，在汉代，如果说基于天象的祥瑞灾异是关乎国运的重大事件，那么，基于地之阴阳、五行和列域的相关符应，则更多关乎国家的日常事务，两者在位阶上存在高低差异。但是，与天象相比，后者更为丰赡，这大体和人现实生活的丰富性和复杂性有关。按《宋书·符瑞志》等，两汉被视为祥瑞的动植物及相关自然现象不下32种。其中灵异

---

① 《史记》，中华书局1999年版，第1157页。
② 按《汉书·天文志》："汉元年十月，五星聚于东井，以历推之，从岁星也。此高皇帝受命之符也。"《汉书》，中华书局1999年版，第1070页。
③ 《汉书》，中华书局1999年版，第1051页。

性动物有麒麟、凤凰、神鸟、神雀、黄龙、赤龙、白龙、神马、白象、九尾狐、白鹿、白虎、白兔、白燕、白雀、白乌、白雉、黑雉、赤乌、三足乌、神鱼、黄鹄等，植物及相关物象有甘露、嘉禾、嘉麦、嘉瓜、木连理、芝草、华平、赤草、醴泉、芝英等。这类现象，既有人现实经验的基础，又在某种程度上以其灵异性与常态现实保持了距离，体现出与天文性祥瑞双向呼应并寻求衔接的特点。在灾异方面，史志中的相关记载主要见于《汉书》和《后汉书》的《五行志》，其中《汉书》记西汉宫殿宗庙火灾 19 起，其他涉及雨灾、旱灾、风灾、冬无冰、春夏雨雪、雨雹、地震、山崩、日食、陨石、蝗灾、螟灾、牛五足、牛背生足、马生角、人生角、男变女、双头婴，几乎凡是自然界中反常的现象皆有所录。《后汉书》的记载则更加繁多且细化，除上述灾异外，又增加了水变色、冬雷、山鸣、地陷、瘟疫、天投霓、白虹贯日。比较《汉书》和《后汉书》关于灾异的记载，后汉在数量上压倒了前汉，这大致有两点原因：一是东汉诸帝以图谶治国，进一步强化了史家对自然异象的敏感性和搜罗的广度；二是东汉王朝愈至后期愈陷入外戚、宦官和士人的权力缠斗，宣讲灾异成为士人对皇权形成威慑的重要手段。正是在这一背景下，大量西汉时期作为祥瑞的自然现象被进行了灾异化的再解释。如汉安帝元初三年，"有瓜异本共生，八瓜同蒂"（《后汉书·五行》）①，这本是传统祥瑞中的嘉瓜，但在当时士人看来，则是新皇后不忠于皇室的预兆，属于草妖。另如安帝及桓、灵时代，多次出现五色大鸟引来众鸟聚集的奇观，这在西汉时期被视为重大祥瑞，甚至汉宣帝还为此改了年号，但到东汉后期，士人则认为"五色大鸟

---

① 《后汉书》，中华书局 1999 年版，第 2244 页。

似凤者，多羽虫之孽"(《后汉书·五行》)①，将之视为自然神意对宦官、外戚乱政的警告和谴责。

在汉代，无论基于天文还是五行的祥瑞灾异，都是自然性的。但除此之外，它还有一个重要的人文维度。关于自然性祥瑞与人文的关系，我们不妨举《汉书·五行志》中的一个案例做出阐明："昭帝时，上林苑中大柳树断仆地，一朝起立，生枝叶，有虫食其叶，成文字，曰：'公孙病已立。'"②其中，倒地的柳树重新直立起来，是自然性的；柳叶被虫咬出文字，则指向了人文。以此为背景看汉代祥瑞灾异向人文的生成，可以认为，它首先奠基于当时儒家士人对以六经为代表的中国人文传统的历史回溯。像董仲舒言祥瑞灾异，其根据是《春秋》公羊学，刘向、刘歆、京房等人的相关言论也各有所本。这意味着对于儒家经典中神意维度的探究是对现实做出预言的起点，也意味着这一起点愈是被追溯到中国自然和文明史的起点处，便愈权威和神圣。按照这一思路，在汉代，作为中国文明起点的河图洛书被视为最具源头性的祥瑞。按《汉书·五行志》："《易》曰：'天垂象，见吉凶，圣人象之；河出图，雒出书，圣人则之。'刘歆以为虙羲氏继天而王，受《河图》，则而画之，八卦是也；禹治洪水，赐《雒书》，法而陈之，《洪范》是也。"③也就是说，河图首先是上天的给予，然后作为受命之符被伏羲领受，从而实现了天文向人文（八卦）的转渡；《洛书》则是上天赐予夏禹的神示，属于对八卦的图说，然后被夏禹记述为文字性的《洪范》。由此，图像性的《河图》与文字性的《洛书》也就成了中国人文性祥瑞的总根源，而作为其摹本的《八卦》和《洪范》也相

---

① 《后汉书》，中华书局 1999 年版，第 2245 页。
② 《汉书》，中华书局 1999 年版，第 1150 页。
③ 《汉书》，中华书局 1999 年版，第 1081 页。

应被神圣化。

从以上分析看,汉人对祥瑞灾异的认识,主要在天空性的日月星辰、大地性的阴阳五行和人文性的历史纵深三个层面展开。它们共同的特点大致可以归纳为四点:一是均显现为感性形象,而且均以异象形式保持了对人日常经验的超越,这是可以将它作为美学问题讨论的根本原因;二是,这类现象均存在于经验世界的边际地带,如日月星辰的高处、大地的远方和历史的纵深等,这种非现实性使其更多包蕴了人关于世界未知之域的想象;三是,任何由天人之际开显的祥瑞灾异,均是对人在世命运的隐喻,是一种有意味的形式或有形式的意味,这使它的价值由形式观照直达隐喻和象征;四是,正如天人之际预示着人与超验世界的互动交会一样,作为祥瑞灾异存在境域的天文与人文也无法截然分开,而是在万物气化、古今一体中共同为其提供了情境化空域。关于这一空域的美学特质,安乐哲曾说:"中国传统一般总是将每一个情境的关系型式的独特性作为其基本前提,它从根本上说是美学传统。"① 对于由天人之际引发的祥瑞灾异而言,它的美也正在于它的形象性、展示性和隐喻性,以及由此形成的情境化表达。

最后要提及的是,在当代学者关于汉代祥瑞灾异的美学研究中,人们一般将其称为谶纬美学,这是不准确也不全面的。按《说文》:"谶,验也,有征验之书,河、雒所出书曰谶。"②《释名》:"纬,围也。反覆围绕以成经也。"③ 这是说"谶"是上古河图洛书或由此衍生的图箓上留下的隐

---

① [美]郝大维、安乐哲:《汉哲学思维的文化探源》,施忠连译,江苏人民出版社1999年版,第4页。
② 段玉裁:《说文解字注》,上海古籍出版社1981年版,第90页。
③ 刘熙:《释名》,中华书局1985年版,第99页。

语,"纬"是对六经文本的预言性引申。这意味着,谶纬作为美学概念,至多只言及了汉代祥瑞灾异中人文的侧面,而体量更为庞大的自然性祥瑞则无法被涵摄在内。比较言之,我们从天人之际论汉代的祥瑞灾异,一方面使传统的天人合一观念具象化、情境化,另一方面则使其摆脱了"谶纬美学"的人文限定,实现了描述区域的放大。换言之,它有天有地有人文,谶纬只能算作其中的组成部分。

三、"天人之际"在汉代的美学展开

建基于天人关系的祥瑞灾异之论,在汉代,最早可追溯到史传中关于高祖降生的神异性记述,此后代不乏例。① 但是,它真正主导国家意识形态并普遍进入现实政治,仍要等到汉武帝时期。如武帝元光元年向大臣垂问天人之应:"三代受命,其符安在?灾异之变,何缘而起?……何修何饬而膏露降,百谷登,德润四海,泽臻草木,三光全,寒暑平,受天之祜,享鬼神之灵,德泽洋溢,施乎方外,延及群生?"② 同年又问:"星辰不孛,日月不蚀,山陵不崩,川谷不塞;麟凤在郊薮,河洛出图书。呜

---

① 按《史记·高祖本纪》所记,刘邦母亲刘媪"梦与神遇","是时雷电晦冥,太公往视,则见蛟龙于其上。"(参见《史记》,第 241 页)这是将蛟龙视为刘邦生而不凡的瑞应。与此一致,留侯张良从黄石公受书,也被汉儒符瑞化,如班固在《答宾戏》中讲:"殷说梦发于傅岩,周望兆动于渭滨,齐甯激声于康衢,汉良受书于邳垠,皆俟命而神交,匪词言之所信。"(参见萧统编,李善注《文选》,上海古籍出版社 1986 年版,第 2019—2020 页)以此为背景,文帝时期曾颁《日食求言诏》和《除秘祝诏》,证明当时以天人交感指导政治实践的倾向显露端倪。另外,士人在这一时期也已开始以自然现象占验个人命运。如贾谊在《鹏鸟赋》中讲到,自己客居长沙时,一只鹏鸟飞进了房间,据此,他认为自己的生命将走向尽头,重要的验证就是他从谶书中读到了"野鸟入室兮,主人将去"的预言(参见龚克昌评注《全汉赋评注》,花山文艺出版社 2003 年版,第 10 页)。
② 《汉书》,中华书局 1999 年版,第 1900 页。

乎,何施而臻此与!"① 元光五年复问:"盖闻上古至治,画衣冠,异章服,而民不犯;阴阳和,五谷登,六畜蕃,甘露降,风雨时,嘉禾兴,朱草生,山不童,泽不涸;麟凤在郊薮,龟龙游于沼,河洛出图书……今何道而臻乎此?"② 以上三问以及董仲舒、公孙弘等人的回答,基本奠定了祥瑞灾异在此后两汉政治生活中的地位,也为汉代政治如何以审美方式呈现提供了样本。简而言之,由天人之际绽出的祥瑞灾异,其真正的起点可以从"汉武帝之问"讲起。

从美学角度看汉代祥瑞灾异的价值,大致可以分为三个层次。一是从一般性的天人关系到天人之际,再到祥瑞灾异,实现了哲学问题向美学的转化。或者说,祥瑞灾异以"灿烂的感性"实现了对自然和人文现象审美价值的凸显。二是在祥瑞灾异中,无论正面的"甘露降、风雨时、嘉禾兴……河洛出图书",还是反面的"星辰孛、日月蚀、山陵崩",均预示着自然和人文历史的神圣性和可敬畏性,这强化了汉代美学对自然美和人文历史之美的认识深度。三是在天人之际这一命题之下,祥瑞灾异是汉代的政治意象,也是文学艺术表现的重点对象。在政治层面,如上所言,西汉自武帝开始设立年号,年号的命名和变更往往与祥瑞有关,这就使国家的历史进程祥瑞化,也因此审美化、理想化了。至于这一观念对文学艺术的影响,则主要表现在如下诸方面。

首先看王城建设。中国传统文明以农耕为本位,但其政治经济文化中心在城市。围绕城市,汉代的重大创造之一就是将祥瑞灾异观念置入王城的选址和建构,使其显现天人之间的沟通和辉映,并进而"隆上都而观万

---

① 《汉书》,中华书局1999年版,第115页。
② 《汉书》,中华书局1999年版,第1985页。

国"(《两都赋》)①。西汉初年,刘邦选择关中作为龙兴之地,有政治和军事的现实考虑,但最终被符命化。如班固所讲:"及至大汉受命而都之也,仰寤东井之精,俯协《河图》之灵,奉春建策,留侯演成,天人合应,以发皇明。"(《两都赋》)②这里的"寤东井之精""协《河图》之灵",均是讲选择关中建都具有天启的意义。但有意思的是,自汉初以降,对于这个王朝应该建都长安还是洛阳一直存在争论。时人一般将长安和秦王朝的暴虐相联系,而将洛阳关联于三代圣王,东汉光武帝定都洛阳则被视为接续了三代圣王传统。正是因此,东汉士人谈洛阳,往往更强调其历史感和人文性,并进而以祥瑞相夹持。如张衡讲洛阳,"土圭测景,不缩不盈","王鲔岫居,能鳖三趾。宓妃攸馆,神用挺纪。龙图授羲,龟书畀姒"(《二京赋》)③。这些祥瑞几乎均关乎圣王故事和历史传说,从而使洛阳作为文教圣城的地位得到强化。

在建筑实践方面,汉代王城是天人观念的现实映射。如都城长安,整个空间布局模拟了南斗和北斗。④最早建造的未央宫选址龙首山,则是将龙首视为新都的瑞应,即班固《两都赋》所言:"据龙首,图皇基于亿载,度宏规而大起。"⑤至于王城结构则遵循了阴阳五行原则,即"苍龙、白虎、朱雀、玄武,天之四灵,以正四方,王者制宫阙殿阁取法焉"⑥。以此为背景,汉长安城具体建筑的命名基本上是祥瑞或祥瑞性的,如未央宫

---

① 《后汉书》,中华书局1999年版,第899页。
② 《后汉书》,中华书局1999年版,第897—898页。
③ 龚克昌评注:《全汉赋评注》,花山文艺出版社2003年版,第475—476页。
④ 按《三辅黄图》:"惠帝元年正月,初城长安城……城南为南斗形,北为北斗形,至今人呼汉京城为斗城是也。"何清谷:《三辅黄图校释》,中华书局2005年版,第63—64页。
⑤ 《后汉书》,中华书局1999年版,第898页。
⑥ 何清谷:《三辅黄图校释》,中华书局2005年版,第160页。

的凤凰殿、飞羽殿、白虎殿、神明殿，以及麒麟阁、天禄阁、青琐门、玄武阙、苍龙阙、朱鸟堂等。与此一致，汉代继承了战国至秦的高台建筑传统，并使其放大至新高度。如未央宫本建于龙首山顶，但其前殿又高出山基35丈。建章宫的凤阙、渐台高20余丈，其神明台及井干楼又高出50丈。这类宫阙楼观之所以追求高度，一方面有凸显皇家威势的目的，另一方面也有借建筑实现大人交会、接祥纳瑞的意图。像建筑屋顶的瓦当上往往饰有四灵图案，高门大阙则镌以凤鸟，屋脊或飞檐部位饰以金雀①，正是对相关意图的表达。在这种由高台建筑撑起的人居空间之内，祥瑞更是渗透于帝王和贵族生活的方方面面。如目前仍多见到的汉代灯具和铜镜，其选择的动植物和天象品类，均有祥瑞的性质。再如近年江西海昏侯墓出土的大量麟趾金、马蹄金，按汉武帝太始二年所下的《改铸黄金诏》，其造型和他当时获白麟、得天马等祥瑞有重大关系。要而言之，这种无所不在的祥瑞，使帝王原本常态化的生活闪耀出熠熠的光辉，也使王城成为将神意引入人间的圣域。

其次看汉代绘画。按照传统观念，中国正式的画史是从汉代开始的，如张彦远《历代名画记》所讲："图画之妙，爰自秦汉，可得而记。降于魏晋，代不乏贤。"②尤为重要的是，鉴于《历代名画记》是我国第一部真正意义上的画史著作，它对书画起源的认识，也证明了汉代思想者设定的"天人之际"这一空域重塑了中国画史。如其所言："夫画者：成教化，助人伦，穷神变，测幽微，与六籍同功，四时并运，发于天然，非由述作。古先圣王受命应箓，则有龟字效灵，龙图呈宝。自巢燧以来，皆有此瑞。

---

① 如班固《西都赋》："设璧门之凤阙，上觚棱而栖金爵。"载龚克昌评注《全汉赋评注》，花山文艺出版社2003年版，第211页。
② 张彦远著，俞剑华注释：《历代名画记》，上海人民美术出版社1964年版，第7页。

迹映乎瑶牒，事传乎金册。庖牺氏发于荥河中，典籍、图画萌矣；轩辕氏得于温、洛中，史皇、苍颉状焉。"①这段话首先在天人之际赋予了书画天赐的意义，然后以河图洛书（龟字、龙图）向人间显现。如上文所言，河图洛书在汉代获得了它对中国人文历史的渊薮地位，这意味着张彦远对中国书画史起点的认识，不仅将人间画迹的起点定位于秦汉，而且对画史带有符瑞性质的溯源也沿袭了汉人的观点。张彦远前后，我国带有体系性质的画论或画史著作，大多会触及绘画起点的天人之际和祥瑞问题，如裴孝源《贞观公私画史》，郭熙、郭思《林泉高致》，《宣和画谱》，韩拙《山水纯全集》，这意味着汉代建基于天人之际或祥瑞的关于绘画起源的认识，对于中国绘画的历史叙事形成了源头性的建构意义。我们可以将这种叙事称为中国绘画的河图洛书模式。②

正如河图洛书被视为天人交会的产物，这一交会也成为理解汉代绘画的重大枢纽所在。在《历代名画记》中，张彦远所列的"古之秘画珍图"，大多是汉代的谶纬图像。以此为背景看汉代图像或画迹，对祥瑞灾异的表现堪称满天满地。首先看在天人之际中偏向天的一极，如长沙马王堆汉墓帛书《彗星图》《五星占》《天象图》，西安交大西汉墓天象壁画，南阳麒麟岗汉墓天文画像石，陕西靖边汉墓天象图，均是将日月星辰云气与人化的宇宙观念相交合，然后按照"天垂象，见吉凶"的逻辑赋予其人间性。另外，"五星聚于东井"这一关乎汉代国运的重大祥瑞，也成为当时工艺或艺术品重要的表现对象。1995年，新疆尼雅古城出土汉代织锦，上绣"五星出东方利中国"八字，这显然是将上天祥瑞转化成了人间性的艺术

---

① 张彦远著，俞剑华注释：《历代名画记》，上海人民美术出版社1964年版，第1—2页。
② 参见刘成纪《中国古典阐释学的"河图洛书"模式》，《哲学研究》2018年第3期。

表达。再看在天人之际中偏向人的一极，汉代与此相关的绘画主要涉及动植物和器物。如见于甘肃成县的《黾池五瑞图》，其中刻画的黄龙、白鹿、嘉禾、木连理、甘露形象，是汉代文献中常常提及的基本祥瑞形式。此外，九尾狐、比目鱼、芝草也广泛见于汉画像砖石中。在器物方面，汉画最重要的表现对象是被视为神器的宝鼎，其代表性画作是广见于汉画像砖石中的同题画《泗水捞鼎图》。

有必要指出的是，在汉代艺术中，虽然祥瑞表现无处不在，但仍有其专属区域。1999年，巫鸿在其《汉画读法》中，曾注意到山东嘉祥武梁祠汉画空间表现的"图像程序"问题。如其所言："武梁祠画像据内容和装饰部位可分为三大部分，一是祠堂内顶上所刻'祥瑞'图像，其中心思想是'天'以及儒家政治理想。二是左右山墙上的西王母、东王公形象，其中心思想是'仙'或东汉人心目中的永恒境界。第三个，也是最大的部分是绘在三面墙上的44个带有榜题的人像和情节性图画，共同组成一部浩大的'中国史'。"① 也就是说，在天界、仙界和人界之间，属于"天"的祥瑞，只是汉人整个有机宇宙空间的组成部分。同时需要注意的是，巫鸿将武梁祠内顶的祥瑞排在山墙的仙的形象前面，这是有问题的，因为祠堂三面墙壁上摹画的人间世界与屋顶的祥瑞世界更相靠近，也更有连续性，而左右山墙上的神仙世界则相对独立，也更辽远。换言之，在用历史叙事表征的人间世界和超验性的神仙世界之间，屋顶的祥瑞其实充当了中间环节。这种定位广泛存在于汉画的空间组织结构中，如马王堆一号墓帛画，大致可以分成地下、人间、仙界三个层面，带有祥瑞性质的二龙穿

---

① 巫鸿：《汉画读法》，载北京大学中国传统文化研究中心编《文化的馈赠：汉学研究国际会议论文集·考古学卷》，北京大学出版社2000年版，第189页。

璧、白虎、凤鸟等图案，则存在于人间和仙界之间。同样，在汉代大量由条石叠层堆砌并横向展开的画像叙事中，祥瑞也无不处于地上的人间世界和天上仙界的中间区域。这意味着在汉人的空间观念中，祥瑞存在于人类的近空而非远空；它既非充分的天，也非充分的人，其功能在于将天与人之间的断裂区域用既理想又人间的图像塞满。这一区域就是天人之际，它不仅将原本互无关涉的天人两界连缀为一个整体，而且通过塞满这一区域，有效解决了早期中国人对虚无性空间的迷惘和恐惧。

最后看文学。像建筑和绘画一样，祥瑞符谶对汉代文学也具有弥漫性。班固在《两都赋序》中曾讲："大汉初定，日不暇给。至于武宣之世，乃崇礼官，考文章……白麟、赤雁、芝房、宝鼎之歌，荐于郊庙。神雀、五凤、甘露、黄龙之瑞，以为年纪。"① 其中提到的《白麟》《赤雁》《芝房》《宝鼎》之歌，按《汉书·武帝纪》，均为武帝所作的歌诗，从题目即可看出是对祥瑞的吟诵。另按《汉书·礼乐志》，其中所录的《郊祀歌》十九章，或直接是祥瑞诗，或者浸润了浓郁的祥瑞气息。今人读汉乐府，往往更注意其中的文人或民间歌诗，这是现代审美观念导致了对历史的重新择取。事实上，在古代社会，构成主干的仍然是关涉帝王事务的典礼性诗歌。像北宋郭茂倩编《乐府诗集》，将郊庙歌辞排在首位，正是在凸显祭祀典礼用乐对于乐府诗歌的主导性，以及祥瑞意象自上而下的弥漫性。这足以说明福应、祥瑞主题在汉代乐府诗歌中的地位举足轻重。

除诗之外，从班固《两都赋序》先谈"福应之盛"、接着谈诸多文学侍臣"日月纳献"的叙事逻辑不难看出，汉赋的主题在很大程度上也是祥瑞观念的书面表达形式。这一点在汉代城市赋，尤其是班固《两都赋》中

---

① 龚克昌评注：《全汉赋评注》，花山文艺出版社2003年版，第206页。

表现得最为明显。像《两都赋》谈西汉定都长安,直接就奠基于祥瑞或符命;光武帝"握乾符,阐坤珍,披皇图,稽帝文,赫然发愤",直至"同符乎高祖"[①],则将自然性的祥瑞引申到人文领域。也就是说,无论其中论述汉室龙兴还是都城选择,均被赋予了上天授命的浓重色彩。以此为背景,班固对两都自然和人文景观的描述充满灵韵氛围,几乎被全面祥瑞化。作为大赋结尾的《宝鼎诗》和《白雉诗》,则本身就是歌咏宝鼎和白雉这两种汉王朝重大祥瑞的诗篇。扩而言之,汉人论赋,主要涉及两方面的价值:一是扬雄所讲的"劝百而风一"(《汉书·司马相如传》)[②],二是班固所讲的"润色鸿业"(《两都赋序》)[③],前者指向帝王,后者指向时代,均具有夸饰的意思。鉴于当时帝王普遍把获得祥瑞作为治世成功的标志,将现实的都市和山川朝祥瑞一端渲染,也就成为当时赋家的重要取向。这一特点在司马相如、王褒、扬雄、杜笃、班固、张衡等的作品中均有鲜明表现。

除了辞赋,在汉代文学侍臣写就的作品中,最具祥瑞特质的是符命文和颂赞两类。按《昭明文选》,汉代符命文中最具代表性的作品有三篇:一是司马相如的《封禅文》,二是扬雄的《剧秦美新》,三是班固的《典引》。这三篇作品之所以最具代表性,是因为第一篇写于西汉王朝最强盛的武帝时期,第二篇写于西汉被新莽取代的转折期,第三篇则写于东汉经"明章之治"达至鼎盛的时期,无论在时间分布还是时代状况方面,均处于汉朝四百年历史的关键节点。其中,司马相如之所以极力鼓动汉武帝去

---

① 龚克昌评注:《全汉赋评注》,花山文艺出版社 2003 年版,第 214—215 页。
② 《汉书》,中华书局 1999 年版,第 1982 页。
③ 龚克昌评注:《全汉赋评注》,花山文艺出版社 2003 年版,第 206 页。

泰山封禅，其根据就是"大汉之德，逢涌原泉"①。这种普天之下遍被"汉德"的状况，促生了各种灵兽、瑞草在帝国的疆土浮现，而封禅则被视为对这种"天人之际已交，上下相发允答"②状况的盛典式总结。与此比较，扬雄则以秦皇的暴虐反向凸显王莽受命的正当性。按照他的叙事逻辑，秦朝是人类史上的至暗时代，祥瑞尽藏，妖孽横行，灾异频仍；炎汉代秦，大多延续了前朝的典章制度，相关状况并没有发生根本改变。至王莽受命则"玄符灵契，黄瑞涌出"，并"登假皇穹，铺衍下土"③，这明显是用从妖孽横行到常态现实、再到祥瑞世界的三重转换，表达对王莽代汉的肯定和赞美，并以此作为达至理想世界的表征。至班固，经历了两汉交替之际政治意识形态的混乱，《典引》具有重建汉室正统的用意，他一方面列举了章帝时代大量自然性祥瑞，如"来仪集羽族于观魏，肉角驯毛宗于外囿"④等，另一方面将人文性的图箓符谶添加进去，从而使自然的祥瑞呈现与人文历史的遗册遗命共同围绕东汉王朝形成了聚集。这种"嘉谷灵草，奇兽神禽，应图合谍"⑤的状况，确实使《典引》一文达到了汉代文学"穷祥极瑞"的新高度。可以认为，这三篇文章构成了汉代祥瑞文学史的轴线，前文言及的诗赋，以及尚未提及的赞颂、诏策、疏论文字（如刘向的《高祖颂》《爵颂》，班彪的《王命论》，杜笃的《金人论》，刘苍的《光武受命中兴颂》），则附丽其间，使这一文学主题变得连续且丰满起来。

完整看待汉代由天人之际开启的美学命题会发现，它不但有祥瑞也有

---

① 萧统编，李善注：《文选》，上海古籍出版社 1986 年版，第 2140 页。
② 《史记》，中华书局 1999 年版，第 2338 页。
③ 萧统编，李善注：《文选》，上海古籍出版社 1986 年版，第 2152 页。
④ 萧统编，李善注：《文选》，上海古籍出版社 1986 年版，第 2164 页。
⑤ 萧统编，李善注：《文选》，上海古籍出版社 1986 年版，第 2164 页。

灾异，不但有祯祥也有妖孽。其中，由于文学艺术天然向美向善，加上"润色鸿业"的时代要求，它重点以祥瑞为表现对象就具有必然性。但是，祥瑞在当时社会的主导性并不足以将灾异或妖孽全面逐出文学艺术。像《汉书·五行志》中记载了大量妖孽，如服妖、诗妖、草妖、鼓妖、射妖等，其中和文学艺术的关联主要在诗妖一项。按《汉书·五行志》，国君暴虐，臣子噤言，"则怨谤之气发于歌谣，故有诗妖"[①]。这是将诗妖之诗视为对统治者充满怨恨乃至恶意攻击的文学表达。据此，《汉书·五行志》列举了从春秋到汉元帝、成帝时期的多首童谣。这些民间歌诗大多具有政治预言乃至诅咒性质，所以也被称为"诗谶"或"谣谶"。就其内容而言，它们往往被赋予了政权倾覆乃至改朝换代的严峻意义，隐含的破坏性要远远大于孔子"恶郑声之乱雅乐"（《论语·阳货》）[②]式的道德谴责。要而言之，汉代在天人关系中形成的诗妖及妖诗，像上述的祥瑞及相关文学一样，均将祥瑞灾异的价值从传统的伦理层面推进到政治层面，而且提示了两种截然相反的社会政治命运。从美学角度看，这种情景，使美与丑或者灵韵与怪诞之间的对立显现出空前的尖锐感。

四、"天人之际"主题在魏晋南北朝的延续

从史料看，如果汉代谶纬以及祥瑞灾异之论属于迷信，此后的魏晋南北朝也并非人们一般想象的理智清明时代。事实上，这种"迷信"对当时社会主流政治的介入反而更显明、更趋于系统化了。魏文帝曹丕代汉建

---

① 《汉书》，中华书局1999年版，第1124页。
② 杨伯峻译注：《论语译注》，中华书局1980年版，第187页。

立魏朝，整个理论资源来自汉代的天人之论，而祥瑞灾异则是肇其端者，即"符谶先著，以彰至德"①。整个过程也无不以祥瑞符谶为依据，以强调王朝易姓源自天命，而非人力。按《三国志·魏书·文帝纪》，这一过程首先涉及对曹丕的神化及对易代预兆的追溯。如《魏书》所记："帝（曹丕）生时，有云气青色而圜如车盖当其上，终日，望气者以为至贵之证，非人臣之气。"②同时，汉灵帝熹平五年（176）"黄龙见谯"的旧闻被重新发掘出来。谯是曹氏的祖地，以此作为该地将有"王者兴"的历史证明，即"黄龙见，此帝王受命之符瑞最著明者也"③。此后，汉献帝先后下三道诏册主动要求逊位，曹丕则三次上书表示婉拒。献帝以灾异频仍证明汉室耗尽天命，群臣对曹丕的劝进则在强调曹氏屡获祥瑞支持，并因此具有承接天命的正当性。而曹丕的婉拒则一次次反向激发起献帝和群臣关于祥瑞的新想象，直至天地间一切通灵的圣物，均在围绕新王朝的诞生形成更大规模的聚集："皇天则降甘露而臻四灵，后土则挺芝草而吐醴泉，虎豹鹿兔，皆素其色，雉鸠燕雀，亦白其羽，连理之木，同心之瓜，五采之鱼，珍祥瑞物，杂沓于其间者，无不毕备。"④这种状况，给人造成曹丕不堪众压的强烈印象，似乎接受禅让才是唯一正确的选择。于是，200年10月，他在群臣所上的奏议上批了一个字："可。"

比较言之，曹丕如上的受禅过程，和王莽篡汉极为相似。但差别仍然存在，比如他的"三辞三让"更显出程序性，涉及的祥瑞图谶也更多样、更饱满、更具有审美价值。这证明祥瑞图谶经过东汉两百年的发展，至曹

---

① 《三国志》，中华书局1999年版，第46页。
② 《三国志》，中华书局1999年版，第41页。
③ 《三国志》，中华书局1999年版，第46页。
④ 《三国志》，中华书局1999年版，第55页。

魏时期被进一步"发扬光大"了。曹丕称帝后的第一个年号即来自祥瑞，即《宋书·符瑞志》所记："魏王受汉禅，柴于繁阳，有黄鸟衔丹书，集于尚书台，于是改元为黄初。"①同时，王莽和曹丕对禅代的婉拒或虚与委蛇，固然彰显了人性的虚伪，但也证明，再强烈的权力贪欲或僭越野心也必须被纳入传统礼乐的程序正义。换言之，今人论及曹魏，往往将其视为礼崩乐坏的时代，或人的自由意志极端张扬的时代，但事实上礼乐观念依然保持着对社会现实的规约。同时也说明，自汉至魏，被儒家炮制的日趋丰沛的祥瑞灾异现象，也并没有溢出儒家礼乐观念涵摄的范围。

曹魏以降，中国社会进入长期动荡时期，王朝更迭"如拾坠叶"②，改姓易服如"浮云之聚散"③，整个社会则"民彝泯矣！天理绝矣！"④关于这一时期的社会政治状况以及与美和艺术的互动，宗白华曾讲："汉末魏晋六朝是中国政治上最混乱、社会上最苦痛的时代，然而却是精神上极自由、极解放，最富于智慧、最浓于热情的一个时代。因此也就是最富有艺术精神的一个时代。"⑤并因此认为学习中国美学"在方法上要掌握魏晋六朝这一中国美学思想大转折的关键"⑥。魏晋南北朝的社会动荡在某种程度上动摇了汉王朝的政教体系，为新美学和新艺术精神的勃兴提供了良机，这是包括宗白华在内的美学史家大多认为这一时期是中国美学发生重大转折的原因所在，但同时需要注意的是，在两汉与魏晋南北朝之间，两者的连续性仍大于差异性。阎步克曾用"波峰"与"波谷"描述秦汉政治与魏

---

① 《宋书》，中华书局 2000 年版，第 512 页。
② 王夫之：《读通鉴论》，中华书局 1975 年版，第 346 页。
③ 王夫之：《读通鉴论》，中华书局 1975 年版，第 545 页
④ 王夫之：《读通鉴论》，中华书局 1975 年版，第 606 页。
⑤ 宗白华：《美学散步》，上海人民出版社 1981 年版，第 177 页。
⑥ 宗白华：《美学散步》，上海人民出版社 1981 年版，第 26—27 页。

晋南北朝的关系，认为后者是前者的变态和扭曲形式，并指出："汉晋间所发生的，是同一社会形态下的较小变动。"①美学和文学艺术领域也是一样。两汉士人推崇六经，魏晋以降进入所谓文学自觉时代，但文学仍被视为六经的变体。在文学形式上，曹丕的《典论·论文》、挚虞的《文章流别论》、陆机的《文赋》以及刘勰的《文心雕龙》和萧衍的《昭明文选》，所列文体均出自两汉，而非魏晋以降的新创。同时，魏晋六朝士人谈及文学人物，除屈原、宋玉外，则大抵不出汉代文士（如贾、马、扬、班、崔、张、蔡）的范围。这意味着宗白华所讲的"大转折"更多基于现代启蒙史观对美学历史的重新塑造，而没有触及这一时期的美学在制度、文体和审美价值观念等方面的连续运动。至于由天人关系生发的对王朝迭代的看法及相关审美实践，则更没有溢出汉代思想。

在中国历史上，以禅让方式实现朝代更迭被称为唐虞故事，这是以尧舜禅让的传说作为后世权力交接的典范。从魏晋南北朝历史看，这一时期的政治史虽然以混乱、黑暗著称，但自曹魏始，它却比任何一个时期都更有效地延续了这一模式。如曹魏末年，司马炎取代魏元帝曹奂另立新朝，首先是曹奂以诏策形式主动让位，然后司马炎"初以礼让，魏朝公卿何曾、王沈等固请，乃从之"②。此后，在宋、齐、梁、陈之间，乃至在北朝的北魏、北齐、北周直至隋、唐之间，其政权更迭也是对唐虞、汉魏故事的复制。在现代习惯于以本质主义立场面对历史的人看来，这不过是为残酷的现实政治蒙上了一层文明的面纱，但即便如此，这层面纱的存在依然有助于维系文明，并使看似斯文扫地的改朝换代体现出带有审美意味的

---

① 阎步克：《波峰与波谷：秦汉魏晋南北朝的政治文明》，北京大学出版社 2009 年版，第 9 页。
② 《晋书》，中华书局 2000 年版，第 34 页。

秩序感。在传统中国，江山易代的根本动因是新兴统治者的政治野心和欲望，但作为一种论述，裸化的欲望则必须被掩盖，并要给出合理理由。正是因此，自战国时期邹衍创立五德终始说始，历代统治者无不首先赋予这种政治变革合乎历史规律的性质，如曹魏代汉，被解释为土德取代火德；司马氏代魏，被解释为金德取代土德；刘宋代晋，被解释为金生水；齐代宋被解释为水生木，齐梁同出萧氏一门，梁延续了齐的木德；陈代梁被解释成木生火，自认为火德。由此，朝代鼎革就成了阴阳五行理论诉诸历史运化的结果，成了一种获得自然规律支持的历史哲学。五德（五行）又与五色相配，即火配赤、土配黄、金配白、水配黑、木配青，这样，五色也就成了时代的感性标识，成了国运流转的表象形式，成了审美化的颜色革命。

魏晋南北朝时期，新兴统治者从绍述上古圣王基于禅让的政治伦理，到借助五德终始说使禅代获得自然规律的支持，体现从人间向自然、从伦理向哲学不断放大其自我论述范围的趋势，但问题并没有就此止步。帝王作为天之子，他获得权力的终极依据要进而触及神性，以证明其对人间的统治是领受了天命。在这一层面，基于天人之际的祥瑞灾异作为上天神意的表象形式，其价值便浮现出来。从魏晋南北朝历史看，新旧王朝交替之际，往往是祥瑞灾异现象蜂拥而起的时代。如司马代魏，"八纮同轨，祥瑞屡臻，天人协应，无思不服"①。同时，像曹丕代汉的预兆被追溯到灵帝时代的"黄龙见谯"一样，司马政权则赋予了相关瑞应更深广的历史感。按《宋书·符瑞志》，西汉元成之世，已有标示数百年后魏晋鼎革的石瑞传说，到曹魏初兴，"张掖删丹县金山柳谷有石生焉，周围七寻，中高一

---

① 《晋书》，中华书局 2000 年版，第 34 页。

彻，苍质素章，有五马、麟、鹿、凤凰、仙人之象"①。张掖在当时中原王朝的西部，西在五方中对应于五行中的金，金属晋德，石生于金山，被时人视为晋将勃兴的象征。至于"五马"，则与东晋初年的"五马渡江"暗合。这块出于张掖的巨石，纹理中因为显现"讨曹"字样一度被曹魏视为不祥的预兆，但正如时人所言："盖将来之休征，当今之怪异也。"②换言之，在新旧王朝之间，新王朝的崛起总是以旧王朝的覆亡为前提，新王朝的祥瑞当然也是旧王朝的灾异。

刘宋时代，宋武帝刘裕出身寒门，缺乏政治基础，这极大增加了借助天命自我夹持的重要性，以至于当时"灵祥炳焕，不可胜纪，岂伊素雉远至、嘉禾近归而已哉"③。此后的《宋书》也据此开启了中国正史以记载祥瑞为主题的志书传统。当然，按照此前王朝禅代的先例，刘裕对于晋帝的禅让，仍然要三辞三让，但最后"太史令骆达陈天文符瑞数十条，群臣又固请，王乃从之"④，以给世人留下"被迫"领受天命的印象。至齐，萧道成接受宋顺帝的禅让建立新朝。按《南齐书·武帝纪》，萧道成少年时即"姿表英异，龙颡钟声，鳞文遍体"⑤，富有天子气象。被封为齐王时已经众瑞毕至："川陆效珍，祯祥鳞集；卿烟玉露，旦夕扬藻；嘉穟芝英，晷刻呈茂。"⑥至改朝换代时更是"象纬昭澈""图谶彪炳"，"五光来仪于轩庭，九穗含芳于郊牧"⑦。此后，南齐宗室萧衍代齐而立，是为梁朝，其帝

---

① 《宋书》，中华书局 2000 年版，第 523 页。
② 《宋书》，中华书局 2000 年版，第 524 页。
③ 《宋书》，中华书局 2000 年版，第 30 页。
④ 《宋书》，中华书局 2000 年版，第 33 页。
⑤ 《南齐书》，中华书局 1972 年版，第 3 页。
⑥ 《南齐书》，中华书局 1972 年版，第 20 页。
⑦ 《南齐书》，中华书局 1972 年版，第 21 页。

王之路几乎是对萧道成的复制。按《梁书·武帝纪》，萧衍"生而有奇异，两胯骈骨，顶上隆起……所居室常若云气"①。被封为梁王时，有甘露、毛龟、白獐、驺虞为其预兆。至代齐而立，则"祥风扇起，淫雨静息。玄甲游于芳荃，素文驯于郊苑。跃九川于清汉，鸣六象于高岗。灵瑞杂沓，玄符昭著"②。当然，面对这种"取新之应"与"革故之征"毕备的状况，萧衍仍然要以辞让作态，这时就需要超出一般祥瑞的天文符瑞给予最高级别的验证。按《梁书·武帝纪》："太史令蒋道秀陈天文符谶六十四条，事并明著。群臣重表固请，乃从之。"③此后，陈霸先建立陈朝，早年也是有非常之相，代梁而立时则同样"效珍川陆，表瑞烟云，甘露醴泉，旦夕凝涌，嘉禾朱草，挚植郊甸……革故著于玄象，代德彰于图谶"④。

在南北朝，禅代模式以及以祥瑞表征天命的观念并非为南朝所专有。534年，北朝由北魏分裂成东魏和西魏，进而延伸为北齐和北周。北周与北齐对东西两魏的取代，也均采用了禅让制，并配以祥瑞等种种自然灵异现象。此后，杨坚代北周建立隋朝，李渊代隋建立唐朝，乃至五代时期朱温代唐建立后梁，仍然沿用了禅代。这证明这种政治更迭模式对整个中国中古历史的贯穿性。单就祥瑞而言，东晋以降，在当时文化相对落后的北方，其统治者大多有游牧背景，但一旦接受汉文化，这些人对祥瑞的渴慕往往更显迫切。如十六国时期的苻坚，听闻凤凰"非梧桐不栖，非竹实不食"，"乃植桐竹数十万株于阿房城以待之"⑤。在中国祥瑞史上，唯有汉

---

① 《梁书》，中华书局1973年版，第1—2页。
② 《梁书》，中华书局1973年版，第29页。
③ 《梁书》，中华书局1973年版，第29页。
④ 《陈书》，中华书局2000年版，第15页。
⑤ 《晋书》，中华书局2000年版，第1598页。

宣帝采取的举措与苻坚相类似，如公元前63年，他曾专门下《禁春夏弹射诏》，禁止长安居民惊扰盘旋于王城上空的神雀和五色鸟，以免影响祥瑞降临。但两相比较可知，汉宣帝的禁令止于对祥瑞的保护，而苻坚的行为则具有主动招引和索取的性质。就人面对天命预兆总要被动领受并保持谦卑态度而言，苻坚的举措显然荒腔走板了，但与中原王朝相比，北方游牧政权显然表现出更加"积极进取"的特征。

从以上探讨可知，魏晋南北朝，虽然存在着长期的社会动荡，但近四百年间，和平移交政权的禅代模式依然在政治领域占据主导地位，并向下延及隋唐。据此，我们可以更周延地概括出中国中古时期遍及于一切王朝更迭的规范化程序：一是新兴势力强势崛起，二是借助禅让使王朝更迭显现文明，三是将这一进程纳入五德（五行）运演的自然史进程，四是以祥瑞与天命对接，使人间政权因获得天命的支持而具有神圣性。在这一逐步升级的自我证明中，如果说整个过程均具有使赤裸裸的权力斗争文明化乃至审美化的趋向，并因此生成一种独特的政治或制度美学，那么，祥瑞的降临无疑将这种审美性的政治推向了作为天人相与之际的最高点。当然，问题到此仍没有结束，按照魏晋至隋唐的通例，这一过程最后以一场盛大的典礼活动作为终结，这就是作为新帝加冕礼的"升坛柴燎"仪式。按史料，220年10月，"魏王登坛受禅，公卿、列侯、诸将、匈奴单于、四夷朝者数万人陪位，燎祭天地、五岳、四渎"①。坛一般筑于城郊的旷野，"柴燎"是以烧柴作为祭天的主要活动。这一仪式聚集了天下各色人等，以形成对国家权力转移的见证，而向上升腾并向四野弥散的云烟则具有昭告自然界一切有灵之物的意图，并直达超验世界。至此，作为审美

---

① 《三国志》，中华书局1999年版，第55页。

超验之域的天人之际以及相关的祥瑞灾异,则在神意降临与人间烟火袅袅上升形成的交互关系中达到了最高峰。

五、魏晋南北朝文学艺术中的祥瑞灾异

魏晋南北朝时期,史传中关于江山易代之际祥瑞现象的文字记述,主要见于帝王的诏册和大臣的奏议。按照中国传统(如孔门四科)对文学的定位,这些记述均应归于广义的文学范围。此外,政治领域的新桃旧符之变,历代都少不了文人捧场,这意味着,鉴于魏晋南北朝时期王朝更迭"如拾坠叶"的事实,以祥瑞符谶为主题的相关诗文作品也不会少。同时,对于相信人间权力来自上天授命的统治者而言,他不但在王朝开基时需要祥瑞夹持,而且其统治过程也需要天命的不断暗示和鼓励。这样,将祥瑞主题诉诸文学艺术表达,并不仅仅存在于王朝鼎革的巨变时代,而且也必然常态化。总体言之,在魏晋南北朝,祥瑞灾异的文学艺术化,主要表现在以下几个方面。

首先是王朝易代之际符命性质的禅代文。魏晋南北朝时期王朝的更迭,主要表现为新兴军阀势力对帝王权力的不断蚕食和挤压。在这一过程中,帝王不断对其加大封赏力度,直至封无可封,赏无可赏,只好任其取而代之。当然,这一过程也必然表现为不断为新旧王朝的更替制造舆论,于是文学的作用被彰显出来。同时,由于符谶祥瑞被视为王命转移的最重要标志,所以文学也必然广泛触及这类天人之际的重大问题。从曹魏历史看,这类为王朝禅代制造舆论的符命文首先来自谋臣的奏议。如219年,陈群等奏请曹操受禅,认为汉室"期运久已尽,历数久已终",曹氏

代汉则是"天人之应，异气齐声"①。此后至曹丕时代，以祥瑞劝进的声浪日益浩大，代表性作品有许芝的《条奏魏代汉谶纬》、华歆的《请受禅上言》、辛毗的《奏请宣著符命》、刘若的《上书请受禅》《奏请受禅》、苏林的《劝进表》等。曹丕登基之后，曹植的《上九尾狐表》《庆文帝受禅章》《庆文帝受禅上礼表》、李伏的《禅代合符谶表》、高堂隆的《上言张掖瑞石事》，主要是以符谶性内容向新兴政权表达庆贺并提供合法性论证；王朗文、梁鹄书、钟繇镌字的《受禅表》，则以碑文形式成为这一重大事件的历史纪念碑。与这类制式化的文学相一致，相关诗文创作也在这一时期变得空前活跃，如曹丕作《歌魏德》诗；曹植作《大魏篇》《两仪篇》《圣皇篇》，尤其《魏德论讴》下附《甘露》《时雨》《嘉禾》《白鹊》《白鸠》《木连理》六讴，更是标准的祥瑞诗。在文章辞赋方面，代表性作品有曹植的《魏德论》、刘劭的《嘉瑞赋》《龙瑞赋》、傅嘏的《皇初颂》等，主要是为禅代提供舆论支持。当然，就对"文学"认知的古今差异而言，今人为了强调文学的纯粹性，往往习惯于在时政性的表章奏议与诗文之间进行区隔，但这种区隔对历史人物和他的时代而言并不具有实际的意义。像《文赋》《文心雕龙》《昭明文选》等所称的文学，均包括了当时的一切文体形式。在文学价值方面，其审美价值与政治、文化价值也是一体的。比如在汉魏禅代期间，邯郸淳曾撰《上受命述表》，曹丕评价称："淳作此甚典雅，斯亦美矣。朕何以堪也哉！其赐帛四十匹。"②该文的"典雅"和"美"属于文学价值，其目的却是政治性的，这意味着将如上表章奏议和诗文辞赋等禅代文统一视为文学，并没有什么不妥。

---

① 《三国志》，中华书局1999年版，第37—38页。
② 严可均：《全三国文》，商务印书馆1999年版，第45页。

三国时期，借助祥瑞为现实政治提供天命支持，是发生在曹魏、蜀汉和东吴的普遍现象，向文学艺术的延伸也一样。221—229 年，刘备、孙权先后称帝。其中，刘备称帝之前，"群下前后上书者八百余人，咸称述符瑞，图、谶明徵"①，强调刘氏践天子位是"瑞命符应，非人力所致"②，相关"文学"类作品则见阳泉侯刘豹和太傅许靖领衔的两次奏议（《因众瑞上言》），以及刘巴所作的《为先主即皇帝位告天文》。孙权称帝同样"黄龙、凤凰见"，如其《告天文书》所言："休徵嘉瑞，前后杂沓，历数在躬，不得不受。权畏天命，不敢不从。"③ 至于符瑞观念对东吴的影响，注意一下孙权所用的六个年号（黄龙、嘉禾、赤乌、太元、神凤）便可以做出直观判断。在诗文方面，以薛综的《麒麟颂》《凤颂》《驺虞颂》《白鹿颂》《赤乌颂》《白乌颂》，胡综的《黄龙大牙赋》最为著名。至东吴末帝时期的《禅国山碑》，则以其碑文的"众瑞毕至"、书法的"浑劲无伦"成为时代的代表。三国之后，自魏晋至南北朝，历代新帝登基，无不在文学领域引起相应的波澜，鉴于文本主题的重复性和文学风格的类似性，余不一一赘述。

其次是太平时期的郊庙歌辞、文臣赋颂以及应制诗文。郊庙歌辞是我国汉唐乐府诗中最重要的文学品类。"郊"即郊祀，指祭祀天地四方众神；"庙"即宗庙，指祭祀祖宗。前者是空间性的，后者是时间性的，相关歌诗在我国汉唐时期制度化的娱神颂祖之作中具有代表性。关于我国古代歌诗的性质，今人往往更多注意其中关乎个体情感和人间风物的部分，但借诗实现人神感通是它的初始目的，并一直代表着诗可实现的

---

① 《三国志》，中华书局 1999 年版，第 661 页。
② 《三国志》，中华书局 1999 年版，第 661 页。
③ 《三国志》，中华书局 1999 年版，第 840 页。

最高价值。如《尚书·舜典》所谓"神人以和""百兽率舞"和"凤皇来仪"即属此类。至有汉一代，这类歌诗被赋予了完备的制度形式，其制式和主题对我国中古时代产生了纵贯性影响。如前文所言，天人之际是汉代人精神世界里的最重要空域，以祭祀天地众神为目的的郊庙歌辞则无疑是与这一精神目标最相匹配的艺术形式。而汉代哲学的谶纬化、祥瑞化及其在汉唐时期的持续性影响，则必然使相关主题一以贯之。从郭茂倩《乐府诗集》所录相关诗篇看，自汉至唐，这类歌诗及相关祭祀活动虽然代有微调，但总体上常大于变，体现出王朝祭祀制度的连续性。它与祥瑞的关系可以从两个方面来理解。一是郊庙歌辞开启了一个人神交感的想象空域，它的整体格调是祥瑞化的。其中人对神灵的昭告，无非是企求神灵以祥瑞形式向人间显现；而神灵对人的回馈，则无非是祥瑞向人间降临。或者说，人与神的双向互动和交感，共同生成了一个诗化的祥瑞空间。二是郊庙歌辞以组歌形式出现，对祥瑞的表现更趋体系化、制式化。汉唐郊庙祭祀，以汉代所用歌诗最为繁丰，按郭茂倩《乐府诗集》所录，依序有《练时日》等共22章，涉及确定祭日、帝王登坛、四方和四季的祥和景观，然后是作为主祭者的帝王在梦幻化的祥瑞空间中漫游，最后是在复返阶段见灵芝、甘露、白麟、赤雁、赤蛟等。比较言之，在后世晋、宋、齐、梁等朝代的郊庙歌辞中，最后部分列述的祥瑞诗被简化了，但这并不能视为其中祥瑞成分被削弱，而恰说明它因为不再局限于具体祥瑞而实现了它的普遍化。或者说，它因此以更趋弥散的形式成为郊庙歌辞的普遍性状。

中国传统郊祀被称为禋祀或燎祭，即"升烟祭天，加牲体和玉帛于柴上焚烧，因烟气上达以致其精诚"①。魏晋南北朝时期，这种祭祀仪式起于新王朝接受禅让后的告天活动，此后则延续为太平时期年度性的常规祭祀。其中涉及的瑞应，如果说前者可称为禅代之瑞，那么后者则可称为太平之瑞，两者具有连续性。与此一致，以表现祥瑞为主题的禅代诗文和郊庙歌辞，则是被王朝祭祀制度规划的两种基本文学形式，具有鲜明的制度文学性质。但需要指出的是，说这种文学是制度性的，并不意味着其中没有文人创作。事实上，它仍不过是文人创作被赋予了制度形式。像汉代郊庙歌辞就是司马相如等数十位辞赋家的作品，晋代郊庙歌辞多来自傅玄，此后的宋、齐、梁、陈则离不开颜延之、谢庄、谢超宗、王俭、江淹、沈约等众多名士的参与，这说明了中国传统文人创作的多元面向，其中面向王朝或国家的创制以及祥瑞表现，并不能因为它与现代文学观念的龃龉而被从其整体贡献中剥离出来。以此为背景，魏晋南北朝时期，同样出现了大量以祥瑞为主题的应诏诗、应制诗及相关辞赋文章。以祥瑞入诗，体现出当时"颂体文学"的典型特征。当然，就祥瑞对魏晋南北朝文学的整体影响而言，问题仍不仅止于禅代文、郊庙歌辞以及种种的颂体文学，而是具有"太山遍雨"的全面弥散性质。如刘勰所讲："若乃羲农轩皞之源，山渎钟律之要，白鱼赤乌之符，黄银紫玉之瑞，事丰奇伟，辞富膏腴，无益经典而有助文章。是以后来辞人，括撮英华。"②也就是说，即便当时深植于人的观念领域的符应祥瑞不足采信，但它作为意象，却在文人的日常创作中被广泛使用，并由此形成了时代性的文学风格。王国维曾讲："凡

---

① 张树国：《汉至唐郊祀制度沿革与郊祀歌辞研究》，《陕西师范大学学报（哲学社会科学版）》2008年第1期。
② 王利器校笺：《文心雕龙校证》，上海古籍出版社1980年版，第22页。

一代有一代之文学。"① 对于魏晋南北朝文学而言，祥瑞及其闪耀出的灵光辉映的风格，是这一时代的代表。

再次是王朝盛衰之际不断涌现的妖诗、童谣和民间性的志怪。在汉代围绕天人关系建构的自然象征体系中，吉与凶、祥瑞与灾异，或祯祥与妖孽，分别代表了美丑福祸的两个极致。自汉至魏晋南北朝，像祥瑞广泛介入文学创作一样，灾异与妖孽也是重要主题。按《汉书·五行传》："君炕阳而暴虐，臣畏刑而柑口，则怨谤之气发于歌谣，故有诗妖。"② 也就是说，诗妖多出于臣子对国君暴虐的怨愤和诅咒。按照传统政治化的天人观，君主暴虐本身就悖逆天命，所以相关的诗语也必然成为君亡国灭的预言。有汉一代，该类妖诗被记于《汉书》和《后汉书》的《五行传》中，至魏晋南北朝，社会动荡加上新旧王朝走马灯式的变换，相关歌诗的数量和谶言性质均比前朝更趋加强。像曹魏时期的《行者歌》："青槐夹道多尘埃，龙楼凤阙望崔嵬。清风细雨杂香来，土上出金火照台。"③ 表面上一片祥和，但"土上出金火照台"一句大有深意。按逯钦立："汉火德王，魏土德王，火伏而土兴，土上出金，是魏灭而晋兴之兆。"④ 又如东晋废帝太和年间，有民间谣辞："青青御路杨，白马紫游缰。汝非皇太子，那得甘露浆？"⑤ 按《晋书·五行志》，其中的白，五行属金，暗指晋朝；马指司马氏皇族；紫指晋废帝的三个孩子并非亲生，想做太子就像以紫夺朱一样缺乏正当性；"游缰"指三子被马缰勒死；"甘露浆"则指三子被勒死的塑

---

① 王国维：《观堂集林（外二种）》，河北教育出版社 2001 年版，第 711 页。
② 《汉书》，中华书局 1999 年版，第 1124 页。
③ 逯钦立：《先秦汉魏晋南北朝诗》，中华书局 1983 年版，第 515 页。
④ 逯钦立：《先秦汉魏晋南北朝诗》，中华书局 1983 年版，第 515 页。
⑤ 《晋书》，中华书局 2000 年版，第 550 页。

日，秉持甘露之瑞的简文帝司马昱做了皇帝。在此，先出的谣辞似乎在此后的历史事件中得到了全面应验。再如南朝陈后主时期有《鸟妖诗》："独足上高台，茂草变为灰。欲知我家处，朱门当水开。"① 其中的"独足上高台"，暗指陈后主终成孤家寡人；"茂草成灰"指"隋承火运，草得火而后灰"；"朱门当水开"则暗指后主后来被俘迁往长安，所住馆舍正在长安城的都水台。由此，一首《鸟妖诗》似乎成为陈朝覆亡命运的预言。

自汉至魏晋南北朝，基于诗妖的诗谶或谣诗多是政治性的，自然现象的异动在此成为对政治人物丧权失国命运的预演。与此比较，当时志怪小说也以言灾异、妖孽、鬼神为主，但更多是民间性的，主要涉及一般民众的祸福命运。关于这类小说的历史来源，鲁迅曾讲："中国本信巫，秦汉以来，神仙之说盛行，汉末又大畅巫风，而鬼道愈炽；会小乘佛教亦入中土，渐见流传。凡此皆张皇鬼神，称道灵异，故自晋讫隋，多鬼神志怪之书。"② 这里提到汉末民间巫风以及佛教的影响，但从《搜神记》《幽明录》等小说的叙事方式以及话语风格看，《汉书·五行志》以及由此开启的汉晋史书中的《五行志》，应该是这些鬼怪故事的直接来源。或者说，按照《礼记·乐记》"明则有礼乐，幽则有鬼神"③ 的讲法，六朝志怪小说主要涉及了其中"幽"的一面，并以妖孽、灾异形式成为相关史志向文学的拓展版。它的主体仍然是儒家化的，是汉儒基于天人之际开启的谶纬传统的延续。至于其中广泛涉及的佛教因果报应和道教成仙问题，一方面本身就与汉儒善恶福祸观念相一致，另一方面，魏晋六朝进入佛道大发展时期，与儒家的祥瑞灾异观念的混合具有必然性。像有汉一代作为祥瑞降临重要标

---

① 逯钦立：《先秦汉魏晋南北朝诗》，中华书局1983年版，第2626页。
② 鲁迅：《中国小说史略》，《鲁迅全集》第九卷，人民文学出版社1973年版，第183页。
③ 李学勤主编：《十三经注疏·礼记正义》上、中、下，北京大学出版社1987年版，第1087页。

识物的承露盘,在魏晋南北朝已成为佛教建筑的重要组成部分。对于佛法的神迹,人们也习惯于用祥瑞降临来称颂,如萧纲《上菩提树颂启》云:"伏以器表承露,东阿荐铭,瑞启黄龙,中山兴颂。"[①] 这里用"瑞启黄龙,中山兴颂"称颂菩提树,明显是将佛教祥瑞化了。就此来看,魏晋南北朝时期围绕祥瑞灾异、妖孽鬼神观念的儒释道融合问题,与其说佛家和道家解构了汉儒的自然象征体系,倒不如说这一体系借助佛法和仙道实现了新拓展。换言之,以儒为中心,以佛道为两翼,这一格局对解释魏晋南北朝时期文学作品中的祥瑞灾异问题是有效的,这一时期的志怪小说也概莫能外。

最后是绘画艺术。魏晋南北朝时期,中国绘画题材广泛,人物、山水是其大宗。但就祥瑞与这一时期绘画的直接关联看,最具代表性的无疑是种种的祥瑞图。按《隋书·经籍志》,两汉魏晋南北朝共遗存各种《祥瑞图》及相关图记、图赞50卷,留下作者姓名的有三国曹魏时期孟众和高堂隆的《张掖郡玄石图》各一卷,梁孙柔之的《瑞应图记》和《孙氏瑞应图赞》各一卷、夏侯亶的《祥瑞图》八卷。同时,《南齐书·祥瑞志》记有庾温所撰的《瑞应图》,《旧唐书·经籍志》记有南朝熊理的《瑞应图赞》三卷,顾野王的《符瑞图》十卷。按曹魏时期如淳注《汉书·武帝纪》对《瑞应图》的称引,以及至今仍传世的甘肃成县天井山摩崖石刻《黾池五瑞图》,至少在东汉时期,《瑞应图》这种图像形式已经存在。又按《晋书·五行志》、裴骃的《史记集解》以及裴松之对《三国志·吴书·吴主传》的注引等文献,东汉成书的《瑞应图》应该为南北朝提供了最经典的文本。夏侯亶、庾温、顾野王的相关作品,要么是对前朝《瑞应

---

① 严可均辑:《全梁文》,商务印书馆1999年版,第112页。

图》版本的重新修订和扩展，要么是另起炉灶，重新创作。而孟众和高堂隆的《张掖郡玄石图》则完全是按照魏晋时期著名的玄石传说形成的新创作。以上情况说明，自汉至魏晋南北朝，围绕《瑞应图》存在着同一版本的历史沿革谱系，它证明了汉代祥瑞图式对此后时代的纵贯性影响，也是理解祥瑞介入南北朝图画的主干性线索。其他溢出的部分，如按《太平御览·珍宝部》所记，孙柔之曾在其《瑞应图记》中记有《韩非子·十过》中关于晋平公鼓琴的内容，再加上晋梁时期种种的《玄石图》，则属于新的丰富和发展。这说明与汉代相比，魏晋南北朝不仅符瑞思想和创作没有弱化，而且更趋膨胀和强化了。至于天人之际和祥瑞观念对当时人物画和山水画的影响，重点在于当时社会对人物和山水的看法依然强力维持着神性的维度，并在相关画论中成为恒定且普遍的主张。限于篇幅，该问题将留待另文探讨。

六、天人之际的终结与心物问题的崛起

隋唐之际，其政权更迭仍然延续了汉魏以来的禅代模式。从李渊任丞相、相国，备九赐之礼到隋恭帝下禅位诏，再到李渊三辞三让，直至接受禅让，整个过程几乎是对前朝的依样复制。在对待祥瑞符谶的态度上，似乎也没有大的区别。如高祖李渊曾接受兴平人孔善乐所献的嘉禾，并授其朝散大夫的官位，"以旌嘉应"（《献嘉禾教》）①。李世民则有《皇德颂》为新兴王朝提供神性支持。至于相关诏告天地的祭祀文，大多也一仍旧例。但是，就祥瑞在这类制度性文献中占据的分量看，比前朝弱化的倾向也十

---

① 董诰等编：《全唐文》，中华书局1983年版，第17页。

分明显。如高祖李渊的《即位告天册文》，仅用"人神符瑞，辐凑微躬"①一语带过，和前朝连篇累牍的铺陈渲染大有不同。其他初唐时期的诏策文也大抵如此。与此一致，初唐在政治层面继承了北朝儒学刚健有为的传统，高度介入社会公共事务，其思想倾向更趋理性，这使祥瑞灾异之论与儒学的关联趋于松弛，并为它从国家政治中剥离出来发了先机。

隋唐之际儒者的理性和刚健有为，从王通、吕才及相关政治人物（如房玄龄、魏徵等）的思想和行事风格可清晰看出来，但重点体现于初唐帝王对于国家政治和思想指向的规划。按《旧唐书·儒学》，高祖李渊"颇好儒臣"②，李世民则"立孔子庙堂于国学，以宣父为先圣，颜子为先师。大征天下儒士，以为学官"，于是"儒学之盛，古昔未之有也"③。但是唐代儒学与汉代以降谶纬化的儒学大异其趣，重点表现在对天人主次关系的重新厘清。如李世民在其《金镜》文中，先论天道阴阳灾异，但在他看来，自然界无论麒麟呈祥，还是蝗螟为害，归根结底在于人的作为，即："或云为君难，或云为君易。人君处尊高之位，执赏罚之权，用人之才，用人之力，何为不成，何求不得？"④这就将传统天人关系中天对人威压和胁迫的被动关系倒转了，确立了人的主体和主导地位。正是基于这一倒转，他对大臣关于泰山封禅告天的动议长期缺乏兴趣，被前人神化的自然祥瑞灾异也多被他以笑谈的方式逐出政治视野之外。按《旧唐书·五行志》："贞观初，白鹊巢于殿庭之槐树，其巢合欢如腰鼓，左右称贺。太宗曰：'吾常笑隋文帝好言祥瑞。瑞在得贤，白鹊子何益于事？'命掇之，

---

① 董诰等编：《全唐文》，中华书局1983年版，第44页。
② 《旧唐书》，中华书局2000年版，第3359页。
③ 《旧唐书》，中华书局2000年版，第3360页。
④ 董诰等编：《全唐文》，中华书局1983年版，第128页。

送于野。"① 这种人事本位的思想也向其艺术观念延伸。如《礼记·乐记》有"治世之音，安以乐，其政和；乱世之音，怨以怒，其政乖"② 的说法，赋予了音乐作为国家兴亡预兆的意义。但在李世民看来并非如此，如其在对御史大夫杜淹相关论述的回复中指出："夫音声能感人，自然之道也。故欢者闻之则悦，忧者听之则悲，悲欢之情，在于人心，非由乐也。"（《旧唐书·音乐》）③ 这种看法延续了嵇康的《声无哀乐论》，将音乐重新还给了音乐，也使传统带有谶纬性质的神秘主义音乐观丧失了理论依据。

有唐一代，儒家能臣辈出，这主要得益于新兴的科举制度为士人提供了广阔的仕进空间，但相应的问题也浮现出来，即缺乏必要的闲暇致力于精神的事业。据中国唐代初盛时期的文献，理性与行动力兼备的杰出政治家大量存在，但真正高屋建瓴的新思想建构相对匮乏。安史之乱后，这种状况有重大改变：一是儒家士人经过释道的长期浸染开始关注形上问题，二是科举制度造成的人才积压，加上朝廷党争造成士人失官等因素，使其拥有了更多时间思考个体精神安顿问题。基于这些原因，现代治中国儒家哲学或思想史者，往往一下迈过唐朝初盛期，重点关注唐史的后半段，如陆贽、韩愈、李翱、柳宗元等，这是有道理的。同时值得注意的是，这些人物所处的时代虽然与太宗时代已相隔百年以上，但其对天人关系的看法以及对谶纬的态度却与前者保持了一致。比如韩愈，他的哲学基本迈过了汉儒在天人之间纠缠不清的宇宙论观念，直逼对于儒家更具本源性的仁义问题。在其《原道》篇所述的儒家传灯谱系中，从尧舜禹汤周公讲到孔

---

① 《旧唐书》，中华书局 2000 年版，第 948 页。
② 李学勤主编：《十三经注疏·礼记正义》（上、中、下），北京大学出版社 1999 年版，第 1077 页。
③ 《旧唐书》，中华书局 2000 年版，第 702 页。

孟,"轲之死,不得其传焉"①,直接将作为谶纬理论源泉的中古大儒董仲舒剔除。柳宗元认为,天和人各行其是,互不相预,这种观点则拦腰斩断了祥瑞符谶产生的思想基础。他的《贞符并序》对汉儒的谶纬符命之论进行了更具针对性的批判,认为帝王"受命不于天,于其人;休符不于祥,于其仁"②。所谓上天显瑞对人命运的决定性也就让位于人的主体性。与此一致,柳宗元在美学层面讲:"夫美不自美,因人而彰。兰亭也,不遭右军,则清湍修竹,芜没于空山矣。"(《邕州马退山茅亭记》)③ 显然将包括祥瑞在内的自然、艺术之美均视为人心灵的外发形式,和符谶祥瑞所依托的神赐观念截然相反。据此可以看到,从初唐至中晚唐,虽然儒家在与释、道的竞争中整体趋于弱势,但走向理智清明的整体趋势是明确的;将天人关系中长期黏附的神性维度从中剥离出去,这一目标具有一贯性。

但吊诡的是,说唐人对祥瑞灾异日益持理性态度,并不等于说后者在这一王朝缺乏存在感。唐代从君到臣轻看祥瑞这一问题本身,业已证明它依然是这一时代的重要问题。按《旧唐书·儒林传》,李世民时代,国子监祭酒长期负责为帝王讲授儒家经典,至高宗、武则天时代,相关讲论"唯判祥瑞按三道而已"④。今人判读这则史料,往往会注意到初唐之后儒风转趋暗淡,但一个旁出的史实是,这一时期的儒学讲论均没有剔除其中的祥瑞,而且在日益强化。同时,在唐代,礼部有专门负责祥瑞的官员,并为其划出等级,即"凡景云、庆云为大瑞,其名物六十有四;白狼、赤兔为上瑞,其名物三十有八;苍乌、朱雁为中瑞,其名物三十有二;嘉

---

① 马其昶校注:《韩昌黎文集校注》,上海古籍出版社1986年版,第18页。
② 《柳宗元集》,中华书局1979年版,第35页。
③ 《柳宗元集》,中华书局1979年版,第730页。
④ 《旧唐书》,中华书局2000年版,第3361页。

禾、芝草、木连理为下瑞,其名物十四"(《新唐书·百官志》)①。每当天降大瑞,百官要上朝朝贺;其他祥瑞则要在年终上报礼部,并在庙祭活动中向祖宗报告。在地方政务活动中,辖区是否出现祥瑞被作为考察州县官员功过的指标之一,这直接造成了有唐一代各地连绵不绝的献瑞活动。与此一致,纵观唐代诗文史,这一时代以符瑞为主题的帝王诏策、臣子表奏、文人赋颂一点也不比前代少,甚至一些以理性见称的人物(如柳宗元)也有大量相关作品。这种矛盾现象,一方面说明了历史的复杂性和历史人物自身的非同一性,另一方面也说明,无论基于政治惯性还是统治阶层的精神需要,祥瑞符谶在唐代仍具有续存的社会基础。但同样可以确定的是,这种续存并没有改变它与人的主流信仰日益疏离并被边缘化的事实。所谓百足之虫死而不僵,应是它在唐代真实的存在状况。

在唐代,从君到臣之所以对祥瑞灾异持两可态度,很大程度上是因为它缺乏对人心灵的直接抚慰作用,而它之所以仍能在制度层面得以续存,则更多是依赖汉魏以来的政治惯性。这种状况极类似于基督教在近代欧洲的处境,如蔡元培所言:"吾人游历欧洲,虽教堂棋布,一般人民亦多入礼拜堂,此则一种历史上之习惯。譬如前清时代之袍褂,在民国本不适用,然因其存积甚多,毁之可惜,则定为乙种礼服而沿用之。"② 当然,如果说儒家的祥瑞灾异在唐代已经退化为"乙种礼服",那么儒家士人对它的改造也必然会提上议事日程。如前所言,这种改造起于中晚唐对儒家抱有危机感的士人,但从思想史的整体走势看,这一改造到北宋理学时代才趋于完成。单就它对祥瑞灾异观念的影响看,有三点值得注意。一

---

① 《新唐书》,中华书局 2000 年版,第 786 页。
② 《蔡元培美学文选》,北京大学出版社 1983 年版,第 68 页。

是"天"这一在中国思想史上长期暧昧不明的概念,到宋代被周敦颐、二程等用"理"这一概念固定化、清晰化了。如日本学者沟口雄三评程颢:"他以天为理,即把宇宙现象当作自然规律来认识。"① 这种规律化的自然之天是物性的而非神性的,这使作为其外显形式的祥瑞灾异失去了宇宙论依托。二是将天的问题复归于人的问题,将人的问题进一步复归于心性问题,人的主体地位和心性之于人的本体地位借此得以双重确立。三是天的自然规律或物化、人的心性化,直接将长期盘踞于汉唐儒学的天人之论转化为心物问题。其直接的后果是,人的善恶选择不再受天意的外在胁迫,而是被视为源自内在心灵的驱动。至此,祥瑞灾异无论在天的层面还是在人的层面,均丧失了它赖以存在的哲学基础。

与哲学主题从天人向心物关系的转换相一致,北宋士人对自然史、社会政治史和艺术史的书写进行了全新的规划。在这方面,仁宗时代的欧阳修用力最巨。如其在《新五代史·司天考》中申明,自己历史书写的基本原则就是"书人而不书天"。这是因为,在天人之间,"天果与于人乎?果不与乎?"这并不是人的能力可以把握的。人理性的选择只能是专讲天人关系中可知的侧面,即人的侧面,而对天地鬼神存而不究,以免导致既难究天道又"以天参人则人事惑"的双失结果②。基于这一判断,他撰写的《新五代史·司天考》,只记天象之变,而不涉及与人事的纠缠,具有鲜明的现代天文学性质。他写《新唐书·五行志》,首先批判了汉儒以来"曲说以妄意天"的述史法,改为"著其灾异,而削其事应",③ 使其文本极类

---

① [日]沟口雄三、小岛毅主编:《中国的思维世界》,孙歌等译,江苏人民出版社2006年版,第220页。
② 《新五代史》,中华书局2000年版,第461页。
③ 《新唐书》,中华书局2000年版,第578页。

似于现代意义上的自然灾害史。同时，他对东汉以来六经释文大量纂入谶纬的内容提出尖锐批评。如在宋仁宗至和二年（1055）上奏的劄子中，他认为唐太宗时期钦定的《九经正义》多引"谶纬之书，以相杂乱，怪奇诡僻，所谓非圣之书，异乎正义之名"，建议删除其中的谶纬之文，以免学者"为怪异之言惑乱"（《论删去九经正义中谶纬劄子》）①。鉴于宋代理学的理论指向和欧阳修在北宋文坛的领袖地位，不难看出反图谶已在当时的经术、文章之士中形成了广泛共识。

在北宋，这种共识也向艺术领域蔓延。如苏东坡云："余尝论画，以为人禽宫室器用皆有常形。至于山石竹木，水波烟云，虽无常形，而有常理。常形之失，人皆知之。常理之不当，虽晓画者有不知。故凡可以欺世而取名者，必托于无常形者也。"（《净因院画记》）② 这里所说的"常形"和"常理"，指人可以把握的事物常态，而"无常形"则和祥瑞灾异的超验性具有同一的意义，据此不难看出他对绘画的看法和北宋理学具有高度的一致性。另如郭若虚在其《图画见闻志》中，曾对"艺画"和"术画"进行区分，认为画史中所记的一些神异事件，如张僧繇画龙不点睛等，"皆出方术怪诞"，属于让人"眩惑"的"术画"，是反常识、反理性的，并因此将其逐出自己所撰的画史之外。③ 这种对"术画"的态度，也和欧阳修将祥瑞图谶逐出史传和儒家经典，保持了高度一致。这说明唐宋之际对天人关系的重定以及对祥瑞图谶的否定，并不仅仅发生在哲学和历史领域，而是关涉包括文学艺术在内的时代精神的整体转向。

---

① 李逸安点校：《欧阳修全集》，中华书局 2001 年版，第 1707 页。
② 孔凡礼点校：《苏轼文集》，中华书局 1986 年版，第 367 页。
③ 参见王伯敏、任道斌《画学集成》（六朝—元），河北美术出版社 2002 年版，第 386 页。

补 论

关于中国汉唐历史的一体性，今人一般会注意到汉代察举制以及作为其变种的魏晋门阀制度、隋唐门荫观念对贵族阶层的塑造。但从上文的分析已可看出，这一时期所表现出的一体关系，不仅涉及社会政治体制，更涉及哲学领域的天人关系。正如日本学者沟口雄三所讲："自汉代经六朝、隋、唐至宋的期间，中国的王朝政治是以天人相关说即天谴论式天的观念为基础展开的。只要通读一下正史的本纪、列传、天文志、五行志为代表的其他一些与王朝政治有关的记录，就可以明了此事。"[①] 比较言之，哲学作为时代精神的顶层设计，它比社会制度更直接也更具思想高度地引领着美学的进展，这是本文拈出"天人之际"来考察中国汉唐美学的原因所在。以此为背景，这一问题尚有以下几点需要申论和补充：

第一，重新认识董仲舒及汉代谶纬儒学对于中国美学史的意义。在中国历史上，可能没有一个思想者能像董仲舒一样，对他的时代产生直接而重大的影响，并以制度形式对此后的中国中古历史形成主宰。但在现行的中国哲学、美学史中，他的面目长期是模糊的，连带汉代的哲学和美学成就也一直被评价不高或者缺乏评价。甚而，从韩愈在其《原道》中对董仲舒采取无视态度以及宋明理学独尊孔孟以来，这一人物在中国思想史中就因长期被湮没而形象暗淡。同样，韩愈和宋明理学对董仲舒的无视，和他们对汉唐历史的整体无视具有一体性。像宋儒讲"为往圣继绝学"[②]，讲

---

① ［日］沟口雄三、小岛毅主编：《中国的思维世界》，孙歌等译，江苏人民出版社 2006 年版，第 222 页。
② 章锡琛点校：《张载集》，中华书局 1978 年版，第 320 页。

"度越汉唐,追复三代"①,直接就是要将当下历史与先秦对接,而将汉唐历史逐出视野之外。但是,这却又反向证明了董仲舒及由其奠定的思想和政治模式,对中国中古历史产生了实质性影响。或者说,董仲舒缺席的汉唐史,注定是缺乏真切性的历史,以至于今人一讲汉唐美学,往往把重点放在魏晋和中晚唐(如禅宗),则明显只关注了这段历史主流之外的旁出侧面,而对基于汉代思想和制度的美学进展弃置不顾。据此来看,重新伸张出汉儒的"天人之际"以及祥瑞灾异观念在汉唐历史中的持续性,不仅有助于重建这一时段的美学史,而且也是让相关研究真正复归于历史本来面目的必要手段。

第二是重新认识汉代天人观念对于中国中古美学的整体塑造。如上文所言,"天人合一"是一个哲学命题,而汉儒的"天人之际"则是趋于美学的,它为讨论祥瑞灾异等问题辟出了一个独特空域。但需要注意的是,天人之际是一个场域性概念,这意味着对它的美学内涵必须做宽口径的把握。从汉唐历史看,天人之际首先是作为一个关乎大一统帝国建构的哲学命题被提出来的,对它的美学理解主要涉及这一时期宇宙观念的审美化,以及由此建构的社会政治制度的审美特质。其次涉及神性化的天命和天道观念对人间生活的下贯,如王城建构对天象秩序的模拟、王城建筑和帝王系年的祥瑞化等。复次文学艺术中的祥瑞主题,主要涉及历代郊庙歌辞和颂体文学等。再次是祥瑞灾异作为意象在以士人为主体的文学艺术中的弥漫。最后是祥瑞灾异观念向民间文学艺术的渗透,如魏晋志怪小说、唐传奇等。这五个层面,构成了一个自上而下的系统,体现出从天道向人事、从主流政治向民间生活、从制度性文学艺术向士人和民间创作不断拓展其

---

① 《宋史》,中华书局 2000 年版,第 8618 页。

边界的过程。这意味着，天人之际涉及的并不是中国中古美学的某个侧面或局部，而是涵容了这个历史时段的总体特征。

第三是注意这一神性化的天人观念在中国中古时期的演变规律。在汉唐历史上，以祥瑞灾异为表征的天人观念虽然保持了漫长的持续性，但其间发生的变化也甚为明显。有汉一代是这种美学形态的奠基期，它的发端是自然性的祥瑞灾异。王莽之后，人文性的图谶加入进来，到东汉则构成了以图谶为中心、以祥瑞灾异为外发形式的完整结构。魏晋南北朝是这一美学形态的发展期，主要表现在王朝禅代等重大政治活动。鉴于这一时代频繁的王朝变更及社会动荡，它对国家历史及文学艺术的影响甚至超过了汉朝。但同时，在这一时期，它在代际之间的反复复制中被程式化，这无形中削弱了这一美学形态的生命活力。隋唐是其走向衰落的时期，自李世民时代兴起的人本主义观念，加上佛道哲学的进一步发展，使儒家"明乎礼义而陋乎知人心"（《庄子·田子方》）[①]的痼疾暴露无遗。在这一背景下，唐代虽然存在大量的史料涉及祥瑞灾异问题，但它对人精神生活的影响却日趋衰减。到北宋仁宗时代，则彻底走向了终结。

第四是注意祥瑞灾异对于中国美学历史的连续性影响。从理论上讲，肇端于中晚唐、崛起于北宋的理学思潮，直接解构了天人交感的神意基础，这必然导致汉唐借此建构的庞大的宇宙体系的坍塌，并由此开启一个理智清明时代。但是，对于中国历史而言，理论的必然性并无法掩盖现实的复杂性。按《宋史·五行志》，事实上，北宋自太祖以降，"嘉禾、瑞麦、甘露、醴泉、芝草之属，不绝于书"[②]。其中，宋真宗迷信祥瑞，引

[①] 郭庆藩：《庄子集释》，中华书局 1961 年版，第 705 页。
[②] 《宋史》，中华书局 2000 年版，第 891 页。

来举国"争奏祥瑞,献赞颂"①。宋徽宗也是如此。按蔡绦《铁围山丛谈》,在他统治期间,"朝野无事,日惟讲礼乐庆祥瑞"②。他铸造九鼎,鼎成之日,"辄有群鹤几数千万飞其上,蔽空不散"③,其名作《瑞鹤图》就是在表现这一类的"飞鹤之祥"。至南宋,按《宋史·五行志》:"高宗渡南,心知其非,故《宋史》自建炎而后,郡县绝无以符瑞闻者。"④好像祥瑞至此要绝了踪迹,但事实并非如此。比如,当时院画家萧照曾画《中兴瑞应图》12幅,摹写高宗即位前的圣瑞故事,后又有李嵩的同题画《瑞应图》传世。这说明当时禁止地方官员奏呈祥瑞可能是真,但对于中兴之主宋高宗似乎又网开了一面。

从两宋以降的历史看,祥瑞及其艺术表现,在中国政治和美学史上从没真正断绝过。至今,我们从中国传统建筑、家具、刺绣、年画等看到的吉祥图案,其祖型无一不可追溯到汉唐时期的祥瑞。但必须指出的是,宋代以降,中国传统政治进入以宋明理学作为官方意识形态的时代,基于这种新儒学将天自然规律化、将人心性化的事实,汉儒在天人之际炮制的祥瑞灾异毕竟已失去了赖以存在的哲学基础。这意味着宋代以降虽然祥瑞灾异代有浮现,但它已经被主流意识形态排斥到了历史的边缘地带。与汉唐儒家群起言瑞的时代"盛况"相比,此后的祥瑞史至多不过是增加了一些精神的余绪罢了。

(原载《文艺研究》2021年第1、2期)

---

① 陈均编:《皇朝编年纲目备要》,中华书局2006年版,第149页。
② 蔡绦:《铁围山丛谈》,三秦出版社2005年版,第55页。
③ 蔡绦:《铁围山丛谈》,三秦出版社2005年版,第25页。
④ 《宋史》,中华书局2000年版,第891页。

"石窟研究"美术史方法论提案

——以敦煌莫高窟为例

巫 鸿

1930年,陈寅恪先生在《陈垣敦煌劫余录序》中留下这段名言:一时代之学术,必有其新材料与新问题。取用此材料,以研求问题,则为此时代学术之新潮流。治学之士,得预于此潮流者,谓之预流(借用佛教初果之名)。其未得预者,谓之未入流。此古今学术史之通义,非彼闭门造车之徒,所能同喻者也。[1]

这段话在今日仍可被认为是"古今学术史之通义",但要求我们重新思考学术研究中"材料"与"问题"的关系。须知当我们现在引用这段话时,"此时代"已不再是他写作之时,而是九十年后的当下。其间敦煌学已从一陌生名词成长为一硕大研究领域,而敦煌美术史也经历了一个从无

---

[1] 陈寅恪:《陈垣敦煌劫余录序》,《陈寅恪文集之三:金明馆丛稿二编》,生活·读书·新知三联书店2001年版,第266页。

到有、不断深化的过程。①

当陈寅恪写这段话的时候，敦煌卷子的历史价值刚被国内外学者认知不久，因此代表了学术界面对的一批全新材料，其冰山一角下的浩瀚尚有待于发掘和认知。今日敦煌研究的情形则全然不同：世界各地存放的敦煌卷子已被基本复制发表，莫高窟的精美雕塑和壁画也出现在各种画册之中，人们甚至可以足不出户，通过互联网进入敦煌研究院以三维技术复制的虚拟洞窟空间。那么，这还是"新材料"吗？笔者的回答：既可是也可不是，关键在于是否有新问题引领我们重新发掘材料的未知维度。陈寅恪所说的"一时代之学术，必有其新材料与新问题"因此可被重新诠释：如果百年之前的情况是敦煌文献和敦煌艺术的新材料将引出新的研究问题，今天的情况则更多的是以研究中产生的新问题带动对材料的再发掘。没有研究就不会有问题，但如果问题不存，即使是最新的材料也只能附着于以往的视野。问题的提出往往与学科相关，因为不同学科有着处理材料的不同方式和目的。以莫高窟而言，历史学、宗教学、考古学、美术史等学科都对这个著名遗址，以及藏经洞中发现的巨量材料进行了研究，积累了很多成果。本文考虑的是从美术史角度反思这批材料的研究和使用方法。

一、学科角度与学科互动

"从美术史角度"隐含着一个前提，即敦煌莫高窟——或任何石窟——可以从多种角度进行研究。每个角度都显示出不同景观，提供了获

---

① 有关敦煌美术近百年来的研究，参见赵声良《敦煌石窟艺术简史》，中国青年出版社2015年版，第37—41页。

取知识的不同途径，它们之间并无高下对错之分，只有观看对象和观察方式之别。在对莫高窟的诸种观察和研究角度中，极其重要的一个是文献和历史学，主要是使用文字证据发掘莫高窟的往昔，了解它的建造过程和历史环境。研究材料包括石窟中的碑文和题记、发现于藏经洞中的各类文书，以及其他传世和考古发现的文献。石窟历史研究的一个重点是窟的修建和使用，特别是其中所显示的"人"的作用和关系——不但是赞助石窟建设的地方统治者和行政官员、世家大族和宗教机构，也包括担任具体营造的工匠和画匠。当历史研究如此聚焦于石窟历史的时候，它们与美术史研究便自然融合了，因为这些情况也是美术史家希望了解的，对重构石窟艺术的发展不可或缺。由于历史学家的专业训练，他们对于文献的掌握和处理更为全面和缜密，其工作往往为美术史研究提供了重要的史学基础。

同样的观点也适用于石窟美术史与宗教史研究的关系——这是另一门以文献为基础探讨石窟的学问。"宗教史研究"在这里应做广义理解，不仅针对佛教教义和教派历史，而且也包括对佛教礼仪、佛教文学与佛教物质文化等方面的调研和阐释。在这种意义上，不少宗教史学者将石窟作为专题研究对象，对窟庙的性质和用途，以及雕塑和壁画的内容进行了考订。他们的论述与美术史中的"功能解释"（functional interpretation）和"图像志研究"（iconographic study）自然沟通，前者关注的是建筑、图像与宗教礼仪的关系，后者调查的是绘画和雕塑的题材与内容。一些美术史家进而从图像志出发考察敦煌地区的宗教礼仪、佛教宗派和物质文化，与这些方向宗教学研究更是水乳交融。但总的说来，宗教学对石窟的讨论主要在佛教史和佛教文化的范围展开，所处理的问题往往超越具体的建筑和图像，它们对美术史研究的重要性在于提供宏观背景和观念维度。

第三个重要的角度是考古学研究，主要是对石窟遗址、建筑、塑像、壁画进行细致的调研和必要的考古发掘，在此基础上对洞窟进行分类和分期。洞窟分期所使用的主要根据包括建筑形制及雕塑和绘画的内容与风格；题记、铭文和其他文字材料进而提供了有关绝对年代的必要证据。许多从事石窟研究的学者有着考古学背景，他们的工作成果为不同类型的石窟研究提供了文字之外的另一基础。由于考古学以遗址和实物为主要考察对象，它与美术史的关系尤其密切，很多时候达到泾渭不分的程度。但二者之间的区别也是实在而深刻的，首先在于石窟考古的范围比美术史研究要宽广许多，其对象不但包括艺术品，也包括非艺术性的人类活动遗存。此外，考古学对类型学和统计学方法的倚重也有别于美术史对个案和历史阐释的重视。

在这三个主要学科之外，我们还可以举出建筑史和科技保护对敦煌石窟的研究。建筑史学者考察的主要是洞窟的形制特点和历史发展，着眼于平面、立面、顶部和佛龛的形态，前室和窟檐的结构以及石窟建造技术。虽然其重心不是雕塑和壁画，但后二者均以石窟建筑为环境和依托，美术史家自然可以从建筑史中获得重要的专业知识。对石窟的科学分析和遗址保护在近年发展出更为缜密的方法和大型数据库，新视觉技术的使用也在不断更新石窟艺术的复制和展示方式，这些发展都导向科技与美术史领域更为密切的结合和互动。

这些跨学科互动的一个重要场域自然是敦煌学。虽然这门学问开始时以对藏经洞遗书的研究为主，但是随着学术领域的新潮流已经发展成一个庞大的跨学科和多学科的研究领域。据最近的一项介绍，敦煌学"指以敦煌遗书、敦煌石窟艺术、敦煌学理论为主，兼及敦煌史地为研究对象的一门学科。涉及敦煌学理论、敦煌学史、敦煌史事、敦煌语言文字、敦煌俗文学、敦煌蒙书、敦煌石窟艺术、敦煌与中西交通、敦煌壁画与乐舞、敦煌天文历法等诸多方面"①。毋庸置疑，所有这些学科都对理解敦煌的历史和文化做出了持续贡献，也都可能与美术史研究发生关系、进行交流。但以上所引的定义也说明敦煌学不是一门单独的学问，它的重要性在于把不同领域的学者联系起来，引出各种跨学科的学术项目，同时也促使学者反思自己学科的特性，以求不断扩展观察的范围和推出新的研究理念。对于美术史学者来说，美术史的学科特性使他们在研究敦煌石窟时具有独立的视点和分析方法。但这种视点和方法不是固定不变的，而应该在各种现代学科互相推动的大环境中不断发展和更新。

众所周知，美术史分析的核心是图像和形式，这也是研究石窟艺术的两块基石。图像研究通过将雕塑和壁画与文献材料相联以判定其内容和名称，这种基础层次上的图像志辨识为更复杂的图像研究奠定了必要的基础，后者包括特定图像类型的长期历史演变，以及诸多图像在建筑和礼仪环境中的联系方式，或称为"图像程序"。与之相对，形式分析聚焦于艺术作品的形式特征，包括线条、色彩、造型、构图等因素，在此基础上界定出不同的艺术风格和流派，并追溯其历史源流及演变。图像研究和形式分析当然不是相互分隔的，实际上，形式分析经常在人物、山水、故事、肖像、风俗、经变等画科中进行，与图像的内容从一开始就发生了关系。

图像和形式仍然是当前石窟艺术研究的两个基本着眼点，但新型的跨学科研究也引导学者们将视野扩展到更宽广的领域。实际上，无论是图像志辨识还是形式风格分析，这两类研究都基于传统的"艺术品"观念，主要指独体的绘画和雕塑。但对越来越多的研究者说来，敦煌艺术的范围比传统概念上的艺术品要宽广得多，不但包括洞窟中的壁画和雕塑，而且涉

---

① https://baike.baidu.com/item/%E6%95%A6%E7%85%8C%E5%AD%A6.

及石窟建筑乃至整个石窟群，以及这些视觉和物质构成的礼仪功能和隐含的"宗教视觉性"（religious visuality）。这些新的学术兴趣导致方法论层次的思考，提出有关研究理念的一些宏观问题。

二、从空间角度重新进入

在一篇有关时间和空间关系的论文中，鲁道夫·阿恩海姆谈到"时间维度不具有自身的感官触媒"，而"空间则直接体现于视觉世界之中"[1]。从这个意义上说，任何类型的石窟美术史研究都必须从"体现于视觉世界之中"的空间开始。从空间角度研究石窟进而含有两个基本观点：一是将实际存在的洞窟作为美术史调研和阐释的持续焦点；二是从参观者的实际经验出发去理解洞窟的存在和历史意义。这两个观点在空间的概念中交汇融合、相辅相成，这是因为空间是人类对客观世界的感知而非客观世界本身，阿恩海姆将之定义为"控制独立客体系统的感知系统"[2]。这个感知系统把石窟化为尺度、形状、方向、远近、比例、范围、边界、中心等特征，也把从不同距离和角度看到的石窟纳入空间的连续经验之中——从地平线上的山脉到布满洞窟的崖面，再到崖体中的窟室内部与黑暗中浮现出千百神灵。空间感知的工具或渠道首先是身体，然后是眼睛。以空间角度重新开发石窟美术资料因此将启动身体的关键作用。评论家彼得·切尔达（Peter Schjeldahl）最近谈到如何理解一件雕塑作品时说："清空思绪，让

---

[1] Rudolf Arnheim, "A Stricture on Space and Time", *Critical Inquiry*, Vol. 4, No.4, Summer, 1978, P.653.

[2] Rudolf Arnheim, "A Stricture on Space and Time", *Critical Inquiry*, Vol. 4, No.4, Summer, 1978, P.649.

身体告诉你什么正在发生。然后你的思维也许会重新开动，思考作品的意义。"[1]这很贴切地解释了这种从空间入手的观察方式。

为什么说这种"空间角度的进入"可以帮助我们重新开发石窟美术资料，显示新的意义层面呢？这是因为虽然对莫高窟这样重要石窟的介绍数不胜数，但其框架总的说来是时间性的，以历史上的朝代为纲，构造和陈述这些石窟的线性历史。这当然是一个极为有效甚至不可或缺的方式，但我们也应该认识到这种叙事的基础是"史"而非"艺术"；后者的内涵不是书本中历时存在的事件和人物，而是空间中共时存在的建筑、雕塑和绘画。莫高窟参观者面对的并非是按照年表排列的窟庙，而是重重叠叠、大小悬殊、位置参差的洞室，将一公里长的崖面化作一个宏伟的蜂巢。这种"未经消化"的空间经验是传统考古学和美术史叙事所希望克服和消解的对象：通过将混杂的洞窟按照内容和风格进行分类和分期，再重新组入线性的历史进程，写出一部井井有条的莫高窟历史。但这个历史仅仅存在于书本之中，而不再是现实中可触可视的窟室和崖面。作为一个文本构成，这种时间性的叙事取代了洞窟的空间存在，也在相当大程度上屏蔽了与空间相关的感知和探索。

如果从"空间"切入重新开发石窟视觉资料的话，我们可以想象一个不同的调查和叙述程序。研究者跟随着往日朝拜者的脚步，首先从敦煌城走向城外鸣沙山上的莫高窟。（图1）路经各式各样的庙宇和祠堂、目睹五光十色的节日庆典，穿越沙漠中散布的家族墓茔，最后来到这个绿荫遮蔽的佛教圣地。这个想象旅行所隐含的原理：历史上的莫高窟属于一个

---

[1] Peter Schjeldahl, "Heavy: The Sculpture of Richard Serra", *New Yorker*, Vol. XC, No.30, October 7, 2019, PP. 74-75.

更大的自然和文化空间，也只有在这个空间才显示它的意义。朝拜者随后到达了莫高窟，硕大的崖面充满眼帘（图2）。这里需要询问的是他们看到的是什么——是崖壁上的几个零星窟室还是连成一片的飞檐栈道（图3）？雄伟的北大像和南大像是否已矗立于众多洞窟之间，赋予莫高窟一个无可争辩的视觉中心（图4）？崖顶的舍利塔和底层的功德窟是否已经出现，再次定义了石窟的边界？这些有关空间的思索以及随后的调研，将今日的莫高窟整体转化为历史层面上的感知，以朝拜者的眼光体味崖面的演变。再进一步，研究者随着往日朝拜者走进了洞窟，从每个洞窟的内部体验雕塑、绘画和建筑共同构成的空间综合体。这个空间综合体决定了朝拜者的行为和观看经验，或引导他们围绕中心柱右旋，或停伫在主尊前凝神观像（图5）。他们下意识地以身体

图1　敦煌市与敦煌石窟所在地鸣沙山相对位置图

图2　莫高窟远眺

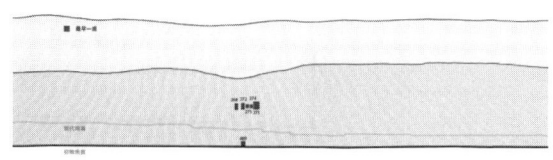

图3　莫高窟最早洞窟崖面位置　周真如绘

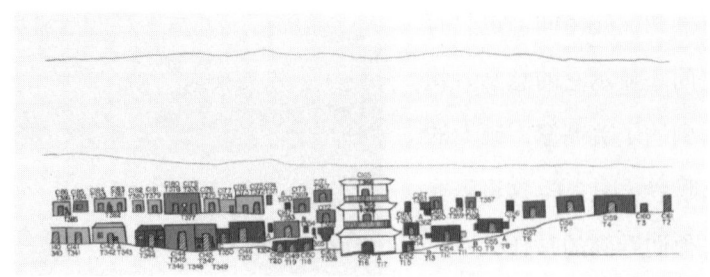

图 4　莫高窟窟面图局部　石璋如绘　1942 年

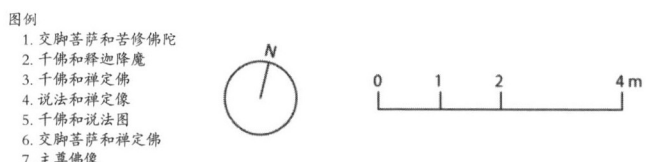

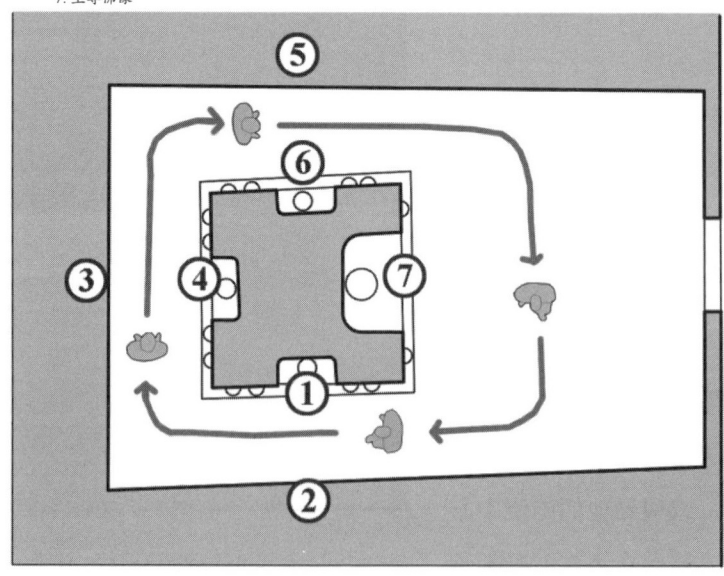

图 5　莫高窟第 260 窟　右旋礼仪示意图　周真如绘

测量空间和图像的尺度（图6、图7），也以放大的瞳孔搜索着黑暗中的塑像和壁画。也就在此刻，他们的身体运动转化为视线运动，开始在洞窟里观看自成系列的壁画，揣摩它们与建筑和雕塑空间的关系（图8）。再进一步，朝拜者把身体凑近一幅幅画面，通过目光的穿越进入其中的图画空间，忘记了石壁和洞室的存在。

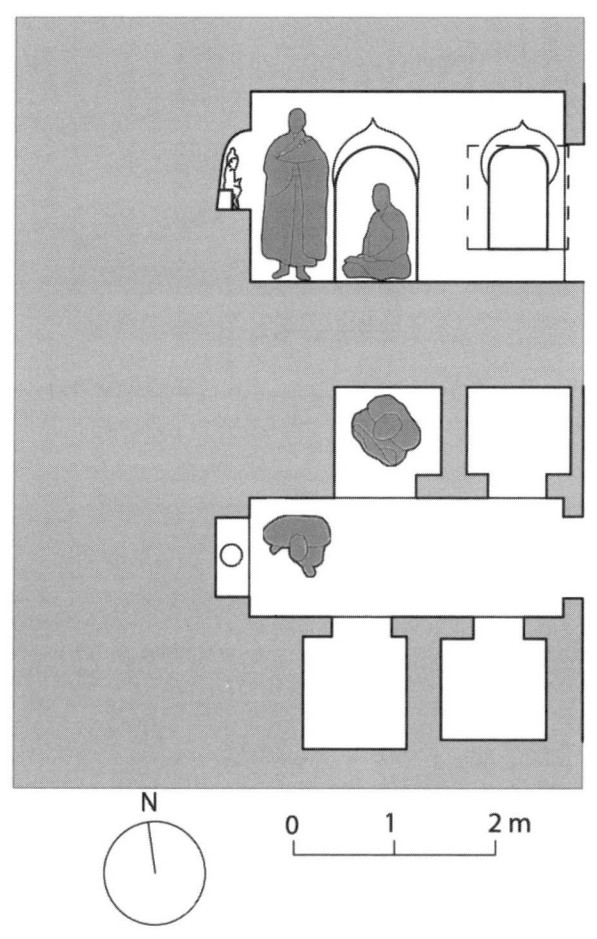

图6　莫高窟第268窟平面、立面图（显示出窟内的狭窄空间）周真如绘

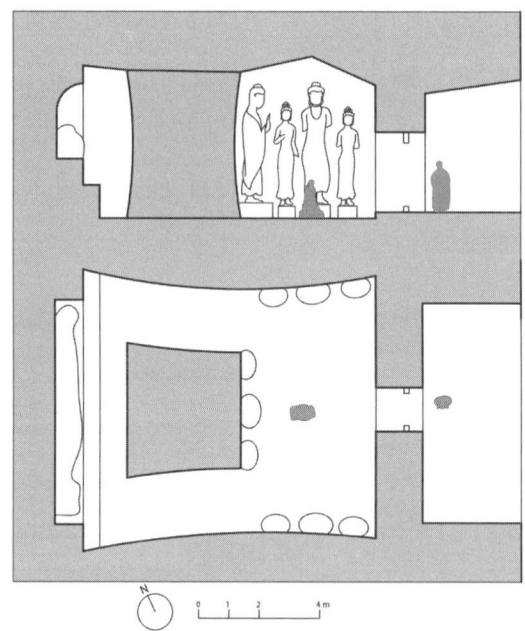

图 7　莫高窟第 260 窟平面、立面图（显示出窟内的宽敞空间）　周真如绘

图 8　莫高窟第 148 窟内景

此处所描述的想象旅行隐含着由五个层次构成的一个研究方案，总结如下：在第一个层次上，莫高窟属于敦煌——一个多民族和跨文化的历史地点，敦煌艺术是当地多种艺术传统和视觉文化的综合，而莫高窟佛教艺术则是其组成部分；在第二个层次上，莫高窟是具有历史延续性的宗教艺术整体，其不断变化的崖面反映出不同时期的外貌，也透露出变化中的建造重心和视觉焦点；在第三个层次上，每个洞窟构成一个包含建筑、雕塑和壁画的内部空间，同时也是举行宗教活动、保存历史记忆的礼仪场地；在第四个层次上，洞窟内的壁画和雕塑构成具有内在规律的图像程序，与同一石窟中的建筑空间发生互动；在第五个层次上，画家在独幅壁画内创造出不同类型的图画空间，这个创作过程一方面与敦煌文学、礼仪以及说唱表演发生持续的互动，另一方面以空间和视觉形式为圭臬，引导观者把目光和思绪延展到超越洞窟墙壁的虚拟时空之中。

三、外部时间与内部时间

从空间角度的"重新进入"不意味着以空间取代时间。实际上，以上五个层次对历史空间的重构都具有明确的历史时间性。在这种意义上，对空间经验的重构是探知往昔的一种手段，最终目的仍然是建构和讲述石窟的历史，因此必然会与对洞窟的分期发生关系。但此处所说的"分期"不等于按照"朝代时间"（dynastic time）对石窟进行断代；我们面对的一个关键问题是以何种时间尺度衡量莫高窟的历史发展。哲学家吉奥乔·阿甘本认为，任何历史叙事总隐含着特殊的时间概念并受其制约，新史观的引进因此要求对所使用的时间概念进行反思和更新。① 以此看法来反观敦煌艺术史的写作，在以往几十年中，对莫高窟的历史叙事所采用的最权威的时间概念无疑是朝代系列，把近五百个带有壁画和雕塑的洞窟置入固有的朝代序列之中。②

虽然这种分期编年在石窟艺术研究中已是深入人心的常规模式，但我们需要意识到朝代沿革只是多种历史时间中的一种，依据特殊类型的史实，也规定了特定的历史叙事模式。笼统地说，"朝代时间"所依据的是中央政权的更迭，其叙事模式是选择主要政权的兴衰构成一个线性结构，以其年代系列作为衡量其他社会和文化现象的计时框架。为了把莫高窟纳入这个时间框架，美术史界和考古学界的主流做法是根据建筑、绘画、雕塑的风格和文献材料，对每个含有彩绘和雕塑的洞窟进行断代，将之归入某个朝代或时期，进而将相同类型的洞窟聚合成组，最后把整个莫高窟窟群编入自十六国至元代的一个宏观的线性发展。虽然学者对具体洞窟的断代不尽相同，但引领以上这三个研究步骤的"朝代时间"概念无疑是建构莫高窟美术史的首要基础，不但在学术研究中，而且在公共宣传、通俗教育、旅游介绍中都起着主导作用。

这种分期断代无疑是一项严肃和必要的学术工作，对理解莫高窟的历史发展有着基础性的意义。但如上所说，作为一种特定的时间概念，朝代

---

① Giorgio Agamben, "Time and History: Critique of the Instant and the Continuum", in *Infancy and History: The Destruction of Experience*, trans. Liz Heron, London: Verso, 1993, p.91.
② 一个典型例子是段文杰拟定的分期：十六国时期（7窟）；北魏（8窟）；西魏（10窟）；北周（15窟）；隋（70窟）；初唐（44窟）；盛唐（80窟）；中唐（44窟）；晚唐（60窟）；五代（32窟）；宋（43窟）；西夏（82窟）；元（10窟）。cf. *Duan Wenjie, Dunhuang Art Through the Eyes of Duan Wenjie*, edited and introduced by Tan Chung, New Delhi: Abhinav Publications, 1994, pp.289-290.

时间有着自己的特殊性质和组织历史叙事的功能。对于莫高窟来说，它所提供的是一个宏观的"外部时间"（extrinsic time）坐标。之所以称为"外部"，是因为朝代史以中央政权的更迭为线索，严格来说是一种"国家政治时间"。由于朝代史具有明确纪年，它为其他历史叙事——如社会史、文化史、经济史、艺术史等——提供了一个共享的计时方法。在中国的历史写作中，以朝代史作为专门史的基础是一个非常古老的传统。当有关美术历史的文字在东周产生之际，书写者就已经以古代王朝作为不同艺术材质与风格的分期；9世纪出现的第一部绘画通史——张彦远的《历代名画记》——其名称已经总结了这种艺术史叙事模式。这个惯例持续到现代以至当下，在不同版本中国美术史通论的"目录"页中一目了然，即便是外国人写的热门教科书——如英国美术史家苏立文的《中国艺术史》——也不例外。①

以朝代史作为美术史叙事框架的最大功效，是把不同地点、不同种类的艺术现象——包括莫高窟的创始和发展——纳入一个统一的时间坐标系，从而可以相互联系和比对；同时也将美术现象与其他文化、宗教、经济、政治现象通过"共时"和"异时"的联系置入各种原境之中，从而使美术史家得以进一步发展历史阐释和解说。但这也意味着，使用朝代史框架的最有效的场合是撰写综合性的"通史"或"断代史"，而不是对特定艺术客体进行细致考证。其原因是朝代史总是粗线条的，而特定艺术客体的历程则会细致得多，与之直接有关的事件未必总是王朝更迭，而可能是

---

① "朝代史"与中国美术的关系是笔者于2019年3—5月在美国国家美术馆所讲授的"梅隆讲座"的主题，题为"End as Beginning: Dynastic Time and Chinese Art"。以此讲演系列为基础写作的专书尚在出版过程中。苏立文著作的原名为 The Arts of China，自1973年面世已推出六个版本，但"朝代史"结构没有改变。参见苏立文《中国艺术史》，徐坚译，上海人民出版社2014年版。

地域、宗教、家庭、个人等种种因素。每种因素都具有特殊的时间性，都需要被更细微地衡量和描述。这些细微的时间系统不是外在和先设的，而是需要从作为研究对象的艺术客体的内部提取，我因此将其称为艺术的"内部时间"（intrinsic time）。

这种微观的内部时间与宏观的朝代时间并不相互排斥，二者可以平行存在甚至在特殊时刻发生碰撞和融合。这种情况不断出现在莫高窟的发展过程中，特别是当高层人物出于政治目的建造石窟时更为明显。但在更多的情况下，建筑空间的改变，以及绘画和雕塑风格的演进并无法直接诉诸朝代变更或其他政治事件。研究者们通过对具体材料的仔细分析，已经发现很多反映石窟"内部时间"的证据，如对家族造窟、崖面使用的研究都属于这类。但在朝代史的影响下，这些研究往往仍被置于朝代时间的框架之内，或被作为获取洞窟断代证据的渠道。[①] 我们在这里看到的是实证式历史研究与传统时间概念的调和，使我们再次回想起阿甘本在讨论时间与历史关系时的一个告诫，即学术研究往往聚焦于历史史实而较少思考其中隐含的时间性，以至于革命性的学术发现往往和传统的时间经验相互混杂，因此也弱化了前者的彻底性。[②]

阿甘本的警告促使我们在制定研究方案时采取一种更为谨慎和彻底的态度：与其即刻着手确定每个洞窟的绝对年代并将之纳入"朝代时间"系统，我们首先希望做的是发现石窟的"内部时间"，也就是把窟群看作一个不断发展变化、由多种人群建构和使用的"活体"。我们需要了解它的

---

① 学者马德说他对莫高窟崖面变化的研究是"利用石窟外貌进行分期、断代、排年研究方面的一种辅助手段"。马德：《敦煌莫高窟史研究》，甘肃教育出版社 1996 年版，第 11 页。
② Giorgio Agamben, "Time and History: Critique of the Instant and the Continuum", *in Infancy and History: The Destruction of Experience*, trans. Liz Heron, London: Verso, 1993, p.91.

成长变化的形式和速率，也需要辨识不同类型、相互交织的"内部时间"，如上面提到的崖面变化所隐含的时间概念以及家窟包含的"家族时间"，都是很好的例子。研究者不必马上将这种内部时间与朝代史挂钩；石窟与朝代史的关系应该作为一项特定研究主题，在具体的历史证据的基础上展开。

四、石窟空间分析

上文提出的五个分析层次，作为美术史研究的对象都是具体而实在的，都基于可被实际考察和分析的场地、空间及图像。这五个层次构成一个连续的"光谱"或"范围"（spectrum），同时也确定了移动中的观察距离和角度。这个方法论提案不拒绝图像和形式的重要性，也不排除对特定壁画和塑像的考察，而是把这些考察自然而然地置入更宽广的上下文中。出于同样的道理，这个提案也不反对鸟瞰式的宏观视野和对整个窟群的历史思考，而是为其提供一个坚实的基础，即对具体洞窟和图像进行更加缜密的考察。五个层次中最关键的环节是第三层，即以单个洞窟为单位对建筑、雕塑、壁画，以及建造过程和礼仪功能进行综合考察。这是因为洞窟既是整个石窟群的基本单元，又为壁画和雕塑创作提供了特定的空间环境。作为设计和营造的基础单位，单个洞窟可以被看作是石窟艺术中的"作品"；雕塑和壁画只是它的组成部分。在美术史领域，"作品"从来就是研究和阐释的核心对象——虽然艺术家、画派、绘画机构也可以构成历史叙事的线索。由于关系到石窟艺术这后几方面的信息相当有限，以石窟本身为调研基点是最合理也是最实际的选择。

这两个观念——五个层次构成的研究领域和作为研究焦点的单个石

窟——为更具体地设想研究敦煌美术的方法和策略提供了基础。我把这套方法和策略称为"石窟空间分析",简单概括为以下四点提案:

(一)"石窟空间分析"的基本单位是单个洞窟,其物质和视觉内涵主要包括建筑、雕塑、壁画三类,有时也包括碑刻和题记。这些方面联系在一起的是"空间"。每个洞窟都有特殊的"内外部建筑空间",洞窟中的雕塑构成特定的"三维雕塑空间",绘于墙壁和窟顶表面的壁画构成特定的"二维绘画空间"。这三类空间之间的结合与互动决定了一个洞窟的性格,同时隐含了特定的观看方式和宗教仪轨。这也意味着"空间"在这里指涉的不只是外在的物理空间,而且关系到主体的意图和经验感受。

(二)在调研单独洞窟的基础上,"石窟空间分析"进而考虑窟与窟之间的关系,以及洞窟的组合和石窟整体在特定历史时期的构成。一旦最早的洞窟在山崖上出现了,以后每个窟的设计和兴建都必然是在不断变化的石窟"上下文"中进行的。新建石窟与已存窟室之间是什么关系?造窟者为何选择了特殊的地点和高度建造洞窟?新石窟对窟群整体做了何种增益和改变?这些问题可以从石窟的位置、规模、建筑类型、雕塑、壁画等各方面去研究和回答,从中探知每个窟背后的动机和特殊的"历史性"(historicity)。

洞窟之间的关系既可以是共时和连续性的,也可以是异时和跳跃性的。在这个研究层次上,"石窟空间分析"不以分类和分期为主要目的和手段,而是把洞窟之间的"关系"看作是历史发展中的重要现象。这种关系既显示在洞窟的位置和组合上,也显示在它们的建筑形式、图像选择和艺术风格上。在对洞窟进行比较的过程中,研究者既要考虑某一时期洞窟形态和图像设计的主导倾向,也需要考虑同一时期存在的不同选择和所隐含的原因。此处的核心思想是,石窟艺术的发展不是直线进化和整齐划一的，而总是受到多种因素的影响，也被多种主体性所决定。"石窟空间分析"的一个主要目的即是发掘出这些多种因素和多重主体性。

（三）在对多个石窟进行综合研究的基础上，"石窟空间分析"的一个重要步骤是确定一系列"原创窟"①。"原创窟"指特定石窟的设计和装饰引进了以往不见的新形式。这些形式有的昙花一现，未能得到推广流行，这类窟可以称为"特殊窟"；有的则成为广泛效仿的对象，因此可以称为"模式窟"。有的新形式可能是从外部——如中原或新疆等地——引进的，有的则可能是敦煌本地发展出来的。一旦把不同意义上的"原创窟"甄别出来，就可以进而思考它们所体现的建筑、雕塑和图像程序的特点和内涵，并思考新形式产生的原因或传入敦煌的社会、政治、宗教背景。

"原创"既可以显示在洞窟的整体上，也可以只体现在一个特殊方面，如建筑形制、雕塑的位置和组合，或壁画的内容和配置。这也意味着在确定"原创窟"的时候，我们需要具体情况具体分析，也需要注意一个石窟的建筑、雕塑、壁画风格并不一定总是同步发展的。有可能某些方面仍保留着常规样式，而另一些方面则反映出概念和形式的革新。如果这种局部的革新改变了整个窟的空间，以及观看与使用的方式，那么仍然可以将这类洞窟考虑为"原创窟"，但需要对其原创性予以细致说明。此外，"原创性"不仅可以是对新的建筑、雕塑、壁画的引进，也可以反映为对以往旧形式的重新发掘和利用，以"复古"方式表达当下的艺术趣味或思想理念。

（四）重修和重绘是"石窟空间分析"的一个重要研究对象。重修

---

① 关于"原创窟"的概念，参见巫鸿《敦煌323窟与道宣》，载郑岩编《无形之神：巫鸿美术史文集卷四》，上海人民出版社2019年版，第173—187页。特别见第174页的定义。

既可以在单窟中进行,也可以超越单窟,涉及窟群甚至石窟整体。重修意味着洞窟是一个变动的、富有生命的机体,包含多个时态。现存的洞窟分期概念和方法着眼于建窟的原始年代,对重绘和重修的研究则将引导研究者发掘洞窟的变化和持续的"生命"。二者并不矛盾,但后者涵盖前者。

大部分石窟都在历史上受到自然和人为的损害,也经过不断的修饰、改建和重建。今天人们看到的是这些变化的结果,而非建窟时的原状。对每个洞窟的历史性观察因此必然包括两个方向:一是透过历史的叠压寻找和重构窟的原状,二是把历代的修饰和改建作为有意义的美术史事件进行调查和阐释。虽然美术史研究一般强调对原状的重构和分析,但我们也应该把每个窟以至整个窟群看作是不断变化的生命体。两个方向产生的是两种概念不同但不相互排斥的历史写作。二者之所以不相排斥,是因为"原状"是一个石窟的生命起点,而对石窟各时期面貌的重构则显示了石窟的延续生命。

总体来说,从研究程序上看,"石窟空间分析"始于对单独洞窟的调研和阐释,由此向两个方向发展:一是将注视点向外延伸,逐渐扩展到洞窟的组群和系列,最后扩展到遗址整体,以至遗址外窟群之间的关系;二是将分析对象向内集中,逐渐细化为特殊建筑、雕塑和绘画程序,以至特定壁画的空间构成。从研究材料上看,"石窟空间分析"利用不同类型的历史证据,虽然以有关建筑、雕塑、壁画这三项基本造型艺术的资料为主,但也充分使用洞窟中的碑文和题记,以及各种与石窟建造有关的文献和人类学调查。从阐释方式上看,这一分析方法强调"空间"的重要性,将之作为分析画像、雕塑、单独洞窟和整个窟群的基础,但并不排斥其他的观念和方法。从这个角度看,空间分析是美术史研究的一个具体分析手段,是撰写石窟艺术史的一块基石。它所导致的不是一种封闭性的理论建构,而是更丰富的美术史叙事,最终是对石窟历史发展更为完整的认识。

(原载《文艺研究》2020年第12期)

新时代中国文论建构的历史演进与价值取向

张福贵

中国文论的话语转换和体系建构是学界一个历久弥新的话题。这一久盛不衰现象的存在表明了两点意义：一是此问题十分重要，二是此问题至今还没有解决。在今天新的理论前提和思想环境下，我们再一次探讨这个问题，可能在某种程度上已经具有了总结性的意义。历史总是要合乎逻辑的，虽说其中并不是从一开始就是合逻辑的，但是当历史走到一个相对的终点时，就一定会合乎逻辑。而要等到这一刻的到来，除了时间之外就是我们自己的认知能力。

一、新时代中国文论体系建构的历史性与正当性

随着国家综合实力的提升和社会政治实践的进程，中国社会由"新时期"经"新世纪"而走入"新时代"，这是一种社会整体的系统性变革。也许现在对其变革的重要价值还不能做出最终评价，但随着时间的推移，其重大意义将日益体现在当代中国社会发展和个人生活的各个方面。

毫无疑问，"新时代中国特色"这一概念是当下中国社会发展的基本

纲领，也是引导和规约中国当代文论转型和建构的基本法则。无论是过去还是当下，在有关中国文论话语转换和体系建构的讨论中，基本价值取向和思想境界就是传统文论的回归与中国话语权力的确立。而近年来在以"强制阐释论"等为代表的理论探讨中，表现出一种前所未有的中国文论建构的理论气势和文化强势，其动力来自背后的国家强势和文化自信。因此，中国文论的话语转化和体系建构本质上是一种文化权力博弈的过程，是国家话语权建构的重要组成部分。从这一意义来看，新时代中国文艺理论的建构是历史发展合力作用的必然结果，而其创造性的转型实质上就是文艺理论学科中国化的过程。这不仅是一种正确理解，也是一种必要的实践。

自 20 世纪 80 年代以来中国文论的发展过程，可用"跟着说""对着说"到"自己说"来概括。"跟着说"是一种单向性的文化接受，"对着说"是一种对立性的文化冲突，"自己说"是一种主体性的文化建构，最后的目的是"一起说"。

"跟着说"是 80 年代以来直至世纪末中国文论转型价值取向的一个基本态势，其本质上是文化传播与接受过程，也是文化发展一个不可或缺的必然环节。这不仅是中国近代以来现代化发展历程的一种事实，而且是人类文明交流和传播的一种历史规律。因为在文化交流与传播的过程中，借鉴和接受先进文化而丰富和强大自身文化，是一种文明逻辑和人类本能，可以缩短文明之间的距离，加快文明传播的时间。而对于中国文论来说，它实质上表明其自身努力融入和占据世界主流学术的渴望。甚至可以说，没有"跟着说"就不会有"对着说"和"自己说"。与此同时，我们又必须认识到"跟着说"本身所包含的文化异己性，其中毕竟缺少自己的独创性，落实在具体的理论阐释当中，实质上往往是费尽千辛万苦去证明别人观点的正确。从最初的"老三论"到稍后的"新三论",再到"主体论""后现代""文化研究""新批评""结构主义""接受美学""现象学""符号学""女权主义""后殖民主义""新历史主义"……各种外来文艺理论和文化学说高潮迭起连绵不断,裹挟着中国文论随波逐流而心潮激荡。

这一时期对于外来文化的接受,不同于近代西方列强船坚炮利情境下的被动接受,而是在文化认同情境下的主动选择。曹顺庆说:"当今文艺理论研究,最严峻的问题是什么? 我的回答是:文论失语症!"[①] "所谓'失语',并非指现当代文论没有一套话语规则,而是指她没有一套自己的而非别人的话语规则。当文坛上到处泛滥着现实主义、浪漫主义、表现主义、唯美主义、象征、颓废、感伤等西方文论话语时,中国现当代文论就已经失落了自我。她并没有一套属于自己的独特话语系统,而仅仅是承袭了西方文论的话语系统。"[②] 陈洪、沈立岩则进一步阐释了"失语"的具体内涵:一是指"形容同一指涉领域中语言共同体的瓦解局面。当然,也可以说得好听一点,就是所谓的'多元化'";二是指"一种理解与沟通上的隔膜感和转化中的无力";三是指"一种文化上的病态,主要表现为当代的中国文论完全没有自己的范畴、概念、原理和标准,没有自己的体系,也就是没有自己的话语,每当我们开口言说的时候,使用的全是别人也就是西方的词汇和语法。"[③] 这种观点也是对于域外学者立场的呼应:"在当今世界范围的文论范畴内,可以说完全没有我们中国的声音,20世纪可谓文论批评风起云涌的时代,各种主义、理论,争妍斗奇,五彩缤

---

① 曹顺庆:《文论失语症与文化病态》,《文艺争鸣》1996年第2期。
② 曹顺庆:《文论失语症与文化病态》,《文艺争鸣》1996年第2期。
③ 陈洪、沈立岩:《也谈中国文论的"失语"与"话语重建"》,《文学评论》1997年第3期。

纷，但其中找不到一家是中国制造的。"① 不可否认，"跟着说"是为中国文论输血与注水的过程，新观念、新方法波涛汹涌而又泥沙俱下。

经过"跟着说"阶段之后，生吞活剥的理论接受逐渐开始自然的消化和主动的拒斥，中国文论由此进入"对着说"阶段。"对着说"包含有两重含义，即有意识的文化对抗和有意识的文化自觉。这是在"跟着说"的主动接受之后出现的一种文化主体意识。当然，抽象的文化对抗意识是近代以来外来文化冲击下中国文化转型中一直固有的文化心理。在"跟着说"的阶段，这种理论的自觉是很难成为思想主潮的。在"跟着说"之后通过"对着说"所表现出来的文化对抗意识，其实是学界以理论批判而表现出强劲的文化自信和理论的成熟。

"对着说"首先是在一种文化对抗心理基础上形成的文化批判意识，是在外来文化强势进入本土后形成的屈辱感和理论不适症的必然反应。20世纪的文化冲突是发生在一个政治、经济和技术溃败之后的愤激时代，这个时期的文化转型也是痛苦的民族心理过程。中国传统文论身处理论边缘位置所产生的一种文化焦虑与愤懑，使"对着说"既包含有理论反思的正当性，又包含有文化心理的对抗性，而其中的文化自主意识和理论建构意识不可忽视。"对着说"的文论建构诉求基础是二元对立的文化价值观，这是文化冲突和融合的必然过程，没有这种二元对立的过程也就没有多元一体的结果。但是不能把"中国特色"文化建构看成是二元对立价值观的表征，"中国特色"文论体系不能简单等同于"特殊国情"下形成的传统文论。前者是经过文化继承、反思与融合而形成的自为性的理论建构，而后者则是相对单向的历史传承而实存的自在性的理论遗产；前者是动态的

---

① 黄维樑：《龙学未来的两个方向》，《比较文学报》1995年第11期。

建设过程，后者是静态的历史构成。"中国特色"文论建构一定以传统文论为基础，其中包含现代中外文论的优秀资源。"当代中国学者普遍存在着一种矛盾心态，即他们不相信当代文化现实，认为当代文化与文论是异己的，非我族类的，也就是说，当代中国的文论现实并不能使我们有建构有中国特色的文论话语体系的可能，如果说它还有意义在，也就是为重建文论话语提供借鉴和批判的靶子。"[①] 有趣的是，"对着说"的思想起源同样是"跟着说"的理论资源，对文化"失语症"的批判恰恰使用的是外来理论资源和话语方式。赛义德"后殖民"和葛兰西"文化领导权"等直接成了中国学者反思和批判的武器，使中国文论"对着说"获得了一种外在理论力量和文化逻辑。于是，对于理论的批判就成了批判的理论。

毫无疑问，我们不能苛求历史和前人，因为人类思想的历史发展总是有惯性和连续性的。长期停留在"对着说"的阶段，是很难创造真正具有普遍性的理论系统的。经过批判思维和自我反思之后，已经到了建构新时代中国特色文论体系即"自己说"的阶段。因此，20世纪90年代中国学术不约而同地提出建构各自领域的"中国学派"的主张，如"中国文论的话语转换"一时成为学界讨论的热点问题。

"自己说"就是在融合前两个阶段的思想资源之后，通过自我发展与自我创造，形成既具有文化特殊性又有普遍性的文论系统。在这个阶段不仅仅是"自己说"，其实包含"一起说"的意识。"自己说"是创建"中国特色"的文艺理论体系，是理论成熟的最终结果。而且这个"自己说"是从自我意识出发，以人类思想认同为终点的公共性理论的建构，即中国文

---

① 张冰：《赛义德学说在中国的传播——对近年文艺理论界心态的透视和思考》，《辽宁教育行政学院学报》2005年第3期。

论话语体系为世界理论发展"立法",努力得到世界认同,最后达到"一起说"的过程。"一起说"既包含"自己说"的自主意识,又包含"一起说"的普遍意识。没有"一起说"而只有"自己说",最后就变成"自说自话""自言自语"。从"跟着说""对着说"到"自己说",然后引导大家"一起说",是一个批评理论体系自我建构的完整过程,而世界性人类性标准是从"自己说"到"一起说"必不可少的思想内涵。

文学是自在的,理论是自为的。面对无比繁复的文学创作实践和思想文化态势,需要建构中国主体性的人文学科理论体系,它不只是一种自我说明,也是一种向世界说明的思想创造。所谓的"世界性影响"可能包含几个层次:第一是生活性的影响,包括生活方式和生活习俗;第二是知识性的影响,包括专业性知识和技术;第三是思想性的影响,包括价值观和思维方式。这三个层次的影响都与价值本身相关联。说到底,影响取决于价值的创造性。所有创新本质上都来自思想的创新,思想的创新即是思想的个性化。

新时代中国文论建设的核心问题就是中国化继而世界性的问题。这虽还没有完全解决,但是近年来已经呈现一种努力的态势。如,有学者指出:"'强制阐释论'在新时期以来我国文论界被动接受西方文论及西方理论的大背景下,拉开了对西方文论及西方理论进行整体性批判的厚重的大幕。"① "强制阐释论"将"跟着说""对着说""自己说"和"一起说"融合为一体,涵盖了不同阶段的所有思想资源,既贯穿了历史也超越了历史。类似理论探讨本身就是对于"跟着说""对着说"的逻辑和实践的反思与反拨,不仅具有个性化思想的价值,也具有学术史价值,其思维逻辑表现

---

① 高楠:《理论的批判机制与西方理论强制阐释的病源性探视》,《文学评论》2015年第3期。

出一种理论的创造与思想的突围，而且从一般抽象意义上来看亦具有普遍的方法论价值，将中国思想理论界长期存在的对于文化霸权的文化伦理与政治批判，上升为哲学与逻辑方法的反思。理论批判的过程本身就是一个建构过程，虽说不是一个完整的建构。从思想逻辑来看，当指明某种错误实质上已经是在表明另一种正确了：正是由于头脑中已经有了一个"要这样做"的标准，才能在理论批判中指出"不能那样做"的判断。

完成一种理论的建构之后，还要考验理论传播和接受的实践效果，即这一理论是否被人们作为一种人类性思想而认同？其世界影响几何？这里，理论建构可能首先要超越二元对立文化意识而认同人类文化多元一体思想。"强制阐释论"包含这种可贵的努力，其倡导者随后提出的"公共阐释论"系统化表达了这种理论建构。中国新时代文论的建构是理论的创造与思想的突围，是按照一种创见性的学术逻辑进行思考的结果。无论是从政治伦理、文化伦理还是从学术伦理上，都表明了中国文论自我选择和建构的正当性和自信性，对于中国文论体系的建构具有重要的变革意义，也是对世界文明的发展和人类思想文化的丰富和贡献。

二、话语转换与体系建构的前提反思和世界价值

多年来，中国文论体系的建构问题始终围绕着一种既定的前提来探讨，那就是如何看待西方理论的影响，其中包含惯性的二元对立的文化立场和文化价值观，即通过文化对抗而表现出来的文化自主意识。这种逻辑产生于历史的记忆和真实的感受，中国文艺理论体系就是依据这一历史和逻辑建立起来的，在历史的非常时期曾经起到积极的作用。因此说，二元对立是一种文化进程中的现实存在，以及在这种现实中形成的文化价值

观。但是，拘泥于二元对立的文化立场和价值观，是很难建立起被世界广泛认同的理论体系的，甚至有可能产生一种走向为对抗而对抗的极端化的思维方式。因此，中国文论转型和建构必须注意以下两个原则。

首先，避免陷入形而上的文化冲突的思维模式。文化冲突似乎是人类历史的一种常态，虽然没有政治上的战争对抗来得剧烈，但是文化对抗终究是一种实质性的对抗，而且是渗透性、全民性的影响。应该从形而上的意义去理解人类文化的同一性与特殊性，淡化文化冲突的先验性成见。文化是人的产物，而人性是有很大的相似性的，文化的同一性是一个长期存在的普遍现象。

其次，从人类文化多元一体论的角度，对于西方文论和思想在中国文论和社会转型的特殊时期的特殊价值给予相应的肯定；同时要看到西方文论的批评实践功能，即对于中国文论技术性的启示作用。例如新批评、结构主义、符号学等对于文本分析的重视，关注文学作品从结构到意义的技术阐释过程。其消极因素是，只看重文学作品自身的结构，不能在唯物史观立场上全面地、整体地认识文学，不注重文学在社会整体中的地位和社会价值。当然，这种消极性影响与其积极作用相比，是微不足道的。相反，传统的二元对立文化价值观可能具有的消极作用倒是值得高度注意。

二元对立文化价值观具有相对的历史真实性和道德合理性，但是从人类文化发展的具体实践中，其真实性和合理性往往是有局限的，其思想来源有以下几个方面：第一，长期以来民族矛盾与阶级对立的严酷现实；第二，传统的忠奸善恶的伦理判断模式和非此即彼的思维方式；第三，非我族类其心必异的民族意识与你死我活的阶级论意识形态。在相当长的时间里，这些事实和观念成为影响人们生活和思想的重要环境。二元对立价值观的存在是一种常态，它不只是中国文论或者中国文化所独有的，也不只是一种文化冲突的历史轨迹,而是一种世界性的当下事实和发展逻辑。如果把欧洲、美国和世界上其他国家近来发生的一系列重大事件,看作是全球化进程的终结可能还为时尚早。但是,它们预示着一种逆全球化或反全球化浪潮的出现,其思想本质也是源自二元对立的文化价值观。因此,弱化二元对立思维方式和文化价值观,强调人类命运发展的同一性和整体性思想将变得十分重要。而习近平近年来一直积极倡导的"人类命运共同体"这一前瞻性理论,对于人类命运和世界发展具有划时代的意义,这是弥合当下国际矛盾和文化冲突切实可行的发展战略和文化逻辑,也将是对世界思想文化产生重大历史影响的中国当代思想理论。对于中国当代文论体系建构来说,它更具思想指导价值。

2013年3月23日习近平在莫斯科国际关系学院演讲中,首次阐释这一概念的基本内涵:"这个世界,各国相互联系、相互依存的程度空前加深,人类生活在同一个地球村里,生活在历史和现实交汇的同一个时空里,越来越成为你中有我、我中有你的命运共同体。"① 迄今为止,习近平先后数百次提到"人类命运共同体"这一概念,并于2018年正式写入中国宪法。"人类命运共同体"意识主要是从国际关系和世界发展为着眼点而阐发的基本理念,经过几年来的不断阐释和世界大势的新变化,"人类命运共同体"所包含的对当今人类社会所面临问题的全面思考,已经成为一种新的世界发展的整体性概念——"新全球化"思想。从全球化到新全球化,是一种不断演进的思维和实践过程,以多元一体共生包容为特征的"新全球化"是对于以往全球化的一种反思和调整,其基本理念就是"人

---

① 习近平:《顺应时代前进潮流 促进世界和平发展——在莫斯科国际关系学院的演讲》(2013年3月23日),新华社。

类命运共同体"意识。这既是对以往全球化意识的深化和完善，也是对波涛汹涌的反全球化浪潮的调控和引导。"对人类社会创造的各种文明，无论是古代的中华文明、希腊文明、罗马文明、埃及文明、两河文明、印度文明等，还是现在的亚洲文明、非洲文明、欧洲文明、美洲文明、大洋洲文明等，我们都应该采取学习借鉴的态度，都应该积极吸纳其中的有益成分，使人类创造的一切文明中的优秀文化基因与当代文化相适应、与现代社会相协调，把跨越时空、超越国度、富有永恒魅力、具有当代价值的优秀文化精神弘扬起来。"[①] "新全球化"思想与此前的全球化概念和实践有所不同，是一种多元一体的共生性和包容性的全球化。此前的全球化可以看作是单一性和一律化的全球化，以源自某一文化体系的价值观为圭臬，取消差异性进而碾压式推进的全球化。其中，政治的强权意志、经济的跨国兼并和文化的一元化是以往全球化的基本价值取向。随着时间的推移，这种碾压式全球化快速地促进了世界的一体化，同时制造了越来越大的矛盾。世界形势走到了今天，是和这种急剧全球化的弊端分不开的。但是，无论全球化存在着怎样的弊端，无论在此进程中可能带来何种牺牲，以抵抗全球化、回归保守主义和分化主义的反全球化思潮是没有出路的，会给世界带来更大的风险性和无序化。正如2017年习近平在达沃斯世界经济论坛主旨演讲中所说的那样，"经济全球化为世界经济增长提供了强劲动力，促进了商品和资本流动、科技和文明进步、各国人民交往。经济全球化确实带来了新问题，但把困扰世界的问题简单归咎于经济全球化，既不

---

① 习近平：《在纪念孔子诞辰2565周年国际学术研讨会暨国际儒学联合会第五届会员大会开幕会上的讲话》(2014年9月24日)，新华网。

符合事实，也无助于问题解决。"① 当下国际上政治、经济以及思想文化的矛盾冲突，就在一定程度上来自于西方社会长期存在近年来日益强化的二元对立的价值观。习近平在强调经济全球化时指出："人类社会要持续进步，各国就应该坚持要开放不要封闭，要合作不要对抗，要共赢不要独占。"②

历史总是要合逻辑的，即使其发展过程中并不是每一步都合乎逻辑。"在一个电子地图甚至能够显示实时影像的时代，人类命运共同体的倡议，让我们超越时空束缚，以整体意识、全球思维、人类观念，重新打量这个世界，成为有利于各国长远利益、有利于国际格局稳定的理性选择。""人类可能超越个人、国家、民族，可能超越制度、观念、信仰，去拥抱一个更辽阔的世界。"③ 正是在这样一种思想意识和发展逻辑下，"人类命运共同体"理论为我们提供了一种人类文明多元一体的认识论，启示我们以人类文化观来看待和分析世界文化关系，把握人类社会发展的大趋势。从文化哲学的理论意义上讲，只要是先进和优秀的就都是人类文化宝库的共同资源。这种资源的构成并非空间意义的堆积，而是人类文化在价值属性上的共同性的整体存在。在此基础上，文化的时间性（传统与现代）、空间性（民族与地域），都具有了新的意义。在这一认识的前提下，东西方文化才具有了互补性、可融性的基础，才能尽快而充分融汇成新的文化，实现人类文化发展观的完善。

---

① 习近平：《共担时代责任　共促全球发展——在达沃斯国际会议中心出席世界经济论坛2017年年会开幕式上的主旨演讲》（2017年1月17日），新华社。
② 《经济全球化是不可逆转的历史大势——论习近平主席在首届中国国际进口博览会开幕式上主旨演讲》，《人民日报》2018年11月7日。
③ 国纪平：《为世界许诺一个更好的未来——论迈向人类命运共同体》，《人民日报》2015年5月18日。

"人类命运共同体"的理论具有公共性的普遍价值,可以作为我们理解中国文论建构的文化立场和价值导向。传统文论和西方文论长期处于一种是非取舍的博弈状态,这种博弈不能简单地用自觉来解释,因为二元对立价值观本身就不太可能是一种理性的自觉。本来正像文化变革一样,冲突之后是融合,中西文论的最终结局不是相克的而是相生的。我们之所以一直比较相信二元对立文化价值观,主要是过于关注两种文化相遇之初对立冲突的那一刻,而忽略了对立冲突之后的融合与认同。任何一种创新的理论都需要世界的认同,这也是中国理论为世界立法,中国道路成为世界道路的必然过程。人性意识和人类性意识如何进入民族文化和传统之中的问题,既是"五四"新文化运动以来中国文化所面对的历史课题,也是当下如何以中国理论为世界立法的现实课题。20世纪西学东渐和民族救亡极大地强化了中国社会与文化的民族本位意识,于是文化冲突构成了中国文化和文学的基本走向。新文化运动中的新文化与国粹派之间的矛盾、20世纪30年代的"中国本位文化宣言"、抗战时期民族文化的复兴运动,以及20世纪90年代的文化反思、新世纪的国学热,等等,都是这一意识的集中体现。无论对这种连绵不断的思潮做出怎样的评价,但首先不能将民族文化传统与人类性意识截然对立。遗憾的是,在文化建设的过程中,人们二元对立的价值观与文化对抗心理过重,因此很有必要对几个问题进行辨析。

第一,传统本质上是历史性的动态概念。传统不是一个固定不变的实体和概念,而是具有鲜明的时代性特征,没有一成不变的传统。衣食住行是民族文化的存在,仅就汉民族的"民族服饰"而言,向历史漫溯,很难找到哪个朝代哪种服饰是唯一具有汉民族性的服饰,不同时代有不同时代的民族服饰。传统是一种文化的时代性表征。

第二,现代新文化总要进入传统文化大系统之中。长期以来,人们对于"五四"新文学和新文化的质疑一直蔓延不断,甚至形成一种越来越明显的否定性思潮。要知道,百年新文学已经成为中国文化与文学的新传统,不能再把新文学排除于传统之外了。当我们质疑"五四"新文化属性和价值,反思其割裂传统时,恰恰是再一次对于传统的否定,也恰恰重复了我们所指责的"五四"新文化运动的片面逻辑。没有"五四"新文化就没有现代中国,中国文论的话语转换和体系建构不能以否定这一新传统为前提。

第三,文化发展进程是一个自然选择和融合过程。传统不是先验的,而是后天实践完成的。我们应该重新理解鲁迅"拿来主义"文化观的本质。我想传统是否可以分为自在的传统与自为的传统?传统首先是自在的,然后才是自为的。20世纪80年代文化观大讨论的时候,关于文学创作的"伪现代派"的称谓本身就表明了传统的自在性:无论是怎样模仿外来艺术形式,怎样摒弃民族艺术传统,其实传统都是无法彻底消除的,即使自称"现代派"也会被人们认定为"伪现代派"。[①] 当我们对传统范畴外在指定某些符号和意义时,就已经属于自为的传统了,意义往往是附加的,不一定符合文化的本质。多年来传统文化的强烈危机感后面其实是传统的强烈优越感,而真正的优势文化和文化自信是开放和包容的。与传统相似,民族性也是一个时代性的概念,是一个在民族矛盾激化的时候充分体现出来的民族个性和立场,其强弱都可能因时代环境的变化而变化,而且与人类性可以互相转化。民族意识与民族精神不可缺少,但是极端的民族主义是万万要不得的。极端的民族主义从捍卫民族利益出发,但是最后伤害的恰恰是民族本身。大家会注意到,极端民族主义勃兴之后,民族往

---

① 《关于"伪现代派"》,《文艺争鸣》1988年第4期。

往都有一个沉寂疗伤的痛苦过程。

在中国当下的思想环境下，政治意识导向既是一种国家发展需要，也是一种学科建设前提。对于人文学科基本理论的世界性价值而言，我认为，"人类命运共同体"意识是最重要的基本导向，其对于当代中国文论的话语转换问题具有深远的启示意义。在新的理念阐释中，提示我们要认真反思一贯的文化前提，高度注意中国文论变革的民族性和人类性的关系问题。建构新时代中国特色的当代文论体系，不是要重回简单的文化对抗模式，而是要正视对抗，又要适时适度地超越对抗。只有如此，我们的理论才能具有更广泛的世界性价值，更有效地为人类思想理论发展确立中国方案。

如前所述，20世纪西学东渐和民族救亡决定了中国文化思想的民族本位意识，文化冲突构成了中国文化和文学的基本走向。这种对抗和对立是当时历史文化语境所决定的，具有历史的合理性和真实性。但从历史的长线来看，不能将民族意识与人类意识普遍而长期对立。人类文明在无数次的文化交汇和碰撞的历史进程中，二元对立的价值观与文化对抗心理往往过于沉重，以致带来文化转型和融合的额外负担。在这种文化语境中，中国文论的转型与建构首先要面对文化属性和文化价值观的评判，人们愿意把外来文论的价值与其所属的文化体系相关联，进行传统与现代、外来与本土的辨析，于是在某种程度上二者已经成为一个不辩自明的先验命题，是非取舍不需要做出另外的价值判断，强调传统文化和本土文化因此就具有了先天的伦理正义。其实，无论是"跟着说"还是"对着说"，其背后的价值观和思维方式是相同的，那就是长期制约学术思想和文化理论的二元对立价值观。那么，外来的学科和理论可否成为本土文学批评思想的理论资源与方法？毫无疑问，从改革开放以来的文化实践来看，必须对现代西方文论学术价值的特殊性给予足够肯定，尤其是在社会转型时期所具有的特殊学术价值。即使当下对于西方文论的反思，也是建立在大量引进和吸收西方文论的基础上的，因为晒阳光久了才能谈到紫外线的伤害。

传统的二元对立的思维方式和伦理价值观、历史上阶级斗争和民族矛盾的惨痛经历，以及当下中国激进民族主义的精神诉求，都凸显和强化了固有的二元对立的文化意识，这都是人类文化进程中普遍存在的伦理逻辑。然而在学理逻辑层面，这种文化意识不应是一种单一而长久的模式。我们强调文学的本土经验，但是本土经验要具有世界价值，要得到国际学界的认同。我们以往所说的"世界文学"中的"世界"，往往只是一种空间和地域概念，着重强调文学的传播能力，缺少文学内容的人类意识和境界，而只有具备了人类意识或"世界意识"，才能成为真正的世界文学。其中的关键就是文学的世界性到底是一种结构性的存在还是本质性的价值存在？例如张艺谋电影的国际影响，是民族习俗的猎奇还是思想和人生的肯定？是审美情趣的补充还是社会发展方向的认同？只有前者才是真正的接受，才真正具有世界性价值。中国当代文艺有的作品让世界瞩目，成为世界文学发展的标志之一，但是有的作品究竟提供给了世界什么样的精神价值？最引人注目的可能是本能娱乐不是人类正义，是玄幻权谋不是现实观照。"戏弄历史的作品，不仅是对历史的不尊重，而且是对自己创作的不尊重，最终必将被历史戏弄。""不让廉价的笑声、无底线的娱乐、无节操的垃圾淹没我们的生活。"[①]

文化融合是世界文化发展的最终趋势，传统本身也必须符合人性和人类性。随着世界大势的变化，习近平倡导的"人类命运共同体"这一理论

---

① 习近平：《在中国文联十大、中国作协九大开幕式上的讲话》（2016年11月30日），新华社。

的重要价值将日益凸显。"人类命运共同体"是一种引领性的"新全球化"理论，这一理论对于世界文化和发展构成了巨大的影响，使中国的全球发展观居于世界前沿地位，这是一个多世纪以来中国前所未有的世界性的思想和价值观影响，这一思想也应该成为中国文论转型和建构的理论基础与思维方式。中国特色的文论体系建构以民族传统"打底"，还要以人类意识"镶边"。这不仅是中国人文学科理论建设的需要，也是世界思想文化发展的需要。

文化发展的结果就是寻找人类文明的最大公约数，民族性是缩小的人类性，人类性是扩大的民族性。当我们能在世界上多个隔绝的族群身上找到相同的文化产物和社会属性时，那这些产物和属性就不单单属于民族性而是属于人类性的了。而近年中国文论界从"强制阐释论"进一步提升到"公共阐释论"，在逻辑理性的层面说明人类理论逻辑的相通性："公共理性呈现人类理性的主体要素，是个体理性的共识重叠与规范集合，是阐释及接受群体展开理解和表达的基本场域。在理性的主导下，主体间的理解与对话成为可能，阐释因此而发生作用，承载并实现理解和对话的公共职能。离开公共理性的约束与规范，全部理解和阐释都将失去可能。阐释的公共性决定于人类理性的公共性。""公共阐释无论出自何人，无论以何人为代表，其生成、接受和流传，均为理性行为，是人类共通性认知的逻辑呈现。"[①] 其实，任何优秀的文化传统都具有普遍性和共同性，都基于美好的人性和人类性，反人性的文学和非人性的文学是很难有长久而广泛的生命力和影响力的。文学的政治意识和民族意识的强化，总要根植于人性和人类性意识，由此才能最深刻而有效地表达。在一段时间里，我们批判和

---

① 张江：《公共阐释论纲》，《学术研究》2017 年第 6 期。

否定所谓"人性论"的文学,是一种历史选择的结果,因为在民族屈辱和阶级压迫的前提下,文学的人类性往往被合情合理地忽略。但是,当社会的主要矛盾发生变化之后,人们的对抗性意识也就不应该过强,要有更多更好的人性的文学和人类性的文学,因为文学表达终究要体现优秀人类文化和人性的优美共通性。"要把提高作品的精神高度、文化内涵、艺术价值作为追求,让目光再广大一些、再深远一些,向着人类最先进的方面注目,向着人类精神世界的最深处探寻。"①

三、中国文论建构的个性价值与审美转向

文学批评如何进入文学本身,文学理论的建构怎样才能有效,这是人们一直强调而又一直未能充分实现的诉求。文学理论无论从何而来,最终都要与批评实践相结合,束之高阁的理论不仅是无效的,也是苍白的。从这一思路来看,当下中国文论存在着以下两种十分明显的倾向。

第一,外在于文本的理论批评远多于内在文本的实践批评。文学理论最终要走向文艺批评实践,要进入文学作品评价之中。但是,许多理论和评价往往借用一种强大的既定理论从外部预先设定然后强行进入,形成文学作品与批评理论的间隔——而且这理论往往是公式化的,造成了评价模式化和玄学化,分离了文学理论与文学批评的血肉联系:"许多概念、范畴,甚至基本认知模式都从场外直接取来,强行用做文学场内的基本范式和方法,直接侵袭和消解了理论与批评的本体意义,使文学的理论背离了文学。""从认识的路线讲,用场外理论阐释文本,其逻辑起点就是,理论

---

① 习近平:《在中国文联十大、中国作协九大开幕式上的讲话》(2016年11月30日),新华社。

第一，文本第二，用理论裁剪实践。"① 理论建构与批评实践的关系应该是浪花与大海的关系，而不是白云与大地的关系。文学理论的建构不是单纯的逻辑演绎，而是应该面向作品面向读者的，是在文学创作和审美接受的实践基础上产生的。任何有效的理论都是需要实践程序的。"理论—作品—读者"才是完整的过程，不能在第一个环节就进行自我循环，而忽略和轻视后两个环节，而后两个环节才是文学理论存在的最终价值。不能进入大众艺术生活之中的批评理论的价值往往值得怀疑，这不是审美追求的大众化还是化大众的问题，而是理论自身价值的有无大小问题。在1937年中国全面抗战爆发之后，中国文学进入了一个空前统一的时期：统一的抗日主题、统一的悲壮风格、统一的短小文体。而为了服务于全民抗战的时代需要，适应广大民众特别是农民的审美需求，传统和民间的文艺形式复兴成为一种潮流。正是文艺家走出创作和理论的象牙塔，才使当时的文艺融入大众和时代的需要之中，成为服务现实服务抗战的有力武器。20世纪中国文学最大的价值就是积极参与并广泛影响了中国社会的进程。相比之下，当代文学理论和文学批评除了政治性的否定机制之外，很少对作家实际创作和读者接受产生影响，这也是文学学科和人文工作者被社会发展看得过轻的原因之一。文艺理论家不能放弃人文知识分子的应有责任，任何理论的建构最终都要落实到文艺实践，都要有意义。前几年，冯小刚对于学院派批评的粗野贬损，难道不也包含值得我们自身反思的价值吗？

第二，抽象的文化哲学批评重于艺术感受的审美批评，我们应从逻辑的、伦理的批评回到审美批评。文艺理论的建构和文艺批评的实践都要有

---

① 张江:《关于场外征用的概念解释——致王宁、周宪、朱立元先生》，《清华大学学报（哲学社会科学版）》2015年第2期。

中国气派和中国作风，而民族性在审美的层面的体现可能较伦理层面更为突出。文学批评的民族性在新文化的浪潮中，和传统文学一起被现代思潮所冲击、贬损。以传统文论为底色的李健吾的现代文艺批评不仅没有成为主潮，而且也没有被太多的人所关注。相反，批评话语玄学化、批评理论哲学化的倾向日益明显，文学批评成了哲学理论的"搬运工"。20世纪80年代以后，西方理论大量涌入，在德国古典哲学、"新三论"、"老三论"，到现代主义、西方马克思主义等逻各斯中心主义思潮的影响下，学界出现了一个体系建构的热潮。论文写作语言稍显日常化大众化就认为是"缺少学术训练"，使用"非学术语言"等。学派的形成一方面是具有自己的特色，另一方面是要实效有用。这种理论的体系性和话语方式的学术化不是把简单问题复杂化、日常话语陌生化，而是相反。有学者指出："学术研究是一项个性化的事业，是一门创造性的艺术；述学文体不仅关涉学术表达形式，而且关涉学术思想的创造；学界普遍缺乏述学文体的自觉，至今充斥着干瘪的概念演绎和空洞的体系构架，蔓延着畸形的'学院语言'——'反黑格尔主义'是重建'述学文体'的核心主题。"[1]

由于政治与文学的先天结缘，在20世纪中国社会进程中的大背景下，中国文论一直存在着重伦理而轻审美的倾向，文学的思想性成为文学批评的主要价值选择。文学史研究的意义优先和文学批评的主题至上，也许符合以这种价值观创作出来的文学作品本身，但是作为艺术作品总有其不同于政论和哲学的特殊性在里面，而文艺批评的责任就是要发现和传达这种艺术的特殊性。由于救亡图存的民族危机和国家政权更迭的需要，整个

---

[1] 吴子林：《"毕达哥拉斯文体"——维特根斯坦与钱锺书的对话》，《清华大学学报（哲学社会科学版）》2017年第3期。

20世纪中国文学发展往往以政治伦理为尚，而文学批评毕竟不是时事政治评论，需要确立和坚守文学审美原则。然而从中小学语文教学开始我们就习惯于首先对作品的"中心思想""段落大意"进行分析：通过了什么，揭示了什么，表现了什么，歌唱了什么，批判了什么……做出这些分析后再对作品的艺术价值进行评价。如果主题正确，即使是艺术性差，我们也只是加上一句"瑕不掩瑜"之类的结论，然后仍然加以肯定。在这样一种阅读训练之下，我们对于对象的理解不能在艺术感受——自我感受阶段多停留一会儿，非要直接进入思想或道德的判断，而且往往是以一种单一的、预设的、外在的结论强行进入。如当年对于"朦胧诗"的批评，使用的就是这种批评逻辑。一首诗的鉴赏首先不一定就直接进入关于其主题的判断，而是应该像欣赏一幅画一样重在映入眼帘之后的第一阅读感受，美还是不美，感动还是没有感动，即使是一种因人而异的美或者是说不出来的感动也是值得珍重的。忽略一见钟情式的艺术感受而直接进入先验而严格的思想伦理判断，最终浪费了诗歌的形式，钝化了读者的艺术感受。

第三，形而上的思想伦理批评重于具体的个人感受性批评。文艺批评成为一种模式化操作，用自我循环的逻辑体系套用于不同的批评对象，最后得出相似甚至重复的结论，模式化操作丧失的是充满血肉和灵性的个性化批评。没有个性的批评就不可能真正建构起自己的理论体系，我们往往过于注重学派的理论体系建构，而缺少批评的具体性、审美性和个人性，百家一说千人一面也就没有世界性对话的能力。理论是对于现实世界的阐释，即使是面对同一个世界，也应该有不同角度的阐释。

文学研究一旦脱离具体对象而成为一种理论自我演绎，就形成一种"空转"，有了体系性而失去了有效性。例如，近年来鲁迅研究中出现普遍的玄学化倾向，在文学家鲁迅和思想家鲁迅的基础上，努力把鲁迅作为哲学家来研究，把鲁迅的思想作为思辨哲学来看待，于是活生生的鲁迅变成了概念化的鲁迅。对其哲学思想进行体系化实则玄学化的阐释，最终反而是远离了鲁迅思想的本质，模糊了鲁迅的形象。这不是提升鲁迅的文学史地位，而是淡化了其艺术价值和思想个性，阻碍了鲁迅思想的传播和接受。我们承认文艺批评不是阐释抽象的审美原则，而是一种文化实践行为，批评既要符合历史的真实性，又要符合逻辑的合理性，不符合事实又不符合逻辑的批评不是真正的批评，这是最后的学术伦理底线。

在历史积累和审美惯性下，文学艺术创作和批评都有自在的生命力量，是一种自然生长的态势。中国文论的转型与建构的缺失与收获，都是促进中国文论向前发展的资源和动力。我们相信，在新时代理论自信的基础上最终会实现真正的理论创新。

（原载《文学评论》2019年第6期）

中国文学传统的创造性转化

——重建现代中国文学研究的古今维度*

李遇春

一、问题提出的理论基础与学术源流

毋庸讳言,中国学界长期以来习惯于从中西维度研究现代中国文学如何受到外国文学(主要是西方文学)的显在影响而发生所谓文学现代化转型,而相应地忽视了从古今维度探究中国古代文学传统在这场百年中国文学现代化转型中所发生的潜在影响①。然而,进入改革开放的新时期以后,随着全球化进程日益加剧,当代中国文学在现代化转型中遭遇到了越来越强烈的民族化危机。中国作家已经越来越不满足于做西方作家的中国替

---

* 本文为国家社会科学基金项目"民国旧体诗词编年史稿"(批准号:13BZW116)、中央高校基本科研业务费资助项目"中国现当代旧体诗词编年史"(批准号:CCNU14Z02017)阶段性成果。

① 这种单向度的研究状况在新世纪以来有所改观,章培恒先生晚年力倡中国文学的古今演变研究,陆续与同仁联合主编《中国文学古今演变研究论集》(2002)及《中国文学古今演变研究论集二编》(2005)、《中国文学古今演变研究论集三编》(2010),以上文本均由上海古籍出版社出版。

身,即使被封为"中国的卡夫卡""中国的马尔克斯""中国的福克纳""中国的博尔赫斯"……也依然掩盖不住他们在全球化的西方中心主义语境中的尴尬身影。正是在这种新的历史背景下,人们格外注意到,包括汪曾祺、王蒙、韩少功、阿城、贾平凹、莫言、王安忆、张炜、史铁生、李锐、苏童、格非、毕飞宇、红柯等人在内的中国新时期文坛翘楚纷纷先后表达他们对于中国古典文学传统的敬意。2012年诺贝尔文学奖得主莫言近年来也已多次向《聊斋志异》和《封神演义》等中国古典文学名著致敬,他在瑞典学院的讲演中声称"《檀香刑》和之后的小说,是继承了中国古典小说传统又借鉴了西方小说技术的混合文本"[1],这种表述很能代表那些勠力于中国文学传统创造性转化的作家的群体心声。对于他们而言,一味模仿西洋文学的西化派或先锋派并非最佳选择,盲目固守中国文学传统的守旧派或复古派也不高明,而他们要做的就是在两派之间另辟一条中间道路,即融合古今、会通中西的中国文学传统创造性转化之路。

中国文学传统的创造性转化来自中国文化传统创造性转化这个宏大命题。早在1964—1974年,当中国学者正在红色反传统浪潮中被裹挟逐流的时候,美籍华裔青年学者林毓生正在芝加哥大学师从哈耶克教授攻读博士学位,他在博士学位论文《中国意识的危机——"五四"时期激烈的反传统主义》中经过系统而深入地清算以陈独秀、胡适、鲁迅为代表的五四一代知识分子的全盘性反传统主义思维模式,进而明确提出了中国文化传统的创造性转化命题。在林毓生看来,"五四式的全盘性反传统主义——以及由此衍生的全盘西化论——实际上正是未能从儒家传统一元论、有机观的'思想模式'的桎梏中解放出来的结果。那是受传统'思想

---

[1] 莫言:《讲故事的人》,《盛典——诺奖之行》,长江文艺出版社2013年版,第81页。

模式'的影响所产生的形式主义的谬误"①。而现代中国知识分子之所以热衷于"借思想文化作为解决问题的途径,是被根基深厚的中国传统的倾向,即一元论和唯智论的思想模式所塑造的,而且是决定性的。当这种具有一元论性质的借思想文化以解决问题的途径,在辛亥革命后中国社会政治现实的压力下被推向极端的时候,它便演变成了一种以思想为根本的整体观思想模式。五四时期的反传统主义者,根据这种思想模式把中国传统视为一个有机整体而予以全部否定。既然传统的整体性被认为是由它的根本思想有机地形成的,因此五四时期反传统主义的形式,便是全盘性的思想上的反传统主义"②。虽然当年林氏援引现代西方知识社会学和科技哲学的方法在进行论证时并非没有可商榷之处,但他的结论无疑还是令人信服的,而且他也注意到了五四一代知识分子特别是鲁迅在全盘性反传统的同时也存在着显在的现代化立场与隐示的传统文化内核之间的冲突现象,这就为中国文化传统创造性转化埋下了历史伏笔。需要补充的是,无论是胡适、陈独秀,还是鲁迅、周作人,他们全盘性的反传统主义更多地还是停留在理论宣言或文化姿态上,至于他们在立身行事、学术研究和文艺创作层面,则无不体现出了现代与传统的文化纠结。在五四一代中国现代知识分子的人生实践中,其实恰恰隐含了林氏所明确提出的中国文化传统创造性转化的命题。

毫无疑问,五四一代激进的反传统思想模式是一元独断论的,这正好与中国传统文化的二元对立思维模式一脉相承。事实上,中国文化传统并

---

① [美]林毓生:《中国意识的危机——"五四"时期激烈的反传统主义》增订再版前言,穆善培译,贵州人民出版社1988年版,第3页。
② [美]林毓生:《中国意识的危机——"五四"时期激烈的反传统主义》,穆善培译,贵州人民出版社1988年版,第85页。

非固化的整体一潭死水，而是经过漫长的文化变迁不断地融合异质文化而生成的动态文化传统，虽然它在晚清以来陷入了僵化困局，但并非要全盘摒弃而不能再度创生。林毓生十分推崇怀特海、博兰尼、哈耶克等西方现代学者的理念，即"有生机的传统"有助于维护自由和促导进步。他们认为："自由、理性、法治与民主不能经由打倒传统而获得，只能在旧传统经由创造的转化而逐渐建立起一个新的、有生机的传统的时候才能逐渐获得。"① 这意味着传统的创造性转化是现代化的必由之路。欧洲现代文明的崛起离不开近代文艺复兴和宗教改革，离不开古希腊和罗马文化传统，离不开希伯来文化和基督教文明传统，正是对多重传统的创造性转化，才成就了现代欧美文明神话。关于传统的性质，美国学者希尔斯在其名著《论传统》中专门论证了"作为指导范型的传统"在保持文化稳定性的同时必须随着内部和外部因素的变化而发生传统变迁的必然规律。传统的变迁不以个人的意志为转移，它必须接受异质文化的挑战和冲突进而产生交融，否则将面临解体或消亡。有人据此提炼出了新的"传统"概念，认为传统是"指一条世代相传的事物之变体链，也就是说，围绕一个或几个被接受和延传的主题而形成的不同变体的一条时间链。这样，一种宗教信仰、一种哲学思想、一种艺术风格、一种社会制度，在其代代相传的过程中既发生了种种变异，又保持了某些共同主题，共同的渊源，相近的表现方式和出发点，从而它们的各种变体之间仍有一条共同的链锁联结其间"②。在现代视域中，传统不再是固化的正体，而是流动的变体。传统的变体与正体之间并非简单的二元对立断裂关系，而是既对立又互补，既断裂又融合，

---

① ［美］林毓生：《中国意识的危机——"五四"时期激烈的反传统主义》增订再版前言，穆善培译，贵州人民出版社1988年版，第3页。
② 傅铿：《译序》，载希尔斯《论传统》，傅铿、吕乐译，上海人民出版社1991年版，第3页。

隐含着共通的时间链和文化链。在这个意义上，中国文化传统的创造性转化不仅合理而且可行，用林毓生的话来说，就是"把一些中国文化传统中的符号与价值系统加以改造，使经过创造地转化的符号与价值系统，变成有利于变迁的种子，同时在变迁的过程中，继续保持文化认同。这里所说的改造，当然是指传统中有东西可以改造，值得改造，这种改造可以受外国文化的影响，却不是硬把外国东西移植过来"①。为了证明中国文化传统中确实有值得创造性转化或变迁的种子，他举例说，虽然中国传统语汇中的"自由"一词并不能代表西方自由主义的观念，但中国儒家的"仁的哲学"中确实蕴含了西方自由主义的"人的道德自主性"（道德自律）观念，所以他认为儒家的"仁的哲学"传统可以成为现代中国自由主义与西方康德哲学"接枝"继而进行创造性转化的基础。②

这让人想起20世纪80年代初，汪曾祺在复出文坛后说过的一番话："我是一个中国人。""中国人必须会接受中国传统思想和文化的影响。""比较起来，我还是接受儒家的思想多一些。""我不是从道理上，而是从情感上接受儒家思想的。我认为儒家是讲人情的，是一种富于人情味的思想。""有人让我用一句话概括出我的思想，我想了想说：我大概是一个中国式的抒情的人道主义者"。③ 显然，在作家汪曾祺那里，中国传统儒家的伦理思想成了他创造性地转化西方人道主义思想的中国基础。唯其如此，汪曾祺的小说和散文才能写出中国味儿，他不仅在文学创作中实现了对中国文化传统的创造性转化，还同时实现了对中国文学传统的创造性转化。谈到西方现代派文学的引入时，汪曾祺说："我的意见很简单：在民

---

① 林毓生：《中国传统的创造性转化》，生活·读书·新知三联书店1988年版，第291页。
② 参见林毓生《中国传统的创造性转化》，生活·读书·新知三联书店1988年版，第287—288页。
③ 《汪曾祺全集》三，北京师范大学出版社1998年版，第300—301页。

族传统的基础上接受外来影响,在现实主义的基础上吸收现代派的某些表现手法。"但是我不赞成把现代派作为一个思想体系原封不动地搬到中国来"。又说:"外来影响和民族风格不是对立的矛盾。民族风格的决定因素是语言。'五四'以后不少着力学习西方文学的格律和方法的作家,同时也在着力地运用中国味儿的语言。""用一种不合语法,不符合中国的语言习惯的,不中不西、不伦不类的语言写作,以为这可以造成一种特殊的风格,恐怕是不行的。"① 汪曾祺是新时期中国文坛最早的文学创化派代表之一。他明确标举以中化西、西为中用,而坚决反对食洋不化乃至食古不化,是因为他确信在中国文化传统和中国文学传统中确实存在着林毓生所谓的值得做创造性转化的民族种子,用随后兴起的"寻根派"文学家韩少功等人的话来说,就是要追寻民族的文学之根!② 1985 年前后出现的寻根派是新时期中国文坛最早的群体性文学创化派思潮,此派作家纷纷在文学创作中致力于对中国文化和文学传统的创造性转化,这与海外学者林毓生的传统创化观念如出一辙。他们明确反对全盘照搬西洋文学样板,而力主在中国文学民族传统基础上吸纳外国文学养分而自创民族文学新形态。尽管他们对中国文化和文学传统的价值判断和理性分析并不相同,但在追求中国文化和文学传统的创造性转化这一点上却显示了惊人的一致。这也为近三十年来中国文学研究界致力于重建现代中国文学研究的古今维度打下了现实基础,中国文学理论批评界有责任和义务去总结当前中国文学创化派的经验和实绩。

---

① 《汪曾祺全集》三,北京师范大学出版社 1998 年版,第 302—303 页。
② 韩少功:《文学的"根"》,《作家》1985 年第 4 期;阿城:《文化制约着人类》,《文艺报》1985 年 7 月 6 日;郑万隆:《我的"根"》,《上海文学》1985 年第 5 期;李杭育:《理一理我们的"根"》,《作家》1985 年第 9 月期。

在中国最早回应林毓生有关传统创化观的学者是李泽厚。1986—1988年，林毓生的《中国意识的危机》和《中国传统的创造性转化》相继在中国翻译出版，作者在前一本书的《著者弁言》中还专门感谢了李泽厚为出版奔走的隆情高谊。而李泽厚则在1987年出版的《中国现代思想史论》中明确回应了"转换性的创造"问题。他说："我们今天的确要继承五四，但不能重复五四或停留在五四的水平上。对待传统的态度也是如此。不是像五四那样，扔弃传统，而是要使传统作某种转换性的创造。""传统既然是活的现实存在，而不只是某种表层的思想衣装，它便不是你想扔掉就能扔掉、想保存就能保存的身外之物。所以只有从传统中去发现自己、认识自己从而改换自己。""只有将集优劣一身和强弱为一体的传统本身加以多方面的解剖和了解，取得一种'清醒的自我觉识'，以图进行某种创造性的转换，才真正是当务之急。"① 相对于百年中国其他领域所进行的中国传统的创造性转换而言，李泽厚认为"五四以来到今天，以文学在这方面做得最好"，比如中国新文学中的爱国主义精神和批判现实主义精神就是对中国古典士大夫关心国事民瘼、以天下为己任的士人精神传统的创造性转换，而且"它又确乎是在对传统中封建主义内容的否定和批判中，来承接这传统心理，这就正是对传统进行转换的创造"②。但李泽厚毕竟以治中国思想史为主，于现代中国文学研究则着力不甚深，继之而起的是陈平原，他主动接过李泽厚的中国文学传统创造性转化的命题进行深度开掘，希望自己能够在林毓生和李泽厚等思想史家为五四先驱者"未能很好实现传统的创造性转化而叹息不已的时候"，特意"从中国小说叙事模式

---

① 李泽厚：《中国现代思想史论》，安徽文艺出版社1994年版，第45—46页。
② 李泽厚：《中国现代思想史论》，安徽文艺出版社1994年版，第50页。

的转变这一特殊的角度，勾勒传统文学形式的创造性转化在其中发挥的积极作用"[1]。这就是他1987年在北京大学提交的博士学位论文《中国小说叙事模式的转变》的主要创获。陈平原从西方小说的启迪和传统的创造性转化两个方面展开论述，据说一开始主要是考察前者，可后来后者的作用凸显出来，"以至成了全书的另一个论述中心，甚至是更有理论活力的中心"[2]。诚然，中国文学传统在中国现代小说叙事模式转变中发生的创造性转化确实是陈平原博士学位论文中剖析得最透彻和最精彩的部分，因为论者摒弃了现代中国文学研究界长期以来重视中西维度、忽视古今维度的研究模式，转而认为中国小说叙事模式在现代转型中"接受新知与转化传统并重"。由此他否认中国现代文学与中国古代文学之间是一种简单的断裂关系，也不认为中国现代文学是对西方欧美文学的简单移植式再生形态，而是主张前者是一种似断实连、形断神连的"脐带式的断裂"，而后者则是一种汇集中外古今众香木而自焚的"凤凰式的再生"[3]。

当然，陈平原的文学传统创化观并非仅仅来自林毓生和李泽厚那里，实际上他的导师王瑶先生的学术理念对其有着举足轻重的影响。作为中国现代文学研究这门学科的重要缔造者和奠基者，由中国古代文学研究转入中国现代文学研究的王瑶先生晚年曾对现代文学教师进修班的学员们说："过去讲新文学源流的人，有各种不同的说法，最有代表性的是周作人。他不承认'五四'以来的中国现代文学主要是受外国文学影响产生的。他认为新文学是从明朝末年的公安派、竟陵派发展而来的。胡风的看法和他相反，他认为中国现代文学是西方文艺复兴运动在中国产生的一个支

---

[1] 陈平原：《中国小说叙事模式的转变》，北京大学出版社2003年版，第138页。
[2] 陈平原：《中国小说叙事模式的转变》"自序"，北京大学出版社2003年版，第2页。
[3] 陈平原：《中国小说叙事模式的转变》，北京大学出版社2003年版，第138页。

流。"① 王瑶超越了周作人和胡风两派的极端观点,他既不支持中国现代文学起源的"本土观"也反对单向的"西方观",而是认为中国现代文学的起源和发展是中国文学传统和西方文学资源二者合力的产物。不仅如此,他尤为强调中国现代文学与中国古代文学的内在渊源,强调要大力开展中国现代文学的民族传统研究。他说:"我们要讲历史继承性,不能把现代文学与古典文学对立起来。这也是'五四'精神的一个方面。实际上,凡是'五四'以来有成就的作家,和过去的文学传统都是有联系的。我们可以研究他的作品受到的传统文学的影响,包括民间文学在内。完全和传统文学没有联系,是创作不出好作品的。"又说:"中国古典文学在它的发展过程中也受到过外国文学的影响,例如佛教翻译文学就对唐代有影响。不过,我们有个好传统,就是把外国的东西融化成为自己的东西。"② 王瑶先生在注重中国现代文学与外国文学关系的同时格外注重中国现代文学与中国古代文学的关系,他甚至还在中国古代文学与外国文学关系的基础上提出了中西融合、熔铸现代中国文学新形态的构想。他的这种文学构想和学术理念与林毓生和李泽厚等人明确提出的中国文化和文学传统的创造性转化命题如出一辙。

　　实际上,在王瑶之外,捷克汉学家普实克的中国现代文学研究观念和方法也对陈平原的中国文学传统创化论有着显著影响。普实克十分注重探究中国现代文学与中国古代文学之间的历史渊源,他极富洞见地发现了中国古代文学中的"抒情"传统对中国现代文学的潜在影响,这在陈平原

---

① 北京师范大学中文系现代文学教研室编:《现代文学讲演集》,北京师范大学出版社 1984 年版,第 26 页。
② 北京师范大学中文系现代文学教研室编:《现代文学讲演集》,北京师范大学出版社 1984 年版,第 48—49 页。

的著作中被置换为"诗骚"传统；与此同时，普实克还通过对茅盾小说的重点分析提出了影响中国文学现代转型的另一种"史诗"传统，这种传统表面上来自西方19世纪的现实主义和自然主义小说美学，而骨子里则与《儒林外史》《红楼梦》等中国古典长篇小说叙事传统一脉相承，而为了避免中西概念的误读，陈平原在著作中将这一"史诗"传统置换成了"史传"传统，显然置换后的概念更准确，更中国化，也更符合中国文学史的历史实际。不仅如此，普实克还通过考察鲁迅、郁达夫、叶绍钧等五四一代作家的创作实践表明："尽管我们指出了欧洲文学作品与新文学作品的相通之处，我还是认为更重要的一点是中国旧文学，特别是文言文对新文学的影响。只需把新的文学观念浇灌在旧文学之上，它就会变成新创造的沃壤。"① 他还特别指出："五四运动以后兴起的新文学更主要的是与'文言'传统而不是通俗文学传统发生过联系，尽管当时存在着猛烈抨击旧文人的文言作品的斗争。"② 普实克这种尤其注重考察中国文言精英文学而不是白话通俗文学对现代中国文学影响的思路和观点，也被陈平原加以吸纳和改造，所以陈平原说自己"在论述传统的创造性转化时""着重强调'新小说家'和'五四'作家主要不是接受中国古代小说、而是接受以诗文为正宗的整个传统文学的影响"③。由此他在书中不厌其烦地分析中国古典诗词文赋包括游记、书信、日记、笔记等在内的传统文人文体对中国现代小说文体的渗透和影响，以此从深层次上揭示中国文学传统创造性转化的内在肌理。在借鉴普实克的基础上，陈平原得出了这样的结论："完成叙事模式转变后的现代小说，不是比古典小说更大众化，而是更文

---

① 普实克：《普实克中国现代文学论文集》，李燕乔等译，湖南文艺出版社1987年版，第210页。
② 普实克：《普实克中国现代文学论文集》，李燕乔等译，湖南文艺出版社1987年版，第100页。
③ 陈平原：《中国小说叙事模式的转变》，北京大学出版社2003年版，第14页。

人化。""作家主体意识的强化,小说形式感的加强和小说人物的心理化倾向,全都指向文人文学传统而不是民间文学传统;更容易为有较高文化修养的知识分子而不是粗通文墨的工农大众所接受。"① 这与中国现代小说在发生期和奠基期主要是反对中国古典通俗文学叙事传统(鸳鸯蝴蝶派小说是其余脉)而暗中接续中国古典文人文学传统是一致的,尤其是对唐宋文人传奇的艺术接受,给中国现代小说打下了深沉的民族文学底色。

二、现代中国小说的传统创化之理路

从中国文化传统的创造性转化到中国文学传统的创造性转化,这是摆在现代中国文学研究者面前的一道难题。在现代中国文学研究领域,偏重中西维度的西化派研究模式长期占据主导地位,而固执于中国古典文学传统的本土派研究者则不屑于研究"新文学",他们继续株守着现代中国的旧体文学(主要是旧体诗词)而不逾雷池;剩下的就是中西维度与古今维度并重的创化派研究模式了,这派研究尚属少数,但近些年来已有升温之势。从惯常的现代文体分类来看,创化派的现代中国文学研究主要集中在小说和诗歌两个领域,相对而言,散文和戏剧领域的创化研究比较沉寂。这主要是因为在百年现代中国文学历史演化进程中,小说文体在传统创造性转化方面做得最好,而诗歌长期陷入新旧对立的争议旋涡中承受了最多的压力。当年王瑶先生曾回忆说:"一九三八年,毛泽东同志提出中国作风和中国气派,要求建立为群众所喜闻乐见的民族形式,这之后,讨论民族化、民族形式的文章就更多了。当时讨论最多的是诗歌和戏剧,讨论小

---

① 陈平原:《中国小说叙事模式的转变》,北京大学出版社 2003 年版,第 247 页。

说和散文的很少，说明小说和散文在民族化方面取得的成就要大得多，不觉得是重要的问题；但诗和戏剧，大家觉得问题很多。例如话剧，它的民族风格不显著是有原因的，主要是因为它从外国传入以后和中国人民结合的程度不够。"① 这虽然说的是抗战时期民族形式大讨论的中国文坛现状，但即使是放在整个现代中国文学的百年发展进程中来看，也是大抵符合历史实际情形的。百年来，中国诗歌一直分裂为"新诗"和"旧诗"两个诗界，中国戏剧也一直分裂为"话剧"和"戏曲"两个剧坛，民族化与西方化，或者说传统化与现代化之间的文体冲突始终无法得到化解，由此带来了这两种文体在传统创造性转化上的不力。至于小说和散文，则如陈平原所说的那样："如果说在 20 世纪初期的中国文学形式变革中，散文基本上是继承传统，话剧基本上是学习西方，那么小说则是另一套路：接受新知与转化传统并重。不是同化，也不是背离，而是更为艰难而隐蔽的'转化'，使传统中国文学在小说叙事模式的转变中起了不容忽视的作用。"②

回顾近百年中国现代文学史，学界近年来习惯于将其分为三个大的时段加以考察，一是民国时期的第一个三十年（一般以 1917 年为开端），二是中华人民共和国的第一个三十年（以 1949 年为开端），三是中华人民共和国的第二个三十年（一般以 1977 年为开端）。我们也可以从这三个文学时段来考索百年现代中国小说的文学传统创造性转化过程。相对而言，如普实克和陈平原所说的那样，在现代中国小说发展的第一个三十年里，中国小说家在接受西方启蒙现实主义小说美学形态影响的同时，主要是将其与中国古代文人文学传统，尤其是与文言文学传统相结合，从而对中国文

---

① 北京师范大学中文系现代文学教研室编：《现代文学讲演集》，北京师范大学出版社 1984 年版，第 41—42 页。
② 陈平原：《中国小说叙事模式的转变》，北京大学出版社 2003 年版，第 138 页。

学传统成功地进行了创造性的转化，因此成就了鲁迅、郁达夫、叶绍钧、茅盾、废名、沈从文、巴金、老舍、萧红、张爱玲、钱锺书、师陀等小说名家巨匠。我们从其传世的现代文学经典作品中不难窥见中国古典文学中的"史传"传统和"抒情"传统的双重印痕。中国现代小说向来主观主义和个人主义思想和情绪比较浓厚，甚至还形成了特殊的抒情小说或诗化小说形态，这诚然是受到了西方近现代人文主义文化和文学传统的外来影响所致，但又实实在在地与中国古代文人文学传统有关，尤其是与中国古典诗歌抒情传统有关，因为中国古代精英文人向来视文学尤其是诗词和小说为"余事"，不像正经的古文那样登大雅之堂，故而笔下多有个人情怀和主观情绪流溢满纸，如所谓情趣、逸趣、谐趣之类，与正统的道统迥异其趣。中国古典文学的这种抒情传统也可以转化为广义上的"言志"传统，与之相对应的则是"载道"传统，前一种催生了中国古典文学中的"言志派"文学，后一种形成了中国古典文学中的"载道派"文学①，正是前一种"言志派"文学传统在现代中国小说第一个三十年中发生了积极的创造性转化，与西方现代人道主义或个人主义文学传统互补融合，遂成就了现代中国小说的第一个艺术高峰。

除了"抒情"或"言志"传统之外，"史传"传统也在现代中国小说第一个三十年中明显得到了创造性转化，"史传"传统发轫于先秦诸子史传散文，此后迭经变异，一变为六朝志怪志人小说，二变为唐宋传奇小说，三变为明清章回小说，然万变不离其宗，历史性（野史性）、传记性（杂传性）和传奇性（奇异性）一直贯穿其中。鲁迅的《阿Q正传》和《孔乙己》、沈从文的"湘西小说"系列、茅盾的"农村三部曲"和《子

---

① 参见周作人《中国新文学的源流》，华东师范大学出版社1995年版，第17页。

夜》、巴金的"激流三部曲"、老舍的《骆驼祥子》和《四世同堂》、萧红的《呼兰河传》、张爱玲的小说集《传奇》、钱锺书的《围城》、师陀的《果园城记》，大抵属于叙写现代中国平民人物（与英雄人物相对）的生平行状和性格风采的野史杂传小说，或直接传承六朝志人小说和唐宋传奇小说的文体风范，或延续明清世情写实小说如《红楼梦》（原名《石头记》）、《儒林外史》的史传叙事传统。后者的精英文人姿态有别于明清讲史系列的通俗小说叙事传统，这再一次印证了普实克和陈平原所言不虚，即民国时期的中国现代小说主要是对中国古代文人文学或文言文学传统的创造性转化，而有意地放逐了中国古代白话通俗小说的大众化叙事传统。

进入1949年以后现代中国文学的第二个三十年里，当代中国小说家对中国文学传统进行创造性转化的古典文学资源选择发生了显著变化。中华人民共和国成立以后毛泽东所倡导的"工农兵文学"新方向得以全面确立，他在《在延安文艺座谈会上的讲话》中所重点阐述的中国文学民族化和大众化道路进一步在整个文坛加以推广，当代中国作家渴望写出具有"中国作风"和"中国气派"的作品，小说家当然也不例外。由于这种民族化的文学形态同时是大众化的，文学服务的对象也从知识分子和小资产阶级转向了"工农兵"或"老百姓"，也即由知识精英转向了普罗大众，这就注定了中华人民共和国成立后的中国当代小说必须要走通俗文学的道路，由此也就与民国时期现代小说所走的精英文学道路相分野。正是这种文学道路的分野，决定了大多数新中国小说家不可能向中国古代文言文学和文人文学传统寻找创造性转化的文学资源，而只能选择向中国古代白话通俗小说和民间文学传统借鉴和效仿，由此在文坛形成了蔚为大观的"革命通俗小说"或"革命英雄传奇"创作潮流。虽然这个时期也有少数作家如孙犁那样延续鲁迅式的诗化小说或散文化小说传统，坚持在革命文学形态内部向中国古代文人文学和文言文学传统学习，但是处于相对边缘化的地位。而对于大多数主流革命文学家而言，他们的小说此时不约而同地转向了师法明清历史演义或古典英雄传奇，如《三国演义》《水浒传》《岳飞传》《杨家将》《说唐全传》《儿女英雄传》等中国古典通俗小说名著，它们分明有别于《红楼梦》和《儒林外史》等中国古典文人化和精英化的白话章回小说，前者大约是用来说书的底本，属于评书体，后者虽有外在的话本形态，其实内里已经是案牍之文，主要是供阅读而不是供视听，也就是说它已经是书面形态的精英文学而不属于口传形态的通俗或民间文学形态了。但这种明清文人小说和精英小说遭到了当代小说家的普遍拒绝，他们不仅摒弃了明清文人小说的批判传统和精英趣味，而且也抛弃了明清文人化长篇小说的世情写实主义叙事传统，转而向明清通俗章回长篇小说学习，不仅效仿其忠君爱国的主流意识形态诉求，而且化用其英雄主义叙事模式，通过为主要英雄人物或英雄人物群像树碑立传的方式展开情节化或故事化的叙事，通常表现为英雄人物性格比较单一，而反面人物性格比较复杂，构成了明清通俗历史演义小说常见的忠奸对照人物设置模式。毫无疑问，新中国的革命英雄传奇小说的文体形成，既有对苏联革命现实主义或社会主义现实主义小说叙事模式的模仿和借鉴，同时它更是对中国古代英雄传奇文体传统创造性转化的产物。当然，它还是对中国古代文学中"载道"传统的沿袭和化用，由此现代中国小说在第二个三十年明显告别了第一个三十年时期的个人化"抒情"或"言志"传统，而走上了集体化的"载道"文学道路，尽管这种"载道"文学常常以集体化的"抒情"或"言志"形象存在。我们从《红旗谱》《红日》《红岩》《保卫延安》《林海雪原》《铁道游击队》《敌后武工队》《野火春风斗古城》等红色经典长篇小说中不难辨析其政治主题中隐含的强大载道传统。

改革开放后的三十年是现代中国文学的第三个三十年。这个时期的中国文学重启西方人道主义文学传统，同时也是对现代中国文学第一个三十年业已转换成功的中国五四式启蒙现实主义文学传统的接续，然后当代中国新潮作家很快便在1985年前后进入了对西方现代主义和后现代主义文学的崇拜和模仿时期，这就是20世纪80年代所谓"新时期文学"的主潮。然而，就是在这个追逐新潮的80年代里，中国小说同时也在进行对传统的创造性转化，而且这次转化的传统文学资源再度发生了变化。20世纪80年代的中国小说家与他们的民国先贤一样把转化的视野投向了中国古代文人文学和文言小说传统，无论是以晚年孙犁、汪曾祺、林斤澜、邓友梅、陆文夫、刘绍棠等为代表的老一代小说家，还是以韩少功、贾平凹、莫言、阿城、张承志、王安忆、李杭育、郑万隆、何立伟等为代表的新进小说家，他们都在"寻根文学"或"泛寻根文学"的视域中积极地谋求着对中国六朝志怪志人小说和唐宋传奇小说文体传统的创造性转化。"史传"传统赋予了这批作家的小说代表作品以野史杂传的艺术品格，如《云斋小说》《受戒》《大淖记事》《陈小手》《那五》《烟壶》《小贩世家》《美食家》《爸爸爸》《女女女》《太白山记》《天狗》《浮躁》《红高粱家族》《棋王》《树王》《孩子王》《黑骏马》《小鲍庄》《最后一个渔佬儿》《沙灶遗风》《老棒子酒馆》《白色鸟》等小说都显示了为民间异人轶事写史作传的艺术取向，小说中的人往往独具性格风神，小说中的事往往可以弥补正史之不足，它们的整体艺术风貌是中国文学传统形态的，而不是西洋文学的简单复制品。这批中国小说还显示了中国古典文学"抒情"传统的美学趣味，它们普遍带有散文化小说或诗化小说的文体特征，文本蕴含着浓郁的诗情、朦胧的诗思和精巧的诗艺。这种客观的"史传"传统与主观的"抒情"或"言志"传统的艺术融合，显示了当代寻根派小说家借鉴西方现代派文学精神而创造性地转化中国古典文人文学或文言文学传统的努力。

值得注意的是，20世纪80年代的这种文人文学传统创造性转化的趋势一直持续到20世纪90年代中后期开始发生分化：一是以韩少功、格非等为代表的小说家继续坚持原先的中国古典文人文学或文言文学传统创造性转化的路径而不懈求索，比如韩少功相继推出了《马桥词典》《暗示》《山南水北》《日夜书》等长篇作品，格非则在新世纪推出了《江南三部曲》(《人面桃花》《山河入梦》《春尽江南》)，实现了对20世纪80年代的艺术跨越；二是在新世纪之交及其后十年，以都梁的《亮剑》、石钟山的《激情燃烧的岁月》、徐贵祥的《历史的天空》、邓一光的《我是太阳》、龙一的《潜伏》、高满堂和孙建业的《闯关东》等为代表的一批"新革命英雄传奇"的强势崛起，这批小说借助影视传媒的力量而再度复兴了新中国文学第一个三十年中大行其道的"革命英雄传奇"小说传统。"新革命英雄传奇"和"革命英雄传奇"一样，都是对明清通俗历史演义小说叙事传统的创造性转化，都着力渲染革命英雄人物的传奇经历和英雄品格，但"新革命英雄传奇"还传承了中国古代文人文学的"言志"或"抒情"传统，故而作品常常饱含历史的悲怆和人生的悲凉情绪，属于个人化的艺术表达。这与"革命英雄传奇"传承的中国古典文学"载道"传统判然有别。

20世纪90年代以来，中国小说所发生的第三种传统创造性转化趋向是，以贾平凹、莫言、王安忆、刘震云等为代表的实力派作家转而向《红楼梦》《金瓶梅》《儒林外史》等明清文人世情写实长篇小说叙事传统学习。相对于20世纪80年代中国精英作家主要向明清以前的文人文学和文言文学传统借鉴而言，90年代以来的这种对传统创造性转化的转向或新变更多的是对新世纪之交中国长篇小说美学形态发生影响，而明显有别于80

年代对文言文学传统的借鉴主要是催生了一系列中短篇小说经典作品。如果说《三国演义》《水浒传》《封神演义》代表了明清民间通俗长篇小说的"评书"传统,那么《金瓶梅》《儒林外史》《红楼梦》就昭示了明清文人精英长篇小说的"闲聊"传统。评书体和闲聊体,都属于中国宋元以来的话本小说传统,但同样是"说话",评书式说话与闲聊式说话明显有着不同的话语风格。由于面对的受众不同,评书式说话面对着现场听众,故而说话偏重于故事的抑扬顿挫,追求情节的紧张曲折和扣人心弦,塑造人物性格也是通过外在的语言和行为来加以凸显,所以常常疏于日常生活的精细写实和描摹,因为那样会影响说书人说话和故事情节的节奏,导致听众反应沉闷和退场;而闲聊式说话由于面对的是居家读者,《红楼梦》一类长篇明显是不适宜说书而适宜阅读的,所以这类说话就不再以情节性或故事性为主要叙事追求,叙事结构也由评书式说话注重时间化结构而转变为注重空间化结构,由此说话人有更多的余闲或闲笔去客观精细地描摹日常生活和社会生活,所以闲聊式说话的长篇小说的节奏都比较缓慢,明显不适宜热闹的书场而适宜静夜的书房。这种闲聊式的长篇小说同样继承了中国古典文人文学的"史传"和"抒情"或"言志"传统,它们在很大程度上代表了中国古典小说的最高水平,同时开启了中国古代长篇小说向现代中国长篇小说转换的艺术关捩。自20世纪90年代以来,贾平凹大约是最早向明清文人世情写实长篇小说叙事传统取径的作家。从《废都》开始,贾平凹就不断在各种创作谈中向《红楼梦》《金瓶梅》致敬,他要创造性转化的当然不是所谓《金瓶梅》的性描写,而是古人那种精细绵密的日常生活写实艺术。《高老庄》是一个艺术转折点,贾平凹终于触摸到了明清世情写实叙事的现实脉搏,不像《废都》那样终究和底层民众的日常生活相疏离,因过于文人化而尚未脱离仿古的影子。但真正标志着贾平凹对传统创造性转化成功的作品还是《秦腔》，这部长篇小说真正实现了"密实的流年式的叙写"，用农民拉家常一样絮絮叨叨的口吻，闲聊式地讲述着或描摹着清风街"一堆鸡零狗碎的泼烦日子"①。这是一种生活流或日常生活细节流的写实叙事形态，它与西方现代自然主义和写实主义有关，但无疑更是对《红楼梦》和《金瓶梅》的世情写实叙事传统的创造性转化。《秦腔》之后，贾平凹又推出了《高兴》《古炉》《带灯》《老生》等长篇，继续将日常生活细节流式的世情写实传统推向极致，而且小说中的言志或抒情传统进一步强化，这与世情写实所代表的史传传统相融合或映衬，体现了贾平凹创造性转化传统的卓越才情。

相对于贾平凹而言，莫言的传统创化之路是另一番光景。《檀香刑》是莫言20世纪90年代的一部公认的转型之作，莫言在这部书的后记中说自己"有意识地大踏步撤退"，着力向中国传统"民间说唱艺术"学习，尤其是向山东的地方戏曲"猫腔"学习，所以小说专门出现了"眉娘浪语""赵甲狂言""小甲傻话""钱丁恨声""孙丙说戏"等戏曲化的叙写。莫言还说"这部小说更适合在广场上由一个嗓音嘶哑的人来高声朗诵，在他的周围围绕着听众，这是一种用耳朵的阅读，是一种全身心的参与"②，由此莫言似乎依旧继承的是中国传统通俗说书人的评书体，而不是精英文人的闲聊体叙事模式。但这一切只是外部文本假象而已。对于《檀香刑》的内部文本结构而言，莫言对各色人物日常生活细节包括内心生活细节的叙写和描摹无不是精细入微的，这和贾平凹所追求的密实叙写并无本质不同，而且《檀香刑》显然是不适宜说书而适宜阅读的，它打破了传统通俗

---

① 贾平凹：《秦腔》"后记"，作家出版社2005年版，第565页。
② 莫言：《檀香刑》"后记"，作家出版社2001年版，第517—518页。

评书体小说的时间线性结构,而借用了西方现代派小说常见的多人物第一人称叙事空间组合结构。凡此种种,意味着莫言其实骨子里继承的还是明清精英文人的闲聊式说话传统。这在随后的长篇小说《四十一炮》和《生死疲劳》中得到了更明显的印证。在《四十一炮》中,莫言通过"炮孩子"罗小通"试图用喋喋不休地诉说来挽留逝去的少年时光"[1],而就在罗小通喋喋不休的第一人称回忆性叙述中,我们似乎并未感受到普鲁斯特《追忆逝水年华》那样的西洋小说风味,而是体会到了中国明清文人长篇"闲聊"式说话传统的叙述做派。发展到《生死疲劳》,莫言这种狂放型"闲聊"式说话叙事得到了近乎登峰造极的艺术表演,作者反复借用不同的生命轮回体(诸如驴、牛、猪、狗)来自我叙说抑或絮说,把大半个世纪的民间历史生活形态用细节流和语言流相结合的方式加以逼真而自由地敞开。莫言由此形成了不同于贾平凹沉郁型风格的另一种闲聊式说话叙事形态。与莫言和贾平凹不同却形成了独特说话风格的北方作家是刘震云。自20世纪90年代中后期写出多卷本长篇《故乡面和花朵》进行先锋文体试验而反响不佳之后,刘震云便在新世纪转向了从中国明清长篇小说的"说话"传统中寻求叙事资源转化。以《我叫刘跃进》《一句顶一万句》《我不是潘金莲》等长篇小说系列为代表,刘震云不再简单地玩弄西方现代派或后现代时空交错叙事技巧,而是耐心地回到早期新写实小说的生活流或细节流写法,用一种北方人"拧巴"型的闲聊式说话进行长篇小说叙事。北方人所谓的"拧巴"本意是说话作文使人感到别扭,有意制造说话困局而乐在其中。刘震云新世纪长篇试验中的"拧巴"型说话确有此风,看上去行云流水的密实流年叙写,实际上却在处处制造阅读上的横生枝节,仿

---

[1] 莫言:《四十一炮》"诉说就是一切——后记",春风文艺出版社2003年版,第444页。

佛水银泻地难分主次一片混沌，叙述人的说话如同一个啰唆的饶舌人在千方百计地弯弯绕，读者也就被叙述人的饶舌牵着鼻子绕来绕去，直至真相大白哑然失笑。这就是刘震云几乎独创的"拧巴"型或"缠绕"型的闲聊式说话叙事形态，这无疑是对明清文人长篇小说"闲聊"传统别具一格的创造性转化。

海派作家王安忆20世纪90年代以来的长篇小说，如《长恨歌》《妹头》《上种红菱下种藕》《天香》之类同样体现了她创造性地转化明清精英文人长篇小说"闲聊"叙事传统的倾向。明清文人"闲聊"式说话传统注定了它必须采取精细的日常生活细节流的"写实主义"形态，而不同于"评书"式说话传统习惯于采用的宏大故事情节流的所谓"现实主义"形态。王安忆谈到《红楼梦》时指出："曹雪芹并没有彻底依赖时间的顺序来联络繁复的情节，所有貌似闲适的细节其实全都严格地经过了组织和筛选，附在时间的漫长的锁链上。"[①] 这说明王安忆清醒地意识到《红楼梦》并不是一部时间化的明清通俗长篇小说，而是一部空间化的明清文人长篇小说，它靠的不是繁复的情节流而是繁密的貌似闲适的日常生活细节流来建构文本的内部肌理。而她自己以《长恨歌》为代表的长篇正是遵循如此艺术路径，《长恨歌》用絮语闲聊的口吻讲述了上海女子王绮瑶的传奇一生，但作者并未将主要笔力放在传奇性的情节营构上，而是主要落墨于女主人公一生的日常生活细节形态的描摹上，那种上海女人优雅精致却繁缛琐碎的私密日常生活，被王安忆描绘得丝丝入扣、严丝合缝。她甚至还花费了大量笔墨对女主人公生活的城市环境如弄堂之类给予精细描摹，简直是不厌其烦，这进一步放缓了小说的叙述速度，同时强化了小说的空

---

① 王安忆：《故事和讲故事》，复旦大学出版社2011年版，第93页。

间化倾向。在创造性地转化明清文人长篇小说"闲聊"叙事传统的同时，王安忆也吸纳了昆德拉式的"分析性叙述"或"思考性叙事"①策略，用她自己的话来说就是，"小说的思想和物质部分似乎没有距离"，小说的物质"材料就是文字和语言"，"小说不仅是思想的生产物，也是物质的生产物，具有科学的意义"②。与王安忆追求叙述文字的分析性和思想性不同，同是海派作家的金宇澄走的却是贾平凹式的近乎纯叙述性和描述性路径。金宇澄因长篇小说《繁花》这两年声名鹊起，主要就是因为他致力于中国文学传统创造性转化且取得了惊艳的艺术实绩。他在跋文中说这部长篇取的"话本的样式"，"口语铺陈，意气渐平"，他不认同所谓"摆脱说书人的叙事方式"的做法，而且他想做的是一顿圆台无中心的中国饭，"人多且杂"，而不是那种狭长桌面的中心聚焦西餐模式，虽则《繁花》这桌菜"已经免不了西式调味"③。在我看来，《繁花》并非借鉴的明清通俗长篇小说的评书体话本传统，而是取镜于明清文人长篇小说的闲聊式话本传统，这与王安忆和贾平凹等人一脉相承。金宇澄在《繁花》中用吴侬软语（沪语）絮絮叨叨地讲述和呈现着当代上海市井生活形态的点点滴滴、枝枝叶叶，众多的人物、无数的故事和繁密的细节构成了《繁花》的"繁花"结构，真可谓繁花似锦、花团锦簇、富丽丰赡。虽然金宇澄并未走王安忆的分析型闲聊式话本叙事路径，但王安忆也并不乏追随者，比较出色的是河南女作家乔叶，她的中长篇小说代表作《最慢的是活着》《认罪书》就是如此。乔叶的小说致力于昆德拉式的分析型叙事与中国明清文人长篇小说

---

① 弗朗索瓦·里卡尔：《阿涅丝的最后一个下午》，袁筱一译，上海译文出版社2011年版，第140、171页。
② 王安忆：《故事和讲故事》，复旦大学出版社2011年版，第9页。
③ 金宇澄：《繁花》跋，上海文艺出版社2014年版，第443页。

的闲聊体"说话"叙事传统的融合,从中我们可以看到中国未来文学的希望。

三、现代中国散文的传统创化之理路

和小说一样,现代中国散文也在中国文学传统创造性转化上取得了极高成就,这是鲁迅、胡适、周作人、郁达夫、朱自清,甚至晚清文坛耆宿曾朴也都明确承认的事实,他们中甚至还有人认为现代散文比现代小说更早地确立了新文学文体的合法性。[1] 一般来说,现代意义上的散文概念依然比较宽泛,除了周作人等着意倡导的"美文",即文艺性的叙事或抒情散文——小品散文或散文小品之外,以鲁迅为代表的杂文和以胡适为代表的政论文也应纳入其中。现代散文之所以能取得如此成就,按照周作人在《现代散文导论》中的说法,他"相信新散文的发达成功有两重的因缘,一是外援,一是内应。外援即是西洋的科学哲学与文学上的新思想之影响,内应即是历史的言志派文艺运动之复兴。假如没有历史的基础这成功不会这样容易,但假如没有外来思想的加入,即使成功了也没有新生命,不会站得住"[2]。周作人注意到现代散文发生的双重动因,外因是西洋思想的引入,内因是中国古代(主要是晚明)言志派散文传统的复兴,关于后者他在《中国新文学的源流》中做了透彻的清理和阐说。不过周作人在《现代散文导论》里关于外援的说法并不全面,他只点明了现代散文发生的西洋新思想触媒,而忽视了西洋散文新文体对现代散文发生的点化之

---

[1] 参见曹聚仁《文坛五十年》,东方出版中心 2006 年版,第 161 页。
[2] 周作人:《现代散文导论》上,载《中国新文学大系导论集》,上海良友复兴图书印刷公司 1940 年印行,第 192 页。

功。这容易给人带来错觉，似乎中国现代散文的文体发生主要是传统散文发生现代变革的结果，由此也就容易忽视现代中国散文作家在文体上立体性地融合中西、打通古今所做出的传统创造性转化。实际上，周作人当年在倡导"美文"之初就明确地指出了新散文文体建设的两条路径：一是借鉴英美作家的美文，如爱默生、兰姆、欧文、霍桑等人的美文，其实还应该包括法国的蒙田、德国的尼采、俄国的屠格涅夫、印度的泰戈尔、日本的厨川白村等人的随笔或小品；二是借鉴中国古代的美文传统，他认为"中国古文里的序，记与说等，也可以说是美文的一类"①，他后来在《中国新文学的源流》里大力倡扬的晚明公安派言志散文，尤其是他极力推崇的明末清初张岱小品文无疑正是中国古文中美文的典范。周作人向来都拿明季与民初类比，不仅历史情形相似，而且文运也相同，所以他才断言"中国新散文的源流我看是公安派与英国的小品文两者所合成"②。换句话说，中国新散文其实是在吸纳外国散文随笔小品精华的基础上对中国古文传统的创造性转化。朱自清其实作如是观，他注意到中国现代散文既有"中国名士风"又有"外国绅士风"的复杂风貌，他还指出"现代散文所受的直接的影响，还是外国的影响"，"而小品散文的体制，旧来的散文学里也尽有；只有精神面目颇不相同罢了。试以姚鼐的十三类为准，如序跋，书牍，赠序，传状，碑志，杂记，哀祭七类中，都有许多小品文字；陈天定选的《古今小品》，甚至还将诏令，箴铭列入，那就未免太广泛了"③。

---

① 《周作人自选集·谈虎集》，北京十月文艺出版社2011年版，第31页。
② 《周作人自选集·永日集》，北京十月文艺出版社2011年版，第85页。
③ 朱自清：《论现代中国的小品散文》，载朱金顺编《朱自清研究资料》，北京师范大学出版社1981年版，第343—344页。

在现代中国散文百年发展的三个三十年中，虽然总体上都属于中国古代散文传统创造性转化的新散文形态，但在不同的历史时期里还是显现出或隐含着对中国古代散文传统不同的艺术选择。对于民国时期的白话散文作家来说，他们在吸纳西方散文新潮的同时，也面临着中国古代文言散文传统巨大的"影响的焦虑"，所以他们在暗中进行传统创造性转化的同时，也明确地表达对中国古代散文传统的反抗甚至鄙弃。"五四"文学革命的急先锋胡适、陈独秀、钱玄同等人都是如此，钱玄同甚至直接把白话散文的对立面视为"选学妖孽、桐城谬种"①。"选学"代表六朝诗赋传统，"桐城"是指清代古文传统，推而广之，前者代表中国古代散文中的辞赋传统，这种传统滥觞于先秦，经两汉至六朝乃至唐宋，逐步形成了一种骈文传统，其中的骈赋和律赋可视为中国古代散文的文体极端，清代八股文亦可视为变体；而后者则代表中国古代散文中的古文传统，古文传统文风素朴简约，往往散句当行，骈文或辞赋传统文风华丽，讲究清词俪句。骈文（辞赋）传统发展到清代一度格外繁荣，但正如钱基博所言，"民国更元，文章多途；特以俪体缛藻，儒林不贵"②，仅刘师培、黄侃、李审言、黄孝纾寥寥几人聊充殿军。与之相比，古文传统在清末民初更为强势，桐城派传人马其昶、吴闿生、姚永朴、姚永概、严复、林纾等人在民国文坛声望卓著，各门下弟子不可胜数。由此我们也就不难想见，陈独秀在《文学革命论》里为何要集中火力攻击强大的古文传统了。除了视辞赋乃至骈文为"文学之末运"不屑一顾之外，陈独秀将"明之前后七子及八家文派之归、方、刘、姚"统统视为"称霸文坛"的"十八妖魔辈"③。陈独秀等

---

① 钱玄同：《致陈独秀》，《新青年》第 2 卷第 6 号，1917 年 2 月 1 日。
② 钱基博：《现代中国文学史》，中国人民大学出版社 2004 年版，第 125 页。
③ 陈独秀：《文学革命论》，《新青年》第 2 卷第 6 号，1917 年 2 月 1 日。

人之所以如此将桐城派为代表的古文传统加以妖魔化，正是因为他们自幼受中国古文传统熏染甚深而不易摆脱其牵绊，所以，在他们严正声讨古文传统的情绪中，其实恰恰隐含着摆不脱的强大深厚的古文功底，后者是作为深层文体结构或集体无意识而存在的。姑且不说陈独秀和胡适两个皖籍文苑后裔深受桐城文章作法影响，即令向来推崇魏晋文而贬低桐城文的鲁迅先生，其散文创作中也遗有扬弃桐城文法的痕迹。[1]唯有周作人敢于在《中国新文学的源流》里公开为桐城派辩护，他不仅肯定了桐城派对于"五四"新文学运动的桥梁过渡之功，而且由此将新文学的源头上溯至晚明公安派和竟陵派的言志派文艺。按照周作人勾画的中国文学史流变图，如果稍加变通，可以发现他赞赏的言志派文学依次出现在"晚周"、"晚汉"（魏晋六朝）、"晚唐"（五代）、"晚宋"（南宋至元）、"晚明"、"晚清"（至民国）这些历史时期[2]，这些乱离时期的散文往往以言志派的小品文居多，文体上重古文而轻骈文，整体文风趋于古朴厚重、沉郁悲凉。

虽然从晚清至民国，中国散文发生了语体文革命，但外在的语言变革掩盖不住内在的文体血脉。民国三十年的白话散文虽然接受了外国小品散文的巨大影响，但中国古代散文中的古文传统和言志传统依旧发生着潜在的艺术功能。不难发现，民国白话散文是明确拒绝中国古代散文中的辞赋（骈文）传统的，除了早期的朱自清乃至徐志摩等少数人的散文尚有华美富丽的辞赋风范之外，大多数民国白话散文家的写作都走的是朴素为宗的古文路径。换句话说，他们大多接受的是古文传统并进行创造性转化，而有意地摒弃了骈文或辞赋传统。与此同时，民国白话散文家又大都放弃了

---

[1] 参见卢坡《理解的批判：鲁迅与桐城文章》，《中国现代文学研究丛刊》2014年第9期。
[2] 周作人：《中国新文学的源流》，华东师范大学出版社1995年版，第18页。

古文传统中的载道传统，而选择了言志传统。正如陈独秀在《文学革命论》里批评韩愈"误于'文以载道'之谬见"时所言，"文学本非为载道而设，而自昌黎以迄曾国藩所谓载道之文，不过抄袭孔孟以来极肤浅、极空泛之门面语而已。余常谓唐宋八家文之所谓'文以载道'，直与八股家之所谓'代圣贤立言'，同一鼻孔出气"[1]。故自陈独秀和《新青年》伊始，民国白话散文家纷纷弃古道而言今志。然而由于在言志的内涵上存在分歧，故而民国散文又体现出不同的艺术风貌。比如在中国现代散文史上，以周作人为代表的闲适型小品文与以鲁迅为代表的战斗型小品文（杂文）在艺术风貌上形成了鲜明对比，原因就在于前者所言之志属于偏向于个人日常生活的闲适之志，而后者所言之志则属于偏向于公共社会生活的讽喻之志。然而关于这一点却存在着误解，有人认为现代散文中的杂文一脉并非言志派而属于载道派文艺。曹聚仁就曾说："五四时期的新文学，原是对'文以载道'的桐城古文的解放；一转眼间，却又撇开了表现个人的言志倾向，转入为社会政治而宣传的载道路上去。于是，从'语丝社'走出的作家，一边成为载道派的《太白》《芒种》的杂文，一边成为言志派的《人间世》《宇宙风》的小品文了。也正如周氏所说的，始终是两种互相反对的力量起伏着的。"[2] 曹氏认为现代散文史上存在着言志派的小品文与载道派的杂文之争，此说未免皮相。如果用周作人的话来回敬他，即"言他人之志即是载道，载自己之道亦是言志"[3]。以鲁迅为代表的现代杂文分明属于"载自己之道"的言志之作，当然那些纯粹做政治宣传的文字是谈不

---

[1] 陈独秀：《文学革命论》，《新青年》第 2 卷第 6 号，1917 年 2 月 1 日。
[2] 曹聚仁：《文坛五十年》，东方出版中心 2006 年版，第 266 页。
[3] 周作人：《现代散文导论》上，载《中国新文学大系导论集》，上海良友复兴图书印刷公司 1940 年印行，第 193 页。

上杂文的，因为杂文既不是"小摆设"，也不是宣传品，而是"生存的小品文"①，如匕首如投枪，确实有别于那种鼓吹"闲适""性灵""幽默"的小品文。鲁迅推崇晚唐罗隐、皮日休、陆龟蒙的小品文，因为他们隐士的外表下隐含着战士或斗士的锋芒，而晚明小品文在鲁迅眼中也并非全都是闲适性灵文字，其中也有讽喻力量。可见在鲁迅的视界里，小品文既包括"美文"也包括"杂文"。实际上周氏兄弟都是美文和杂文的好手，周作人早期也写过浮躁凌厉的杂文，并非独擅冲淡平和的美文，而鲁迅在犀利的杂文之外也写过清新隽永的美文，甚至还写过《野草》那样的散文诗。其实，五四新文学草创时期的散文本以杂文为主，随后美文代替杂文成为主潮，但杂文并未衰歇，即使是在抗战时期，杂文依旧在国统区、沦陷区和解放区流行，各种"鲁迅风"几乎无处不至。当然以周作人、林语堂、梁实秋为代表的美文风潮同样风行天下。在很大程度上，周氏兄弟所代表的"美文"和"杂文"风范构成了民国白话散文三十年二水并流的主潮。周作人曾将胡适、徐志摩、冰心等人的散文比作公安派小品，清新流丽但不深厚，而视俞平伯、废名等人为竟陵派，以晦涩奇僻纠正公安派的偏向。②进而言之，我们可以大体上将周作人所代表的美文风范视为公安派小品，而将鲁迅所代表的杂文风范视为竟陵派小品，后者正是以奇僻晦涩来纠正前者的清新流丽。由此我们可以在更长远的文学史视界中看清民国白话散文与中国古文传统之间的深厚渊源。

在新中国成立以后的第一个三十年里，现代中国白话散文创作发生了明显的艺术转型。如果从中国古代散文传统创造性转化的角度而言，这种

---

① 《鲁迅全集》第四卷，人民文学出版社 1981 年版，第 576 页。
② 参见周作人《中国新文学的源流》，华东师范大学出版社 1995 年版，第 27—28 页。

艺术转型主要表现为由民国白话散文偏重于对中国古代言志派"古文"传统的转化，转变为新中国前三十年的散文偏重于对中国古代载道派"辞赋"传统的吸纳。说到新中国前三十年的散文主要属于载道派文艺，这难免会遭到误解，因为毕竟那个年代的散文大都以抒情见长，对祖国、人民和党的歌颂，对劳动、战争与和平的礼赞流贯于革命年代散文主潮之中。但这种抒情显然属于集体的大我的抒情，而非个体的小我的抒情，正如周作人所言"言他人之志即是载道"，一个时代的集体抒情与其说是言集体之志，毋宁说是载集体之道。于是我们发现在新中国成立后的前三十年里很难再觅周作人式的美文和鲁迅式的杂文了，只因文坛风向已转向载道而不是言志的缘故，偶尔有"三家村"杂文传承民国言志派小品文余绪，但已然难以蔚为大观。值得注意的是，新中国成立后的散文不仅由言志派转向了载道派，而且还由古文传统转向了辞赋传统。如果借用汉赋分类，我们可以发现在新中国前三十年的散文主要传承了"大赋"和"小赋"文体传统。就大赋传统转化而言，像刘白羽、魏巍、秦牧、碧野等人的散文不仅体制恢宏、格局盛大，而且辞藻华丽斑斓，铺陈排比、隐喻夸饰无不运用到极致，如《长江三日》《日出》《谁是最可爱的人》《依依惜别的深情》《社稷坛抒情》《古战场春晓》《花城》《土地》《天山景物记》等名噪一时之作，皆可归入此类。秦牧散文虽然较之他人多了几分随笔小品的雅致和从容，但骨子里依然更近于大赋中的博物体而非古文中的小品文。再就小赋传统转化而言，像杨朔、冰心、吴伯箫等人新中国成立后的散文，如《香山红叶》《荔枝蜜》《茶花赋》《雪浪花》《樱花赞》《小桔灯》《菜园小记》《记一辆纺车》等耳熟能详之作，无不既具有辞赋体常见的铺彩摛文的一般特征，而且又具有小赋所独有的托物言志、借物抒情的诗化特点。然而只因此类小赋型白话散文所言之志乃集体意志而非个人襟抱，故而与民国白话散文中的言志小品迥异其趣。

一直到"文革"结束以后的新时期散文创作中，民国散文中的言志派传统才得以重新接续或回归。新时期三十年的散文传播史中，以周作人、林语堂、梁实秋等人为代表的民国言志小品文集被大量重印，可以说直接促成了新时期三十年言志派散文的极大繁荣。如孙犁、汪曾祺、张中行、杨绛、萧乾、季羡林、黄永玉、黄裳、章诒和、周素子等人的晚年散文，就明显主要传承了民国言志派散文中的美文传统，无论忆人记事状物，抑或抒情感怀议论，无不清新流丽、冲淡平和、婉而成章，即使寄沉痛于悠闲，也可俱见作者性灵怀抱。继之而起的年轻一代作家贾平凹、张承志、史铁生、张炜、毕淑敏等同样接续了民国白话散文的言志美文传统，虽然他们的艺术风貌各异，或闲适冲淡，或清刚劲拔，或诚朴隽永，但在"独抒性灵、不拘格套"这点上却显示了惊人的一致。与言志派美文的复兴相比，新时期言志派杂文则相对沉寂。巴金的《随想录》在整体艺术性上明显不及鲁迅的杂文风范，倒是英年早逝的王小波的杂文在"鲁迅风"之外别辟了艺术新境。至于韩少功和周国平的哲理散文则各擅胜场，皆属新时期言志派杂文的中坚力量。值得关注的是新时期散文中出现了辞赋体言志派散文的新形态。民国白话散文是有意放逐辞赋体乃至骈体文的，新中国成立的前三十年出现了辞赋体散文传统的创造性转化，惜乎是载道派辞赋体散文而不是言志派辞赋体散文，直至新时期之初，以徐迟华美丰赡的散文或报告文学为标志，宣告了当代言志派辞赋体散文的诞生。此后在文化散文热潮中，以余秋雨、周涛、马丽华的"大散文"为标志，当代言志派辞赋体大散文横空出世，追随者甚众。有论者早就指出过，"余秋雨的散文创作也融合了庄子的哲学散文天马行空、汪洋恣肆的思维理路和两汉赋体散文铺叙夸饰、华美凝重的修辞方式"①，周涛和马丽华写西部边疆的文化大散文也可作如是观。如周涛的《游牧长城》《兀立荒原》，马丽华的《藏北游历》《西行阿里》《灵魂像风》，和余秋雨的《千年庭院》《抱愧山西》《十万进士》《苏东坡突围》《遥远的绝响》《一个王朝的背影》一样，无不是"思接千载、视通万里"的铺彩华章，颇有汉代大赋吞吐万象、铺排万物的豪情。但较之秦牧在中华人民共和国成立后写的辞赋体散文的博物，明显多了个人化的历史文化思考，辞赋体散文由此从集体载道转向了个体言志。在某种程度上，贾平凹的长篇散文《商州三录》和张承志的西部散文，乃至张炜的部分散文如《融入野地》《绿色遥思》之类，也可视为当代辞赋体言志派散文，这意味着中国当代散文作家不再简单地拒绝中国古代散文中的辞赋或骈文传统，转而积极地在中国古代散文的古文和辞赋双重传统中寻求传统的创造性转化。

四、百年中国新诗的传统创化之理路

如前所述，在现代中国文学的文体演进过程中，如果从中国文学传统的创造性转化角度看，散文和小说无疑取得了成功，而诗歌和戏剧则任重道远。迄今为止，新诗与旧诗、话剧与戏曲之间依然处于近乎二元对立的文体状态。众所周知，话剧在现代中国依旧未能摆脱"舶来品"的尴尬身份，除了曹禺的《雷雨》和老舍的《茶馆》之外，百年来具有中国特色的话剧经典作品十分鲜见，而传统戏曲直到今天还拥趸甚众，这说明西洋话剧并未真正地完成它的中国化进程，它与中国戏曲文体传统之间还缺乏深

---

① 於可训：《近十年"文化散文"创作评述》，《文艺评论》2003年第2期。

入的艺术对接或创造性转化，这就导致了它与中国民众之间的艺术隔膜。与话剧相比，中国新诗在发展了近百年后，虽然其艺术身份的合法性依旧遭到质疑，比如百年来中国诗界不断发生着大大小小的新旧诗之争就是明证，但毫无疑问，百年中国新诗毕竟能够在现代中国诗坛占据主潮，旧体诗词也许可以与之分庭抗礼，但它究竟还是无法剥夺新诗的合法地位。这意味着百年来中国新诗在中西诗学融合或者创造性地转化中国古典诗歌传统的层面上还是取得了不菲的实绩，其中的经验和教训都值得后人认真汲取并反思。

百年中国新诗与古典诗歌传统渊源深厚。早在中国新诗草创和初建时期，闻一多就表达过对欧化的不满，他说："现在的一般新诗人，新是作时髦解的新，似乎有一种欧化的狂癖，他们的创造中国新诗底鹄的，原来就是要把新诗作成完全的西文诗。""我总以为新诗径直是'新'的，不但新于中国固有的诗，而且新于西方固有的诗；换言之，它不要作纯粹的本地诗，但还要保存本地的色彩，它不要作纯粹的外洋诗，但又要尽量地吸收外洋诗的长处；它要作中西艺术结婚后产生的宁馨儿。"由此闻一多提出"恢复我们对于旧文学底信仰，因为我们不能开天辟地（事实与理论上是万不可能的），我们只能够并且应当在旧的基础上建设新的房屋"。[①] 显然，闻一多的新诗发展观是比较辩证的，是中国早期新诗发展阶段中很有代表性的传统创化观，既反对单纯移植的西化或欧化派，也反对一味守旧的本土派，而主张中西诗学交融或通过借鉴西方诗学来创造性地转化中国古代诗歌传统。应该说，在中国现代新诗史上，持有与闻一多相近的新诗发展观的诗人或诗论家不在少数，除了新月派诸君外，包括沈尹默、周作

---

① 《闻一多诗全编》，浙江文艺出版社1995年版，第405、411页。

人、俞平伯、刘大白、废名、梁宗岱、叶公超、朱光潜、何其芳、卞之琳、林庚、朱英诞、吴兴华等不同流派的现代诗家都属于中国诗歌传统的创化派,甚至那些明确标举中国新诗走西洋化或散文化路径的诗家,如胡适、陈独秀、鲁迅、刘半农、郭沫若、冯至、戴望舒、胡风等人也在不同的历史时期或在实际的诗歌写作中或隐或显地表达过他们对中国古典诗歌传统的尊重和创化。正如有论者指出的那样,"中国现代新诗与古典诗歌传统的关系时隐时现,时而自觉,时而不自觉,时而是直接的历史继承,时而又是现实实践的间接契合"①。其实不止于此,如果回顾中国当代新诗史同样可以发现新诗与中国古代诗歌传统之间若显若隐、若即若离的艺术渊源。从革命政治抒情诗人郭小川、贺敬之到朦胧诗和后朦胧诗人食指、舒婷、顾城、海子、欧阳江河、王家新,再到晚年的唐湜、郑敏、牛汉、流沙河等老诗人,在他们的诗论和诗作中无不体现着中国当代新诗转化古代诗歌传统的艺术印迹。

在中国新诗发展的第一个三十年中,尽管其起点是以激进地反传统古典诗词的姿态出现的,比如胡适、陈独秀等人的文论中就充满了对明清诗坛复古派的激烈批判,但这一切还是掩盖不住中国新诗无论在发轫阶段还是发展时期都与中国古代诗歌传统之间藕断丝连的现实。

首先,从言志与载道两种诗歌精神传统来看,中国新诗第一个三十年的主潮显然继承了中国古代诗歌的言志传统。也许有人会说现代新诗中一直有载道传统发生潜在影响,理由是包括胡适在内的早期新诗人以及后来的左翼诗人,还有抗战时期的七月派诗人和九叶派诗人,在他们的创作中都有宋诗式的"道统"观念在起潜在作用,其中隐含了中国文人源远流长

---

① 李怡:《中国现代新诗与古典诗歌传统》,西南师范大学出版社1994年版,第11页。

的"复古明道"心理。①这里面其实存在着误解,因为左翼诗歌确有载道使命,且载集体之道或言公共之志,但就早期新诗人或现代大多数新诗流派而言,毕竟还是以个体化的抒情和说理为主,按照周作人的说法,依旧属于言志派范畴。胡适早年倡导文学改良"八事",涉及"精神上之革命"者有三端,即"六曰,不作无病之呻吟。七曰,不模仿古人,语语须有个我在。八曰,须言之有物"②。对于"须言之有物",胡适指出:"吾所谓'物',非古人所谓'文以载道'之说也。吾所谓'物',约有二事:(一)情感……(二)思想……文学无此二物,便如无灵魂无脑筋之美人,虽有秾丽富厚之外观,抑亦末矣。"③显然,胡适明确反对"文以载道"传统,他强调文学创作中的个体意识和自我意志,无论情感抑或思想,只要立足于个体生活经验和生命体验基础之上,均属于言个体之志或载个体之道,这与周作人的文学观如出一辙。因此我们不能把言志传统狭隘地理解为单纯的抒情传统,且将说理拒之于言志之外,而应将言志理解为一种包孕情与理的生命主体精神的艺术表达。胡适作诗虽不拒绝说理,但他反对抽象地说理,即反对离情之理或离相之理。他说:"诗须要用具体的做法,不可用抽象的说法。凡是好诗,都是具体的;越偏向具体的,越有诗意诗味。"④应该说,在现代白话新诗中虽然也有片面的抽象说理之作,但这并非主潮,真正的新诗主潮是个体化的抒情之作或融会情理的言志之作。早期白话新诗各流派都是如此,如新青年社和新潮社同仁的诗,小诗派、湖畔诗社以及早期创造社诗人的诗,大都属于个体本位的言志之作。此后,

---

① 李怡:《中国现代新诗与古典诗歌传统》,西南师范大学出版社1994年版,第93—96页。
② 胡适:《寄陈独秀》,《新青年》第2卷第2号,1916年10月1日。
③ 胡适:《文学改良刍议》,《新青年》第2卷第5号,1917年1月1日。
④ 欧阳哲生编:《胡适文集》第2卷,北京大学出版社1998年版,第145页。

无论是主张"理性节制情感"的新月派，还是苦心追寻"纯诗"理想的象征派和沉醉于"智慧诗"写作的现代派，抑或倡导"主观战斗精神"的七月派，乃至标举"玄学"融入诗学的九叶派，这些诗人的现代诗都属于言志诗派的不同表现形态。这些不同流派的现代新诗或主情或主理，但都以现代生命个体价值为本位，它们既是中国新诗人广泛吸纳西洋近现代诗歌经验的艺术结晶，同时也是中国古代言志派诗歌传统的现代转化形态。

其次，从自由与格律两种诗体传统来看，中国新诗第一个三十年的主潮其实传承的是中国古代诗歌的自由传统。胡适后来在《逼上梁山》中回忆文学革命起始时说："我认定了中国诗史上的趋势，由唐诗变到宋诗，无甚玄妙，只是作诗更近于作文！更近于说话。近世诗人欢喜作宋诗，其实他们不曾明白宋诗的长处在哪儿。宋朝的大诗人的绝大贡献，只在打破了六朝以来的声律的束缚，努力造成一种近于说话的诗体。我那时的主张颇受了读宋诗的影响，所以说'要须作诗如作文'，又反对'琢镂粉饰'的诗。"① 胡适认为晚清宋诗派同光体诗人并不懂宋诗"以文为诗"的精髓，反而一味地做那种佶屈聱牙的古文化或文言化的宋诗，而不是古白话的宋诗，这是与宋诗反抗唐诗格律化的自由精神背道而驰的。其实宋诗的以文为诗包括两种路径：以文言文或古文为诗；以古白话或俗语为诗。后者较前者更能体现中国古典诗歌中的自由文体精神。胡适之所以从宋诗传统中吸纳新诗建设的资源，看重的正是宋诗在诗体上的自由传统。不仅如此，胡适还很看重宋词对新诗文体的建设意义，他在《谈新诗》中认为词的出现是中国诗歌史上第三次诗体的解放。以《诗经》的四言诗为起点，

---

① 姜义华主编：《胡适学术文集·新文学运动》，中华书局1993年版，第198页。北京大学出版社1998年版《胡适文集》第1卷第145页同一段文字里作"我那时的主张颇受了读宋词的影响"，有误。此文原载《东方杂志》第31卷第1期，1934年1月1日。

在词的出现之前还有两次诗体解放，分别是楚辞体或骚赋的出现——第一次诗体解放，以及五七言古体诗的出现——第二次诗体解放，而新诗的出现则是"第四次的诗体大解放"①。它"不拘格律，不拘平仄，不拘长短"，彻底颠覆了中国古典诗词的格律传统，进而将中国古代诗歌中的自由传统推向极致。尽管胡适在《谈新诗》里专门谈到了新诗的音节形式问题，但他也只能总结出"语气的自然节奏"和"用字的自然和谐"②这类松散而宽泛的艺术规范，毕竟现代新诗的主体就是自由诗！此后朱自清在《新诗杂话》、废名在《谈新诗》、艾青在《诗论》里都坚持从新诗的自由文体精神方面立论，而且都重点论析了新诗散文化的问题，这与胡适所论新诗继承了宋诗以文为诗的自由诗体传统一脉相承。废名甚至干脆为新诗下了这样的断语："新诗要别于旧诗而能成立，一定要这个内容是诗的，其文字是散文的。"③然而，在民国新诗发展阶段中，尽管以胡适为代表的自由体诗学明显占据主导地位，但新格律体诗学也已顺势兴起，以闻一多为代表的前期新月派诗人率先要为新诗诗体立法，闻氏所标举的"三美说"④（音乐美、建筑美和绘画美）明确为格律体新诗张目，同时也为中国古典律诗辩护。此后朱光潜在《诗论》、王力在《现代诗律学》里进一步从事新诗格律体的系统化诗学建设，但都局限在学术领域中，而未能对现代新诗创作产生更大的影响。朱光潜的《诗论》虽有现代新诗发展作为参照，但主要建构的是中国古典诗歌的形式美学体系；王力的《王力别集·现代诗律学》仅第一章分析自由诗的形式美学，余下各章主要用来探讨中国现代诗

---

① 欧阳哲生编：《胡适文集》第 2 卷，北京大学出版社 1998 年版，第 134—138 页。
② 欧阳哲生编：《胡适文集》第 2 卷，北京大学出版社 1998 年版，第 141 页。
③ 冯文炳：《谈新诗》，人民文学出版社 1984 年版，第 232 页。
④ 《闻一多诗全编》，浙江文艺出版社 1995 年版，第 355 页。

人如冯至、卞之琳、戴望舒、梁宗岱等人的西式十四行体诗歌美学。王力最后指出:"近二十年来,中国一部分的诗人确有趋重格律的倾向,而最方便的道路就是模仿西洋的格律。纯粹模仿也不是个办法;咱们应该吸收西洋诗律的优点,结合汉语的特点,建立咱们自己的新诗律。"[①] 然而建构中国新诗格律学谈何容易,更何况民国时期的中国新诗主潮本身就是自由体而非新格律体,自由体传承着中国古代诗歌文体的自由传统,它在整体上抑制了中国古代诗歌格律传统的发扬。

再次,从文学的雅俗关系来看,中国新诗第一个三十年的主潮传承的是中国古代诗歌的高雅传统或文人诗歌传统,而非通俗传统或民间诗歌传统。正如前文所引普实克所言,"五四"以后的新文学发生虽然是以传统的文言旧文学为对立面,但新文学其实暗中主要传承了中国古典文学的文人文学或文言文学传统而不是民间通俗文学传统。这一点在民国时期的现代新诗领域里表现得十分明显。尽管早期白话新诗也曾写过人力车夫之类的平民生活来回应五四平民文学口号,但从总体上来看,民国新诗潮流无论是早期白话诗潮还是继起的新月派、象征派、现代派诗潮,抑或七月派、九叶派思潮,这些民国新诗史上最有成就的诗潮基本上都属于现代知识精英的高雅文学范畴。这些不同流派的民国新诗人虽然一致标举白话写作,但他们的诗歌语言其实主要并非平民大众的口头语,而是现代知识精英的书面化的白话,它在本质上既有别于传统文人的书面化的文言,也有别于现代平民大众的口语化的白话。瞿秋白当年曾把这种夹杂着文言残余和欧化语词文法的"五四式的白话"称作"非驴非马的'骡子话'",甚

---

① 王力:《王力别集·现代诗律学》,中国人民大学出版社2004年版,第142页。

至说这种现代白话是一种"新式文言"①，因为它和普罗大众的语言之间严重隔膜。因此在20世纪30年代的左翼文艺大众化运动中，革命文学理论家纷纷主张革除这种"新式文言"传统，力主普罗大众的大众语写作。陈子展还明确区分了"文言、白话、大众语"②三者之间的界限，其实也就是传统文言、现代知识精英白话（"新式文言"）、民间底层大众口语三者之间的差异。但在民国年间的新诗界，民间通俗形态的大众口语诗歌终究未能取得主导地位，从早期新诗人刘半农到中国诗歌会的左翼新诗人，再到延安解放区的李季等人，虽然他们也一直在延续中国新诗的歌谣化传统，但这种大众口语化的歌谣体新诗实验的影响主要局限在少数人或者政治性和地域性的文学群体之内，始终未能撼动民国新诗的知识精英"新式文言"写作主潮。由于民国新诗主潮主要延续的是中国古代文人诗歌或文言诗歌传统，所以这一时期的新诗在意象的捕捉和意境的营造上主要体现出知识精英的陌生化写作取向，民国新诗精英广泛地借鉴和吸纳欧美浪漫主义和现代主义诗歌的艺术资源，刻意雕琢和构筑中国古典诗歌传统中所匮乏的现代意象或意境，或者融汇中西诗歌意象和意境资源，而使中国传统诗词意象和意境再现生机和新意，比如创造性地将西典与中典、古典与今典融入中国新诗意象和意境的建构中，由此使得民国新诗主潮在意象和意境上给人陌生新奇，甚至怪诞奇崛的印象。在各种民国新诗浪潮中，各派苦吟式的诗人不在少数，他们作诗既取法于西方浪漫主义和现代主义的精英诗歌传统，也得益于中国古代文人或文言诗歌传统的滋养，特别是得益于以韩愈、李贺等为代表的中晚唐诗歌，乃至由宋至清的宋诗派诗歌传

---

① 瞿秋白：《普罗大众文艺的现实问题》，《文学》第1卷第1期，1932年4月25日。
② 陈子展：《文言—白话—大众语》，《申报·自由谈》1934年6月18日。

统的滋养，这一流脉的文人诗歌或硬语盘空、或清苍孤峭、或生涩奥衍，追求诗歌语言和意象的陌生化，给民国新诗带来了潜在的艺术活力。当然，这也是中国新诗在第一个三十年中始终未能全面走向大众化的深层原因。

及至新中国成立以后，中国新诗开始步入第二个三十年，即20世纪50年代至70年代。这个三十年的新诗主潮与民国三十年的新诗主潮相比，无论是在诗歌语言、诗歌体式还是诗歌精神上都发生了显著的变化，从中我们可以发现两个三十年间中国新诗在创造性地转化中国古代诗歌传统的问题上存在着不同的艺术选择。首先，从文学的雅俗关系上看，与民国三十年间新诗主潮主要发扬了中国古代诗歌的高雅传统或文人诗歌传统不同，新中国第一个三十年间的新诗主潮主要继承的是中国古代诗歌的通俗传统或民间诗歌传统。新中国成立后由于革命大众化文艺思想在全国范围内被确立为创作指南，包括中国新诗在内的全部文艺创作迅速地全面走向大众化和民族化，曾经风行一时的知识精英诗歌写作浪潮，如七月派和九叶派诗歌潮流等很快陷入沉寂，而作为革命大众化诗歌潮流重要表征的政治抒情诗和新民歌开始逐渐占据了新诗主潮位置。当时的主流诗人主动运用民间大众化的口语进行写作，而尽量刷洗五四式的新式文言腔调，他们以人民大众的语言作为"新诗的基本用语"，即使在"改造、锻炼和创造新语"时也自觉地"坚持以中国人民的习惯语法和朴素风格为基础"[①]。少数精英诗人进入新中国后则因诗歌语言风格不够大众化和民族化而受到批评，如1951年《文艺报》第3卷第8期就曾发表了两篇以《对卞之琳

[①] 冯雪峰：《我对于新诗的意见》，载杨匡汉、刘福春编《中国现代诗论》下编，花城出版社1986年版，第6页。

的诗〈天安门四重奏〉的商榷》为总题的文章。承伟等人在《我们首先要求看得懂》中指出："这首诗的主题是歌颂天安门歌颂新中国，但是整个诗篇所给予读者的，只是一些支离破碎的印象，以及一种迷离恍惚的感觉，这首先就表现在这首诗的语言方面。""这些诗行都是一些似通非通，似懂非懂的句子。""我们希望诗人们更好地去注意自己的诗的语言。"面对这种指责，卞之琳很快在《文艺报》上做了自我检讨，他表态说："我接受'首先看得懂'的要求"。"我应该而没有加深我对读者负责的精神"。"我又一次体会到了普及基础上提高的意义。"①卞之琳的新诗曾经受过晚唐五代乃至南宋诗词幽峭清空风格的熏染，又吸纳了西方后期象征主义诗歌的艺术营养，其诗歌语言风格的晦涩朦胧必然与新中国成立后新诗朴实通俗的民族大众化风格相违背，这不仅是卞之琳的艺术苦恼，而且也是冯至、艾青、何其芳、穆旦等民国精英诗人共同的艺术苦恼。而当时的主流诗人李季、贺敬之、郭小川、闻捷等人则顺应时代潮流，将苏联传入的革命政治抒情诗风与中国古代诗歌的民间通俗传统相结合，既继承古代文人的白话诗风，又借鉴通俗流畅的民间歌谣，从而形成了民族大众化的革命通俗诗歌潮流。

如果从自由与格律两种诗体传统来考察，与民国新诗主潮主要借鉴中国古代诗歌的自由传统不同，新中国第一个三十年间的新诗主潮主要传承的是中国古代诗歌的格律传统。毛泽东在1958年曾明确提出中国新诗的出路在于学习民歌和古典诗词，二者"结婚"产生的"第三个东西"就是未来的新诗。②由此新中国诗坛在郭沫若和周扬等人的推动下掀起了轰轰

---

① 卞之琳：《关于〈天安门四重奏〉的检讨》，《文艺报》1951年第3卷第12期。
② 参见《建国以来毛泽东文稿》第七册，中央文献出版社1993年版，第124页。

烈烈的新民歌运动，直至"文革"时期依旧余韵不衰。一般说来，中国文人的古典格律诗体起源于民间大众的民歌或歌谣体，二者诗体同源，毛泽东之所以首先强调新诗向通俗的民歌学习，主要是为了祛除向古典诗词学习所可能带来的精英化或雅化的流弊，而实际上对二者的同步学习能够进一步强化新中国新诗的格律化趋势。毛泽东的这种诗学主张并非为他所独有，早在新中国成立之初就已经有很多诗人或诗论家开始纷纷主张新诗诗体建设应该走格律化道路了。冯雪峰、卞之琳、臧克家、林庚、何其芳、张光年、公木、郭沫若、朱光潜、王力等人纷纷撰文从不同的角度阐述自己的新格律化诗学主张，但他们之间也并非没有分歧，比如张光年就积极响应毛泽东的诗学号召，强调新诗首先要向民歌学习，走新民歌道路，为中国新诗回归民族本位和民间本位的本土格律化诗学辩护，因此他批评了何其芳和卞之琳的所谓新格律诗或"现代格律诗"主张，因为何、卞两人的新格律化诗学对直接继承本民族的民歌体或古典诗词格律传统颇有微词，而强调要继承并发扬"五四"以来中国新诗的格律化传统，其实主要是对早期新月派的新格律诗传统的扬弃。[①] 何其芳明确认为"五七言体与现代口语的矛盾很大，不赞成以其来作现代的格律诗体；民歌体虽然在节奏上属于五七言体的系统，但在字数上却常常突破了五七言，因此表现能力比严格的五七言体强一些，它可以作为格律诗的一种体裁；但民歌体每句的收尾基本上是三个字，仍和两个字的词最多的现代口语有些矛盾，因此在民歌体之外，还需要建立一种每行基本上以两个字收尾的新的格律诗"[②]。卞之琳则将"以两字顿收尾占统治地位或者占优势地位"的诗歌的

---

① 参见张光年《在新事物面前——就新民歌和新诗问题和何其芳同志、卞之琳同志商榷》，《人民日报》1959年1月29日。
② 何其芳：《再谈诗歌形式问题》，《文学评论》1959年第2期。

调子视为"说话式",或旧说的"诵调",而将"以三字顿收尾占统治地位或者占优势地位"的诗歌的调子视为"歌唱式",或旧说的"吟调"①。二者都具有音乐性,他称前者为"口语格律体",而后者为民歌体。和何其芳一样,卞之琳尽管也不绝对化地反对新诗走民歌化的格律道路,但他显然更倾向于跳出三字顿收尾的民歌体或五七言体的古典诗词格律,而另创以两字顿收尾为主的口语格律体。换句话说,新诗的格律化要走说话式的诵调路径,而不是重复古老的歌唱式吟调。此外还有林庚,其新诗格律化理论与何其芳、卞之琳如出一辙,他在中华人民共和国成立后陆续发表《新诗的"建行"问题》《九言诗的"五四体"》《五七言和它的三字尾》等诗论参与中国新诗格律化问题的大讨论,他的经验是要"警惕'五字节奏音组'的三字尾","尽量只采用'三·二'而不采用其'二·三'的组合",只有这样才能"尽量地口语化",反之就难以避免新诗"无形中文言化的影响"②。由此可见林庚、卞之琳、何其芳等人与毛泽东等人的新诗格律化主张是不一致的,前者主张在新诗格律化传统上继续探索,后者主张复活民间歌谣体传统,但两者在致力于中国诗歌格律传统的创造性转化上有着共同的诗学诉求。不仅在诗歌理论界如此,在当时的新诗创作界,以郭小川、贺敬之等为代表的主流诗人也都在致力于新诗格律化探索,他们大都实验过民歌体新诗,郭小川甚至还独创了将民歌与古典诗赋词曲相融合的"新辞赋体"诗歌③,甚至连"文革"地下诗歌先行者食指也写过新月派风味的新格律体,所以完全可以认为,新中国第一个三十年的新诗主潮传承了中国古代诗歌的格律化传统,而与民国年间的新诗自由体主潮区

---

① 卞之琳:《哼唱型节奏(吟调)和说话型节奏(诵调)》,《作家通讯》1954 年第 9 期。
② 林庚:《新诗格律与语言的诗化》,经济日报出版社 2000 年版,第 32—33 页。
③ 於可训:《新诗文体二十二讲》,武汉大学出版社 2012 年版,第 126 页。

分开来。

如果从言志与载道两种诗歌精神传统来考察，我们将不难发现，与民国新诗主潮属于言志派文学范畴不同，新中国前三十年的新诗主潮属于典型的言集体之志或载公共之道的载道派文学形态。这与同时期的散文创作和小说创作的主流意识形态性质完全相同，前面已做过分析，兹不赘述。虽然在当时的主流政治抒情诗人的笔下也曾出现过另类的诗篇，如郭小川的叙事诗集《雪与山谷》里就有个人精神探索性质的作品，但这并不是那个时代的新诗精神主流。同样，虽然在那个时代也曾出现过个人精神探索性质的地下诗歌潮流，如以食指、多多、芒克等人为代表的"白洋淀诗群"之类，但同样无法构成新中国前三十年间的主导诗歌精神。只有到了"文革"结束之后的第二个三十年里，中国新诗主潮才重新回到了个体本位的言志传统的轨道上。在新时期之初的中国诗坛，归来派诗人与朦胧诗人最为引人注目，前者以牛汉、绿原、曾卓、郑敏、陈敬容、唐湜等七月派和九叶派诗人为代表，后者以北岛、舒婷、顾城、江河、杨炼等年轻一代诗人为旗手，共同将中国新诗主潮由前三十年的集体化载道模式扭转到了后三十年的个体化言志模式，他们的诗歌创作充满了人性人道主义的呼声和对生命异化问题的体验和反思，虽然有时也不免遗留前一个三十年充当集体代言人的思维印痕，但毕竟主导诗歌精神已然是生命个体本位的价值形态。

大约从20世纪80年代中期开始，新时期中国新诗开始发生分流，以韩东、于坚、伊沙等为代表的"民间写作"作为潜在的诗歌潮流开始崛起并蔓延，他们要反对的就是作为朦胧诗和后朦胧诗一脉精神延续的"知识分子写作"潮流，如海子、西川、多多、王家新、欧阳江河等人为代表的主流新诗潮。这种分流乃至对抗日趋激烈，到20世纪90年代末终于酿成了中国诗坛的一场大规模论战。其实论战的双方在个人化写作立场上是一致的，无论知识分子写作还是民间写作都属于个人化写作范畴，他们从不同角度发扬了中国诗歌的言志传统。比如欧阳江河就认为知识分子写作具有两重性："一方面，它把写作看作偏离终极事物和笼统的真理、返回具体的和相对的知识的过程，因为笼统的真理是以一种被置于中心话语地位的方式设想出来的；另一方面，它又保留对任何形式的真理的终生热爱。这是典型的知识分子诗歌写作。"[①] 这意味着知识分子诗歌写作追求的是个人化、具体化、相对化的真理，而拒绝那种集体化、抽象化、绝对化的真理，这种诗歌写作姿态既是解构性的，也是建构性的，它立足于诗人的个体生命体验和思索，而排斥抽象逻各斯式的外在真理植入。所以当"民间"诗人攻击"知识分子"诗人是"买办诗人"或"殖民诗人"的时候，王家新站出来为自己所属的群体辩护，他说陈东东经过欧洲超现实主义的洗礼后转向了"本地的抽象"，肖开愚从奥哈拉的欢呼中沉潜下来写出了《向杜甫致敬》，翟永明从普拉斯崇拜中醒来，转向在本土文化经验和个人家族史中重构叙事，欧阳江河看上去在写西方经历，实则书写的是中国诗人的异国经验，至于他自己也在不断以"回头看"的方式对深受西方影响的一代中国人的文化矛盾和危机进行沉痛的反讽性揭示。[②] 凡此种种，无不表明知识分子诗歌写作具有中国性、本土性和个体性，而不是纯粹的贩卖西方知识共同体理论的"后殖民写作"。至于以于坚等为代表的"民间写作"诗人，他们其实并非传统意义上的民间诗人，他们的诗更不

---

① 欧阳江河：《如此博学的饥饿：欧阳江河集1983—2012》，作家出版社2013年版，第292—293页。
② 参见王家新《从一场濛濛细雨开始（代序）》，载王家新、孙文波编《中国诗歌：九十年代备忘录》，人民文学出版社2000年版，第5页。

是传统意义上的民间歌谣,在精神本质上他们与所谓知识分子诗人同源而异趣。相对而言,"知识分子写作"偏重于现代主义诗歌传统,而"民间写作"偏重于后现代主义诗歌传统,后现代主义就是现代主义的解构的再解构,它将解构进行到底,于是出现了"民间写作"的反崇高、反文化、反诗歌倾向。于坚甚至主张"拒绝隐喻",他还"拒绝垂直性,拒绝价值,拒绝深度,拒绝获得深度的所谓'直觉''灵感''激情'等等。拒绝'自我',拒绝'我们'"。但在拒绝的同时于坚又宣称"诗是为了让世界在语言的意义上重返真实(存在)的努力"①。其实在他所有的拒绝背后,依旧隐含着重新发现或者书写个体生命存在体验的精神诉求,这与他所反对的知识分子写作的精神旨趣并无二致,可见二者殊途同归,在言个体之志上一脉相承。其实"知识分子写作"中还应包括以翟永明、唐亚平、伊蕾、海男等为代表的"女性写作",作为现代中国知识分子女性的个人化或私人性的生命经验书写,它无疑是对中国古代闺秀诗词的精神超越。而"民间写作"在新世纪滋生出"下半身写作"末流,以身体沉沦来表现精神超越,多少已经变味乃至变调。好在从"民间写作"中派生的"底层写作"或"草根写作"势不可挡,以郑小琼为代表的"打工诗人"的崛起给新世纪诗坛带来了被压抑的底层声音。

再回到文学的雅俗关系角度,我们将会发现,与新中国第一个三十年新诗主潮转向民间通俗诗歌传统不同的是,新中国第二个三十年的新诗主潮又回归到了民国三十年间的知识精英高雅诗歌传统。新时期的中国新诗人群体,无论是晚年的七月派和九叶派诗人,还是新崛起的朦胧诗人或后朦胧诗人,一直到所谓"知识分子写作"诗人,他们纷纷抛弃了此前三十

---

① 《于坚集卷5·拒绝隐喻》,云南人民出版社2004年版,第132—133页。

年间流行的大众化诗歌语言和政治化抒情模式,重新接续上了民国新诗主潮的知识精英语言("新文言")和意象化抒情模式。这也就是朦胧诗初兴时期遭到"古怪""晦涩""朦胧""看不懂"等讥评的主要原因。由此还引来了谢冕、孙绍振、徐敬亚的"三个崛起"论为其辩护。① 根据老一代诗人郑敏的总结,革命年代的新诗语言是一种高度透明的语言,而且严重地被意识形态所"制服化",而变革后的新诗语言则追求凝练、含蓄、模糊和暗喻,高度的个人化。② 换言之,前三十年的新诗语言是公共化和透明化的,后三十年的新诗语言转向个人化和隐喻化。前一种诗歌适合通俗大众传播和革命政治传播,后一种诗歌属于知识精英小众化范畴,适宜个人化的文人诗歌沙龙活动。徐敬亚在谈到朦胧诗群的崛起时指出:"在艺术主张、表现手法上,新倾向主张写自我、强调心理;手法上反铺陈、重暗示,具备较强的现代主义文学特色。"③ 应该说这种重暗示、重隐喻、重意象、反透明的现代主义精英诗风在新时期诗坛十分具有代表性,从朦胧诗到"知识分子写作"几乎一以贯之。一路走过来的王家新借用女诗人翟永明的话说,所谓知识分子写作就是"献给无限的少数人",他特别强调这种精英化写作是一种"互文性写作",它超越了日常生活经验,必然与中外文学文化传统相指涉,因此他高度推崇"读书破万卷、下笔如有神"的杜甫,反对所谓的"天才""巨星""原创力"④。与王家新的书卷式精英写作理念相映成趣的是欧阳江河的"中年写作"理念。他说:"中年写作的

---

① 参见谢冕《在新的崛起面前》,《光明日报》1980 年 5 月 7 日;孙绍振《新的美学原则在崛起》,《诗刊》1981 年 3 月号;徐敬亚《崛起的诗群》,《当代文艺思潮》1983 年第 1 期。
② 参见郑敏《世纪末的回顾:汉语语言变革与中国新诗创作》,《文学评论》1993 年第 3 期。
③ 徐敬亚:《崛起的诗群》,《当代文艺思潮》1983 年第 1 期。
④ 王家新:《知识分子写作,或曰"献给无限的少数人"》,载王家新、孙文波编《中国诗歌:九十年代备忘录》,第 162—163 页。

迷人之处在于，我们只写已经写过的东西，正如我们所爱的是已经爱过的：直到它们最终变成我们从未爱过的、从未写下的。我们可以把一首诗写得好像没有人在写，中年的写作是缺席写作。我们还可以把一首诗写得好像是别人在写，中年的写作使我们发现了另一个人、另一种说话方式。"于是在欧阳江河眼里就有了两个西川，两个万夏，两个翟永明，也有两个欧阳江河，而且柏桦、钟鸣和陈东东在他眼中也都是双重性的人。① 这就是中年写作的深邃与厚度，它比青春写作更加瘦硬与荒寒。

而在"民间写作"的诗歌旗手于坚看来，从朦胧诗到"知识分子写作"其实都是延续的中国当代"普通话诗歌"传统。这种"普通话把汉语的某一部分变硬了，而汉语的柔软的一面却通过口语得以保持"，所以于坚提倡以柔软的"口语写作"来与坚硬的"普通话写作"对抗。② 于坚不仅认为革命年代的政治抒情诗人属于"普通话写作"体系，而且他还指责朦胧诗人以至"知识分子写作"诗人都未摆脱"普通话写作"模式，因为这不同代际的诗人在诗歌意象、象征体系和抒情结构上却存在着雷同和相似性。而且这种"普通话写作"的诗歌大都受到欧化的译文的影响，大体而言，革命诗人明显受到苏俄翻译诗歌的影响，而朦胧诗人以降则普遍受到苏联晚期和欧美诗歌译文的影响。他还进一步指责以西川为代表的"普通话高度发达的首都诗人"拒绝口语化，而是固执于"由书面语到书面语继而转向翻译语体"。正是在这个意义上，于坚强调朦胧诗的"普通话诗歌"性质，以此否定这场"诗歌美学的现代革命"性质，因为"这场美学革命所暗接的却是古代贵族文学的写作传统"。由此他在整体上认为"普

---

① 参见欧阳江河《如此博学的饥饿：欧阳江河集1983—2012》，作家出版社2013年版，第297—299页。
② 《于坚集卷5·拒绝隐喻》，云南人民出版社2004年版，第137页。

通话诗歌""趋向形而上脱离具体时空的语式,暗接的乃是中国文学中贵族化的'小品抒情诗'传统,并把这一传统意识形态化了"。应该说,于坚指责朦胧诗乃至"知识分子写作"诗人写作上的贵族化和文人化倾向是有道理的,因为新中国第二个三十年的新诗主潮确实存在着知识精英的雅化和书面化倾向,但于坚将"普通话写作"与"口语写作"二元对立起来确实存在着偏颇,而且也抹杀了朦胧诗以至"知识分子写作"与革命年代的政治抒情诗写作之间的艺术界限。事实上,革命年代的"普通话写作"并非贵族化而是大众化,改革年代的"口语写作"也并非真正的大众化,而是另一种意义上的精英化或小众化。于坚明确表示他继承的是胡适在五四时期所倡导的白话诗传统,他对胡适肯定过"吴语文学的传统"十分欣赏,这激发了他的口语诗和方言诗的激进写作理念。他反对首都诗人的"公开话本"写作,而肯定南方诗人的"私人话本"写作,因为前者是坚硬的、抒情的、隐喻的"普通话写作",而后者是柔软的、反抒情的、非意识形态的、拒绝隐喻的"口语写作"或"方言写作"。不仅如此,他还认为"口语写作""也复苏了与宋词、明清小说那种以表现饮食男女的常规生活为乐事的肉感语言的联系",也就是重建了中国诗歌语言与母语的深层血肉联系。[①] 如此看来,提倡"口语写作"和"民间写作"的于坚其实一直在清醒地、有选择地继承着中国古代白话文学传统和早期"五四"白话诗歌传统,他并未真正地传承中国古代民间通俗诗歌传统,他传承的只不过是中国文人诗歌传统中相对另类或边缘的白话传统,而不是文言传统或者"新文言"传统,后者正是朦胧诗或"知识分子写作"诗人所暗中接续的中国正统文人诗歌传统。不仅于坚如此,几乎所有倡导"民间写

---

① 《于坚集卷5·拒绝隐喻》,云南人民出版社2004年版,第138—148页。

作"或"口语写作"的诗人如韩东、朱文、伊沙等都是如此,他们坚定不移地延续和捍卫着中国文人诗歌中的白话传统,他们的诗歌在语言表层上是白话的、口语化的,但在语言的深层却具有解构性和多义性的先锋品质,因此要阅读和理解这一脉的当代白话诗或口语诗并不容易,如果没有对西方现象学、存在主义、结构主义、解构主义或后现代主义的深入了解,其实是很难进入这些口语诗文本的。这再一次证明了于坚为代表的民间口语诗写作的知识精英本质,它与中国新诗史上的歌谣体或民歌体诗歌写作的通俗大众本质是暗相反对的。但新世纪以来,民间口语诗写作也出现了泛滥化趋势,所谓"梨花体""羊羔体""废话体"诗风的流行,正折射了民间口语诗沦落为网络口水诗的危机。口语诗与口水诗的最大区别其实在于前者属于中国文人诗歌或精英诗歌范畴,而后者则是对前者的异化,它与中国古代的打油诗传统有关,但又带有我们这个新媒体时代特有的草根性、狂欢性和戏谑性。

最后,如果从自由与格律两种诗体传统来考察新时期三十年的中国新诗,一个显而易见的事实是,我们已经很少见到新诗人探讨新诗格律化问题了。虽然在民国三十年间自由诗体占据主导地位,但那个时代的新格律体诗歌也占有一席之地,而到了新中国第一个三十年,新格律体(含民歌体)已经跃居中国新诗的诗体主位,而纯粹的自由体悄然边缘化,就连大诗人艾青也曾在新诗格律化浪潮下遭遇尴尬,他不得不站出来为自由体新诗和新诗散文化辩护[①],但这依旧难以抵挡当时新诗格律化全面推进的步伐。而到了新中国第二个三十年,新格律诗体的命运陡转直下,自由诗体重新回到了新诗的主导体位,这次轮到老诗人卞之琳为

[①] 参见艾青《诗的形式问题——反对诗的形式主义倾向》,《人民文学》1954年第3期。

新格律体焦虑了，虽然他只是呼吁在保持自由体主位的同时能"恰如其分地"①让新格律体与之共存，但就连这点要求也几乎成了奢望。而朦胧诗的倡导者徐敬亚则总结道："在几十年的新诗史上，一直存在着自由化与格律化的斗争与竞争，完全开放式的新诗形态从郭沫若起就表示出自由抒发的优势。新中国成立后，由于我们强调了学习民歌，由民歌的传统节奏、韵律带来的四行一节的形式越来越泛滥（包括一些变体，如二、三、五、六行一节），造就了千百首四平八稳诗，在一定程度上对诗形成了一种束缚。新的创作倾向对此作了相当猛烈的冲击，基本冲开了一个大缺口，现代人的情感流动起来了，出现了一批不拘格式，不讲严谨排列的新型诗。"又说："传统的诗的韵律正在被打破。三十年代艾青等人单枪匹马做的事，今天已随处可见。戴望舒说过的，诗的韵律不在字上，而在情绪和诗情上，今天才有了更广泛的实践。"②徐敬亚所归纳和描述的这种新诗诗体自由化和散文化的倾向不仅适合于当时的朦胧诗创作实情，即使对于朦胧诗之后的整个中国新诗创作实践而言也是大体适用的，自由体确实已经占据了中国新诗的主体位置。王家新甚至还尝试一种介于诗与散文之间的新诗文体实验，他称之为"诗片断系列"，如《词语》《游动悬崖》等。但不容回避的是，新时期中国新诗三十年的自由体主潮中也隐含着诗体危机，过度的散文化和口水化导致中国新诗越来越不像诗而走向了"反诗"，由此中国新诗越来越被边缘化，越来越远离了中国读者的诗歌需求，这大约也是新时期以来伴随着新诗的喧嚣与沉寂，旧体诗词越来越受到中国读者关注和欢迎的重要原因。旧体

---

① 卞之琳：《今日新诗面临的艺术问题》，《诗探索》1981年第3期。
② 徐敬亚：《崛起的诗群》，《当代文艺思潮》1983年第1期。

诗词在世纪之交中国诗坛的强势崛起,已经并将继续预示着中国新诗的发展必须走对中国诗歌传统乃至整个中国文学传统的创造性转化之路,一味地模仿西洋的欧化诗或翻译体是不会有好前途的。

(原载《天津社会科学》2016 年第 1 期)

第三辑　实践探索

论百年中国美学的创新性发展历程[*]

曾繁仁

尽管审美作为一种艺术的生存方式在中国五千年悠久文化中有着极为丰富的呈现，中国自有独具特色的东方形态的美学，但现代美学学科却由西方创立并于20世纪初传入中国，迄今一百多年历史。百多年来美学领域一代又一代学人在中国传统文化的基础上，历经艰难曲折，辛勤耕耘，不断创新，出现了众多著名学者，涌现了一批又一批丰硕成果。本文旨在回顾这一百多年中国美学辉煌而曲折的发展历程。同时，今年正值中华人民共和国成立七十周年，中国美学发展的一百多年中占据主要时间域的是党所领导的新中国成立后的七十年，特别是改革开放的四十年。因此，本文从某种意义上来说，也是给新中国七十年华诞的一份献礼。

众所周知，"美学"是德国学者鲍姆加登（Alexander Gottlieb Baumgarten）于1735年首次提出的，其原文"Aesthetics"实为"感性学"之意，日本学人中江肇民用汉语"美学"一词翻译，传入中国后王国维使

---

* 本文系国家社科基金重大招标项目"生态美学文献整理与研究"（项目编号：16ZDA111）的阶段性成果。本文写作过程中参阅了科学出版社2014年8月出版的《20世纪中国知名科学家学术成就概览》（哲学卷）等文献。

"美学"成为定译并被中国学人普遍接受。"美学"一词尽管来自国外，美学学科也是近代以来才出现的，但审美作为一种艺术的生存方式却是早就存在于中国悠久的历史之中，美学也随着中国五千年的文明史而存在。现代以来伴随着中华民族坎坷曲折的发展历史，美学也在中国不断发展，而且呈现空前兴盛的状态，这在世界美学史上是罕见的。美学为现代以来中国的人文教育贡献了自己的力量，也在诸多学人的努力与中西古今的冲撞影响中逐步形成现代中国特有的美学精神，值得我们为之书写与发扬。在现代中国美学发展过程中需要处理好三种关系：首先是中、西、马之间的关系，这是一种矛盾共存、吸收融合的关系。中西之间一直存在体用之争，长期以来中国美学走的是"以西释中"之路，但历史证明审美既然作为人的一种艺术的生存方式，那么中西之间就不存在先进与落后之别，而只有类型之不同，中国美学必须走出一条立足本土、吸收西方有益资源的美学建设之路。百年中国美学一直奋力探索中国美学话语并取得了显著成就，给我们以激励与启示，需要我们一代又一代美学工作者承前启后、继续前进，以创新性发展与创造性转化向中国和世界提供愈来愈有价值的美学理论。而马克思主义是放之四海而皆准的真理，马克思主义特别是中国化的马克思主义对于现代中国美学的指导作用已经被历史事实充分证明。其次是古今关系问题，现代以降中国美学发展面临的主要是中国古代美学资源的现代转化问题。因为中国古代美学资源有着与现代美学相异的面貌，又有着巨大的价值，无论从民族立场还是从美学自身建设来说，都需要运用这一宝贵的资源，以便建设具有中国气派与中国面貌的现代美学形态。百年来中国美学界同仁为此付出艰辛努力，为中国美学民族资源的现代转换而奋斗不懈。再次，中国现代美学发展还面临着学术与革命的二重变奏，此前被认为是启蒙与救亡的二重变奏，有"启蒙压倒救亡"之说。

但笔者倒认为无论是启蒙与救亡或者是学术与革命都是历史的宿命，不是美学工作者自己所能选择的，而且二者之间不仅是一种矛盾，也呈现一种互补。正是在民族救亡的抗日战争硝烟烽火之中，才出现了中国现代"为人民"与"为人生"的美学，才涌现了充满民族情怀的文艺作品，成为中华民族史的辉煌篇章。新中国成立后发生在中国的两次美学大讨论，面临着美学自身学术的发展与批判唯心论革命任务的二重变奏，使得唯物与唯心成为衡量正误的标准，这当然有制约学术发展的局限性，但也促使美学界同仁钻研马克思主义，特别是马克思的《1844 年经济学哲学手稿》，使得我国现代美学的马克思主义水平有了明显提高，这也是一种重要的学术收获。

百年中国美学的发展基本上可分为中国现代美学开创与奠基时期、建设与发展时期、反思与超越时期。接下来，笔者将据此梳理各个时期为百年中国美学发展做出巨大贡献的重要美学家。

一、开创与奠基时期

从 20 世纪初期开始直至中华人民共和国成立前是开创与奠基时期。众所周知，包括美学在内的诸多人文学科的现代开创奠基之功首先归于王国维与蔡元培，现代形态的美学与美育就是他们率先引进并初步构建的。前已说到"美学"一词就是由王国维认可而从日本引进的，王国维还在 1903 年的《论教育之宗旨》一文中首倡"美育"，将之界定为"心育"，并提出了美育的"无用之用"的重要作用。当然，王国维还在著名的《人间词话》中提出了"审美的境界"论，继承古代"意境"之说，吸收西方理念之论，成为 20 世纪中西交融美学之重要成果。蔡元培也是中国现代美学的重要奠基者之一，他以其中西交融的学术修养和崇高的政治学术地位对现代美学特别是美育的发展与传播做出了杰出的贡献。首先是以其担任教育总长与北大校长的便利，将美育首次纳入教育方针，并力倡"以美育代宗教之说"，强调了美育的科学与民主精神。蔡元培还在美学与美育的学科建设与课程建设上进行了开创性的探索。

朱光潜、宗白华与蔡仪则是继他们之后中国现代美学的开创者与奠基者。朱光潜在20世纪20年代后期即开始在中国倡导美学，并在美学基本知识、文艺心理学、悲剧美学、西方美学与中西比较美学等诸多方面最早进行研究介绍，出版《谈美》《悲剧心理学》《文艺心理学》《诗论》等论著，产生重大影响，成为现代中国美学史用力最多最专、影响最广的美学家。朱光潜对我国西方美学研究领域有开拓之功，他在中华人民共和国成立前的两本心理学美学论著就是以西方文献为主，并于1948年出版《克罗齐哲学述评》，包含对克罗齐直觉论美学的评述，成为我国西方美学研究的领跑者，特别是1963年出版《西方美学史》，奠定了我国西方美学学科的发展基础。朱光潜倾其毕生精力于西方美学论著的翻译，译介了柏拉图的《文艺对话集》、黑格尔的《美学》与维柯的《新科学》等名著，为我们提供了集信、达、雅于一体的西方美学经典译本，惠及一代又一代学人。朱光潜也是我国主客观统一的"创造论美学"的奠基者，在1957年开始的那场美学大讨论之中，朱光潜作为被批判者一方面努力学习马克思主义论著，一方面积极应对论争，他根据马克思主义基本观点明确表示不同意当时占据话语统治权的"认识论"美学："因为依照马克思主义把文艺作为生产实践来看，美学就不能只是一种认识论了，就要包括艺术创造过程的研究了"。①朱光潜认为艺术创造是以主客观统一为前提的，他的创造论美学是我国美学大讨论的重要理论收获之一。朱光潜还是我国中西美学比较研究的开创者之一，他早期写作的《诗论》，应用文艺心理学原理，采用中西比较方法，对中国传统诗学与美学进行了认真的梳理，是我国现代中西比较美学研究的重要成果。朱光潜晚年潜心钻研马克思主义基本理论，特别是《1844年经济学哲学手稿》，写作了《谈美书简》和《美学拾穗集》，力图以马克思主义为指导研究美与美感、形象思维、现实主义与浪漫主义等基本问题，成为马克思主义美学中国化的可贵探索。朱光潜为我国美学事业奋斗了一生，被称为"美学老人"，在国内外具有广泛深远的影响。

宗白华是我国古代美学研究的重要开创者与奠基者。宗白华有深厚的西方学术背景，曾经长期留学欧洲，翻译了多种西方美学经典，特别是他所翻译的康德《判断力批判》上卷，表现了对于康德美学的深刻理解，成为该论著的经典翻译，至今具有重要价值。宗白华将自己的研究视角聚焦于中国古代美学，在中西结合的广阔视域提出"气本论生命美学"，为立足本土创建具有中国特色的美学理论奠定了基础，做出了示范。宗白华于20世纪80年代出版的《美学散步》与《艺境》成为现代中国美学研究的经典读本和当代学者研究古代美学的必备之书，被广泛地引用与研究。宗白华于1928年前后写作《形上学——中西哲学之比较》，又于1979年发表《中国美学史中重要问题的初步探索》等文，为中国古代美学研究奠定了哲学的基础。在前文之中宗白华明确将西方哲学（包括美学）基础表述

---

① 朱光潜：《朱光潜全集》第5卷，安徽教育出版社1989年版，第70页。

为抽象时空之几何哲学,中国乃"四时自成岁之历律哲学"[1],阐明了西方美学之科学主义与中国美学之天人合一人文主义之区别;后文乃第一次将《周易》作为我国最重要的古代美学经典之一,指出"《易经》是儒家经典,包含了宝贵的美学思想。如《易经》有六个字:'刚健、笃实、辉光'就代表了我们民族一种很健全的美学思想"[2]。这就为后人的中国美学研究奠定了扎实的理论基础。宗白华首次提出中国古代美学研究应以传统艺术与艺术创作为中心,开辟了中国传统美学独特的研究路径。他说,"在西方,美学是大哲学家思想体系的一部分,属于哲学史的内容","在中国,美学思想却更是总结了艺术实践,回过来又影响着艺术的发展"[3]。因此,他主张"研究中国美学史的人应当打破过去的一些成见,而从中国极为丰富的艺术成就和艺人的艺术思想里,去考察中国美学思想的特点"[4]。他本人正是这样实践的,总结了绘画、戏剧、建筑、音乐、诗歌之中的美学思想,别开生面,使人耳目一新。宗白华还在中西比较的视野中建构了中国传统美学研究的特殊内涵。首先是他对中国传统美学"意境"的理论进行了全新的研究与阐释,将意境阐释为"有节奏的生命"或"有生命的节奏"[5];同时,宗白华还深入研究了中国传统美学之中的时间与空间关系,

---

[1] 宗白华:《形上学——中西哲学之比较》,载林同华主编《宗白华全集》第1卷,安徽教育出版社2008年版,第611页。

[2] 宗白华:《中国美学史中重要问题的初步探索》,载林同华主编《宗白华全集》第3卷,安徽教育出版社2008年版,第458页。

[3] 宗白华:《漫话中国美学》,载林同华主编《宗白华全集》第3卷,安徽教育出版社2008年版,第392页。

[4] 宗白华:《漫话中国美学》,载林同华主编《宗白华全集》第3卷,安徽教育出版社2008年版,第393页。

[5] 宗白华:《论中西画法的渊源与基础》,载林同华主编《宗白华全集》第2卷,安徽教育出版社2008年版,第109页。

提出中国传统美学化空间于时间的重要艺术论点及实践问题，对中国传统美学的虚实相生进行了独特的研究。宗白华还阐发了中国传统美学的其他有关范畴，例如国画的"气韵生动"、书法的"筋血骨肉"、建筑的"飞动之美"、戏曲的"以动代静"、舞蹈的"生命玄冥的肉身化之美"、音乐的"声情并茂的胜妙之美"和诗歌的"情景交融的意境之美"，等等。

蔡仪是中国现代唯物主义美学的开创者与积极推动者。他于20世纪40年代白色恐怖的历史语境下，排除重重障碍写作出版了著名的《新艺术论》和《新美学》两本专著，以大无畏的理论勇气力批当时盛行的唯心主义哲学与美学理论，系统而有力地创立了富有理论特色的唯物主义美学与艺术思想体系。他在《新美学》开头第一句话就写道：旧美学已完全暴露了它的矛盾，而自己的新美学是以新的方法建立新的体系。他在这两本著作之中明确提出"美在客观事物"与"美在典型"等崭新的美学理论观点，被称为"中国现代第一个依据自己的思考去表述自己的有系统的美学思想的学者"。新中国成立后，蔡仪继续以其对马克思主义的信仰与对真理的追求，带领他的团队为创立中国特色的马克思主义唯物论美学而奋斗，进行了科研、学生培养与文献译介等一系列富有成效的学术工作，特别是以其坚持真理、矢志不渝的精神投入第一、二次美学大讨论之中，树起了"客观派"的美学大旗，深入阐释了他所坚持的马克思主义唯物主义美学原理，积极参与学术论辩，建构了具有鲜明特色的中国式马克思主义唯物主义美学体系，该体系包括"美在客观存在""美是认识""美是典型"等紧密相关的美学范畴。蔡仪旗帜鲜明地提出："美的本质是什么呢？我们认为美是客观的，不是主观的。"① 又说："美的事物就是典型的事物，

---

① 蔡仪：《新美学》，群益出版社1948年版，第68页。

就是种类的普遍性，必然性的显现者。"① 后来蔡仪又引入了马克思《1844年经济学哲学手稿》中有关"美的规律"的论述，认为美的客观性与典型性表现为按照美的规律来造型。蔡仪还提出了"社会美"与"美的观念"等美学范畴，具有创新学术价值。他所主编的《文学概论》教材对于推动我国高校美学与文艺学教学起到了重大作用。

二、建设与发展时期

我国美学发展的第二个时期是新中国成立之后，在马克思主义与毛泽东思想的指导下美学有了新的发展，具有中国自己的鲜明特色。这一时期最重要的美学学术事件就是两次美学大讨论，使得美学出现了从未有过的兴盛，尤其改革开放后的第二次美学大讨论更是兴起了一股美学热，为世界美学史所罕见。新中国成立后的美学发展交织着革命与学术的二重变奏，所谓"革命"是指第一次美学大讨论起源于对于唯心主义美学观之批判，目的是进一步普及马克思主义的唯物论，政治的指向性非常清晰，大讨论中的政治色彩也非常浓烈；所谓"学术"是指这次美学大讨论是以"百家争鸣，百花齐放"的方式展开的，也就是说在大讨论的过程中对于所谓唯心主义观点一般当作"学术问题"处理，而其结果也的确在一定程度上起到了普及马克思主义唯物论的作用，产生了以李泽厚为代表的"实践论美学"，具有科学性与理论的自洽性，极大地影响了中国很长一段时期美学学科的发展及面貌。李泽厚、汝信、蒋孔阳、刘纲纪、胡经之、周来祥、叶朗与叶秀山就是这一时期的代表人物。

---

① 蔡仪:《新美学》，群益出版社1948年版，第80页。

李泽厚是我国美学研究领域的标志性人物，是社会论实践美学的创立者与两次美学大讨论的重要推动者，也是少有的具有重要国际影响的中国现代美学家。他是巴黎国际哲学院院士、美国科罗拉多学院荣誉人文博士，其《美学四讲》入选著名的《诺顿文学理论与批评文集》。李泽厚在哲学基本理论、近代思想史与美学领域均有重大建树：在美学领域，成为第一次美学大讨论社会学派的领军人物，在这次美学大讨论中起到实际的主导作用。在20世纪80年代的第二次美学大讨论中他力倡的"主体性"理论成为改革开放后思想解放运动的代表性思潮。他更加明确地提出"实践论美学"，以马克思关于物质生产实践是人类一切活动之基础的理论为指导，提出"人化自然""实践本体""情本体"与"积淀说"等一系列具有独创性的美学观点，出版了《美学四讲》《美的历程》《批判哲学的批判》与《华夏美学》等经典美学论著。晚年，李泽厚逐渐将其美学研究转向中国传统文化，探索"以儒学代宗教"的"天地境界论"，提出"中国审美主义的感情以深植历史性为'本体'"①的"以美育代宗教"说。李泽厚强调的"美是合规律性与合目的性的统一""启蒙压倒救亡"和"中国文化的儒道互补"等观念对中国现代美学的发展产生了重要影响。

汝信是这一时期西方美学学科的重要开拓者，他早在20世纪50年代就开始了西方哲学与美学的研究，并于1958年在《哲学研究》上发表《论车尔尼雪夫斯基对黑格尔艺术哲学的批判》，1963年又出版了《西方美学史论丛》，是"国内第一本以西方美学史为主题的综合研究"成果，与同为1963年出版的朱光潜的《西方美学史》一起，标志着在我国西方

---

① 李泽厚：《关于"美育代宗教"的杂谈答问》，载刘再复《李泽厚美学概论》，生活·读书·新知三联书店2009年版，第227页。

美学已经成为一门独立的学科。1983年汝信又出版了《西方美学史论丛续编》。汝信坚持马克思主义指导西方美学研究,特别坚持马克思主义唯物史观的指导。他从宇宙观、认识论、伦理观与政治思想等方面全面认真地研究柏拉图的美学思想,对新柏拉图主义重要代表普罗提诺进行了深入剖析,填补了这一方面的空白。他的《黑格尔的悲剧论》深刻剖析了黑格尔悲剧观的广阔历史感与社会文化视野,成为西方美学研究的范本。汝信还对别林斯基、车尔尼雪夫斯基与普列汉诺夫等人的美学思想进行了深入的研究,均有开拓价值。汝信用具有说服力的材料批驳了当时苏联哲学界流行的将德国古典哲学说成是德国贵族对于法国大革命的一种反动的错误判断,论证了青年黑格尔是当时德国新兴资产阶级的思想代表,黑格尔的辩证法反映了资产阶级上升时期的愿望和要求。汝信对黑格尔的劳动和异化理论的开拓性研究填补了国内研究的空白,此外他在现代西方美学研究方面也有许多新的拓展。20世纪80年代,汝信到美国哈佛大学访学之时即逐步将美学研究的注意力转向黑格尔以后发展起来的另一条相反的思想线索,即以个人为特征的由克尔凯郭尔和尼采所代表的社会思潮。此时汝信逐步转向现代西方哲学与美学研究,他率先并引领学生发表了有关文章,出版了专著,在国内学术界开风气之先,影响深远。汝信不仅在西方美学理论研究方面辛勤耕耘,还直接从西方艺术作品与古迹中找寻美,并于1992年出版了《美的找寻》一书,成为西方美学审美意识研究的重要范本。他担任主编,历时九年写作出版了四卷本《西方美学史》,以其资料的原初性与理论创新性为特点,成为进入西方美学研究的"钥匙"。1998年,汝信担任中华美学学会第三任会长,以其谦虚、开放与睿智的人格与扎实的学风富有成效地引领中国美学学科由20世纪进入21世纪。

蒋孔阳是我国现代美学建设发展时期最重要的代表人物之一,他的美学贡献是多方面的。首先，是我国现代西方美学研究的奠基者之一，1980年蒋孔阳所著《德国古典美学》出版，该书是蒋孔阳的代表作，也是我国第一部断代的西方美学专著，在国内外均产生重大影响。该书以整体研究的方法，坚持唯物史观的指导，对德国古典美学的产生、发展与内涵进行了深入的研究与阐发，具有自己的独到见解。蒋孔阳还与朱立元一起主编了七卷本《西方美学通史》，是迄今为止我国最全的一部西方美学通史，对于西方美学研究起到了重要推动作用。蒋孔阳是中国古代音乐美学研究的奠基者之一，他于1988年出版的《先秦音乐美学思想论稿》一书，引起广泛影响，至今仍然是音乐美学领域的经典论著。蒋孔阳首先确定了中国古代音乐美学的重要地位，认为公元前2世纪的《乐记》完全可以与古希腊亚里士多德的《诗学》相媲美。他以唯物史观为指导，以经济社会为广阔背景，研究了先秦音乐产生的社会文化根源。蒋孔阳以扎实稳妥的文献考订为基础，探索了中国先秦时期音乐思想的特殊范畴及丰富内涵。他还采取整体研究方法，将先秦时期诸多学派的音乐思想作为一个整体来审视。蒋孔阳是我国美学大讨论的主将，也是实践派美学的重要参与者与创新者之一，特别是1993年出版的《美学新论》，是他一生美学研究的总结，也是新时期我国美学研究的重要成果与收获。他突破了实践美学"美先于美感"的基本判断，提出美与美感同生同在的观点。美与美感到底谁先谁后呢？他说，"从生活和历史的实践来说，我们很难确定先有那么一个形而上学的、与人的主体无关的美的存在，然后再由人去感受和欣赏它，再由美产生出美感来"[①]，事实上，美与美感，像火与光一样，同时诞生，同时存在。这实际上是对实践美学的重大突破，并从实践美学的人

---

① 蒋孔阳：《蒋孔阳全集》第3卷，安徽教育出版社1999年版，第270页。

生本体走向审美关系论，因此蒋孔阳的"新美学"可以概括为"审美关系论美学"。他提出了审美关系的四重属性：感性基础、自由属性、整体属性与情感属性等。蒋孔阳突破了实践美学将实践局限于物质生产的理论界定，而是将精神生产甚至是审美活动也看作一种实践。蒋孔阳还在《美学新论》中突出了审美的"创造性"特色，提出独树一帜的"多层累的突创说"。总之，蒋孔阳的审美关系论美学是新中国成立以来直至20世纪90年代我国美学研究的一个总结。

刘纲纪是我国美学建设发展时期的重要推动者，在美学基本理论、中国古代美学与书画美学方面取得一系列具有突破性的重要成就。刘纲纪是我国两次美学大讨论的重要参与者，也是实践美学的重要开创者之一，他在20世纪80年代出版的《艺术哲学》已经成为实践美学的经典论著。刘纲纪从研究马克思《1844年经济学哲学手稿》出发，提出"社会实践本体论"的重要观点，认为马克思的本体论在本质上是实践本体论，并认为物质生产实践是艺术、美感与美的本源，认为劳动对美的创造还与人类生活实践创造紧密结合。刘纲纪构建了一个实践美学理论框架，这个框架以实践本体论为哲学基础，以创造为主体性活动，最后以自由为人的根本诉求，可概括为"实践—创造—自由"相统一的美学体系。刘纲纪继承宗白华美学传统并加以发展，成为中国美学领域的重要开拓者之一。20世纪80年代，刘纲纪与李泽厚共同主编《中国美学史》，由刘纲纪独立执笔撰写的第一、二卷被认为是中国美学史的开山之作。该著作提出了中国美学史的对象、任务、特征与分期等问题，以及儒道骚禅四大主干的重要观点及中国美学史的六大特征，为中国美学史的进一步发展奠定了基础。刘纲纪于20世纪90年代初出版的《〈周易〉美学》是对宗白华周易美学研究的拓展，成为中国周易美学研究的经典之作。他准确地提出以《周易》作为中国古代美学研究的切入点，挖掘其生命论美学内涵，为中国古代美学进一步健康发展找到了一条较佳路线。刘纲纪结合中国美学特别是周易美学特点提出，中国美学常常在没有"美"字的地方同样包含着美的内涵，从而揭示了中国美学的特殊性所在。他还具体揭示了《周易》之"元亨利贞""正位居体"与"阳刚阴柔"所包含的美学内涵。刘纲纪还从中西比较视野深入阐释了《周易》之生命论美学相异于西方的特殊价值意义，《〈周易〉美学》是中华美学走向世界与走向现代的有益尝试。刘纲纪还是著名书画家，在书画美学领域有颇多建树。

胡经之是我国文艺美学学科的重要倡导者。1980年在昆明召开的全国首届美学会上，胡经之在发言中认为高等学校的美学教学不能只停留在讲美学原理而应开拓和发展文艺美学。这实际上是在改革开放背景下贯彻"解放思想，实事求是"思想路线的结果，试图突破以政治代艺术的错误思潮，加强对文艺内部规律的研究。胡经之又于1982年1月在北京大学出版社出版的《美学向导》一书中发表《文艺美学及其他》一文，第一次从独立学科的角度论述了文艺美学。他还于1999年在北京大学出版社出版《文艺美学》的学术专著，全面论述了文艺美学的对象、方法与内涵。胡经之教授还主编了与文艺美学有关的《中国古典美学丛编》《中国现代美学丛编》《西方文艺理论名著选编》等，为中国文艺美学的进一步发展奠定了文献基础。正是在胡经之等学者的不懈努力下，文艺美学正式进入被教育部认可的学科体系，成为中国语言文学学科的二级学科文艺学的重要学科方向之一，培养了数量众多的研究人才。

周来祥是我国美学建设发展时期的重要参与者与积极推动者。他从事美学研究六十多年，涉及领域广泛，在美学基本理论、文艺美学、中国古典美学、中西比较美学与审美文化史等方面均有特殊贡献，尤其是他倾其毕生精力创立并丰富发展了"和谐论美学"学派,影响深远。他于1984年就出版了《论美是和谐》,此后又出版《再论美是和谐》《三论美是和谐》与《古代的美 近代的美 现代的美》等论著,全面阐释了"美是和谐"的基本命题。周来祥是中国两次美学大讨论的积极参与者和实践派美学的重要推动者。他以社会实践为哲学前提,而其学术指向则是"和谐",即"人与对象、人与社会、人与自然、人与自身的和谐"[①],和谐既是美学追求的最高目标,也是人生最高的审美境界。他以马克思主义为指导论述了古代素朴的和谐美、近代的崇高美,以及社会主义的新型的辩证的和谐美,构建了自己的"文艺美学"体系,被称为"和谐论文艺美学"。周来祥以"和谐论美学"为指导对中西美学进行了深入的比较研究,撰写了《中西古典美理论比较研究》等专著,他认为中西美学都以古典和谐美为理想,既有共同规律又有各自特点。周来祥还以"和谐论美学"为指导主编了大型的六卷本《中华审美文化通史》,在中国审美文化研究方面多有建树。

叶朗是我国美学建设时期一位有着卓越贡献的美学家。他继承北京大学深厚的美学传统,在美学基本理论与中国美学研究方面取得突出成就。1982年,叶朗出版《中国小说美学》,该书具有开创之功,第一次以丰厚的小说评点资料为基础,是改革开放后我国美学研究的新收获。1985年,叶朗出版《中国美学史大纲》,该书突破"以西释中"框架,以"意象"与"感兴"为中心线索,既具有中国美学自身的自洽性,又可与国际美学在一定程度上对接,是一种新的探索与突破。2010年,叶朗出版《美在意象》一书,该书以"意象—感兴—人生境界"为核心范畴,充分彰显了

[①] 周来祥:《三论美是和谐》,山东大学出版社2007年版,第83页。

中国传统美学的精华与魅力。此外，叶朗还是我国新时期审美与美育实践的组织者与引领者，实际组织了一系列审美教育活动，影响深远。

叶秀山是我国著名哲学家与美学家，中国社科院学部委员。他的主要成就在于西方哲学研究上的诸多创新，但叶秀山对于美学也有着浓厚的兴趣，并积极参与，著作甚多，影响深远。他曾经参与了王朝闻主编的《美学概论》的编写，历时四年，做出了自己的贡献。在美学理论上，他于1988年出版著名的现象学哲学论著《思·史·诗》，成为我国最重要的现象学哲学与美学论著之一。该书深入地论述了现象学领域哲思、历史与诗歌的关系，以及后现代理论家对此的解构与超越，给我国当代美学建设诸多启发。他于1991年出版《美的哲学》一书，该书并没有局限于美学学科内部研究范式，探讨"美"的本质与现象，而是从哲学的高度进行高屋建瓴式的阐发。通过剖析人与世界的关系和人的生存状态，将艺术视为一种基本的生活经验和基本的文化形式、一种历史的"见证"，在独特的哲学视角下阐释了自己的美学观与艺术观，呼吁让生活充满美和诗意。叶秀山对于京剧与书法有着特殊的兴趣并进行了深入的研究。自20世纪60年代开始直至2007年，他出版《京剧流派欣赏》《古中国的歌——京剧演唱艺术赏析》等书，深入阐发了作为世界三大戏剧流派之一的京剧载歌载舞的艺术特征。他酷爱中国书法，曾经在20世纪70年代研究书法艺术并练字，1987年出版《书法美学引论》，提出"西方文化重语言，重说；而中国文化重文字，重写"[1]的观点，开启了从这一特殊视角进行中西对话的新领域，并在该书中提出，中国书法"是一种活动的线条的舞蹈，那么，

---

[1] 叶秀山：《叶秀山文集·美学卷》，重庆出版社1999年版，第448页。

很自然地就会以草书作为它的范本"①,从美学的角度阐述了书法重节奏和韵律的美学特点,深化了我国书法美学研究。

三、反思与超越时期

自 20 世纪 90 年代以来,中国改革开放进一步深化,工业化的弊端逐步显露。加上西方后现代文化的影响,中国文化领域逐步步入具有后现代色彩的反思与超越阶段。在美学领域,表现为对于两次美学大讨论特别是对于"实践美学"的反思与超越,反思其固有的认识论理论根基、主客二分的思维模式与"人化自然"的理论局限,于是出现了"后实践美学"。

首先是杨春时在 1993 年北京美学年会上提出了"超越实践美学,建立超越美学"的新见解,成为新时期当代中国美学的新气象。由此,出现"实践美学"与"后实践美学"的争论,这实际上是对于实践美学的反思与超越,对于推进和活跃中国美学研究具有重要意义。杨春时也在批判以认识论为基础的实践美学的基础上建立了自己的生存论美学,用"审美是自由的生存方式与超越解释方式"取代"美是人的本质力量的对象化"的定义,树立起了自己的"后实践美学"的大旗。"生存"是其超越美学的逻辑起点,他认为,"生存"既不是"物的存在",也不是"动物的存在",而是"人的存在",是一种"自我的存在""有意义的存在"。"生存"与"实践"的区分在于它有超越性的本质,以理想超越现实,以感性超越理性,以精神超越物质,以个性超越社会性。2002 年之后,他从生存论走向存在论,从主体性走向主体间性,逐步建立起自己的以"存在"为本体

---

① 叶秀山:《叶秀山文集·美学卷》,重庆出版社 1999 年版,第 360 页。

的"主体间性"超越美学的理论体系。由此说明,中国美学发展终于开始与世界美学的发展同步。

1900年,胡塞尔提出"现象学"方法,"悬搁"工具理性时代流行的主客二分对立,后来又发展到"相互主体性"即"主体间性",欧陆现象学以及由之产生的存在论哲学与美学逐步成为哲学与美学的主潮,与之相应,英美分析哲学与美学日渐发展,以"分析"解构了各种理性主义的本质主义。中国新时期的"后实践美学"就是试图以这种现象学与分析哲学的武器,突破传统美学,建设当代新的美学形态,朱立元就是从实践美学阵营中突破而出的当代美学家。他是继朱光潜、汝信与蒋孔阳之后我国西方美学研究方面的学术代表人物,协助蒋孔阳并在后期实际主编了七卷本的《西方美学通史》,本人也著有多种西方美学论著,具有广泛的影响。朱立元长期继承发展蒋孔阳的实践美学思想,并持此观点参加当代学术界有关实践美学的讨论;但从20世纪90年代中期以后,他开始反思实践美学认识本体论的局限。他从哲学范畴"本体"即"存在"的视角思考突破实践美学认识本体论的理论框架,逐步形成自己的"实践存在论美学"理论。2004年,朱立元发表论文正式提出自己的美学思想"以实践论与存在论的结合为哲学基础"①。2008年,朱立元主编的《实践存在论美学丛书》五卷本出版,使"实践存在论美学"以较为完整的理论形态呈现于学术界。朱立元的"实践存在论美学"的基本特点是将马克思的"实践"概念赋予"实践存在论"的崭新含义,实际上是对传统实践美学的突破与发展。他指出,马克思在《1844年经济学哲学手稿》中多次提到"存在

---

① 朱立元:《走向实践存在论美学——实践美学突破之途初探》,《湖南师范大学社会科学学报》2004年第4期。

论"(ontologisch)一词,"有力地证明了马克思存在论思想和维度的客观存在"①。他以马克思的"实践存在论"为出发点,突破传统的"美的本质"的美学研究逻辑起点,认为"审美活动是美学问题的起点"②,因为审美活动是人的实践存在方式之一,而审美活动正是审美关系的具体展开。为此,朱立元突破传统的"美、美感与艺术"的三元美学研究框架,提出"审美活动—审美形态—审美经验—艺术审美—艺术教育"的美学研究框架。朱立元的探索是对传统实践论美学的突破,也是对马克思美学思想的新理解与新阐释,具有重要的学术意义。

20世纪80年代初期,笔者由于教学工作的需要开始参与美学研究,主要在西方美学、审美教育与生态美学方面用力较多。西方美学方面出版了《西方美学简论》《西方美学论纲》《西方美学范畴研究》等论著,审美教育方面曾出版《美育十讲》《美育十五讲》等论著。生态美学是20世纪90年代中期在反思与超越的基础上产生的一种美学形态,笔者第一篇生态美学文章《生态美学:后现代语境下崭新的生态存在论美学观》发表于2002年,此后出版了《生态存在论美学论稿》《生态美学导论》《生态美学基本问题研究》《中西对话中的生态美学》等论著。生态美学反思我国环境污染、人类中心论的蔓延与美学领域实践美学的"人本体""工具本体"与"自然人化"等美学观点,在哲学基础上由传统认识论过渡到实践存在论,并由人类中心论过渡到生态整体论;在美学研究对象上突破"美学是艺术哲学"的观点,将人与自然的审美关系包含在审美对象之中;在哲学方法上,突破传统美学主客二分的认识论方法,运用生态现象学方法;在

---

① 朱立元:《历史与美学之谜的求解》,上海人民出版社2014年版,第301页。
② 朱立元:《走向实践存在论美学》,苏州大学出版社2008年版,第285页。

自然审美上突破传统的"人化自然"的观点，认为没有实体性的自然美，自然美是审美对象的审美属性与人的审美能力交互产生的人与自然的审美关系；在审美属性上，否定静观美学，倡导"参与美学"；在美学范式上突破传统的以如画为主的形式美学，倡导一种生态存在论美学，将诗意的栖居、家园意识与场所意识等引入生态美学；在传统文化上，认为中国传统社会以农为本的特点决定了中国传统美学本身就是一种生态的美学与艺术，是一种生生美学，应当发扬光大。生态美学是一种正在建设发展中的美学形态，需要更好地结合生活与文化的现实，在中西比较对话中完善，有望成为与欧陆现象学生态美学、英美分析哲学环境美学鼎足而立的中国特色生态美学。

回顾历史是为了更好地推动中国美学发展，当前我国进入中国特色社会主义建设的新时代，在"两个一百年"奋斗目标中国家将"美丽中国"建设写到社会主义宏伟蓝图之上，为我国美学学科的未来发展开辟了更加广阔的天地，相信更多的青年学者会在美学学科中大展宏图，书写更加辉煌的中国美学篇章。

（原载《山东社会科学》2019年第9期）

文艺美学与中国美学的现代传统*

杜 卫

中国美学界几乎一致认为,"文艺美学"这个名称和学科是中国创造的[①],然后就有了文艺美学课程和中文学科内部文艺美学的方向以及教育部的相关人文社科基地。对于文艺美学学科的讨论比较多,但是,对于文艺美学作为中国特有的一门学问的学术思想内涵和本土特征,研究还不是很充分,因此对于它的学科性质和定位也还比较模糊。20世纪前半期,中国美学家一方面学习西方美学,另一方面激活本土美学思想,开始了努力建构中国美学的进程。笔者由此入手,考察后来被称作"文艺美学"的那些理论的本土现代资源。我们发现,文艺美学的思想和学术建构从20

---

* 本文为国家社会科学基金重大项目"当代中国美育话语体系建构研究"(批准编号:16ZDA110)成果。

① 一般认为"文艺美学"命名有两个标志性事件:学者王梦鸥在1971年出版了一本讲美学的书,叫作《文艺美学》;在1980年中华美学学会的会议上,北京大学教师胡经之提出:应在大学艺术和文学系科开设文艺美学课程,并得到一些前辈学者的支持。曾繁仁也持相同观点。(胡经之和曾繁仁的相关论述,详见胡经之《文艺美学的反思》,《文艺理论研究》1999年第4期;曾繁仁《中国文艺美学学科的产生及其发展》,《文学评论》2001年第5期)

世纪初就开始了，而且在王国维、宗白华和朱光潜①的著述中达到了很高水平。通过对这个现代传统的回溯，我们有可能进一步认清文艺美学作为本土学问的深刻内涵和特征。同时，文艺美学作为中国美学现代传统的一种延续，在当代中国美学的理论建构中还有一些值得我们深思的问题。

一

王国维是中国具有现代意义的美学的开创者、奠基人，他在这方面的主要贡献有三：一是赋予美学和文艺研究以哲学思维品格，使其美学和文艺研究具有了现代学术形态；二是创建了人生论美学，注重审美和文艺的人生意义，提出了中国美学史上著名的"无用之用"说，开启了中国美学的"审美功利主义"现代传统；三是用美学的观点和方法开展文艺研究和评论，在理论建构和文本批评两个方面为中国文艺美学的建设提供了崭新样式。

学界一般都很关注、肯定王国维关于"哲学独立""艺术独立"的观念，但对于其深层的意义常常忽略。王国维强调哲学和艺术独立是有针对性的，那就是当时学界对于知识总要先做一番"有用"或"无用"的评判。他自感中国传统学术缺乏形而上的思辨是一种缺陷："故我中国有辩论而无名学，有文学而无文法，足以见抽象与分类二者，皆我国人之所不长，而我国学术尚未达自觉（self consciousness）之地位也。"又对当时引进西学偏向于政治伦理等实际功用而忽略形而上之义有所不满："言语者，

---

① 20世纪前半期从事文艺美学理论建构的学者还有一些，这里选取对后来中国文艺美学研究影响最深、最直接的王国维、宗白华和朱光潜三位美学家。

思想之代表也，故新思想之输入，即新言语输入之意味也。十年以前，西洋学术之输入，限于形而下学之方面，故虽有新字新语，于文学上尚未有显著之影响也。"① 他说："天下有最神圣、最尊贵而无与于当世之用者，哲学与美术是已。天下之人嚣然谓之曰无用，无损于哲学、美术之价值也。至为此学者自忘其神圣之位置，而求以合当世之用，于是二者之价值失。夫哲学与美术之所志者，真理也。真理者，天下万世之真理，而非一时之真理也。其有发明此真理（哲学家）或以记号表之（美术）者，天下万世之功绩，而非一时之功绩也。唯其为天下万世之真理，故不能尽与一时一国之利益合，且有时不能相容，此即其神圣之所存也。"② 他这番话的核心意思就是，哲学和艺术有自己的目的，那就是追求人类普遍的真理，它们不是政治道德的手段。这种"真理"具有超越性，不受一时一地或某一群体利益之局限，具有从具体经验中超拔出来的形而上意义。他自己也表白说："伟大之形而上学，高严之伦理学，与纯粹之美学，此吾人之酷嗜也。"③

王国维在哲学、美学和艺术的研究中对形而上思辨方法的自觉追求④，是他对中国美学现代转型最重要的贡献，也是对创建中国文艺美学

---

① 王国维：《论哲学家与美术家之天职》，载谢维扬、房鑫亮主编《王国维全集》第一卷，浙江教育出版社、广东教育出版社 2009 年版，第 127 页。
② 王国维：《论哲学家与美术家之天职》，载谢维扬、房鑫亮主编《王国维全集》第一卷，浙江教育出版社、广东教育出版社 2009 年版，第 131 页。
③ 王国维："自序二"，载谢维扬、房鑫亮主编《王国维全集》第十四卷，浙江教育出版社、广东教育出版社 2009 年版，第 121 页。
④ 叶秀山曾评论说："在当时中国学术界，对于欧洲大陆和英美的哲学之区别，不像现在这样清楚，但实证哲学和形而上学的分界，也还是有的。所以，我们可以看到，王国维选择了欧洲大陆的哲学，是一种根据自己的习性的自觉行为。"叶秀山：《王国维与哲学》，《中西智慧的贯通——叶秀山中国哲学文化论集》，江苏人民出版社 2002 年版，第 242 页。

最根本的贡献：唯有在现代思辨哲学的高度才可能创建人生论美学。因为王国维所讲的"真理"根本上就是对人生问题的解释，正如他自己说的："研究人如何而生活之问题，此实科学中之科学。"[①] 他主张哲学和艺术独立，推崇形而上学，也就是为了让哲学和艺术能够直面人生，走向关注人生、理解人生、慰藉人生之路，从而建立以人生为出发点和归宿的人生哲学、人生美学，等等。他所讲的作为哲学和艺术之目的的"真理"主要属于生存论范畴，而作为认识论范畴的客观真理问题，在王国维的早期思想中实际上并不占核心地位。而且，王国维尽管讲学术无所谓"有用""无用"，但是，他实际上是反对把文艺当作政治或道德的工具，另一方面却又心仪于艺术对于人生的积极作用。他对西方现代美学的关键命题"审美无利害"做了独特解读，在肯定审美本身与任何功利考虑无关的同时，却强调审美对于人的心理和精神具有慰藉和提升的作用，从而提出了著名的"无用之用"说，创建了"审美功利主义"的现代传统，使他的美学理论达到了超越性和现实性的统一。这种对于审美性质和功能的理解有着中国传统文化的深刻内涵，是独具中国特色的，为后来的文艺美学提供了话语典范。

中国传统文艺理论一般以关于创作经验或欣赏感受的漫谈、评点为主，虽时有开门见山、单刀直入的精到之语，但总体上零散、随意，缺乏整体的理论建构。研究方法也主要是自下而上的经验归纳，缺乏自上而下的概括性把握。王国维站在现代思辨哲学的高度，自觉以美学的观点和方法展开自上而下的文艺美学研究，留下了《红楼梦评论》《人间词话》等

---

① 王国维：《脱尔斯泰伯爵之近世科学评》，载姚淦铭、王燕编《王国维文集》第三卷，中国文史出版社1997年版，第452页。

中国文艺美学的开山之作。《红楼梦评论》第一章概述人生与艺术的关系，大意是：人生而有欲，有欲就有痛苦，只有艺术能够使人摆脱利害关系的纠缠，使人生得到慰藉。接着，作者分析了美有优美和壮美两种形态，以及与这两种美相对立的"眩惑"。最后，王国维写道："今既述人生与美术之概略如左，吾人且持此标准，以观我国之美术。而美术中以诗歌、戏曲、小说为其顶点，以其目的在描写人生故。吾人于是得一绝大著作，曰《红楼梦》。"① 在接下来的第二、三章中，王国维正是以他认定的美学标准来评判《红楼梦》的。他首先提出了艺术的目的："美术之务，在描写人生之苦痛与其解脱之道，而使吾侪冯生之徒，于此桎梏之世界中，离此生活之欲之争斗，而得其暂时之平和，此一切美术之目的也。"② 接着，他指出，《红楼梦》与中国其他小说戏曲不同，不是世间、乐天的喜剧，是一部"彻头彻尾之悲剧"，而且在悲剧中又是最高水平的，《红楼梦》的美学价值就在于它是一部悲剧。③ 这里特别值得注意的是王国维的论说结构：先论述哲学和美学理论，然后提出评判艺术的美学原则，接着按照美学原则来阐发具体作品的意义，评价具体作品的价值。这种研究或评论文艺作品的方式在中国文艺批评史上是具有创新性的，成为后人学习、模仿的样板。后人尽管可以对《红楼梦评论》提出各种批评意见，但是，从中国文艺美学学术史的角度看，王国维的这一大作注重文艺与人生的紧密联系，以哲学方法研究文学，从美学标准出发阐释文学作品的意义和价值，以西

---

① 王国维：《红楼梦评论》，载姚淦铭、王燕编《王国维文集》第一卷，中国文史出版社1997年版，第59页。
② 王国维：《红楼梦评论》，载姚淦铭、王燕编《王国维文集》第一卷，中国文史出版社1997年版，第63—64页。
③ 详见王国维《红楼梦评论》，载姚淦铭、王燕编《王国维文集》第一卷，中国文史出版社1997年版，第64—69页。

方美学理论来阐发中国文艺作品，等等，这几点确实是具有开创和奠基意义的。另外，他在《人间词话》中提出的"有我之境""无我之境"等概念，以及在几篇论文中对中国传统美学、艺术思想和美育思想的阐发，都对后来文艺美学的建构产生了深刻影响。①

二

在 20 世纪前半期，宗白华也是一位对文艺美学特别热衷的诗人和美学家。他不仅在自己的诗歌创作中表现出对审美主义的追随，而且在文学艺术研究方面也持审美主义立场。在一篇专门讨论新人生观的文章里，宗白华认为中国在孔孟老庄影响下形成的现实人生主义和悲观命定主义均有流弊，应该创造新人生观，具体途径有二："科学的"和"艺术的"。他说："我们可以从科学的内容与方法上，得一个正确的人生观，知道人生生活的内容与人生行为的标准。"②但是，宗白华认为科学的方法是客观的，把人生当作客观事物来对待，因此科学的人生观还不完备，还应该"用主观自觉的方法来领悟人生生活的内容和作用"，这种方法就是艺术的，就是把人生当作艺术品来创造，使之理想化、美化。他动情地说："艺术创造的作用，是使他的对象协和，整饬，优美，一致。我们一生的生活，也要能有艺术品那样的协和，整饬，优美，一致。总之，艺术创造的目的是一个优美高尚的艺术品，我们人生的目的是一个优美高尚的艺术

---

① 关于王国维的人生论美学、审美功利主义思想和美育观念的具体分析，详见杜卫《王国维与中国美学的现代转型》，《中国社会科学》2004 年第 1 期。
② 宗白华：《新人生观问题的我见》，载林同华主编《宗白华全集》第 1 卷，安徽教育出版社 1994 年版，第 206 页。

品似的人生。这就是我个人所理想的艺术的人生观。"① 关于艺术的人生，他还用"同情"二字来加以命名，艺术的生活就是同情的生活，这种同情是生命之间的交流、融合，在人类社会中是人与人的融合、小我与大我的融合，在宇宙间是人与自然的融合②，一句话，爱的情感与优美的形式构成了艺术人生的核心。这里，宗白华用优美来界说艺术的本性，然后将艺术的审美原则应用于生活，因此，所谓艺术的生活也就是审美的生活。

这种审美与人生一体的观点也体现在宗白华的理论研究之中。在写于1926—1928年的《艺术学》演讲稿里，他明确认定"艺术学本为美学之一"，并认为"但凡能超乎实用之上，而能成为艺术者，则必带有美的性质"③。这就把美作为艺术的重要性质。不过，宗白华的审美主义并不同于西方某些审美主义，他主张积极进取的人生态度，反对逃避现实。在写于1919年的《说人生观》一文中，他最推崇"超然观"，又把"超世入世派"列为"超然观行为之正宗""人生行为之标准"④。这里"超世入世"其实就是超越一己之利益而积极参与社会改造的理想主义，与蔡元培、朱光潜所讲的出世与入世的一致性是相似的，说到底就是一种中国美学的精神。与此相似，他还对于艺术的社会功能予以肯定："艺术的作用是能以感情动人，潜移默化培养社会民众的性格品德于不知不觉之中，深刻而普

---

① 宗白华：《新人生观问题的我见》，载林同华主编《宗白华全集》第1卷，安徽教育出版社1994年版，第207—208页。
② 参见宗白华《艺术生活》，《美学与意境》，人民出版社1987年版，第316—319页。
③ 宗白华：《艺术学》，载林同华主编《宗白华全集》第1卷，安徽教育出版社1994年版，第496、498页。
④ 宗白华：《说人生观》，载林同华主编《宗白华全集》第1卷，安徽教育出版社1994年版，第24—25页。

遍。"① 这种貌似与前述审美的艺术观自相矛盾的思想，在中国现代美学思想史上比比皆是，在当时诸多美学家的论述中，审美的超越性和现实性是完全可以相互协调的。

正是在上述审美的艺术观的指导下，宗白华对中国传统文学艺术的研究也紧紧扣住审美的艺术和艺术的人生来展开。以探讨中国艺术精神为指归的《论〈世说新语〉和晋人的美》《中国艺术意境之诞生》《中国诗画中所表现的空间意识》等名篇，都体现了作者对想象中晶莹透明的人格和自由飘逸的人生的憧憬和渴慕，对远离世俗生活、超越实际功利的美的文学艺术的赞美和陶醉，对人与自然和谐、生命力自由勃发的中国传统艺术境界的激赏和礼赞。可以说，他所理解的中国艺术精神就是一种审美精神，一种遗世独立的审美人格精神。他对中国传统艺术的系列研究成果，是运用美学观点和方法阐发中国传统艺术精髓的典范之作，也是中国文艺美学理论建构的学术经典。这些诗意盎然的论著对20世纪80年代之后的中国美学界产生了很大影响。

三

朱光潜是在文艺美学学科化之前中国文艺美学理论建构的最重要代表。作为一位理论家，他的著作系统，论述周全，后来文艺美学论著所具有的主要特点都可以在他的论著中找到。如果说王国维是中国文艺美学的开创者和奠基者，那么朱光潜则是中国文艺美学的第一位理论集大成者。

---

① 宗白华：《艺术与中国社会》，载林同华主编《宗白华全集》第2卷，安徽教育出版社1994年版，第410页。

朱光潜一向认为，美是文学艺术的基本特质，他的美学研究也以文学艺术为主要对象。他说："美是艺术的特点。"[①]"美是文学与其他艺术所必具的特质。"[②]他还说："我现在相信：研究文学、艺术、心理学和哲学的人们如果忽略美学，那是一个很大的欠缺。"[③]他的第一部比较系统的美学著作是《文艺心理学》。他在该书开头说："这是一部研究文艺理论的书籍。我对于它的名称，曾费一番踌躇。它可以叫做《美学》，因为它所讨论的问题通常都属于美学范围。美学是从哲学分支出来的，以往的美学家大半心中先存有一种哲学系统，以它为根据，演绎出一些美学原理来。本书所采的是另一种方法。它丢开一切哲学的成见，把文艺的创造和欣赏当做心理的事实去研究，从事实中归纳得一些可适用于文艺批评的原理。它的对象是文艺的创造和欣赏，它的观点大致是心理学的，所以我不用《美学》的名目，把它叫做《文艺心理学》。这两个名称现代都有人用过，分别也并不很大，我们可以说，'文艺心理学'是从心理学观点研究出来的'美学'。"[④]这段话对于理解该书的性质以及朱光潜对美学的理解十分重要。首先，朱光潜明确指出，"这是一部研究文艺理论的书籍"，也就是说研究的是关于文艺的理论，但是，他又说该书"可以叫做《美学》"，因为所研究的问题"通常都属于美学范围"。这里的问题在于：《文艺心理学》既是研究文艺理论的，而所讨论的问题却通常属于美学的范围，这似乎是矛盾的，只有通过分析该书的内容才可能理解。该书以分析审美经验

---

① 朱光潜：《文艺心理学》，《朱光潜全集》第1卷，安徽教育出版社1987年版，第349页。
② 朱光潜：《谈文学》，《朱光潜全集》第4卷，安徽教育出版社1987年版，第157页。
③ 朱光潜：《文艺心理学·作者自白》，《朱光潜全集》第1卷，安徽教育出版社1987年版，第200页。
④ 朱光潜：《文艺心理学·作者自白》，《朱光潜全集》第1卷，安徽教育出版社1987年版，第197页。

开始。全书一共十七章。其中，讨论美感经验的有六章，讨论审美范畴的有三章，还有一章讨论自然美与自然丑，一章讨论什么叫作美，还有一章是"克罗齐派美学的批评"，这十二章讨论美学问题，所涉及的审美现象却多数是艺术。剩余的五章分别讨论文艺与道德（两章）、艺术的起源与游戏、艺术的创造（两章），理论出发点基本上是美学的。由此可见，朱光潜所理解的文艺理论也就是从审美经验切入文艺研究的理论，因此，所讨论的问题都属于美学范围。

其次，朱光潜意识到近代美学的转型，所以特别指出他写的这本书并非自上而下的哲学演绎，而是自下而上的分析归纳。具体的做法就是以中西文学艺术的创作和欣赏为对象，分析和归纳文艺审美经验的一些特点和规律，以此作为文艺批评的原则。他说："近代美学所侧重的问题是：'在美感经验中我们的心理活动是什么样？'""美学的最大任务就在分析这种美感经验。"[①]他的这本书也是这么做的。值得注意的是，朱光潜自觉回避哲学美学的研究思路和方法，不在本体论层面讨论美学问题，而着重研究文学艺术中的审美经验问题。《文艺心理学》是从心理学的观点研究出来的美学，朱光潜力图开创一种新的美学，这种美学把哲学美学的观念包含在对文艺创作和欣赏经验的分析归纳之中。《文艺心理学》采用了心理学观点，诸如"直觉""距离说""审美态度理论""移情说""内模仿说"等，都是关于审美经验的重要美学理论。用这些审美经验理论来系统研究文学艺术的理论，实际上就是在建构文艺美学。所以，我们可以把《文艺心理学》看作中国文艺美学的第一部系统性的专著。

朱光潜为中国文艺美学理论建构所作的另一部专著是《诗论》。他说，

---

① 朱光潜：《文艺心理学》，《朱光潜全集》第1卷，安徽教育出版社1987年版，第205、206页。

《文艺心理学》"泛论文艺,我另外写了一部《诗论》,应用本书的基本原理去讨论诗的问题,同时,对于中国诗作一种学理的研究"[①]。在这部著作里,他运用西方美学和中国诗论的诸多原理,集中研究中国传统诗词,提出了许多"独到见解"[②]。可以说,《诗论》是运用美学观念研究中国诗词的第一部部门艺术美学著作。

20世纪前半期,朱光潜的美学思想也继承了王国维开创的人生论美学,而且论述更加深入细致。他认为,"人要有出世的精神才可以做入世的事业",他之所以要对青年"谈美",就是为了改造国民性,他说,"要求人心净化,先要求人生美化",因为"创造或是欣赏艺术时,人都是从有利害关系的实用世界搬家到绝无利害关系的理想世界里去"[③]。所以他特别推崇"人生的艺术化",以至于朱自清评价说这是"孟实先生自己最重要的理论"[④]。以美化人生进而净化人心为指归,以艺术创造和欣赏的审美经验为对象,是朱光潜这一时期美学研究最突出的特点,而这些特点也就是后来学科化的文艺美学的基本特点。

四

王国维、朱光潜和宗白华的美学尽管各不相同,但在以下几个方面是相通或者相近的。第一,构建了中国现代的人生论美学。他们主张艺术与

[①] 朱光潜:《文艺心理学·作者自白》,《朱光潜全集》第1卷,安徽教育出版社1987年版,第200页。
[②] 朱光潜:《〈诗论〉后记》,《朱光潜全集》第3卷,安徽教育出版社1987年版,第331页。
[③] 朱光潜:《谈美》,《朱光潜全集》第2卷,安徽教育出版社1987年版,第6页。
[④] 朱自清:《〈谈美〉序》,《朱光潜全集》第2卷,安徽教育出版社1987年版,第100页。

人生一体。"无用"的艺术创造和欣赏还是具有现实目的的，那就是改造国民性，是美化人生、净化人心，是人生的艺术化，是开创人生的至高境界。这种价值追求形成了出世与入世相协调、超越性与现实性相统一的中国现代美学。这在世界美学界是独树一帜的。20世纪70年代末80年代初，在中国思想解放运动开始之际，这种人生论美学精神以"人道主义"的面目重新登场，而朱光潜是最早的重要代表。他在一篇文章中明确指出，"当前文艺界的最大课题就是解放思想，冲破禁区"，在他看来，这些"禁区"首先是"人性论"，还有"人道主义""人情味""共同美"等①。在这次拨乱反正的思想进程中，美学成为人道主义的启蒙知识，文艺美学中的许多价值观念都与人生论美学和人道主义思想直接相关。

第二，以西方美学阐发中国传统艺术及其理论是他们美学研究的基本方式，宗白华和朱光潜还有意识地把自己的美学研究与西方的哲学美学相区分。他们一面学习和引进西方美学，一面激活中国传统艺术和艺术理论中的美学思想，二者相辅相成，开启了建构中国本土美学的进程，产生了丰硕成果。他们做出来的美学，已经和西方的经典美学不同，主要偏于艺术美学（也就是文艺美学）。这种既不同于艺术哲学又不同于普通艺术学的美学体现出中国现代美学的独特之处，是特别应该引起我们注意的。这里还要指出的是，宗白华关于艺术与人生一体、把文艺作为美学研究主要对象、注重在中国传统艺术中阐发中国美学思想和精神的思想与方法一直延续到1949年之后，直至其晚年，对于当时的中国美学研究有很大影响。在1983年给《美学向导》所写的《寄语》中，他特别提出："美学研究不

---

① 朱光潜：《关于人性、人道主义、人情味和共同美问题》，《文艺研究》1979年第3期。

能脱离艺术，不能脱离艺术的创造和欣赏，不能脱离'看'和'听'。"①同年，他还说："在我看来，美学就是一种欣赏。美学，一方面讲创造，一方面讲欣赏。"②他和同时代的朱光潜一样，有意识地回避自上而下的哲学美学，注重自下而上地总结艺术审美经验，但是，他的出发点是强调中国美学史的特点："在西方，美学是大哲学家思想体系中的一部分，属于哲学史的内容……在中国，美学思想却更是总结了艺术实践，回过来又影响着艺术的发展。""研究中国美学史的人应当打破过去的一些成见，而从中国极为丰富的艺术成就和艺人的艺术思想里，去考察中国美学思想的特点。"③他还指出，中国美学史研究的特殊优点和困难有两点：一是精华部分往往就散在历代诗人、画家、戏剧家等的理论里，而非哲学家的思想中；二是中国各部门传统艺术在美感和审美观方面往往可以找出许多相同或相通之处。④这里要特别指出的是，在20世纪前半期，宗白华就是这样做美学研究的，但他却并不特别强调中国美学的这些特点，后来，中国美学出现了脱离艺术创造和欣赏、脱离中国传统艺术和中国人自己的审美经验、空谈主义和概念的现象，这才需要加以强调，体现出中国美学研究本土意识的自觉。胡经之等提出文艺美学，也正是向着这种现代传统的回归。

第三，在中国大学里初步建立起中国特有的美学教学研究体制。王国维、朱光潜都是偏重于文学艺术研究的，朱光潜一直在文学系工作，宗白

---

① 宗白华：《〈美学向导〉寄语》，《宗白华全集》第3卷，安徽教育出版社1994年版，第607页。
② 宗白华：《我和艺术》，《宗白华全集》第3卷，安徽教育出版社1994年版，第614页。
③ 宗白华：《漫话中国美学》，《宗白华全集》第3卷，安徽教育出版社1994年版，第392—393页。
④ 参见宗白华《中国美学史中重要问题的初步探索》，《宗白华全集》第3卷，安徽教育出版社1994年版，第447—448页。

华虽然学哲学出身，但是他更加热衷于文学艺术的美学研究。其他诸如吕澂、李广田、邓以蛰等人，也都是学习语言文学或者美术、热衷于文学艺术的美学家。这就形成了一个在学术规制上具有中国特点的传统，该传统一直延续至今。在欧美，美学是哲学的分支，在中国，美学既是哲学的一个分支，又是文学艺术理论的主干。近期有一些论著按从西方移植过来的学术体制来讨论我国独特的文艺美学的学科归属和特点问题，但说来说去总让人觉得别扭①，原因就在这里。

文艺美学是由一批从事文学理论或艺术理论的教师提出来的。据胡经之回忆："早在中华全国美学学会成立大会上，从事文学艺术教育实践的教师就提出，为适应艺术院校、文学系科的需要，必须发展文艺美学，以区别于研究普遍审美的哲学美学。一向重视文学艺术的朱光潜、王朝闻、伍蠡甫、蒋孔阳都表首肯。"②事实上，1980年提出设置文艺美学课程的人正是胡经之，他当时在北京大学中文系任教，而他所说的朱光潜、王朝闻、伍蠡甫、蒋孔阳四位老先生，除王朝闻在艺术研究机构外，其余三位都在语言文学系任教。当时，中国大学新的学科体制正逐步形成，基本上是学欧美的。在中文系，有文艺学学科，也有文艺理论教研室，集中了我国大多数从事美学教学和研究的教师。他们要开美学课，要带美学研究生，这是他们事业发展的需要。再加上我国又有从美学的观点和方法出发的文学研究传统，于是文艺美学就顺理成章地进入中国语言文学学科了。

---

① 张法用"绝""怪""玄"这三个词来形容作为学科的"文艺美学从产生到现在的话语现象"，据实分析了文艺美学在现行学科体制中的问题。他说："文艺美学表现为一种理论话语，是一绝。""文艺美学的学科定位之怪，首先表现为概念逻辑的困难，其次是学术管理与学术体系的矛盾，然后是学科划分与学术体系整体的冲突。""文艺美学作为一种文化现象充满了历史的玄机。可以称得上一个'玄'字。"张法：《中国语境中的文艺美学》，《浙江学刊》2004年第3期。
② 胡经之：《文艺美学的反思》，《文艺理论研究》1999年第4期。

北京大学中文系率先开设文艺美学课程也绝非偶然。胡经之本人就深受朱光潜、宗白华美学的影响。他说自己在中学时代先后读过朱光潜的《给青年的十二封信》《谈美》和《诗论》,"引导我入美学之门";"到我19岁考入北大,有缘直接聆听到朱光潜、宗白华、蔡仪、王朝闻、杨晦等师长的教诲,方才进入美学的思考,开始了美学人生。"进入北大之后不久,他遇到了宗白华,"我读了他过去所写的美学、文艺学著作。结果,我对宗白华的美学发生了浓厚兴趣,觉得他对美的阐释,较符合实际,我的审美体验和他比较接近"①。深受朱光潜、宗白华等前辈影响的他,在思想解放的热潮中,有意识地开始了文艺美学的建构,"我想从美学上来对文学艺术的全过程作系统地考察,从作家、艺术家对人生的审美体验开始,进入审美活动,从而对自己的审美体验作再体验和反思,构建意象、意境,生成意蕴,予以物化,形成艺象。读者、受众和艺象相遇,引发感受,作出新的解读,产生新的体验。文艺美学本身就内含着体验美学、创作美学、接受美学。而前人对文学艺术的思考,对我说来都是可以引发我自己思考的思想资料"②。胡经之这一段话写于2010年,当时他77岁。但是,他所讲的文艺美学研究思路和理论结构,在熟读朱光潜、宗白华美学论著的人看来是那么熟悉;阅读他的《文艺美学》,我们可以从中看到其与前辈学者美学论著清晰的传承关系,虽然其中有些概念术语和表述方式因时代变迁而有所不同。后来有学者评论说:"文艺美学思路其实是百年来文学研究的美学思路的时代复兴。"③如果把其中的"文学研究"改为"文学艺术研究",那么这个评价还是相当中肯的。

---

① 胡经之:《美学伴我悟人生》,《美与时代(下半月)》2010年第2期。
② 胡经之:《美学伴我悟人生》,《美与时代(下半月)》2010年第2期。
③ 陈雪虎:《试谈"文艺美学"的生成逻辑与当代问题》,《文艺争鸣》2017年第1期。

文艺美学是对中国现代美学传统的"接着讲",在改革开放的四十年里,对文艺学学科和美学学科的建设做出了实实在在的贡献,这是非常值得肯定的。但是,仔细分析文艺美学的学术建构和思想建设,还是会发现它与中国现代美学的深刻差异。首先,在王国维、宗白华和朱光潜等美学家的学说里,美学主要就是研究文艺的,这一点本文前面已做过引述。他们的美学也有形而上的思考,但更多属于对艺术审美经验的概括提炼。也就是说,他们是自觉地要创造一种不同于哲学美学的美学。我以为,这里的深刻原因之一是,只有这样的美学才能和中国古代的美学对话,才有可能贴近中国人自己的审美经验。然而,在我国当今的学术体制里,这样的美学恐怕就只能属于文艺美学了,因为学界普遍认为美学是哲学的一个分支。而且,由于设在中文系,由文艺理论教研室的教师承担,文艺美学往往被看作是美学与文艺理论(实际上就是文学理论)的结合。例如,胡经之就说"文艺美学是文艺学和美学相结合的产物"[1],或者说是"美学和诗学的融合"[2]。这种看法很有代表性,文艺美学也基本上是按照这条路子发展的,把研究对象集中在文学艺术(主要是文学,因为文艺学实际上就是文学理论)的审美特征和规律,与王国维、宗白华和朱光潜开创的美学相比,明显缩小了美学的研究范围。这种学术体制上的尴尬及其所带来的学术局限是应该引起反思的。

其次,尽管王国维、宗白华和朱光潜等现代美学家努力学习西方美学,但是他们都自觉用所学的西方美学与中国的文学艺术,以及乐论、文论、诗论、画论、书论等相互印证,最后落脚在中国美学的理论建构上,

---

[1] 胡经之:《文艺美学及其他》,《美学向导》,北京大学出版社1982年版,第26页。
[2] 胡经之:《文艺美学》,北京大学出版社1989年版,第1页。

这是现代美学家建立的最为宝贵的学术传统之一。可是，今天的文艺美学在这个方面做得很不够。这一方面当然是受限于研究者的学养，更多可能是缺乏本土美学理论建构的自觉意识所致。当今中国美学界言必称西方的现象比比皆是，对于中国传统美学的钻研及传统的当代转换做得很不够。更令人费解的是，我国学界把"中国美学"等同于"中国古代美学"或"中国古代美学史"，由此把中国当代美学与"中国美学"相区分。这恰恰表明了一个不该存在的事实：当代中国美学与中国的传统美学处于相对分离或隔膜的状态。

美学作为一门专门学问，被引进中国已逾百年，现在是我们认真建构基于我们自己传统和自己当下审美经验的、开放的中国美学的时候了。这项工作并不始于我们，王国维、宗白华、朱光潜等前辈已经做了，而且取得了丰硕成果。我们应当继承中国美学的现代传统，在新时代接着做下去，也就是"接着讲"。

"接着讲"由冯友兰提出，对此，陈来曾做过阐发："'接着讲'是说一切创新必有其所本，有其基础，必须接续前辈学者和同时代学者的已有成果，同时力图据本开新，发人之所未发，比前人有所创造、有所前进。这样，学术发展和学术创新才能走上良性增长的大道。"[①] 这里说的"据本开新"应该是人文学科知识生产的规律。人文学科的知识生产不是递进式的，而是在对前人学术知识的不断体悟和"同情式理解"基础上不断丰富和深化。这种丰富和深化的新知识并非全新的，它总是包含着对既有知识的继承，同时有新意，所以才叫作"接着讲"，而不是"断崖式"的"原创"或"创新"。

---

① 陈来：《论学术创新与"接着讲"》，《探索与争鸣》2016年第3期。

王国维、蔡元培、梁启超、朱光潜、宗白华等建构起来的中国现代美学理论就是以中国传统美学为本、融合中西的产物，因此，他们的美学理论建构实质上也包含了对中国古代美学传统的建构。这种美学理论建构与美学史建构的同步性体现了人文学科"史""论"不分家的特征，这是"接着讲"的要义所在，而我们的文艺美学在这方面做得就不如前辈学者那么好了。对于中国美学理论的知识生产，问题则更为复杂。美学作为一门专门知识是"舶来品"，美学的"接着讲"还面临着一个中西美学关系的问题。王国维开创了美学研究"取外来之观念，与固有之材料互相参证"①的方法，其根本立场是建构中国的美学理论。这种方法被后来的朱光潜、宗白华等美学家继承了下来，而且，他们还特别注意中西美学的分别，强调中国美学的特点。这种建构中国美学理论的努力还体现在创造出一系列独特的美学话语，例如"无用之用""无所为而为""以出世的精神，做入世的事业"等。这些话语既包含了西方美学的思想，更多的则是对传统美学精神的现代转化，并融会到用现代汉语言说的中国美学之中。这种美学话语的生产方式是值得我们学习的。

我国美学界有一个怪现象：对西方的理论可以照着讲、接着讲，对本国前人的理论（特别是现代学者的理论）却不太讲，或讲得不够。我们当然应该借鉴国外的美学理论，但是，西方的美学未必如中国发达，从事美学教学和研究的专业人员数量远不如中国多，我们为什么如此妄自菲薄？如果我们国家的美学研究一味接着外国美学讲，那么，我们就谈不上中国美学的知识生产，中国美学的建设就遥遥无期了。因此，我们需要确立"文化自信"，善于在开放的视野中，深入研究中国古代和现代的美学传

---

① 陈寅恪：《王静安先生遗书序》，《寒柳堂集》，上海古籍出版社1980年版，第220页。

统，并接着其中有当代意义的问题深入研究下去，从而建构属于我们自己的美学理论。

（原载《文艺研究》2019年第1期）

在中国发现批评史

—— 清代诗学研究与中国文学理论、批评传统的再认识

蒋 寅

从1983年我第一次参加中国古代文学理论学会的年会，在寻找古代文论民族性的主题下听到的各种对古代文论民族特色的概括，到三十年后在"失语症"或丧失话语权的令人沮丧的反思中听到的对古代文论"异质性"的强调，虽然心态和出发点完全不同，但思维方式和得出的结论却惊人相似。明明是一个尚未登台的无交流状态，却被偷换成没有声音的判断。香港学者黄维樑的这样一个感慨，竟成为中国文论不言自明的判词："在当今的西方文论中，完全没有我们中国的声音。20世纪是文艺理论风起云涌的时代，各种主张和主义，争妍斗丽，却没有一种是中国的。"① 经过一番追根溯源的反思，这笔账很大程度上被算到中国文论传统头上，于是在反思传统的名义下对传统文学理论和批评形成的

---

① 黄维樑：《〈文心雕龙〉"六观"说和文学作品的评析——兼谈龙学未来的两个方面》，《北京大学学报（哲学社会科学版）》1996年第3期。

三个以偏概全的结论，在很长一段时间内主导了我们对传统的认识。以至于今天，当学人一谈到中国古代文论的传统，就不觉陷入这些先入为主的观念之中。

一、关于中国文学理论、批评的三个偏见

虽然三个偏见作为老生常谈随时都能听见、看到，但为了避免给人无的放矢的印象，我还是花了很大力气来搜集证据，以致本文延宕多年方得成稿。按照我的归纳，三个偏见表达为这样一些判断：

（一）中国文学批评是属于感悟式、印象式的

早在 20 世纪 30 年代，朱光潜在欧洲留学期间写作《诗论》，就提出了"中国人的心理偏向重综合而不喜分析，长于直觉而短于逻辑的思考"①的论断。长期以来，这一结论框定了后人对传统文学理论和批评基本性格的认识，限制了人们全面认识传统的视野。四十年后美国加州大学叶维廉在 1971 年写作的《中国文学批评方法略论》一文中指出："中国的传统批评几乎没有娓娓万言的实用批评，我们的批评（或只应说理论）只提供一些美学上（或由创作上反映出来的美学）的态度与观点，而在文学鉴赏时，只求'点到即止'。"②虽然他并不否认中国传统文学批评的功能和价值，但对事实的认定明显与朱光潜的论断如出一辙。而且这并不只是他们一两个人的看法，许多老辈学者都这么认为。先师程千帆先生在

---

① 朱光潜：《诗论》，北京出版社 2005 年版，第 1 页。
② 叶维廉：《从现象到表现》，台湾东大图书公司 1994 年版，第 116 页。

1979年3月的日记中,记下他比较中西文艺理论得出的认识,以为中国文论"科学性、逻辑性不强,随感式的,灵感的,来源于封建社会悠闲生活"①。几十年过去,至今学界的一般看法仍是"西方美学偏于理论形态,具有分析性和系统性,而中国美学则偏于经验形态,大多是随感式的、印象式的、即兴式的,带有直观性和经验性"。②叶维廉举的例子以司空图《二十四诗品》为代表,虽然当代学者有不同的看法和评价,但仍同意以诗话为主体的中国诗学具有这样一些特点:1.类比与譬喻式的论诗方式;2."语录"与"禅语体"式的批评话语;3."以诗论诗"的独特文体③。这些特点概括了今人对中国古代文学理论、批评言说方式的理解。

(二)没有成系统的理论著作

这种论断也由来已久。1924年,陈荣捷就断言:"中土之文学评论,实不得谓为有统系的研究,成专门的学问。"④杨鸿烈《中国诗学大纲》也认为:"中国千年多前就有诗学原理,不过成系统有价值的非常之少,只有一些很零碎散漫可供我们做诗学原理研究的材料。"⑤朱光潜《诗论》则说:"中国向来只有诗话而无诗学……诗话大半是偶感随笔,信手拈来,片言中肯,简练亲切,是其所长;但是它的短处在零乱琐碎,不成系统。"⑥1977年,台湾学界曾有一场关于批评方法的论争,以夏志清与颜元

---

① 徐有富:《程千帆沈祖棻年谱长编》,南京大学出版社2013年版,第288页。
② 转引自叶朗《中国美学史大纲》,上海人民出版社1985年版,第14页。
③ 参见方汉文《当代诗学话语中的中国诗学理论体系——兼及中国诗学的印象式批评之说》,《兰州大学学报(社会科学版)》2010年第2期。
④ 陈荣捷:《中国文学批评》,《南风》第1卷第3期,1924年11月。
⑤ 杨鸿烈:《中国诗学大纲》,台湾商务印书馆1976年版,第7页。
⑥ 朱光潜:《诗论》,北京出版社2005年版,第1页。

叔为对立双方的代表。夏志清认为当下的文学批评太过于注重科学化、系统化，且迷信方法，套用西洋理论往往变成机械的比较文学研究；颜元叔则反驳说，夏志清是"印象主义之复辟"，并认为中国传统的文学批评，如诗话、词话都只是印象式的批评，主张批评应该基于理性的分析，而不应只停留在直觉层面和对作家传记的了解上。两人的对立观点引发了有关中国古代文学批评是不是主观的、印象式的论辩，议论蜂起，见仁见智。[①] 但最终大家都承认，"中国文学批评确实比较没有系统，缺乏分析与论证，似乎较为主观。这点，颇令人沮丧"[②]。中国大陆的文学理论家往往在中西比较的视野下认定："西方的诗学理论有较强的系统性，而我国传统的理论则较为零散。因为西方传统理论重分析、论辩，当然就表现出很强的系统性；而中国的诗学理论批评重感受、重领悟，所以往往表现为片言只语。"[③]《中国诗学批评史》的作者陈良运也说中国诗学"缺少全面的、系统的诗学专著，诗人和诗评家关于诗的发展史及诗的创作与鉴赏等方面的见解与阐述，多属个人经验式和感悟式的，尚未自觉地进行理论建构和实现整体把握"[④]。非古典文学专业的学者尤其会认同这种看法，如周海波《中国现代文学批评史论》第一章就认为，中国古代批评家"从朴素的整体观念和直觉阅读感受出发，构筑了一个漫不经心的缺少严密逻辑推导和理性特点的批评框架。在批评文体专事记载阅读偶感和某种体验，是一些人生碎片的集合"，"而过分简单化的语句，又使人感到古典批评的某

[①] 参见沈谦《文学批评的层次——从夏志清颜元叔的论战谈起》，《幼狮文艺》第45卷第4期，1977年4月。
[②] 龚鹏程：《细部批评导论》，《文学批评的视野》，台湾大安出版社1990年版，第390页。
[③] 黄药眠、童庆炳主编：《中西比较诗学体系》，人民文学出版社1991年版，第24页。
[④] 陈良运：《论中国诗学发展规律、体系建构与当代效应》，载钱中文等主编《文学理论：面向新世纪》，山东人民出版社1997年版，第483页。

种空白艺术，那些零散的、断片的词句，在表达自己的批评思想时有些躲躲闪闪，而微观批评方法和考据式的方法，使整个批评文体缺少综合性"，因而"中国古典文学批评较之西方文学批评，主要缺少那种富有哲学精神的理性色彩"[①]。至于西方学者，限于自己接触到的少量文献，更容易产生一个印象："大多数有关诗歌及其本质的讨论都见于有关具体的诗歌或对联的文章、书信或附带性言论的上下文之中；全面、整体性的理论著作往往是例外。从严格意义上讲，中文中确实没有与在内含与结构上系统表述的'理论'（theory）一词相对应的术语。于是，有必要提请注意的是，在言及中国古代诗歌理论时，人们所讨论的不外乎是某种不言而喻的样式，或以极有特点的词汇和论述策略重新建构起来的系统，而非概要分析样式的系统（synoptic models）。"[②] 这些议论足以代表当今对古代文论作为知识形态之特征的认识。

（三）缺少真正科学意义上的理论范畴，没有严格意义上的理论命题

这一判断似乎出现得较晚，也许其部分指向已包含在上面第二个偏见中，所以我只见到《中国文学理论》的作者刘若愚曾说："中国传统之诗评每散见于诗话、序文以及笔记、尺牍之中，咳珠唾玉之言有余而开宗明义之作不足。纵有专著，亦多侧重诗人之品评次第，或诗句之摘瑜指瑕，或诗法之枝节推敲，而少阐发明确之概念与系统之理论。"[③] 季广茂也

[①] 周海波：《中国现代文学批评史论》，上海人民出版社 2002 年版，第 20—23 页。
[②] 王晓路主编：《北美汉学界的中国文学思想研究》，巴蜀书社 2008 年版，第 1—2 页。
[③] 刘若愚：《清代诗说论要》，《香港大学五十周年纪念论文集》第一册，香港大学 1964 年，第 321 页。

认为，中国诗学"缺少真正科学意义上的理论范畴，没有严格意义上的理论命题，更不能严格地论证自己的结论，它更喜欢以比喻性的策略展示独特的内在感悟。这是一种典型的东方式诗学，不是西方意义上的理论，它展示出来的是东方式智慧而不是西方式的智力"①。这种看法应该是有普遍性的。曾对传统文论范畴意蕴的赋予、限定、派生和衍变的方式做过精彩论述的吴予敏也认为"传统文论并无意于运用概念范畴建构一个自足的批评—理论话语系统"②。如果要为这种判断寻找理据的话，汪涌豪《范畴论》指出的古代文论范畴含义模糊性的两个表现，"一是用词多歧义，没有明确界说；二是立辞多独断，缺乏详细的论证"③，也可引为佐证。这都是关于中国古代文论话语特征的一种普遍认识。

上述三种判断当然不能说是完全错误的或者违背事实的，谁都知道，任何老生常谈都必定包含着某些一般意义上的正确知识。如果它们指涉的对象都只限于唐宋以前的文学理论和批评——论者作为例证举出的文献，清楚表明其立论的基础是唐宋以前的资料——那也可以说大体不错。但如果要将元明清文论和批评都包括进来，就未免唐突了。我之所以称上述论断为偏见而不是谬见，就是说它们部分正确同时含有很大偏颇的判断，在说明一部分事实的同时遮蔽了另一部分事实——也未必是刻意遮蔽，只不过是不了解而已。只要我们认真调查和阅读一下元代以来尤其是清代的文学批评文献，就会获得不同的印象，得出不同的结论。

---

① 季广茂：《比喻：理论语体的诗化倾向——一个批判性描述》，载钱中文等主编《文学理论：面向新世纪》，山东人民出版社1997年版，第572页。
② 吴予敏：《论传统文论的语义诠释》，《文学评论》1998年第3期。
③ 汪涌豪：《范畴论》，复旦大学出版社1999年版，第81页。

二、清代诗学提供的另一种历史认知

自近代以来，批评史乃至文学史研究被一种先入为主的价值观所主导，始终是前重后轻、前实后虚，对明清以来的大量文献关注不够。本来，传统总是距离最近的那部分对我们影响最大：对沈德潜影响最大的是王渔洋、叶燮而不是钟嵘、皎然，对王国维影响最大的是纪晓岚、梁启超而不是刘勰、严羽。但我们谈论传统时却总是有意无意地忽略了这一点，总是将《文心雕龙》《诗品》《诗式》《二十四诗品》《沧浪诗话》作为古典文论的代表，顶多再加上《姜斋诗话》《带经堂诗话》《原诗》《艺概》。这个传统序列，说它不能反映古代文学理论和批评的面貌，当然是不妥的；但若认为它能全面反映古代文学理论和批评的面貌，就更有问题，起码说存在很大的缺陷和偏颇。清代文学家程晋芳《正学论》论及治宋学者未尝弃汉唐，而治汉学者独弃宋元以降的问题，曾有言：

> 唐以前书，今存者不多，升高而呼，建瓴而泻水，曰："我所学者，古也。"致功既易，又足以动人。若更浸淫于宋以来七百年之书，浩乎若涉海之靡涯，难以究竟矣。是以群居坐论，必《尔雅》《说文》《玉篇》《广韵》诸书之相砥角也，必康成之遗言，服虔、贾逵末绪之相讨论也。古则古矣，不知学问之道，果遂止于是乎？①

这是讥讽治汉学者仅抱着秦汉以上有限的文献，螺蛳壳里做道场，不知后代学问的发展。既然清代经学家已意识到，不了解晚近的著述，只在

---

① 程晋芳：《正学论》四，《勉行堂诗文集》，黄山书社 2012 年版，第 694 页。

有限的秦汉文献里打转，就不可能有经学的进境。如今研究古代文学理论和批评，不了解明清以来的丰富文献，又怎么能全面、正确地理解中国文学理论、批评的传统呢？

元、明、清三代的文学理论和批评文献一直处于半沉睡状态中，相比古代文学其他领域，文献整理工作明显滞后。毕生致力于搜集古代文论资料的郭绍虞曾说清诗话有三百多种，吴宏一《清代诗学初探》（牧童出版社1977年版）后附"清诗话知见书目"也著录三百多种，让学界误以为清诗话就是有限的这么些书。可根据我《清诗话考》（中华书局2007年版）的著录，见存书籍已达1052种，待访书553种，计1605种。再据杜泽逊主编《清人著述总目》（未刊稿），可增见存书36种，待访书140种，总数达到1781种。这个数目是明代以前诗学文献总和的几倍！再加上众多的文话、赋话、词话、曲（剧）话、小说评论，清代文学理论和批评著作将达两千种以上。我不清楚整个欧洲在这近二百七十年间是否出版过如此众多的文学理论、批评著作。欧洲学者若忽视同一时期的书籍，就不可能产生韦勒克《近代文学批评史》这样的巨著。然则我们在忽略清代文献的情况下写作的文学理论史和批评史，究竟能在多大程度上反映中国文学理论和批评的传统，实在很让人存疑。

有清近二百七十年帝祚，不仅是中国古代封建社会的末期，也是传统文化的总结期。在浓厚的学术风气下，文学理论和批评也步入一个崭新的时代。我多年研究清代诗学所得到的一个基本认识，就是只有到清代，中国文学理论和批评才真正成为一门学问。我曾将清代诗学的学术特征和历史意义概括为这样一段表述：

> 中国古代诗学的理论框架到明代已告完成，清代诗学的贡献主要

是在内容的专门化、细节的充实和深描,其成就不是基于一种创造性的冲动,而是基于一种征实的学术精神。清代诗论家不再满足于将自己对诗的理解、期望和判断表达为一种主张,而是努力使之成为可以说明的,可以从诗歌史获得验证的定理。大到一种观念的提出,小到一个修辞的揭示,他们不仅付以多方的论述,而且要在历史的回溯中求得证实,从前人的诗歌文本中获得印验。清代诗学著述因此而显出浓厚的学术色彩,由传统的印象性表达向实证性研究过渡。①

梁启超曾将有清一代学术的基本精神概括为"以复古为解放",而"其所以能著著奏解放之效者,则科学的研究精神实启之"②,这也就是章太炎所说的"一言一事,必求其征"③。在清代严谨的实证学风熏陶下,清代的文学研究表现出学术性、专门性、细致性的特点,清代诗学丰富的历史经验与实践成果足以纠正今人的三个偏见,让我们重新体认中国文学理论和批评的固有传统。

三、清代诗学实践与传统的再思

传统不是一个僵死的东西,它永远存续于生生不息的诠释和建构中。由三个偏见支撑的一般认识主导着当今对古代文论、批评传统的诠释和建构,而清代诗学经验和实践的加入,必将在很大程度上改变我们现有的对传统的认知。

---

① 蒋寅:《清代诗学史》第一卷"绪论",中国社会科学出版社 2012 年版,第 19—20 页。
② 梁启超:《清代学术概论》,东方出版社 1996 年版,第 7 页。
③ 章太炎:《检论》卷四"清儒",《章太炎全集》第三册,上海人民出版社 1984 年版,第 479 页。

首先我们要注意，清代诗论家绝不像喜欢炫博的明人那样大而化之地泛论诗史，他们更多地致力于对专门问题进行持续而深入的探究，在诗人传记考证、语词名物训释、声调格律研究、修辞技巧分析各方面，都有远过于前人的杰出成果。前人研究诗学，目的主要在于滋养自己的创作；而清人研究诗学，却常出于纯粹的学术兴趣。一些很专门的问题，会引起学人的共同关注，各自以评点、笔记乃至诗话专著的形式发表见解。比如反思明代复古思潮所激发的唐宋诗之争，"泛江西诗派"观主导下不断涌现的江西地域诗话①，古音学复兴所催生的古近体诗歌声调研究，性灵论思潮引发的学人之诗与诗人之诗的辨析，等等，都是清代诗学史上的重要现象。古诗声调之学，自康熙间王士禛、赵执信肇端，在乾、嘉浓厚的考据风气中得到更细致的推进。到道光年间，郑先朴《声调谱阐说》终于以彻底的量化分析避免了举例的随意性和结论的不周延性②，至今看来仍是很有科学精神的研究。像这样以精确的数学模型来统计、分析一个文学现象，验证一条写作规则的研究，在清代以前是难以想象的。类似例子还可以举出李因笃对杜甫律诗字尾的研究。《杜诗集评》卷一一引朱彝尊评云：

> 富平李天生论少陵自诩"晚节渐于诗律细"，曷言乎细？凡五七言近体，唐贤落韵其一组者不连用，夫人而然。至于一三五七句用仄字，上去入三声少陵必隔别用之，莫有叠出者。予尚未深信，退与李武曾诵少陵七律，中惟八首与天生所言不符：其一《郑驸马宅宴洞中》诗叠用三入声，其一《江村》诗叠用二入声，其一《秋兴》诗第

---

① 张寅彭：《略论明清乡邦诗学中的"泛江西诗派"观》，《文学遗产》1996年第4期。
② 有关清代古诗声调学说的研究，参见蒋寅《古诗声调论的历史发展》，载陈平原等主编《学人》第11辑，江苏文艺出版社1996年版。

七首叠用二入声，其一《江上值水》诗叠用三去声，其一《题郑县亭子》诗叠用三去声，其一《至日遣兴》诗叠用二去声，其一《卜居》诗叠用三去声，其一《秋尽》诗叠用三入声。观宋、元旧雕本，暨《文苑英华》证之，则"过江麓"作"出江底"，江不当言"麓"，作"底"良是；"多病"句作"但有故人分禄米"，"夜月"作"月夜"，"漫兴"作"漫与"，"大路"作"大道"，"语笑"作"笑语"，"上下"作"下上"，"西日落"作"西日下"。合之天生所云，无一犯者。①

尽管他们的统计或因标准的歧异，与当代学者的研究结果不太一致②，但讨论问题的方式是实证性的，用归纳法将问题涉及的全部材料一一做了验证。仇兆鳌《杜诗详注》卷一《郑驸马宅宴洞中》也曾引述李因笃的说法，举出具体版本覆验其结论，所举篇目虽较朱彝尊为少，但讨论更为扎实。汪师韩《诗学纂闻》针对有人提出五古可通韵，七古不可通，杜甫七古通韵者仅数处的结论，检核杜诗，知杜甫通韵共有十一例，又考唐宋诸大家集，最后得出结论："长篇一韵到底者，多不通韵；而转韵之诗，乃有通韵者。盖转韵用字少，故反不拘；不转韵者用字多，故因难见巧。"③这种实证精神后来一直贯穿在清代诗学研究中，即使一个细小的论断也要将有关作品全数加以覆按、统计。这种追求精密的实证态度成就了清代诗学的学术性，也构成了中国诗学批评非印象式的实证的一面。

---

① 此说又见于朱彝尊《曝书亭集》卷三三《与查德伊编修书》，有关探讨参见蒋寅《清初李因笃诗学新论》，《南京师大学报（社会科学版）》2003年第1期。
② 据简明勇《杜甫七律研究与笺注》(台湾五洲出版社1973年版) 统计，杜甫151首七律中，上、去、入三声递用的例子只有56首，占总数的三分之一。
③ 汪师韩：《诗学纂闻》"通韵"，载丁福保辑《清诗话》，上海古籍出版社1978年版，第449—450页。

其次我想指出，如果只看诗话和诗选中言辞简约的评点，的确容易对中国古代文学批评产生零星散漫、语焉不详的印象。但这只是问题的一方面，清代还有一些很典型的细读文本。比如金圣叹选批唐诗、杜诗，徐增《而庵说唐诗》，一首诗动辄说上几百字甚至上千字；吴淇《六朝选诗定论》说《易水歌》，多达一千二百字；佚名《杜诗言志》、酸尼瓜尔嘉氏·额尔登谔《一草堂说诗》，也是类似的解说详尽的杜诗评本。为举子示范的大量试帖诗选本，解析作品更细于普通的诗选。最近我在湖南省图书馆看到一种麓峰居士辑评《试帖仙样集裁诗十法》，乃是这类书中的极致之作。每首诗都从描题、格、意、笔、句、字、韵、典、对、神气十个方面来讲析，故曰"裁诗十法"[1]。不难想象，一首诗经这十法分析就像经十把刀剖析一样，其意义和表现形式将被解剖得多仔细！

这种详细的解说、评析正是古典诗歌批评的原生态，其方法论核心就是许印芳所说的："诗文高妙之境，迥出绳墨蹊径之外。然舍绳墨以求高妙，未有不堕入恶道者。"[2]因此古人研讨诗艺和诗论惯于从作品的细致揣摩入手，日常披览和师生讲学莫不深细。可是最后形成文字，为什么又这么零星和简约呢？台湾诗学前辈张梦机的解释是："在过去，这种被我们认为印象式的批评，能大行其道，可见得当时创作者、批评者、读者之间，借这类文字相互沟通时，并没有遇到我们今天所遭遇的不可理解的障碍。那是因为在过去，创作、批评、阅读是三位一体的，因此古人能在不落言诠的情况下，会然于心。"[3]这么说当然是有道理的，我还想再补充一个理由，那就是出版的艰难。古代雕版印刷非常昂贵，即使是王士禛这样

---

[1] 麓峰居士辑评《试帖仙样集裁诗十法》卷首，清咸丰六年（1856）刊本。
[2] 许印芳：《诗法萃编序》，《丛书集成续编》第158册，上海书店出版社1994年版，第243页。
[3] 张梦机：《鸥波诗话》，台湾汉光文化事业公司1984年版，第80页。

的达官也难以承受。除非像周亮工、张潮、金圣叹这样的家有刻工或兼营出版，否则市场价值不高的诗文点评是很难上梓的，甚至誊抄也价格不菲。考虑到这一点，一般诗文评点只保留最精彩的部分，就很容易理解了。

但以上两个解释绝不意味着简约一定与随意漫与的印象式批评相联系。清代诗学除了作品细读与新批评派的封闭式阅读可有一比外，作家批评也呈现细致和实证的趋向。一些兼为学者的诗人，写作诗话之审慎、细密就更不用说了。赵翼《瓯北诗话》卷四专论白居易，第七则评"香山于古诗律诗中又多创体，自成一格"，所举计有：1. 如《洛阳有愚叟》五古、《哭崔晦叔》五古"连用叠调"作排比之体。2.《洛下春游》五排连用五"春"字作排比之体。3. 和诗与原唱同意者，则曰和；与原唱异意者，则曰答。如和元稹诗十七章内，有《和思归乐》《答桐花》之类。4. 五言排律"排偶中忽杂单行"，如《偶作寄皇甫朗之》忽有数句云："历想为官日，无如刺史时。"下又云："分司胜刺史，致仕胜分司。何况园林下，欣然得朗之。"5. 五七言律"第七句单顶第六句说下"，如五律《酒库》第七句"此翁何处富"忽单顶第六句"天将富此翁"说下，七律《雪夜小饮赠梦得》第七句"呼作散仙应有以"单顶第六句"多被人呼作散仙"说下。6. 五排《别淮南牛相公》自首至尾，每联一句说牛相、一句自述，自注："每对双关，分叙两意。"7. 以六句成七律，李白集中已有，而白居易尤多变体。如《樱桃花下招客》前四句作两联，后两句不对；《苏州柳》前两句作对，后四句不对；《板桥路》通首不对，也编在六句律诗中。8. 七律第五、六句分承第三、四句，如《赠皇甫朗之》："一岁中分春日少，百年通计老时多。多中更被愁牵引，少处兼遭病折磨。"赵翼不仅抉发出这些创格，还肯定它们都属于"诗境愈老，信笔所之，不古不律，自成片段",虽不免有恃老自恣之意,要之可备一体①。这样的批评还能说是印象式的吗?放在今天或许要被以新理论自雄者鄙为学究气吧?

与这种学术色彩相应的是,清代诗学在理论与批评两方面都清楚地显示出学理化的自觉,实践的理论化和理论的实践性时刻盘旋在论者的意识中。今人每每遗憾中国古代缺乏"成系统的理论著作",所谓成系统的理论著作,如果是指《文心雕龙》那样条理井然的专著,那么南宋魏庆之《诗人玉屑》已可见系统的诗歌概论之雏形。元代以后类似的汇编诗法层出不穷,如近年因《二十四诗品》辨伪而为人关注的怀悦刊《诗家一指》,以及朱权《西江诗法》、周叙《诗学梯航》、黄溥《诗学权舆》、宋孟清《诗学体要类编》、梁桥《冰川诗式》、王槚《诗法指南》、谭浚《说诗》、杜浚《杜氏诗谱》、题钟惺纂《词府灵蛇》等,其中有的在清代仍占据蒙学市场很大份额。乾隆间朱琰曾提到,署明代王世贞编的《圆机活法》是坊间翻印不绝的畅销书。②清代所编的这类诗话起码有四十多种,较重要的有费经虞辑《雅伦》、伍涵芬辑《说诗乐趣》、佚名辑《诗林丛说》、张燮承辑《小沧浪诗话》等,而以游艺辑《诗法入门》、蒋澜辑《艺苑名言》、徐文弼辑《汇纂诗法度针》三种最为流行,书版被多家书肆辗转刷印,我在《清诗话考》中分别著录有十五个、十四个和十八个版本行世。

这类书籍都是编者从自己对诗学知识框架的理解出发,汇编前代诗论而成。以游艺《诗法入门》五卷为例,卷首"统论"辑前人泛论诗法之语,卷一"诗法"包括诗体、家数及诗学基本范畴,卷二"诗式"选古今名人诗作示范各种诗歌体式,卷三为李、杜两家诗选,卷四为古今名诗

---

① 赵翼:《瓯北诗话》卷四,《赵翼全集》第5册,凤凰出版社2009年版,第33页。
② 参见朱琰辑《诗触自序》,清嘉庆三年(1798)刊本。

选，四卷外别有诗韵一册。这种"诗法+诗选+诗韵"的结构，是清代蒙学诗法、诗话的典型形态。王楷苏《骚坛八略》、钟秀《观我生斋诗话》则是清人新撰之书的代表。此类诗话向来不为诗家所重，但在我看来有特殊的价值，从中可以窥见编者总结、提炼历代诗学菁华的自觉意识。如游艺《诗法入门》卷一总论部分，采入元人《诗法家数》"作诗准绳"及《诗家一指》"诗家十科"所归纳的诗学基本概念，使古典诗学的概念系统骤然变得清晰起来。晚清侯云松跋张燮承《小沧浪诗话》说"虽曰先民是程，实则古自我作"[①]，一语道破这类汇编诗话对于建构古典诗学传统的重要意义。这类书籍在当时都非常普及，像今天的教材一样占据初级阅读市场的很大份额，主导着普通士人的诗学教养。没有人会说今天的各类教材是不成系统的知识，那么对古代这种教材式的蒙学诗话又该怎么评价其系统性呢，如果我们能正视其存在的话？

由于诗家不重，藏书家不收，这些曾非常普及的蒙学诗话大多亡佚，少数若存若亡，自生自灭，于是中国诗学数量庞大的"成系统的理论著作"就落在了当代研究者的视野之外。而众目睽睽的精英诗话，又总是以不袭故常、自出创见为指归，意必心得，言必己出，于是一条一条就显得孤立而零星，常给人不成系统的印象。尽管如此，清诗话仍不乏思维缜密、明显有着条理化倾向的作品，赵翼《瓯北诗话》就不用说了，贺裳《载酒园诗话》也是很有系统性的一种。此书卷一论皎然《诗式》"三偷"，共十则，以古代作品为例，说明：1. 古诗中的"偷法"有"或反语以见奇，或循蹊而别悟"的效果；2. "偷法"一事，名家所不免；3. "偷法"每有出蓝生冰之胜；4. "偷法"意不相同者，不妨并美；5. 蹈袭得失

---

① 侯云松：《小沧浪诗话跋》，载贾文昭主编《皖人诗话八种》，黄山书社 1995 年版，第 371 页。

有不同，系于作者见识；6. 聂夷中诗多窃前人之美；7. "偷法"妙在以相似之句，用于相反之处；8. 诗有同出一意而工拙自分者；9. 历代对"偷法"的态度不同；10. 诗家虽厌蹈袭，但翻案有时更为拙劣。将这十条稍加整理，就是一篇内容相当全面的《摹仿论》。论柳宗元的部分，也同样是涉及多方面内容的作家论。类似这样的作品，虽还保留着诗话固有的散漫形态，但内容已具有清晰的条理。这在很大程度上得力于清代严谨学术风气的熏陶。

如果我们的眼光不是局限于体兼说部的诗话，而是扩大到更多的文献部类，那么清代诗学就有许多有系统、有条理的作品进入我们的视野，包括序跋、书札甚至专题论文。清代别集卷首所载的序跋和文集中保存的诗序，最保守地估计也有一二十万篇。文集和尺牍集保存的论诗书简，是比诗序更真实地反映作者诗歌观念的文献。金圣叹的诗学理论主要见于尺牍，黄生的《诗麈》卷二是与人论诗书简的辑存，侯朝宗《与陈定生论诗书》是较早全面论述云间派诗学及其历史地位的诗史论文①，焦袁熹《答钧滩书》则是迄今所见最全面地论述"清"这一重要诗美概念的长篇论文②，黄承吉《读关雎寄焦里堂》诗附录寄焦循书也是对"诗之大要，情与声二者"的全面陈述。③ 明清之交以及后来刊行的各种尺牍集中收录了大量的论诗书简，是尚未被有效利用的重要资料。书札之外，清人文集中还每见有各种诗学专题论文，最著名的当然是冯班《钝吟文稿》所收《古今乐府论》《论乐府与钱颐仲》《论歌行与叶祖德》，翁方纲《复初斋文集》

---

① 参见周亮工辑《赖古堂名贤尺牍新钞》卷九，清宣统三年（1911）国学扶轮社石印本。
② 此文收在中国社会科学院文学研究所藏《此木轩文集》稿本中，内容可参见蒋寅《古典诗学中"清"的概念》，《中国社会科学》2000 年第 1 期。
③ 参见黄承吉《梦陔堂诗集》卷二，燕京大学图书馆 1939 年版。

所收《神韵论》《格调论》《唐人律诗论》《杜诗"精熟文选理"理字说》《韩诗"雅丽理训诰"理字说》《黄诗逆笔说》《李西涯论》《徐昌谷诗论》等文。王崧《乐山集》中的《诗说》三卷在当时也小有名气。至于像柴绍炳《柴省轩文集》中的《唐诗辨》《杜工部七言律说》，刘榛《虚直堂文集》中的《西江诗派论》，干建邦《湖山堂集》中的《江西诗派论》，许新堂《日山文集》中的《乐府诗题考》，陈锦《勤余文牍》中的《论赵秋谷声调谱》，吴昆田《漱六山房全集》中的《拟文心雕龙神思篇》，郭传璞《金峨山馆乙集》中的《作诗当学杜子美赋》《建安七子优劣论》等论文，还有待于我们去披阅发掘。这类专题论文无疑是清代学术专门化的产物，也是清代诗学独有的文献资源，注意到这批文献的存在将改变我们对古代文学理论和批评著述形式的认识。

说到底，对中国古代缺乏成系统著作的遗憾，纯粹缘于对中国文学理论、批评文体形态及言说方式多样化的漠视。有关各类文学评论资料的价值，学界已有认识①，但各类文献在诗学体系中承担的功能还很少为人注意。② 不同文体的诗学著作，谈论诗歌的方式和态度是不一样的，在诗学体系中的建构功能也各有所长。选本使作品经典化，评点负责作品细读，目录提要完成诗学史的建构。而序言则多借题发挥，或阐发传统诗学命题，或借古讽今，批评时尚和习气。王士禛便每借作序发挥司空图、严羽的学说。清初诗家对宋诗风的批评，乾、嘉诗家对"穷而后工"的阐说，也很常见。书信通常是系统阐述自己的诗学观念并用以往复辩难的体

---

① 参见杨松年《中国文学评论史编写问题论析》第二章"诗论作品范围之检讨"，台湾文史哲出版社1988年版；张伯伟《中国古代文学批评方法研究》，中华书局2002年版。
② 我只见到宇文所安《中国文论：英译与评论》"导言"（王柏华、陶庆梅译，上海社会科学出版社2003年版，第6—10页）提到这一点。

裁。沈德潜、袁枚往复论诗书简针锋相对地表明其理论立场，是个著名的例子，也是研究其诗学观念的重要材料；李宪乔与袁枚、李秉礼往来论诗书简①，则是尚未被人注意的珍贵史料。李重华《贞一斋诗说》首列"论诗答问三则"也像是论诗书简的辑存，很详细地论述了音、象、意三个要素，神运、气运、巧运、词运、事运五种能事以及学诗的步骤。②这种有针对性的答问，往往包含从定义到分析、论证的完整过程，当然是很严谨的理论表述，如同一篇专题论文。一些诗论家喜欢用设问的方式提出问题，然后有针对性地阐述自己的诗学见解，于是成为很有系统的理论著作。叶燮《原诗》是个典型的例子，《四库全书总目》敏锐地指出它是"作论之体"③，可见前人对文学理论的不同表述方式是有清晰意识的。不了解或忽视古人对文学理论、批评文体的掌握，而仅向资闲谈的诗话体裁要求严密的逻辑体系或学术化表达，无异于缘木求鱼。相反，多加注意那些数量丰富的论诗书简，以及《载酒园诗话》《瓯北诗话》之类的作品，注意不同诗学文本在言说方式和批评功能上的差异，或许会改变我们对中国古典诗学缺乏成系统著作的偏见。同时再考究一下，我们印象中的那些成系统的西方文论著作又是产生于什么年代，在17世纪之前，西方又有多少那样的理论著作？或许我们对许多老生常谈的判断都要重新斟酌，是

---

① 李宪乔：《凝寒阁诗话》《高密三李诗话》，山东省博物馆藏抄本；李宪乔：《与李秉礼论诗札》，浙江浙商拍卖有限公司2011年春季艺术品拍卖会图录，http://auction.artxun.com/paimai-57109-285542246.shtml，2014年8月14日访问。

② 郑方坤记其尝从李重华问诗学，告之曰："夫诗有三要，发窍于音，征色于象，运神于意，三者缺一焉不可。"又谓："诗之在人也，其神油然而生，其终谡然有节，要惟六义为其指归。故凡艳冶流荡与夫怪僻险仄之调，宜无复慕效焉。"（郑方坤撰：《本朝名家诗钞小传》卷四"贞一斋诗钞小传"，马骏良辑《龙威秘书》本）知此言殆即答郑方坤之问。

③ 纪昀等：《四库全书总目》，中华书局1965年版，第1806页。

否还可以那么言之凿凿？多年来中西文学、文论比较，其实十分缺乏年代概念，当学者们提到中国时，往往是在说 13 世纪以前的中国，而说到西方时，却又是在说文艺复兴以后的西方。文艺复兴以后的西方，年代相当明代中叶，文艺复兴"三杰"和"前七子"同时，伏尔泰、狄德罗和袁枚同时，柯尔律治发表那本结构散漫的《文学传记》时，张维屏已在两年前完成了《国朝诗人徵略》初编十卷。沈德潜去世的次年，黑格尔刚出生。康德发表《判断力批判》时，翁方纲正在将他最崇敬的前辈诗人王渔洋的诗学著作编刻为《小石帆亭著录》，后者在一百年前已阐发了那种后来被命名为印象主义的艺术理论[①]……或许我们可以说，中国人不是不会那样思维或那样言说、那样写作，只有那些希望成为或正在担任教授的人才会去那样写书，而中国最杰出的文人恰恰都不在学校里，而在担任各种行政职务。所以，关于文学理论的著述形式差异问题，与其求之思维方式，而不如求之教育制度、文人生存方式。

最后我想说，认为中国文论缺少科学和严格意义上的理论范畴和理论命题，也是一个经不起质疑和检验的偏见。多年来一直致力于古代文论体系建构的学者吴建民在《古代文论"命题"之理论建构功能》一文中已指出，命题是古代文论家表述思想观点的重要方式，是古代文论体系建构的基本因素。[②] 我不仅赞同他的观点，更想强调一下，丰富的概念和命题乃是中国古代文学理论和批评最显著的特点之一。读者只要检核一下《文心雕龙辞典》（中华书局 2009 年版）或拙纂《原诗笺注》（上海古籍出版社

---

① 关于王渔洋"神韵"诗学的印象主义倾向，可参见蒋寅《王渔洋"神韵"的审美内涵及艺术精神》（《中国社会科学》2012 年第 3 期）的论述。
② 参见黄霖、周兴陆主编《视角与方法：复旦大学第三届中国文论国际学术研讨会论文集》，凤凰出版社 2013 年版，第 135—139 页。

2014年版）后附"索引"，相信就会同意上述判断。

古典诗学概念的系统化，至迟到元代杨载《诗法家数》"作诗准绳"——立意、炼句、琢对、写意、写景、书事用事、下字、押韵及佚名《诗家一指》"诗家十科"——意、趣、神、情、气、理、力、境、物、事，已奠其基，只不过不太引人注目，直到清初游艺《诗法入门》辑录其说，才成为普及性知识。在明代诗学论著中，诗论家开始对前人提出的诗学概念加以美学的反思，并尝试联系特定的创作实践来诠释其审美内涵。通过对神韵、清、老等诗美概念的研究，我发现它们的美学意涵都是到明代胡直、杨慎、胡应麟手中才得到反思和阐发的。所以，要说诗文评概念的模糊性，在元代以前的文献中或许较为常见，明代以来这种情形大为改观，清诗话中对概念的玩味和阐释已变得经常化和普遍化了。在撰写《清代诗学史》第一卷时，我曾注意到，陈祚明《采菽堂古诗选》使用的基本审美概念约有一百三十五个，组成双音节复合概念近六百个。如此繁富的批评术语固然能显示陈祚明过人的审美感受力，但这还只是表面现象。更能说明问题实质的是，他用这些术语评诗时，常伴有对术语本身的精当品鉴和辨析。比如评谢朓《治宅》"结颇雅逸"，顺便提道："雅与逸颇难兼，雅在用词，逸在命旨。"评王僧孺《为人述梦》含有对"尖"的品玩："写虚幻能尽情若此，中间如以字、方字、极字、恣字，俱是梦境，故有趣。然太尖太近，直接晚唐。诗诚尖，能尖至极处，中无勉强处，无平率处，便自成一种，亦可玩，郊、岛不能也。古人用意，何尝不尖，但不近耳。"评陈后主云："人才思各有所寄，就其一时之体，充极分量，亦擅一长，况清丽如六朝者乎？六朝体以清、丽兼擅，故佳。丽而不清，则板；

清而不丽,则俚。人以六朝为丽,吾尤赏其清也。"① 如此细致的辨析不能不说是长年读诗、评诗的经验所凝聚的带有规律性的认识,具体的审美感悟已得到理论提升,形成概念群的意识,并对概念的内涵、外延有清晰的把握。

在这样的理论语境中,甚至以定义的方式来诠释诗文评概念,在清诗话中也不乏其例。汪师韩《诗学纂闻》论述"绮丽""诗集""杂拟杂诗之别""通韵"等问题,繁征博引,细致辨析,一如今日的专题论文。王寿昌《小清华园诗谈》卷上"条辨"则阐释了有关诗格和诗美的基本概念、命题四十四个,一一举诗例印证,使读者易于体会。如释志向曰:

> 在心为志,发言为诗。志淫好辟,古有明征矣。且如魏武志在篡汉,故多雄杰之辞。陈思志在功名,故多激烈之作。步兵志在虑患,每有忧生之叹。伯伦志在沉饮,特著《酒德》之篇。刘太尉琨——引者注,下同)志在勤王,常吐丧乱之言。陶彭泽志在归来,实多田园之兴。谢康乐志在山水,率多游览之吟。他如颜延年志在忿激,则咏《五君》。张子同(志和)志在烟波,则歌《渔父》。宋延清志在邪媚,因赋《明河》之篇。刘梦得志在尤人,乃作看花之句。凡此之伦,不一而足。惟杜工部志在君亲,故集中多忠孝之语。《曲礼》曰"志之所至,诗亦至焉",不信然乎?故学者欲诗体之正,必自正其志向始。②

---

① 陈祚明:《采菽堂古诗选》,上海古籍出版社 2008 年版,第 657、796、940 页。
② 王寿昌:《小清华园诗谈》,上海古籍出版社 2016 年版,第 1762 页。

如此行文虽不同于严格的定义样式，但通过引证、举例，大体也阐明了概念和命题的内涵。遇到性情、真、自然、含蓄、逸这些内涵丰富的概念，还会从多个角度举例说明，使其内涵得到全面的展示。这方面的个别例子更多，足以让人惊异老生常谈中竟留有偌大的阐释空间，同时为清人的理论开拓能力所折服。在明清两代的序跋中，刻意阐发旧有命题的文字最多，凡"诗以道性情""兴观群怨""温柔敦厚""穷而后工""真诗""诗有别才"乃至咏物的"不粘不脱不即不离"等，无不被反复诠释和借题发挥过。即以"诗史"为例，钱谦益《胡致果诗序》从国变史亡、诗可徵史的角度对"以诗存史"提出一种极致的理解[1]；黄宗羲《万履安先生诗序》又从诗乃精神史所寄托的角度，指出借诗可以考见史籍不载的"天地之所以不毁，名教之所以仅存"的精神变迁[2]；方中履《誉子读史诗序》则从正史作为权力话语的角度，揭示"君臣务为讳忌，予夺出于爱憎"的倾向性[3]，说明以诗论史得以存公论在民间的意义。如此深刻而多向度的阐发，岂能说没有严格意义上的理论命题？许多理论命题甚至显示出超前的历史眼光和理论深度。

总之，当今学界流行的三个偏见，都是在说明唐宋以前古代文论部分事实的同时置元明清三代更为丰富、深刻的文学理论和批评成果于不顾的片面结论，对于古代文学理论、批评传统的认识很不完全，未能注意到明清以来文学理论、批评的长足发展所带来的言说方式、著述形态和话语特征的变化，以及由此形成的强有力的学术潮流及发展趋势。这一缺陷在妨碍正确认识传统的同时，也影响到当代中国文学理论和批评的自我认同乃

---

[1] 钱谦益:《牧斋有学集》，上海古籍出版社1996年版，第800—801页。
[2] 黄宗羲著、陈乃乾编:《黄梨洲文集》，中华书局1959年版，第346页。
[3] 方中履:《汗青阁文集》卷上，清康熙间刻本。

至自身建构的信心。当我们对传统抱有上述成见，就会切断现代中国文学理论、批评与传统的血缘关系，将所有具备现代性的特征都视为西学的翻版，视为无根的学问而丧失理论自信。这又不可避免地涉及无处不在的现代性问题，跌入中国内部有无自发的现代性的理论窠臼中。这不就是理论的宿命吗？问题的答案只能在对晚近文学理论、批评史的深入研究中找寻。

四、如何确立中国文论的理论根基和言说立场

相信上面对清代诗学的有限回顾已足以让我们对中国文学理论、批评的传统产生新的认识，甚至于改变上述三种偏见。美国历史学家保罗·柯文（Paul A. Cohen）曾提出"在中国发现历史"，中国文学理论、批评史也同样存在一个重新发现的问题。所谓"发现"，不是为了获取一个中国中心论的立场，而是要建立起中外文论对话的平台。清代文献的长久被忽视，已使中国文学理论、批评的传统变得模糊不清，现有的认识含有很多片面的判断。我近年致力于清代诗学史研究，很大程度上正是针对这一学术现状，希望通过清代诗学史的全面挖掘和建构初步勾勒出中国文学理论、批评走向现代的历程。作为研究古代文论和批评史的学者，虽未必像许多文学理论家那样为创新的焦虑所压迫，但对古代文论和批评史研究是否能为当今的理论创新提供有益的资源还是反复思考的。经过多年的考察，我相信中国古代文论有其独到的特点，足以和当代西方文学理论构成印证、互补的关系，因此有必要确立自己的理论根基和言说立场，同时树立起必要的理论自信。

这说起来容易，做起来却相当困难。先师晚年日记中谈到"古典文学

批评的特征",认为"体系自有,而不用体系的架构来体现,系统性的意见潜在于个别论述之中,有待读者之发现与理解"①。相信也是许多前辈学者的共识,它与上述三个偏见的立论角度和立场都是完全不同的。不是说没有什么什么,而是说有什么什么,但需要去发现和理解,发现和理解正是建构的过程。当今流行的三个偏见和上文的辩驳都是很表面的判断,发现和理解是更为深入的认识,更为深刻的判断。而就目前海内外学界而言,对古代文学理论、批评的研究是整个古代文学领域最为薄弱的环节。著有《中国文学批评》的美国芝加哥大学费维廉(Craig Fisk)曾指出:"在所有中国文学的主要文类中,文学批评显然是最不为世人所知的。"②罗格斯大学涂经诒也说,研究中国文学批评与诗歌、小说和戏剧相比有着明显的劣势,那就是文献分散的困难:"除了一些系统的文学批评著作,像《文心雕龙》《诗品》和《原诗》之外,大多数中国批评思想都散落在不同作家的被称作诗话、词话、书话和个人书信及偶然的评论中。"③我本人也觉得古代文学理论和批评对研究者来说是难度最大的领域,不仅要掌握文、史、哲甚至医学等各种学问,还需要对外国文学理论和批评有所知解,这才能在较广阔的视野中确立诠释和评价的参照系。"在中国发现批评史"很大程度上就立足于这一基础之上。

对于西方文论是否适用于中国文学研究,在大陆和港、台学界都有不同的意见。我的看法是肯定性的,了解西方文论首先可以认识到中西文学观念有许多共通之处。比如布鲁姆提出的"影响的焦虑",就启发我由此理解中唐作家的创新意识及后人对此的评价。迄止于明代,论者对中唐诗

---

① 徐有富:《程千帆沈祖棻年谱长编》,南京大学出版社 2013 年版,第 637 页。
② 王晓路主编:《北美汉学界的中国文学思想研究》,巴蜀书社 2008 年版,第 64 页。
③ 王晓路主编:《北美汉学界的中国文学思想研究》,巴蜀书社 2008 年版,第 32—33 页。

的评价都着眼于格调取舍，清代批评家开始体度作家的写作意识。如吴乔《围炉诗话》指出：

> 初盛大雅之音，固为可贵，如康庄大道，无奈被沈、宋、李、杜诸公塞满，无下足处，大历人不得不凿山开道，开成人抑又甚焉。若抄旧而可为盛唐，韦、柳、温、李之伦，其才识岂无及弘、嘉者？而绝无一人，识法者惧也。①

毛奇龄《西河诗话》论元稹、白居易诗也指出：

> 盖其时于开、宝全盛之后，贞元诸君皆怯于旧法，思降为通侻之习，而乐天创之，微之、梦得并起而效之……不过舍谥就疏，舍方就圆，舍官样而就家常。②

所谓"识法者惧也""皆怯于旧法"，不就是影响的焦虑吗？吴乔（1611—1695）、毛奇龄（1623—1716）这里揭示的中唐大历元、白一辈作者慑于前辈的成就而另辟蹊径的心态，比英国诗人爱德华·扬格（1683—1765）1759年发表的致塞缪尔·理查森书还要早几十年。扬格信中谈道，为什么独创性作品那么少，"是因为显赫的范例使人意迷、心偏、胆怯。他们迷住了我们的心神，因而不让我们好好观察自己；他们使我们的判断偏颇，只崇拜他们的才能，因而看不起自己的；他们用

---

① 吴乔：《围炉诗话》卷三，载郭绍虞编选《清诗话续编》，上海古籍出版社1983年版，第533页。
② 毛奇龄：《西河诗话》卷七，载张寅彭选辑《清诗话三编》，上海古籍出版社2013年版，第842页。

赫赫的大名吓唬我们，因而腼腼腆腆中我们就埋没了自己的力量"①。唐代诗人的意识明显与此不同，赵翼《瓯北诗话》卷三也曾揭示韩愈有意求奇的动机及其结果：

> 韩昌黎生平所心摹力追者，惟李、杜二公。顾李、杜之前，未有李、杜，故二公才气横恣，各开生面，遂独有千古。至昌黎时，李、杜已在前，纵极力变化，终不能再辟一径。惟少陵奇险处，尚有可推扩，故一眼觑定，欲从此辟山开道，自成一家。此昌黎注意所在也。然奇险处亦自有得失。盖少陵才思所到，偶然得之，而昌黎则专以此求胜，故时见斧凿痕迹，有心与无心异也。其实昌黎自有本色，仍在文从字顺中，自然雄厚博大，不可捉摸，不专以奇险见长。恐昌黎亦不自知，后人平心读之自见。若徒以奇险求昌黎，转失之矣。②

赵翼不仅揭示了韩愈诗歌艺术的出发点、艺术特征及与杜甫的区别，最后还点明韩愈的本色所在、评价韩愈应有的着眼点。以"影响的焦虑"为参照，更见出赵翼批评眼光之透彻。归根到底，一种新的理论学说，不管它是东方的还是西方的，都能提供一个新的观察文学的角度、说明文学的方式。克里斯蒂娃发明的"互文性"理论，用一个意味着文本关联的概念，将用典、用语、因袭、模仿、拟代等众多文学现象统摄起来，可以方便地说明其共同特征。热奈特发明的"副文本"理论也一样，用这个概念

---

① 爱德华·扬格：《试论独创性作品——致〈查理士·格兰狄逊爵士〉作者书》，袁可嘉译，人民文学出版社1998年版，第85页。
② 赵翼：《瓯北诗话》卷三，《赵翼全集》第5册，第22页。

可以方便地将作品的标题、小序、自注等作为同类问题打包处理。同理，刘勰《文心雕龙·论说》提出的"参体"概念，与书论的"破体"概念联系起来，也可包揽所有指涉文体互参的现象。① 在这个意义上，无论哪国哪种文学理论都可以为人类既有的文学经验提供一种诠释角度和评价方式。我们进行中西比较也好，阐明古代文论的特有价值也好，不是像一些学者成天挂在嘴上的要争夺什么文艺理论的话语权，而是要实现人类文学经验的沟通、理解和交流。这种交流只能以发现和理解为前提，更需要以发掘和诠释为首要工作，类似于将考古发现的金币兑换成当今硬通货价格的估量和兑换。

这种理论的对话和交流所产生的影响并不是单方向的，中国文论在接受外来知识、观念启发的同时，也会激活自己固有的理论蕴藏，触发其思想潜能的生长，反哺影响者。我在借鉴"互文性"理论考量中国古代诗论中的模仿和其他文本相关性问题时，发现古人基于独创性观念的规避意识同样也造成一种互文形态，或许可称为"隐性互文"，对古典诗学的这部分现象和理论加以总结，就可以对现有的互文性理论做一个重要的补充。② 由此可见，在中外文学理论的对话和交流中，彼此共通的部分固然有着印证人类共同美学价值的功能，而彼此差异的部分更能激起互补的需求而使知识增值。因此我们对古代文学理论的研究，就有必要更多地留意其理论思维和批评实践异于西方之处。据我的粗浅观察，中国古代文学理论和批评的独异之处主要有三点：一是象喻性的言说方式，二是丰富的审美味觉概念，三是多样化的批评文体。

---

① 参见蒋寅《中国古代文体互参中"以高行卑"的体位定势》，《中国社会科学》2008 年第 5 期。
② 参见蒋寅《拟与避：古典诗歌文本的互文性问题》，《文史哲》2012 年第 1 期。

中国文学批评的象喻式表达，自20世纪30年代就被钱锺书《中国固有的文学批评的一个特点》一文触及。后来学者们称之为印象批评、形象批评或意象批评①，若参照古人的说法则可名为"立象以尽意"，是古代文学批评中常见的方法。同样是论品第，英国诗人奥登《19世纪英国次要诗人选集》序言说"一位诗人要成为大诗人，则下列五个条件之中，必须具备三个半左右才行"：1. 他必须多产；2. 他的诗在题材和处理手法上，必须范围广阔；3. 他在洞察人生和提炼风格上，必须显示独一无二的创造性；4. 在诗体的技巧上，他必须是一个行家；5. 就一切诗人而言，我们分得出他们的早期作品和成熟之作，可是就大诗人而言，成熟的过程一直持续到老死。余光中《大诗人的条件》一文曾引述其说，将它们概括为多产、广度、深度、技巧、蜕变。②清末诗论家朱庭珍《筱园诗话》也曾区分诗人的品级，但是用意象化的语言来形容其艺术境界。伟大诗人和二、三流诗人的差别，分别用五岳五湖、长江大河和匡庐雁宕、一丘一壑之胜地来譬说。比如：

> 大家如海，波浪接天，汪洋万状，鱼龙百变，风雨分飞；又如昆仑之山，黄金布地，玉楼插空，洞天仙都，弹指即现。其中无美不备，无妙不臻，任拈一花一草，都非下界所有。盖才学识俱造至极，故能变化莫测，无所不有。孟子所谓"大而化，圣而神"之境诣也。③

---

① 参见黄维樑《诗话词话和印象式批评》，《中西新旧的交汇：文学评论选集》，作家出版社2013年版，第3—20页；廖栋梁《六朝诗评中的形象批评》，《文学评论》第8集，台湾黎明文化事业公司1984年版，第21页；张伯伟《中国古代文学批评方法研究》，中华书局2002年版，第198页。
② 参见余光中《大诗人的条件》，《余光中谈诗歌》，江西高校出版社2003年版，第44页。
③ 朱庭珍：《筱园诗话》卷二，《清诗话续编》，第2241页。

概括起来说，相比大家的"变化莫测，无所不有"，大名家"已造大家之界，特稍逊其神化"，名家"自擅一家之美，特不能包罗万长"，小家则"亦能自立，成就家数"，但气象规模终不大。彼此之间的差别和区分不同品第的尺度都很清楚，其中同样包含了广度、深度、技巧、蜕变四个要素（没有提到多产，这是不言而喻的），但属于画龙点睛，论说的主体还是譬喻的部分，以意象化的语言展现了不同品第所企及的境界，一目了然且给人深刻印象。在中国古代文论和批评中，象喻式表达遍及文学的所有层面，直观地把握作家、作品的整体风貌是其所长，可以弥补细读法的条分缕析所导致的只见树木不见森林的偏颇。

关于中国古代诗文评丰富的审美味觉概念，正像中国饮食异常丰富的口味，几乎不需要论证。中华大地广袤的疆域和众多的民族所培养的多样文化，造就了中国古代文学无比丰富、细腻的审美味觉，经过有效的分析和理论总结，足以充实人类审美经验的数据库。负载这些经验的表达方式，同样丰富多彩，且与儒家"游于艺"的精神相通，给文艺批评增添了若干娱乐功能。最早对诗文评的源流加以宏观描述的《四库全书总目·诗文评》小序写道：

> 文章莫盛于两汉，浑浑灏灏，文成法立，无格律之可拘。建安、黄初，体裁渐备，故论文之说出焉，《典论》其首也。其勒为一书传于今者，则断自刘勰、钟嵘。勰究文体之源流，而评其工拙；嵘第作者之甲乙，而溯厥师承，为例各殊。至皎然《诗式》，备陈法律；孟棨《本事诗》，旁采故实；刘攽《中山诗话》、欧阳修《六一诗话》，

又体兼说部。后所论著，不出此五例中矣。①

这里虽然辨析了古代诗文评的类型和历史，但远未触及其丰富的理论、批评形式，直到张伯伟《中国古代文学批评方法研究》一书才就选本、摘句、诗格、论诗诗、诗话和评点六种基本形式做了透彻的梳理。具体到批评文体，还可以举出若干更有特色的类型。龚鹏程曾举出南朝钟嵘所创《诗品》、唐张为所创《诗人主客图》、宋吕本中所创《江西诗社宗派图》、清舒位所创《乾嘉诗坛点将录》四种②，起码还可以补充：1. 纪事。古来传有自宋计有功《唐诗纪事》到近人邓之诚《清诗纪事初编》的历代诗歌纪事之作。2. 句图。也是一种摘句，但又不同于摘句批评。郑樵《通志·艺文略》著录《九僧选句图》一卷，系辑宋初九僧名句而成，后有高似孙《文选句图》、王渔洋摘施闰章句图等戏仿之作。3. 位业图。清代刘宝书撰有《诗家位业图》，也是非常独特的一种批评体裁，系仿陶弘景《真灵位业图》而编成的历代诗家品第图。虽名为仿陶弘景，实则取法于张为《诗人主客图》，又易以佛家位业，列"佛地位"至"魔道"共九等，"以见古今诗家境地之高下，轨途之邪正"③。作者对各家等第理由时有说明，但启人疑窦处殊多。要之，这类图录正像《点将录》一样，无非都是游戏之作，对于诗学研究的价值恐怕还不及《诗品》和《诗人主客图》。衡以当今接受美学的观点，也不妨视为一个时代人们心目中古今诗人的排行榜。近代以来范烟桥、汪辟疆、钱仲联、刘梦芙等运用"点将录"的形

---

① 纪昀等：《四库全书总目》，中华书局 1965 年版，第 1779 页。
② 参见龚鹏程《中国文学批评史论》第五章"诗歌人物志——诗品、主客图、宗派图与点将录"，北京大学出版社 2008 年版。
③ 刘宝书：《诗家位业图·例言》，清光绪十八年（1892）张善育刊本。

式批评晚清直到现代的诗词创作,仍旧不乏批评的效力和趣味,且追仿者不绝,足见诗文评文体自身就具有特定的艺术性,诗文批评本身也具有创作的性质。谁能说《文心雕龙》式的骈文和"体兼说部"的诗话,不是一种骈文、随笔写作呢?

当今中国的文学理论界,无不对话语权的缺乏耿耿于怀,同时急切地寻求理论创新之路。"古代文论的现代转换"是许多学者的希望所寄,将古代文论与当代西方文论相融合,由此孕育出新的理论学说,也是一部分学者执着的信念。但我很怀疑,理论创新是否能从既有理论的组合或融合中实现。旧知识的融合仍然是旧知识,大概难以像化学反应那样形成新的知识。文学理论的创新只能萌生在文学经验的土壤中,只有创作经验的总结和抽象才可能形成理论的结晶。因此,我不认为古代文学理论和批评史研究能直接推动今天的理论创新,但相信完整地认识古代文学理论和批评的传统,可以为古代文学研究提供一个本土视角及相应的诠释方式。柯文《在中国发现历史》一书开篇就提道:"中国史家,不论是马克思主义者或非马克思主义者,在重建他们自己过去的历史时,在很大程度上一直依靠从西方借用来的词汇、概念和分析框架,从而使西方史学家无法在采用我们这些局外人的观点之外,另有可能采用局中人创造的有力观点。"[①] 这种遗憾也是中国文学史研究应该避免的。同时,全面认识古代文学理论和批评的传统,理解古代文学理论与创作、批评实践的互动关系,可以促使我们正视近代以来的文学经验,在古今、中外视阈的融合中发掘具有独特意义和规律性的问题,从中提炼有概括力的理论命题。这样,文学理论的创

---

① [美]柯文:《在中国发现历史——中国中心观在美国的兴起》,林同奇译,中华书局1989年版,第1页。

新便不难期待了。这就是我理解的文学理论创新之路，愿提出来质正于同道。

（原载《文艺研究》2017年第10期）

"去耕种自己的园地"

——关于回归文学本位和批评传统的思考

张伯伟

引　言

2018年，中国社会科学院文学研究所新编了一种出版物——《古代文学前沿与评论》。在第一辑的卷首，刊登了一组总题为"'十年前瞻'高峰论坛"的笔谈，汇集了当今活跃在学术研究第一线的21位老、中、青学者的发言稿，在一定程度上，将其视作对当下古代文学研究反思的代表，也许是合适的。比如詹福瑞有一连串的发问："现在我们面临着一个很大的问题：文学究竟怎么研究？""什么叫回归文学本体？""我们在对古代文学即所谓的文史哲都在其中的'泛文学'做研究时，还做不做文学性的研究？文学性的研究还是不是我们古代文学研究中的核心问题？"葛晓音也直陈这样的现象："学者们关注到了很多前人不太注意的材料、作家与文学外围的现象等……但是相对来说反而是主流文学现象的研究突破不大。"也就是说，在文学发展的内因、外因两方面，"目前的倾向是，研究者更偏向于外因"。她同时还指出,造成这种现象的原因之一,"是与传统偏见有关,总觉得文学艺术性的研究很难做得深入,好像是软学问,不如文献的整理和考据'过硬'"。在她看来,"版本和考据工作最终仍是要为解决文学问题服务",而"文学艺术性的研究需要以读懂文本为基础"。文本的阅读和理解原本是中文系人的长项,但却如刘宁所说,"研究者有没有深度解读文本的能力"已然成为一个问题。更糟糕的还在于,"现在似乎很多人不太关心对文学文本的解读能力,认为有新视角就可以解决问题"。此外,王达敏、李玫等也痛陈"文学研究的空心化问题"以及"选题中相对忽视文学本身的倾向",与上述学者的看法形成了呼应。① 在目前的古代文学研究中,以文献挤压批评,以考据取代分析,以文学外围的论述置换对作品的体悟解读,已是屡见不鲜的现象,究竟应该如何进行"文学"研究,竟成为横亘在古代文学研究者面前的一个难题。以上反思代表了古代文学学界对当下研究现状与存在问题的某种担忧,但较真起来讲,上述意见不应该是文学研究中的老生常谈吗?而当一个老生常谈变成了研究界普遍纠结的问题时,事情恐怕就没那么简单了。我们当然可以借用章太炎的一句话为说辞:"大愚不灵,无所愤悱者,睹妙论则以为恒言也。"② 但实际上,面对某种普遍发生的现象,学者无法以一种知识的傲慢夷然不屑。有学者指出,这种现象与某种"传统偏见"相关,但传统是多元的,有一种传统偏见,往往就会有另一种针对此偏见的传统。又如把文学的艺术性研究看成"软学问"固大谬不然,但这是否也暴露了长期以来文学研究中的某些弊端。由于缺乏对文学本体研究的理论思考和方法探

---

① 参见詹福瑞等《"十年前瞻"高峰论坛》,《古代文学前沿与评论》第一辑,社会科学文献出版社2018年版,第1—51页。
② 章太炎:《文学总略》,载程千帆《文论十笺》,黑龙江人民出版社1983年版,第31页。

究,"纯文本"研究往往流于印象式批评,即便是被人们视作典范之一的闻一多的《唐诗杂论》,在敏锐的感觉、精致的表述掩盖下的依然是"印象主义"的批评方法。而考据与辞章、文学与历史的关系如何,孰重孰轻、孰高孰低,其争论辩驳也由来已久。不仅中国文学如此,在西方文学批评史上,这些相互冲突的见解也不少见。因此,对上述问题做出清理,以求在一新的起点上明确方向、抖擞精神、重新出发,不能说是没有必要的。

文学研究,首要的和重要的就是把文学当作文学,面对文学说属于文学的话,正如哈罗德·布鲁姆所说:"批评实践,按照其原义,就是对诗性思维进行诗性的思考。"① 这样的一个出发点,在中国现代学术中有其传统,置于整个中国文学批评史中来看,甚至存在一个悠久的传统。那么,这一传统从何而来,在现代学术中有何种承当,其在今日的意义如何,又该怎样发展,这些便是本文讨论的主要问题。

文学是一个复杂体,当然也就有为了突出文学的某一侧面或层面的理论,这些理论丰富了人们对文学的多样性认识。所以,在研究方法或批评实践中,越来越多的人会趋向于"综合"。威尔弗雷德·古尔灵等著的《文学批评方法手册》指出:"读者在对一部文学作品作出慎重解释的任何一个时刻,他可能是从某个特定的角度作出反应的……然而,理想的最终反应应该是各种方法的综合与折衷。"又说:"由于文学是人之为人的语言艺术的表达,并具有这一概念所蕴含的丰富、深刻及复杂,因此,文学批评必然是达到那种经验的许多途径的综合……也因此我们需要很多种方

---

① [美]哈罗德·布鲁姆:《影响的剖析:文学作为生活方式》,金雯译,译林出版社2016年版,第16页。

法。"① 这可以看作欧美批评界的共识。文学研究的核心是批评②，读者一方面"是从某个特定的角度"对作品产生最初的反应，另一方面，"理想的最终反应"又应该是"各种方法的综合与折衷"。我赞成运用综合的方法对文学进行各种不同方面和层面的批评，但只要是文学研究，首先就应该尊重文学的特性，做到对诗说话，说属于诗的话。有各种不同的文学理论的立场，也有各种不同的文学批评的出发点，但是以尊重文学特性为出发点应该是"第一义"的和最为根本的。这样的批评实践，不仅在我们现代学术进程中有其传统，而且在中国两千五百年的批评传统中也同样不绝如缕。因此，本文撰述的宗旨，既是对当下古代文学研究的提醒，也是对现代学术中某种传统的接续，同时亦是对中国批评传统的再认识。

一、从一重公案说起：实证主义文学研究批判

1978 年，钱锺书赴意大利参加欧洲汉学家第 26 次大会，并应邀发表了《古典文学研究在现代中国》的演讲。他强调"马克思主义的运用"导致了最可注意的两点深刻的变革，"第一点是'对实证主义的造反'"，改变了"在解放前的中国"，"文学研究和考据几乎成为同义名词"的状况；"第二点是中国古典文学研究者认真研究理论"，"改变了解放前这种'可怜的、缺乏思想的'状态"。具体的理论命题，就是文学和社会发展的关

---

① Wilfred L. Guerin, Earle Labor, Lee Morgan, Jeanne C. Reesman and John R.Willingham, *A Handbook of Critical Approaches to Literature*, 4th edition, Foreign Language Teaching and Research Press & Oxford University Press, 2004, pp.302-304.
② 在注重概念辨析的欧美文学批评传统中，自 20 世纪 60 年代以来，"批评"一词已经扩展并囊括了文学研究，还有人对此做了梳理。参见雷内·韦勒克《文学批评：名词与概念》，《批评的概念》，张今言译，中国美术学院出版社 1999 年版，第 19—33 页。

系、典型论、反映论以及动机和效果、形式和内容的矛盾等等①。可见，钱氏所谓"现代中国"的时间范围是从1949年以后到他演讲的1978年之前。时过境迁，他所描述的两点"深刻变革"的现象，今天也许会换一种概括，就是人文学（不只是古代文学）研究中的"以论带（代）史"和理论上的顺应苏联，文中举出的理论命题不出季莫菲耶夫、毕达科夫"文学概论"的范围，在20世纪80年代以后的学界反思中，不少这方面的理论和实践被认为是机械唯物论和庸俗社会学在文学研究中的体现。当涉及具体人物的具体研究时，钱锺书就没有什么忌讳了，他不客气地指出：

> 譬如解放前有位大学者在讨论白居易《长恨歌》时，花费博学和细心来解答"杨贵妃入宫时是否处女？"的问题——一个比"济慈喝什么稀饭？""普希金抽不抽烟？"等西方研究的话柄更无谓的问题。今天很难设想这一类问题的解答再会被认为是严肃的文学研究。②

这里所说"大学者"的研究指的当然就是陈寅恪的《长恨歌笺证》。钱锺书对文学研究中的"实证主义"向来反感，以他的眼界、品味之高，绝不肯以"小人物"作为批评对象，故以陈寅恪为例。但若回到陈寅恪论著本身，我们不得不说，钱锺书的批评是失却准星的。《长恨歌》中说到的杨贵妃入宫事，自宋人笔记便加以讨论，至清代考证尤多，陈寅恪已举出以朱彝尊、杭世骏、章学诚等人的论著为代表，并认为朱彝尊之考证

---

① 参见钱锺书《古典文学研究在现代中国》，《钱锺书集：写在人生边上·人生边上的边上·石语》，生活·读书·新知三联书店2002年版，第178—182页。
② 钱锺书：《古典文学研究在现代中国》，《钱锺书集：写在人生边上·人生边上的边上·石语》，生活·读书·新知三联书店2002年版，第180页。

"最有根据"，他自己的文章"止就朱氏所论辨证其误，虽于白氏之文学无大关涉，然可借以了却此一重考据公案也"①。这就很明确地告诉大家，这则考据与"文学无大关涉"，是史学问题。他通过杨玉环先嫁李隆基之子李瑁，再由玄宗施加手段霸占儿媳的事实梳理，推衍至李唐王室的文化，亦即朱熹所谓"唐源流于夷狄，故闺门失礼之事，不以为异"这一重大判断②。虽然不是"严肃的文学研究"，但无疑是"严肃的史学研究"。陈寅恪的文学修养是无可怀疑的，他开创的"以诗证史"或曰"以文证史"，试图用文学的材料解决史学的问题，含有对文学研究的深刻启示。由于使用的是"诗"的材料，并且尊重"中国诗之特点"，他在很多地方也做到了将对诗说话、说属于诗的话作为研究的出发点。但是，他冥心搜讨的新方法毕竟是史学研究方法，曾明确地说："元白诗证史即是利用中国诗之特点来研究历史的方法。"③所以，将钱锺书与陈寅恪的上述分歧看成是两种不同的"诗学范式之争"④，这是无法让我同意的。因为说到底，他们一为史学研究，一为诗学研究，这样说并不是否定史学研究和诗学研究的联系，两者之间即便在钱、陈自身的笔下也时有交叉，但这与并行的两种"诗学范式"毕竟不是一回事。更何况若是在托马斯·库恩的意义上使用"范式"一语，我们不禁要问：在上述两位学者的生前或身后，又何尝形

---

① 陈寅恪：《元白诗笺证稿》，上海古籍出版社1978年版，第14页。
② 黎靖德编：《朱子语类》卷一三六"历代三"，中华书局1986年版，第3245页。参见牟润孙《陈寅恪与钱锺书——从杨太真入宫时是否处女说起》，《海遗丛稿（二编）》，中华书局2009年版，第163—165页。
③ 唐筼：《元白诗证史第一讲听课笔记片段》，载《陈寅恪集·讲义与杂稿》，生活·读书·新知三联书店2002年版，第484页；张伯伟：《现代学术史中的"教外别传"——陈寅恪"以文证史"法新探》，《文学评论》2017年第3期。
④ 参见胡晓明《陈寅恪与钱锺书：一个隐含的诗学范式之争》，《华东师范大学学报（哲学社会科学版）》1998年第1期。

成过一个诗学研究的具有原创力、影响力、凝聚力以及示范性的"学术共同体"呢？

诚如钱锺书指出的，现代学术中文学研究的实证主义风气之形成原因，"在解放前的中国，清代'朴学'的尚未削减的权威，配合了新从欧美进口的这种实证主义的声势，本地传统和外来风气一见如故，相得益彰……使考据和'科学方法'几乎成为同义名词"①。而他所概述的"现代中国"，从学术研究上看，实际上是对这一轨道的脱逸。自20世纪80年代以来，针对长期存在的僵化和空疏，学术界开始追求学术性和多元化。但到20世纪90年代之后，中国的人文学界逐步形成了如李泽厚描绘的图景且愈演愈烈："九十年代大陆学术时尚之一是思想家淡出，学问家凸显，王国维、陈寅恪被抬上天，陈独秀、胡适、鲁迅则'退居二线'。"②与之密切相关的，就是文学研究中实证主义的死灰复燃，并有燎原之势。近年国家社会科学基金重大项目的课题指南中，类似"某某文献集成与研究"的名目屡见不鲜，虽然名称上还带"研究"的尾巴，但往往局限在文献的整理和考据，并且还多是一些陈旧的文献汇编、影印。这多少反映出学术界的若干现实，也多少代表了学术上的某种导向。③钱锺书说："所谓'实证主义'就是繁琐无谓的考据，盲目的材料崇拜。"④若是用柯林武德的话

---

① 钱锺书：《古典文学研究在现代中国》，《钱锺书集：写在人生边上·人生边上的边上·石语》，生活·读书·新知三联书店2002年版，第179页。
② 李泽厚：《思想家淡出学问家凸显》，香港《二十一世纪》1994年第3期。
③ 如果我们检阅一下近四十年来古代文学研究的成绩单，举出的最有代表性的成果基本上属于文献整理，这类回顾性的文章很多，稍加浏览就不难得出以上印象。而从"外人"的眼光来看，比如包弼德认为："大陆出版的最有价值的书是古籍整理，而不是研究著作。"（王希等主编：《开拓者：著名历史学家访谈录》，北京大学出版社2015年版，第254页）
④ 钱锺书：《古典文学研究在现代中国》，《钱锺书集：写在人生边上·人生边上的边上·石语》，生活·读书·新知三联书店2002年版，第179页。

来说，实证主义留给世人的学术遗产，"就是空前的掌握小型问题和空前的无力处理大型问题这二者的一种结合"①。文献考据本身有其价值，但以考据学眼光从事文学研究，或者将文学视同史学的附庸，文学研究的尊严也丧失殆尽。

徐公持在总结 20 世纪最后二十年的中国古典文学研究时，举出当时老一代学者"再现学术雄风，其中钱锺书、程千帆堪为代表"，并认为其著作在"本时期的学术精神，实质上与三四十年代遥相呼应"②。徐氏将钱、程并举是着眼于他们的学术成就和影响，而两者之间实有一共同点值得拈出，那就是对文学研究中考据至上的实证主义的批判。这里，我想引用一篇程千帆不太为人注意的早年文章《论今日大学中文系教学之蔽》，其中揭示的弊端之一，就是"持考据之方法以治词章"。至于其形成原因，则与钱锺书所指摘者若合符契：

> 满清学术，一由于明学之反动，二由于建夷之钳制，考据遂独擅胜场……及西洋学术输入，新文化运动勃兴……考据之学乃反得于所谓科学方法一名词下，延续其生命。

由此形成了如下研究与教学的趋势：

> 以考据之风特甚，教词章者，遂亦病论文术为空疏，疑习旧体为落伍。师生授受，无非作者之生平，作品之真伪，字句之校笺，时代

---

① ［美］柯林武德：《历史的观念》，何兆武、张文杰译，商务印书馆 1997 年版，第 195 页。
② 徐公持：《二十世纪中国古典文学研究近代化进程论略》，《中国社会科学》1998 年第 2 期。

之背景诸点。涉猎今古，不能自休。不知考据重知，词章重能，其事各异。就词章而论，且能者必知，知者不必能。今但以不能之知而言词章，故于紧要处全无理会。虽大放厥词，亦复何益。昔人谓治词章，眼高手低，最为大病。若在今日，则并此低手亦无之矣。①

此文撰写于 1942 年，与钱锺书在 1978 年对考据之风的批评可谓遥相呼应。而到了今天，执教上庠的教授、博导虽比比皆是，超过历史上的任何时候，然其治词章之学，不仅多"不能"，甚且有"无知"，视程千帆当年所贬斥者犹且瞠乎其后。至于批评和考据的关系，两位学者的意见也是接近的。钱锺书说：

> 文学研究是一门严密的学问，在掌握资料时需要精细的考据，但是这种考据不是文学研究的最终目标，不能让它喧宾夺主、代替对作家和作品的阐明、分析和评价。②

而程千帆在早年提出并实践"将批评建立在考据基础上的方法"，到晚年将其研究方法上升为"两点论"——文艺学和文献学精密结合，它所指向的起点是作品，终点是作品，重点还是作品。他说："文艺学与文献学两者有个结合点，那就是作品。"③ 他又说："我们无论用哪种方法从事

---

① 程会昌：《论今日大学中文系教学之蔽》，《国文月刊》1942 年第 16 期。按，此文未收入《程千帆全集》(河北教育出版社 2001 年版)。
② 钱锺书：《古典文学研究在现代中国》，《钱锺书集：写在人生边上·人生边上的边上·石语》，生活·读书·新知三联书店 2002 年版，第 179 页。
③ 徐有富：《程千帆先生谈治学》，载徐有富、徐昕《文献学研究》，江苏古籍出版社 2002 年版，第 1 页。

研究，都必须归结到理解作品这一点上。"① 强调不能企图用一般历史文献学的方法，解决属于文学自身的问题。② 钱锺书也这样自陈："我的原始兴趣所在是文学作品。"③ 如果说，21 世纪的古代文学研究仍然有沿着前人"照着讲""接着讲"甚至"对着讲"的必要，那么，我们最迫切、最需要接续的就是这样的学术传统，并且在理论和实践上向前推进。

二、从批评实践看文学、史学研究之别

在 20 世纪中叶，陈寅恪探索和实践了"以诗证史"的研究方法，这一方法能够奏效的基础，首先在于中国诗的特点：

> 中国诗与外国诗不同之点——与历史之关系；中国诗虽短，却包括时间、人事、地理……外国诗则不然，空洞不著人、地、时，为宗教或自然而作。中国诗既有此三特点，故与历史发生关系。④

能否如此笼统概括外国诗的特点，也许可以商讨，但确如其所言，中国诗与历史有千丝万缕的联系，历史研究与文学研究如葛藤交错。这样，在理论和实践上如何区分历史研究与文学研究，也就成为困扰许多研究者

---

① 《访程千帆先生》，《文学研究参考》1987 年第 1 期。
② 参见张伯伟《"有所法而后能，有所变而后大"——程千帆先生诗学研究的学术史意义》，《文学遗产》2018 年第 4 期。
③ 钱锺书：《作为美学家的自述》，《钱锺书集：写在人生边上·人生边上的边上·石语》，生活·读书·新知三联书店 2002 年版，第 204 页。
④ 唐篔：《元白诗证史第一讲听课笔记片段》，载《陈寅恪集·讲义与杂稿》，生活·读书·新知三联书店 2002 年版，第 483 页。

的一个问题。

韦勒克曾这样说:"文学研究不同于历史研究之处在于它不是研究历史文件而是研究有永久价值的作品。"① 这是以研究对象作区别,貌似合理。但以 20 世纪以来的文学观念衡量,一个文本究竟是文献还是作品,往往取决于读者用什么方式阅读。甚至在海登·怀特看来,"历史的文学性和诗性要强于科学性和概念性",因此,历史就是"事实的虚构化和过去实在的虚构化"②,历史文本和历史阐释都与文学相类似。③ 这样一来,怎么还分得清历史文献或文学作品呢? 早年的钱锺书有这样的看法:"窃常以为文者非一整个事物(self-contained entity)也,乃事物之一方面(aspect)。同一书也,史家则考其述作之真赝,哲人则辨其议论之是非,谈艺者则定其文章之美恶。"重心是在"观点(perspective)之不同,非关事物之多歧"④。此处的"观点"意为"视角",所以同样的儒家经典,在章学诚眼里是"六经皆史"⑤,而在曾克耑眼里,就变成了"六经皆文"⑥。深究下去,都与特定的理论立场有关,与本文的关注重心不同。所以,与其纠缠于理论争辩,不如从批评实践中寻找其差异。

从文学理论的立场看文学和历史的关系,一种人们熟悉的看法就是认

---

① 雷内·韦勒克:《文学理论、文学批评和文学史》,《批评的概念》,张今言译,中国美术学院出版社 1999 年版,第 13 页。
② 海登·怀特:《元史学:十九世纪欧洲的历史想象》"中译本前言",陈新译,译林出版社 2009 年版,第 7 页。
③ 参见海登·怀特《历史中的阐释》《作为文学制品的历史文本》,《话语的转义——文化批评文集》,董立河译,大象出版社、北京出版社 2011 年版,第 55—107 页。
④ 钱锺书:《中国文学小史序论》,《钱锺书集:写在人生边上·人生边上的边上·石语》,生活·读书·新知三联书店 2002 年版,第 102 页。
⑤ 章学诚著,仓修良编注:《文史通义新编新注》,商务印书馆 2017 年版,第 1 页。
⑥ 曾克耑:《诗义会通序》,载吴闿生《诗义会通》,中国书店 1995 年版,第 1 页。

为文学是特定历史时期的反映,因此,理解作品要将其置于历史背景之中。但文学中展现的历史,与实际发生的历史并不一定吻合,为了研究历史而利用文学材料,就会对文学描写加以纠正,这便属于历史研究。而为了纠正文学描写,就需要对史实(包括时间、人事、地理)做考据,转而轻忽甚至放弃文学批评。即便无须纠正,但如果仅仅将作品看成文献记载,也谈不上是在进行文学研究。当陈寅恪用"以诗证史"的方法去研究历史的时候,他心目中的意义就在于"可以补充和纠正历史记载之不足,最重要是在于纠正"①,被他"纠正"的往往不是历史记载,而是作品描写。比如对白居易《长恨歌》中的"七月七日长生殿,夜半无人私语时"等描写,陈寅恪经过严密的考证,认为既有时间问题,又有空间问题:"揆之事理,岂不可笑?""据唐代可信之第一等资料,时间空间,皆不容明皇与贵妃有夏日同在骊山之事实。"②又如元稹之《连昌宫词》,陈寅恪讨论的先决问题是:"此诗为作者经过行宫感时抚事之作,抑但为作者闭门伏案依题悬拟之作?"他批评洪迈以此诗作于元和十一二年的意见"为读者普通印象",非史家实证之论,遂依元稹一生可以作此诗之五个年月一一考据,得出结论云:"《连昌宫词》非作者经过其地之作,而为依题悬拟之作,据此可以断定也。"③正因为是悬拟之作,所以诗中如"上皇正在望仙楼,太真同凭阑干立""寝殿相连端正楼,太真梳洗楼上头"等句,"皆傅会华清旧说,构成藻饰之词。才人故作狡狯之语,本不可与史家传

---

① 唐筼:《元白诗证史第一讲听课笔记片段》,载《陈寅恪集·讲义与杂稿》,生活·读书·新知三联书店2002年版,第484页。
② 陈寅恪:《元白诗笺证稿》,上海古籍出版社1978年版,第40—42页。
③ 陈寅恪:《元白诗笺证稿》,上海古籍出版社1978年版,第61—71页。

信之文视同一例，恐读者或竟认为实有其事，特为之辨正如此"①。

凡此皆属时间、人事、地理问题，其所纠正者，亦皆属诗中之描写。偶有以文学纠正历史记载者，也是以文学为史料，比如由元稹《遣悲怀》诗中"今日俸钱过十万"之句，"拈出唐代地方官吏俸料钱之一公案"②。其纠正的目的，不是衡量文学描写之妍媸，而是还原历史面目之真相。他在课堂上讲授时说："这些人诗文中的讹误，有的是不知而误，也还有的是轻见轻闻而误。"③其为史学研究而非诗学研究，不待细辨即可知。但陈寅恪对文学极为精通，故其论著也时时发表对文学研究的卓见，深受学者重视。比如历代对白氏《长恨歌》的理解，在他看来："所谓文人学士之伦，其诠释此诗形诸著述者，以寅恪之浅陋，尚未见有切当之作。"真有目空一切之概，但又指出向上一路："鄙意以为欲了解此诗，第一，须知当时文体之关系。第二，须知当时文人之关系。"④可谓度人以金针。由此而视宋人魏泰、张戒之论，实皆"不晓文章之体，造语蠢拙"者流；即便沈德潜等清人评语，亦未免颟顸蹇驳。⑤凡此皆可谓文学研究而非史学研究，故研究唐代文学者多采其说。纵有商榷、讨论，也属文学研究内部之争，而非文学与史学之争。

在文学研究上，钱锺书对陈寅恪没有什么吸收，他们在对具体作品的分析上，意见也往往相左。由于差别较为明显，就缺乏辨析的必要。程千帆深受陈寅恪的影响，对陈氏学术方法、宗旨、趣味及文字表达的理解，

---

① 陈寅恪：《元白诗笺证稿》，上海古籍出版社1978年版，第79页。
② 陈寅恪：《元白诗中俸料钱问题》，《金明馆丛稿二编》，上海古籍出版社1980年版，第59—73页。
③ 刘隆凯整理：《陈寅恪"元白诗证史"讲席侧记》，湖北教育出版社2005年版，第91页。
④ 陈寅恪：《元白诗笺证稿》，上海古籍出版社1978年版，第1—2页。
⑤ 陈寅恪：《元白诗笺证稿》，上海古籍出版社1978年版，第4—11页。

远胜一般学者。但程千帆的学习方式，不是形迹上的亦步亦趋，而是在把握其学术宗旨的前提下，根据自己的研究内容，在学术实践中"有所法"又"有所变"，将重心由"史"转移到"诗"。他们之间的区别，是一个很好的辨析史学研究和诗学研究之差异的个案。如上所说，中国古代诗歌往往包括时间、人事、地理。所谓"人事"，不仅有时事，也有故事，所以在研究工作中就不可避免地需要对史实进行考证。若是史学研究，就会判断相关的某一记载（无论是历史文献还是文学作品）是出于"假想"或"虚构"，因而是"错误的"或"不实的"。但若是诗学研究，史实的考证就仅仅是提供理解诗意的背景，而非判断诗人是否实事求是的律条。正是在这里，我们看到了程千帆与陈寅恪的差异。比如在唐代的边塞诗中，往往存在地名的方位、距离与实际情况不相符的问题。研究者面对这样的作品，不外乎持两种意见：或通过文献考证指责作者的轻率，或同样采用考证的手段证明作品无误。两种结论貌似对立，但思维方式却如出一辙，都是将考据学代替了文学批评。如果从作品出发，又回归到作品，就会尊重诗的特性，学习并坚持对诗说话，说属于诗的话。程千帆这样指出："唐人边塞诗中之所以出现这种情况，乃是为了唤起人们对于历史的复杂的回忆，激发人们对于地理上的辽阔的想象，让读者更其深入地领略边塞将士的生活和他们的思想感情……古代诗人们既然不一定要负担提供绘制历史地图资料的任务，因而当我们欣赏这些作品的时候，对于这些'错误'，如果算它是一种'错误'的话，也就无妨加以忽略了。"① 对于诗学研究者来说，既不必通过历史考证而对文学作品中的描写"率意地称之为

---

① 程千帆：《论唐人边塞诗中地名的方位、距离及其类似问题》，载张伯伟编《程千帆诗论选集》，山西人民出版社1990年版，第105—106页。

'小疵'",也无须对某些"不实之词"为作者"进行学究式的辩护"①。文学批评不排斥甚至有时也需要考证,但考证的目的,不单是为了弄清所谓的"历史事实",而且是通过考证,帮助读者将想象的翅膀张得更宽,对作品的感情世界体验得更深。把文学作品当作历史文献,在文学批评实践中过多重视"对客观事物的估量和研究",反而忽略了"文学本身是一种情感作用"②,"企图用考证学或历史学的方法去解决属于文艺学的问题,所以议论虽多,不免牛头不对马嘴"③。即便作品中含有历史因素,考据的方法在一定程度和一定意义上对作品的理解也会有帮助,但仅仅以此为满足,并未能完成文学批评的任务。

我们试看这样一个例子。屈原《离骚》作为中国文学两大传统的源头之一,在文学史上享有崇高的位置。从汉代开始,就有为之作传注者,直到今天还新注不断,在空间上更是远传域外,并被翻译成多种文字,供世界人民欣赏,但在阐释中存在的问题也是长期而明显的。如《离骚》开篇即云:

> 帝高阳之苗裔兮,朕皇考曰伯庸。摄提贞于孟陬兮,惟庚寅吾以降。皇览揆余于初度兮,肇锡余以嘉名。名余曰正则兮,字余曰灵均。纷吾既有此内美兮,又重之以修能。扈江离与辟芷兮,纫秋兰以为佩。④

---

① 程千帆:《论唐人边塞诗中地名的方位、距离及其类似问题》,载张伯伟编《程千帆诗论选集》,山西人民出版社1990年版,第108页。
② 程千帆:《两点论——古代文学研究方法漫谈》,《古典文学知识》1997年第2期。
③ 程千帆:《相同题材与不相同的主题、形象、风格——四篇桃源诗的比较》,载张伯伟编《程千帆诗论选集》,山西人民出版社1990年版,第80页。
④ 朱熹:《楚辞集注》,上海古籍出版社1979年版,第3页。

这一段文字，刘知几已经将它看成是自序传的发端："其首章上陈氏族，下列祖考；先述厥生，次显名字。自叙发迹，实基于此。"① 至清人贺宽干脆就说："此屈子自叙年谱。"② 而自王逸开始，又以其中两句"摄提贞于孟陬兮，惟庚寅吾以降"作为考证屈原生年的依据；至游国恩更明白地说："《离骚》此二句为考证屈原生年之唯一材料。"③ 从内容来看，这段文字的确陈述了自己的氏族和祖先，也交代了自己的出生年月日，并说出了自己的名和字，但屈原真的是在用分行的韵语撰写一份自传或履历吗？历代学者"花费博学和细心"据以考证屈原的生年，歧义纷出，仅以《离骚纂义》汇录近人的研究成果看，因推算方式的差异而产生了五种主要意见，除了"正月"无异议外，年份从公元前 343 年到前 335 年不等，日子更有初七、十四、二十一、二十二之不同④，在看得见以及看不见的将来恐怕也难以达成一致。这种"考证"究竟该算学术上的"众里寻他千百度"，还是人生中的"可怜无益费精神"呢？在我看来，屈原在这里只是用辞赋体塑造了一个自我形象而已。这个"我"（无论其第一人称代词是"朕""吾"或"余"）是颛顼帝的远孙，其辉煌和美德直到自己父亲的身上仍在闪耀。而"我"秉持着这一血统，又出生在寅年寅月寅日，这标志着与生俱来的不凡。"我"的父亲（一说"皇"通"媓"，即母亲⑤）看到这一切，赐予了"我"很好的名字："正则"如天一般公平，"灵均"如地一般养物。"我"有如此众多的得自于祖先和天地的内在美好，又有不断

---

① 浦起龙通释：《史通通释》，上海古籍出版社 2009 年版，第 238 页。
② 游国恩主编：《离骚纂义》，中华书局 1980 年版，第 8 页。
③ 游国恩主编：《离骚纂义》，中华书局 1980 年版，第 18 页。
④ 参见游国恩主编《离骚纂义》，中华书局 1980 年版，第 11—18 页。
⑤ 参见汤炳正等《楚辞今注》，上海古籍出版社 2012 年版，第 3 页。

的自我砥砺而养成的用世才能,就好像一个天生丽质的美人,再佩戴上芬芳馥郁的香草。总之,《离骚》开篇塑造了一个高贵的形象,他代表了荣誉和尊严,他追求着崇高和纯粹,他不仅有与生俱来的优越,而且也通过不断的磨炼证明了自己是受之无愧的。所以,在屈原的叙说中,他把自己和家族历史之间的关系做了建设性的联结,就是为了突出这种卓越的理念。三个第一人称代词,除了"朕"偶一用之以外,在屈赋中用得最多的是"余"和"吾",其区别正如朱熹在《涉江》题下注云:"此篇多以余、吾并称,详其文意,余平而吾倨也。"① 这在《离骚》中也同样适用。"惟庚寅吾以降""纷吾既有此内美兮"中的两个"吾",是充满了骄傲色彩的自致隆高,篇中其他的"吾",如"来吾导夫先路","吾将从彭咸之所居",以及连续以"吾令"领起的若干句子,在在流露出精神上的贵族气质。所以,就像"正则""灵均"的名字只是文学上的造作、是辞赋体使然一样②,其描述出生日期的寅年寅日,也不必视同填写履历时的自供,而更多是为了衬托其不凡的生命。如果我们的文学批评在这样伟大的杰作面前,只能纠缠于氏族、出生和名字的考据,也许可以显示自己某一方面的"博学",但不也正暴露了"固哉!高叟之为诗"(《孟子·告子下》)③?

关于文学研究中的考据与词章,程千帆还说:"词章者,作家之心迹,读者要须不以文害辞,不以辞害志,以意逆志,是为得之。孟氏之言,实

---

① 朱熹:《楚辞集注》,上海古籍出版社1979年版,第81页。
② 幸好有《史记·屈原贾生列传》,我们知道屈原的名字,但还是有人把"正则""灵均"看成屈原的"小字小名"(如马永卿),或以为"皆少时之名"(如陈第),唯王夫之指出这里名字的写法,"以属辞赋体然也"。游国恩继此更作按语云:"战国时若庄生之书造作名号,而阴寓其意者多矣。正则、灵均盖其类尔(后世赋家乌有、子虚之名,实昉于此)。"(以上诸说均见《离骚纂义》,第21—23页)堪称卓见。
③ 朱熹:《四书章句集注》,中华书局1983年版,第340页。

千古不易之论……若仅御之以考据，岂不无所措手足乎！王逢原诗云：'满眼落花多少意，若何无个解春愁？'大可借咏于前文神妙处毫无领悟之辈也。"① 其所引孟子云云，见于《孟子·万章上》②，以"千古不易之论"为评，似可表明，现代学者的文学批评，也有自觉接续中国古代文学批评之某一传统者在。由此重新思考中国两千五百年文学批评之发展，也可以获得一些新的理解和认识。

三、中国文学批评的另一传统

对中国文学批评做出整体描述，是现代学术形成后的产物。由于当时人多以 19 世纪以来欧美文学观念作为参照系，由此导致了一个被广泛接受的结论，即中国的批评传统以实用的、道德的、伦理的、政治的为主要特征，虽然也含有审美批评，但在整个批评体系中似乎仅仅偏于一隅。在我看来，这是对中国文学批评传统的简化和僵化，尤其是因为缺乏与西方批评传统的整体对应，因而遮蔽了中国文学批评的另一传统——审美批评（包括非常丰富的技术批评）的传统。尽管已有学者对此做出了呼吁和阐发③，但仍有进一步呼吁和阐发的必要。面对今日文学研究的困境，如果我们要从中国批评传统中寻找资源，对于这一隐而未彰的传统，有必要予以揭示。

---

① 程会昌：《论今日大学中文系教学之蔽》，《国文月刊》1942 年第 16 期。按，此文未收入《程千帆全集》（河北教育出版社 2001 年版）。
② 朱熹：《四书章句集注》，中华书局 1983 年版，第 306 页。
③ 参见张伯伟《论唐代的规范诗学》，《中国社会科学》2006 年第 4 期；张伯伟《中国文学批评的抒情性传统》，《文学评论》2009 年第 1 期。

在春秋时代，诗乐未分，所以有"诵诗三百，弦诗三百，歌诗三百，舞诗三百"①之说，又有"古者教以诗乐，诵之歌之，弦之舞之"②的说法，所以，诗歌批评与音乐批评往往是结合在一起的。《左传·襄公二十九年》记载的吴公子季札观周乐，就是一份较早的也是学者较为熟悉的实际批评的文献，他评《周南》《召南》曰："美哉！始基之矣，犹未也，然勤而不怨矣。"杨伯峻说："季札论诗论舞，既论其音乐，亦论其歌词与舞象。此'美哉'，善其音乐也。'始基之'以下，则论其歌词。"③此说甚是。季札试图从歌诗中看到一定的政治、道德、社会风气，如果说这是其批评"终点"的话，那么其"起点"则是伴随着对音乐（包括歌词、舞蹈）审美元素的尊重，是透过审美批评进入政治、道德批评的。他一口气使用了八个"美哉"、一个"广哉"、一个"至矣哉"来形容，完全是一种情见乎辞的赞叹。有时他还加上一些形容词，如"渊乎""泱泱乎""荡乎""沨沨乎""熙熙乎"等，对音乐旋律做进一步的形容，然后再通过音乐旋律判断其中所体现的政治清浊、道德盛衰、社会治乱等。但批评者不仅没有用政治批评取代审美批评，甚至还尊重了审美批评的独立性。比如他对《郑风》的批评："美哉！其细已甚，民弗堪也，是其先亡乎！"④政情的衰败，民众之难忍，已有亡国先兆，却不排斥其在音乐上的"美"。

孔子对文学也十分重视，将其列为"四科"（德行、言语、政事、文学）之一。而在"四教"的排列上，也是以"文、行、忠、信"为

---

① 孙诒让：《墨子间诂》，中华书局1986年版，第418页。
② 《诗经·郑风·子衿》毛传，陈奂撰：《诗毛氏传疏》，中国书店1984年版，第29页。
③ 杨伯峻编著：《春秋左传注》，中华书局1981年版，第1161页。
④ 杨伯峻编著：《春秋左传注》，中华书局1981年版，第1162页。

序(《论语·述而》)①。讲到"四科"的关系,前人颇多误解。最早以先后论者是皇侃,他说:"文学指是博学古文,故比三事为泰,故最后也。"②"泰"表示属于不急之务,但还没有以高下论。至唐代韩愈则说:"德行科最高者……言语科次之者……政事科次之者……文学科为下者。"③这影响了后来的宋祁、欧阳修,《新唐书》即云:"夫子之门以文学为下科。"④对此,清人陈澧曾反复予以辩驳:"以文学承三科之后,非下也。"又云:"《诗》教兼四科也。"⑤又云:"文学为四科之总会,非下也。宋子京不识也。"⑥孔子当时的"文学"一语,当然不同于后世的词章之学,更不同于20世纪国人所说的"纯文学"。他在讲到"诗"的时候,虽然不是一个抽象的概念,而是"诗三百"这样的具体作品,但尤其是在"十五国风"的部分,已经体现一些"诗"的共性,这就是生发于内的情感意志和表现于外的语言文字的高度融合。尽管在孔子的时代,他是以道德的、实用的眼光去看待文学和诗,但具体到实际批评,也仍然注意其审美特征。比如,孔子谓"《韶》,尽美矣,又尽善也。谓《武》,尽美矣,未尽善也"。又云:"《关雎》乐而不淫,哀而不伤。"(《论语·八佾》)⑦这里的"美""乐""哀"都是审美批评,而"善""不淫""不伤"则是道德批

---

① 朱熹:《四书章句集注》,中华书局1983年版,第99页。
② 皇侃:《论语义疏》,中华书局2013年版,第267—268页。
③ 韩愈:《论语笔解》卷下,载文谠注、王俦补注《新刊经进详注昌黎先生文集·遗文》卷三,《续修四库全书》第1310册,上海古籍出版社2002年版,第228—229页。
④ 《新唐书·文艺传》,中华书局1975年版,第5726页。
⑤ 陈澧:《东塾读书记》,载黄国声主编《陈澧集》第2册,上海古籍出版社2008年版,第25—26页。
⑥ 陈澧:《东塾读书论学札记》,载黄国声主编《陈澧集》第2册,上海古籍出版社2008年版,第392页。
⑦ 朱熹:《四书章句集注》,中华书局1983年版,第66、68页。

评，展示出的审美理想应该是美善结合、平和中正。孔子还有一段颇具概括性的话："诗可以兴，可以观，可以群，可以怨。迩之事父，远之事君，多识于鸟兽草木之名。"（《论语·阳货》）后面的意思偏重在伦理、政治和知识积累方面，但其批评的"起点"却在"诗可以兴"，也就是"感发志意"。朱熹说："学诗之法，此章尽之。"① 王夫之后来据以发挥为："作者用一致之思，读者各以其情而自得……人情之游也无涯，而各以其情遇，斯所贵于有诗。"② 读者"各以其情"读诗、说诗，就是对孔子文学批评出发点的恰当说明。

在中国文学批评史上，孟子的贡献可谓极大。"文学批评"是一个外来的名词，韦勒克曾经讨论过西方的"批评"概念如何取代了传统的"诗学"或"修辞学"③，但这里我更想引用布莱斯勒的概括，因其表述更为简明醒豁："批评家一词源自两个希腊词：一个是 krino，意思是'做判断'；另一个是 krites，意思是'法官或陪审团成员'。文学批评家，或 kritikos，因此也就是'文学的法官'。"④ 这在西方文学批评的传统中是一个常态，正如诺斯洛普·弗莱所说："人们普遍接受的一个说法是，对于确定一首诗的价值，批评家是比诗的创造者更好的法官。"⑤ 而在中国文学批评传统中，相应的则是由孟子提出的"说诗"的概念，文学批评家也就是"说诗

---

① 朱熹：《四书章句集注》，中华书局 1983 年版，第 178 页。
② 戴鸿森：《姜斋诗话笺注》，人民文学出版社 1981 年版，第 4—5 页。
③ 参见雷内·韦勒克《文学批评：名词和概念》，《批评的概念》，张今言译，中国美术学院出版社 1999 年版，第 19—33 页。
④ [美] 查尔斯·E. 布莱斯勒：《文学批评：理论与实践导论》，赵勇、李莎、常培杰等译，中国人民大学出版社 2015 年版，第 7 页。
⑤ [加] 诺斯洛普·弗莱：《批评的剖析》"论辩式的前言"，陈慧等译，百花文艺出版社 1998 年版，第 5 页。

者"。这是一个与西方不同的概念。什么是"说"？我们不妨看看中国最古老而权威的解释——许慎的《说文解字》："说，说释也。"段玉裁注："说释即悦怿，说悦、释怿皆古今字，许书无悦、怿二字也。说释者，开解之意，故为喜悦。"① 因此，西方的"文学批评"形成一种理性判断的传统，而中国的"说诗"是一种由情感伴随的活动。

孟子在中国文学批评史上的贡献，简言之有二：一是提出了"以意逆志"的说诗方法；二是对"说诗"和"论史"做出了区分。这两者也是有联系的。尧、舜、汤、武是儒家推崇的圣人典范，法家却不以为然。《韩非子·忠孝》指出："贤尧、舜、汤、武而是烈士，天下之乱术也。"并以《小雅·北山》"普天之下，莫非王土；率土之滨，莫非王臣"为据云："信若诗之言也，是舜出则臣其君，入则臣其父、妾其母、妻其主女也。"② 这种说法在战国诸子纷争时代当较为普遍，故咸丘蒙举其说以问孟子，一方面涉及如何理解诗意，一方面也直接关系到如何理解历史上舜的形象③，是一个兼及"诗"和"史"的问题。针对学生的提问，孟子明白陈述了他的说诗方法：

> 咸丘蒙曰："舜之不臣尧，则吾既得闻命矣。《诗》云：'普天之下，莫非王土；率土之滨，莫非王臣。'而舜既为天子矣，敢问瞽瞍之非臣，如何？"曰："是诗也，非是之谓也。劳于王事而不得养父母也。曰此莫非王事，我独贤劳也。故说诗者，不以文害辞，不以辞害志，以意逆志，是为得之。如以辞而已矣，《云汉》之诗曰：'周余

---

① 段玉裁注：《说文解字注》，上海古籍出版社1981年版，第93页。
② 陈奇猷校注：《韩非子集释》，上海人民出版社1974年版，第1108—1109页。
③ 参见朱东润《古诗说摭遗》，《诗三百篇探故》，上海古籍出版社1981年版，第94—95页。

黎民，靡有孑遗。'信斯言也，是周无遗民也。"（《孟子·万章上》）①

如果拘泥于文字本身的理解，既然"莫非王土""莫非王臣"，舜当然是"臣其君""臣其父"，若说"瞽瞍（舜之父）之非臣"，自然会引起咸丘蒙的不解。同样，如果执着于文辞，"周余黎民，靡有孑遗"也就真成了无人存活。孟子说诗方法的要义在于：首先要尊重诗的表达法，为了发抒情志，语言上的夸张、修辞中的想象是必不可少的，这是文学的特性。王充批评"周余黎民，靡有孑遗"云："夫旱甚，则有之矣；言无孑遗一人，增之也。"② 真可谓"痴人面前说不得梦"。其次，诗歌在语言上往往夸张、变形，诗人之志与文字意义也非一一相应，正确的读诗方法，就是"不以文害辞，不以辞害志"，以读者的意去迎接诗人的志，即"以意逆志"。所以孟子之"说诗"，是以认识诗语的特征为出发点，最终也回到诗歌本身。说诗如此，论史则不然。《孟子·尽心下》曰："尽信《书》不如无《书》，吾于《武成》，取二三策而已矣。仁人无敌于天下，以至仁伐至不仁，而何其血之流杵也？"③ 他认为武王伐纣，是"以至仁伐至不仁"，怎么可能杀人无数，以至血流漂杵呢？从语言修辞的角度言之，"血流浮杵"只是一种夸张，以形容死者之多。但在孟子看来，作为记载历史的《尚书》，不能也不应有此种修辞。史书中的叙事想象在现代史学的理解中，不仅不必诟病，而且具有积极意义，但孟子没有也无须此种理念。重要的是，他在实际批评中体现出的说诗和论史的区别，具有重要的意义。张载曾对此做了对比："'不以文害辞，不以辞害意'，此教人读《诗》法

---

① 朱熹：《四书章句集注》，中华书局1983年版，第306页。
② 王充著，黄晖校释：《论衡校释》，中华书局1990年版，第386页。
③ 朱熹：《四书章句集注》，中华书局1983年版，第364—365页。

也。'吾于《武成》取二三策而已',此教人读《书》法也。"① 一为诗,一为史,文字性格不同,所以读法也不同。"说诗"与"论史"不同,这是孟子的千古卓见。②

中国早期的审美批评至《文心雕龙》做一总结,这就是:"缀文者情动而辞发,观文者披文以入情……夫唯深识鉴奥,必欢然内怿。"③ 首先是一种感情活动,在获得真知灼见之后,内心也必然充满喜悦,甚得传统"说诗"之髓脑。而经钟嵘《诗品》揭橥的"诗之为技"④ 观念,到了唐代,衍申为一系列从诗歌技巧出发的诗学著作,涉及声律、对偶、句法、结构和语义,为分析诗歌的主题、情感等提供了大量的分析工具和评价依据。⑤ 但自宋代开始,这一情况发生了较大改变。

清人沈涛《匏庐诗话自序》云:"诗话之作,起于有宋,唐以前则曰'品'、曰'式'、曰'例'、曰'格'、曰'范'、曰'评',初不以'话'名也。"⑥ 欧阳修是诗话体的创立者,同时奠定了诗话写作的基本态度是"以资闲谈"⑦。因为是"闲谈",所以态度是轻松的,文体是自由的,长短是不拘的,立论也往往是较为随意的。由于欧阳修在文坛上的崇高地位,

---

① 转引自蔡模《孟子集疏》卷一四,文渊阁《四库全书》本。
② 除此以外,孟子的说诗是多方面的,这也开后世无数法门。陈澧指出:"其引《蒸民》之诗,以证性善、性理之学也;引'雨我公田',以证周用助法,考据之学也。《小弁》之怨,亲亲也。亲亲,仁也。'此由读经而推求性理,尤理学之圭臬也。"陈澧:《东塾读书记》,《陈澧集》第 2 册,第 54 页。其说可参。
③ 周勋初:《文心雕龙解析》,凤凰出版社 2015 年版,第 780 页。
④ 曹旭:《诗品集注》,上海古籍出版社 1994 年版,第 66 页。
⑤ 参见张伯伟《论唐代的规范诗学》。
⑥ 张寅彭选辑:《清诗话三编》,上海古籍出版社 2014 年版,第 4557 页。
⑦ 欧阳修《六一诗话》第一则曰:"居士退居汝阴,而集以资闲谈也。"载何文焕辑《历代诗话》,中华书局 1981 年版,第 264 页。

他的这一"创体"很快得到普及,其著述观念也深入人心,在此观念指导下的历代诗话之作就形成了这样的基本通例。"闲谈"中出现了一些新话题,于是转移了文学批评的关注重心。例如《六一诗话》:

> 诗人贪求好句,而理有不通,亦语病也。如"袖中谏草朝天去,头上宫花侍宴归",诚为佳句矣,但进谏必以章疏,无直用稿草之理。唐人有云:"姑苏台下寒山寺,夜半钟声到客船。"说者亦云,句则佳矣,其如三更不是打钟时。如贾岛《哭僧》云:"写留行道影,焚却坐禅身。"时谓烧杀活和尚,此尤可笑也。①

于是,当人们谈论诗歌的时候,忽略其艺术上的独创性,而注意其描写是否"合理",这个话题吸引了说诗者的注意,成为文学批评的一个不同的出发点。以"半夜钟"为例,在《苕溪渔隐丛话》中就专门列为一则公案,辑录了《王直方诗话》《石林诗话》《诗眼》《学林新编》等诸家驳斥欧阳修的论述,力图证明张继描写的"半夜钟"确有其事,并无不合理处。②又杜甫《古柏行》有句云:"霜皮溜雨四十围,黛色参天二千尺。"③从范镇开始,就以成都武侯祠柏树的实际高度予以衡量,认为:"其言盖过,今才十丈。古之诗人,好大其事,率如此也。"④这引发了宋代文坛的又一重公案。沈括、王得臣、黄朝英等则以考证的方法计算树的直径和高度,算得上批评史上少有的以数学计算的实证方式论诗之例。关于这桩公

---

① 何文焕辑:《历代诗话》,中华书局1981年版,第269页。
② 参见胡仔《苕溪渔隐丛话·前集》,中华书局香港分局1976年版,第155—156页。
③ 仇兆鳌注:《杜诗详注》,中华书局1979年版,第1358页。
④ 范镇撰:《东斋记事》,中华书局1980年版,第32页。

案,《苕溪渔隐丛话》辑录了《王直方诗话》《遁斋闲览》《缃素杂记》《学林新编》和《诗眼》等五则材料,其中还是有人能从诗语出发否定沈括"四十围二千尺者,亦姑言其高且大也,诗人之言当如此。而存中乃拘以尺寸校之,则过矣"①。范温还区分了诗人的"形似之意"和"激昂之语",后者"出于诗人之兴",这两句的描写正是"激昂之语,不如此,则不见柏之大也"②。明清时代对这一公案仍有议论,但已没有太多的新意。对这一类"煞风景"的批评,也许可以用一个具有法国情调的比喻来形容:"对诗意的麻木不仁,这就好比一个收到情书的家伙不读情书却去挑剔其中的语言错误一样。"③审美上的不懂诗意正如生活中的不解风情。

以斤斤较量、算尽锱铢的"科学"方式说诗,在中国文学批评传统中的市场不大,但不识诗语特征、拘泥于史实从而导致对诗歌的误判,在宋代以后屡见不鲜。比如杜牧《赤壁》有"东风不与周郎便,铜雀春深锁二乔"之句,许𫖮《彦周诗话》讥刺道:"孙氏霸业,系此一战,社稷存亡,生灵涂炭都不问,只恐捉了二乔,可见措大不识好恶。"④胡仔也附和其说,认为"牧之于题咏,好异于人",乃至"好异而叛于理"⑤。他们都自以为熟谙史实、深识道理,便可以高屋建瓴、义正词严地批评诗人,殊不知正如四库馆臣的反驳:"大乔,孙策妇;小乔,周瑜妇。二人入魏,即吴亡可知。此诗人不欲质言,变其词耳。"⑥"不识好恶"的"措大"正是

---

① 胡仔:《苕溪渔隐丛话·前集》,中华书局香港分局1976年版,第53页。
② 胡仔:《苕溪渔隐丛话·前集》,中华书局香港分局1976年版,第53—54页。
③ [法]安托万·孔帕尼翁:《理论的幽灵:文学与常识》,吴泓渺、汪捷宇译,南京大学出版社2017年版,第245页。
④ 何文焕辑:《历代诗话》,中华书局1981年版,第392页。
⑤ 胡仔:《苕溪渔隐丛话·后集》,第108页。
⑥ 纪昀等:《四库全书总目》,中华书局1965年版,第1782页。

批评家自己。更为典型的批评案例，是宋代以下对杜诗的阐释。四库馆臣曾经对诸家注杜有一总评：

> 自宋人倡"诗史"之说，而笺杜者遂以刘昫、宋祁二书据为稿本，一字一句，务使与纪传相符。夫忠君爱国，君子之心；感世忧时，风人之旨。杜诗所以高于诸家者，固在于是，然集中根本不过数十首耳。咏月而以为比肃宗，咏萤而以为比李辅国，则诗家无景物矣；谓纨绔下服比小人，儒冠上服比君子，则诗家无字句矣。①

这里举到的具体例证，一出于夏竦，见引于魏泰《临汉隐居诗话》："夏郑公竦评老杜《初月》诗'微升紫塞外，已隐暮云端'，以为意主肃宗，此郑公善评诗也。"②二出于黄鹤《黄氏补千家集注杜工部诗史》，谓《萤火》诗"幸因腐草出，敢近太阳飞"句"盖指李辅国辈以宦者近君而挠政也"③。三出于《洪驹父诗话》的记载，乃就杜诗《奉赠韦左丞丈二十二韵》"纨绔不饿死，儒冠多误身"④而发，已遭洪氏讥笑为"虽不为无理，然穿凿可笑"⑤，皆为宋人之说。而苏轼评杜所谓"一饭未尝忘君"⑥，对后世的误导也极大，在某种意义上蒙蔽了杜诗的真面目，以此学

---

① 《四库全书总目》卷一四九《杜诗捃》提要，第1281—1282页。
② 何文焕辑：《历代诗话》，中华书局1981年版，第325页。
③ 转引自萧涤非主编《杜甫全集校注》，人民文学出版社2014年版，第1547页。
④ 仇兆鳌注：《杜诗详注》，中华书局1979年版，第74页。
⑤ 胡仔：《苕溪渔隐丛话·前集》，中华书局香港分局1976年版，第59页。
⑥ 苏轼：《王定国诗集叙》，《苏轼文集》，中华书局1986年版，第318页。

杜也往往流为"杜壳子"①。以上诸说的共性就是不以文学的眼光看文学，面对着诗却说着非诗的话，尤其是这些议论有时还出于名人之口，这就在相当程度上改变了中国古代的说诗传统。从审美（如情感、技巧）出发对诗歌作批评的传统，也就被压抑成一股虽未中断但却易受忽略的潜流。

四、现代学术传统：理论意识与比较眼光

今日的古代文学研究应接续以钱锺书、程千帆为代表的学术传统，但这并非易事。不用说，就个人的学问、才能而言，像钱锺书这样不世出的天才，几乎无人可以企及。因此，我所说的"接续"，乃就其学术宗旨、方向而言，如果后面一代的学人，能够秉持其宗旨并朝着那个方向继续努力，完成从"照着讲"到"接着讲"的历史使命，中国古代文学的研究就可能有一个辉煌的未来。然而即便是"照着讲"，首先也需要有对其学术宗旨、方向的认识和理解，这又岂是一件容易的事？程千帆在晚年曾经将他理想的学术方法概括为"两点论"，在及门弟子和再传弟子间耳熟能详，要加以发扬光大似乎不难。但若缺乏进一步阐释，很可能渐渐流为一句"口头禅"，最后失去其应有的意义。② 至于钱锺书的学术，在他的晚年和去世的数年间也曾形成一阵研究热潮，有所谓"钱学"之称。多数是崇拜，也有少数的批评，而批评往往集中在片段零碎、不成体系方面。这里不妨以余英时的意见为代表，他评论钱锺书"注意小地方太过了，所以

---

① 夏敬观《唐诗说·说杜甫》云："明人所学杜壳子，皆坐此弊。"并认为苏轼此举"可谓开恶文之例"台湾河洛图书出版社1975年版，第48页。
② 参见张伯伟《"有所法而后能，有所变而后大"——程千帆先生诗学研究的学术史意义》，《文学遗产》2018年第4期。

他不肯谈什么大问题"，甚至认为他有"考据癖"①。钱锺书在学问上有很强的好胜心，这种争胜就会体现在举出更早的出处或者更为广泛的例证，不免在表面上给人以"考据癖"的感性印象，但就其学术宗旨而言，他一生特别反对实证主义的"索隐"，也讥讽过他人学术上的"识小"。比如1946年写《围城序》时，他就嘲讽过"考据癖"。20世纪80年代给女儿钱瑗写信说："世间一切好方法无不为人滥用，喧宾夺主，婢学夫人……如考据本为文学研究之 means，而胡适派以考据代替文学研究。"②1978年在意大利演讲时，他对陈寅恪"自我放任的无关宏旨的考据"③颇有微词。1979年"在美国他又批评陈寅恪太'trivial'（琐碎、见小）"④。无论这些批评、讥讽是否合理、能否成立，但至少表明钱锺书本人对"无关宏旨的考据"和"琐碎"的学术见解是鄙夷的，若说他的学术之弊正在于此，对于钱氏而言，岂非冤哉枉也的大不幸？《世说新语·文学》曾记载阮裕的叹息："非但能言人不可得，正索解人亦不可得。"⑤若换作黑格尔的表述，那就是"只有精神才能认识精神"⑥。相距过远或但凭印象就只能作模糊影响之谈。

如果将钱锺书、程千帆的学术传统合观并视，我想举出两点对今日文学批评尤其是古代文学研究具有重要意义的学术遗产。

---

① 陈致：《余英时访谈录》，中华书局2012年版，第38—39页。
② 转引自吴学昭《听杨绛谈往事》，生活·读书·新知三联书店2017年版，第319页。
③ 钱锺书：《古典文学研究在现代中国》，《钱锺书集：写在人生边上·人生边上的边上·石语》，生活·读书·新知三联书店2002年版，第179页。
④ 余英时：《我所认识的钱锺书先生》，《情怀中国·余英时自选集》，香港天地图书有限公司2010年版，第149页。
⑤ 余嘉锡：《世说新语笺疏》，中华书局1983年版，第216页。
⑥ 黑格尔：《小逻辑》，贺麟译，商务印书馆1980年版，第66页。

第一，从作品出发上升到文学理论，以自觉的理论意识去研究作品。钱锺书自述其"原始兴趣所在是文学作品；具体作品引起了一些问题，导使我去探讨文艺理论和文艺史"①。其《通感》解决的是这样一个问题："中国诗文有一种描写手法，古代批评家和修辞学家似乎都没有理解或认识。"②这个描写手法就是"通感"。程千帆则强调"两条腿走路"的原则："一是研究'古代的文学理论'，二是研究'古代文学的理论'……后者则是古人所着重从事的，主要是研究作品，从作品中抽象出文学规律和艺术方法来。"虽然两种方法都是需要的，但后者在今天"似乎被忽略了"。为此他探讨了古典诗歌描写与结构中的"一与多"的问题，试图"在古人已有的理论之外从古代作品中有新的发现"③。在对具体作品的研究也就是文学批评中，中国学者往往不太在意理论问题。钱锺书指出：

> 研究中国文学的人几乎是什么理论都不管的。他们或忙于寻章摘句的评点，或从事追究来历、典故的笺注，再不然就去搜罗轶事掌故，态度最"科学"的是埋头在上述的实证主义的考据里，他们不觉得有文艺理论的需要……就是研究中国文学批评史的人，也无可讳言，偏重资料的搜讨，而把理论的分析和批判放在次要地位。④

---

① 钱锺书：《作为美学家的自述》，《钱锺书集：写在人生边上·人生边上的边上·石语》，生活·读书·新知三联书店2002年版，第204页。
② 钱锺书：《通感》，《七缀集》，上海古籍出版社1985年版，第54页。
③ 程千帆：《古典诗歌描写与结构中的一与多》，载张伯伟编《程千帆诗论选集》，山西人民出版社1990年版，第44页。
④ 钱锺书：《古典文学研究在现代中国》，《钱锺书集：写在人生边上·人生边上的边上·石语》，生活·读书·新知三联书店2002年版，第180页。

"寻章摘句的评点"最典型的做法就是鉴赏型的喝彩或讥讽，寻求出处或轶事掌故则多半是为"考据"服务的。程千帆对这样的文学批评也有不满：

> 那就是，没有将考证和批评密切地结合起来……这样，就不免使考据陷入烦琐，批评流为空洞。①

这样的状况，并不仅限于他们眼中的年代，美国学者宇文所安前几年还批评"中国古代文学研究者欠缺理论意识"②；这样的状况也不仅出现在中国，韦勒克曾这样概括20世纪初英国的文学研究：

> 在英国，文学研究有两种传统：专门好古的学风由于有了W.W.葛莱格和多佛·威尔逊所从事的新"文献学方法"（有关作品本文的和"高级的"批评，大部分是关于莎士比亚的）而在近几十年变得很有势力；而个人的批评文章又往往蜕化为表现完全不负责任的奇怪想法……在任何比较困难和抽象的问题面前无所作为，无限怀疑用合乎理性的方法研究诗歌的可能性，从而完全不去思考方法论的基本问题已经成为至少是老派学者的特点。③

前者是"文献考据"，后者是"印象主义"和"主观主义"。这与上

---

① 程千帆、沈祖棻：《古典诗歌论丛》"后记"，上海文艺联合出版社1954年版，第263—264页。
② 卞东波：《宋代诗话与诗学文献研究》"后记"，中华书局2013年版，第440页。
③ 雷内·韦勒克：《近年来欧洲文学研究中对于实证主义的反抗》，《批评的概念》，张今言译，中国美术学院出版社1999年版，第253页。

文所提到的今日中国古代文学研究的"传统"（以现代学术的成型来计算，也有百年历史）是非常类似的。而造成这两种现象持久不衰的原因，就是对理论的敌视或轻视。

程千帆很重视文学理论。20世纪40年代初，他在任教武汉大学和金陵大学的时候，讲授古代文论，就编为《文学发凡》二卷，具有以中国文论资料建立文学理论系统的雄心。钱锺书同样非常重视文学理论，不仅在他的著作中广泛征引西洋文学理论著作，而且还直接翻译过欧美古典和现代理论家的论著，较为容易看到的就多达35部。他还针对中国古代文学批评写过一些专题论文，尽管数量有限。这里，我想对一种流行意见提出不同看法。学术界多有人认为，没有建立自己的理论体系，是钱锺书学术中的一大缺憾。余英时解释为"他不肯谈什么大问题"，又说"他基本上就不是讲求系统性的人"①。我在读钱氏论著的时候，常常想到清代的纪昀，也几乎没有什么著作。其中原因，他曾向一位嘉庆四年（1799）从朝鲜来中国的使臣徐滢修说过一番"私房话"："少年意气自豪，颇欲与古人争上下。后奉命典校四库，阅古今文集数千家，然后知天地之不敢轻易言，文亦遂不敢轻言编刊。至于随笔杂著，姑借以纾意而已，盖不足言著作矣。"②钱锺书读书的范围更是大大超越了纪昀，所知愈多则愈"不敢轻易言"，尤其是想做到"惟陈言之务去"，更是"戛戛乎其难哉"③。其次，见惯了各种体系的从兴起、辉煌到崩坏，"眼看他起朱楼，眼看他宴宾客，

---

① 傅杰：《余英时谈钱锺书》，《情怀中国·余英时自选集》，香港天地图书有限公司2010年版，第158页。
② 徐滢修：《纪晓岚传》，《明皋全集》卷一四，《韩国文集丛刊》第261册，韩国景仁文化社2001年版，第302页。
③ 借用韩愈《答李翊书》语。阎琦校注：《韩昌黎文集注释》，三秦出版社2004年版，第255页。

眼看他楼塌了"①，钱锺书说：

> 不妨回顾一下思想史罢。许多严密周全的思想和哲学系统经不起时间的推排销蚀，在整体上都垮塌了，但是它们的一些个别见解还为后世所采取而未失去时效……往往整个理论系统剩下来的有价值东西只是一些片段思想。脱离了系统而遗留的片段思想和萌发而未构成系统的片段思想，两者同样是零碎的。眼里只有大篇大论，瞧不起片言只语，甚至陶醉于数量，重视废话一吨，轻视微言一克，那是浅薄庸俗的看法——假使不是懒惰粗浮的借口。②

这完全是夫子自道。事实上，没有系统性的眼光，没有放眼古今中外的通识，根本就不可能在无数具体问题（其中也含有不少大问题）上发表卓越的见解。理论的重要性不在乎体系，理论的表现形态也不限定于皇皇巨制，这在 21 世纪的今天，已经得到更多有识之士的认同。孔帕尼翁说："理论不提供固定配方……恰恰相反，其目的就是要质疑一切配方，通过反思弃如敝屣……理论是嘲弄派。"③钱锺书太超越时代了，收获误解或是天才的宿命。

第二，在文学范围内从事中国古典文学的批评，使民族文学的特性通过比较而具备文学的共性。同时，揭示了共性也依然保持而不是泯灭了各自的特性。在这一方面，钱锺书表现得更为突出，而从异域文化眼光的观

---

① 孔尚任著，王季思等注：《桃花扇》，人民文学出版社 1959 年版，第 267 页。
② 钱锺书：《读〈拉奥孔〉》，《七缀集》，上海古籍出版社 1985 年版，第 29—30 页。
③ ［法］安托万·孔帕尼翁：《理论的幽灵：文学与常识》，吴泓渺、汪捷宇译，南京大学出版社 2017 年版，第 17 页。

察中，也更容易敏锐地发现他的这一学术特征。德国学者莫芝宜佳就指出，"《管锥编》第一次把中国文学作为文学来考察"，"把古老的文学传统重新发掘出来并在考察西方源流的基础上对其作出新的阐释，这是钱锺书的贡献"。[①] 堪称卓见。这不只是一般比较文学所说的"影响研究"或"平行研究"，而是要把中国文学放在"文学"的框架中来研究。众多的古代文学研究者，在面对西方文学和文学理论的时候，总是强调中国文学的特殊性和差异性。所以，一方面，只能在古代文学甚至不能在中国文学的范围里讨论；另一方面，对于西方的文学理论采取排斥的态度，给出的理由无非诸如巴赫金或哈罗德·布鲁姆不懂中国文学，所以，无论是"对话主义"还是"影响的焦虑"，这些理论对研究中国古代文学的人似乎就毫无意义。反之，对于套用某些西方理论来研治中国古代文学的汉学家，他们又投之以过剩的热情且奉之为学术圭臬。用西方理论来硬套中国文学固然不适宜，但借口中国文学的特殊性而回避文学的一般共性，躲避甚至排斥与西方文学和理论的对话，充其量只能将汉学家的客厅当作学问的殿堂，就其本质而言，是学术上怯懦立场和懒汉思维的表现。

1945 年钱锺书用英语做了一个题为《谈中国诗》的演讲，在结束部分说："中国诗并没有特特别别'中国'的地方。中国诗只是诗，它该是诗，比它是'中国的'更重要。"[②] 一般人谈中西文化，因为从外表上看差异大，于是就大谈其差异，钱锺书偏偏能看到其中的"同"。1942 年写的《谈艺录》"序"中，就概括为"东海西海，心理攸同；南学北学，道

---

① [德] 莫芝宜佳：《〈管锥编〉与杜甫新解》，马树德译，河北教育出版社 1997 年版，第 85、138 页。
② 钱锺书：《钱锺书集：写在人生边上·人生边上的边上·石语》，生活·读书·新知三联书店 2002 年版，第 167 页。

术未裂"①，皆为"自其同者视之"。直到四十年后的《管锥编》，开篇"论易之三名"，便慨叹"黑格尔尝鄙薄吾国语文，以为不宜思辨……遂使东西海之名理同者如南北海之牛马风，则不得不为承学之士惜之"②。然而另一方面，揭示其"同"，恰恰是为了凸显其"异"，而不是掩盖差别。莫芝宜佳将钱锺书的这一手法概括为"逐点接触法"，包含了三个步骤，即拆解、关联和回顾。③其效果是："单个例证的独特魅力因此没有丢失。"④"中国与西方母题相互间有了关联，但又保持着彼此间的差别。这样就避免了整体的等量齐观或整体的对照比较——把一个母题简单地归属为'典型的'中国文化或西方文化。"⑤归根结底，"《管锥编》中把西方文学作为批评之镜，为的是使中国能从'镜'中看清自己"⑥。因此，不同民族、不同语言、不同文化的"诗"在文学的框架中发现了"同"，又在各自的文学中保持了"异"。

作品层面以外，还有理论层面。1937 年钱锺书写了《中国固有的文学批评的一个特点》，里面就谈道，"中国所固有的东西，不必就是中国所特有的或独有的东西"；中西文学理论有差异，但"两种不同的理论，可以根据着同一原则……虽不相同，可以相当"；最后归结到"这个特点在现象上虽是中国特有，而在应用上能具普遍性和世界性；我们的看法未

---

① 钱锺书：《谈艺录》，中华书局 1984 年版，第 1 页。
② 钱锺书：《钱锺书集·管锥编》，生活·读书·新知三联书店 2007 年版，第 3—4 页。
③ ［德］莫芝宜佳：《〈管锥编〉与杜甫新解》，马树德译，河北教育出版社 1997 年版，第 25—30 页。
④ ［德］莫芝宜佳：《〈管锥编〉与杜甫新解》，马树德译，河北教育出版社 1997 年版，第 115 页。
⑤ ［德］莫芝宜佳：《〈管锥编〉与杜甫新解》，马树德译，河北教育出版社 1997 年版，第 120 页。
⑥ ［德］莫芝宜佳：《〈管锥编〉与杜甫新解》，马树德译，河北教育出版社 1997 年版，第 30 页。

始不可推广到西洋文艺"①。通过中西文学理论的比较,拈出异同,彰显特色。这是从中国出发看西洋,又从西洋回首望中国。二十多年后,钱锺书写了《通感》,这是把西洋文学批评的术语移植到中国,用来概括一种未经人道的文艺现象,这个词后来也因此被收入《汉语大词典》。这项成功的实践表明,中西之间在理论层面上的沟通比较是可行的,刘若愚说:"文学理论的比较研究可以引致对所有文学的更好理解。"②钱锺书的探索为我们建立了一个成功的范例。我们追求成功的探索,但也要宽容探索中的不尽完善。人们往往敏锐于钱锺书的尖刻,却不怎么在意他的宽厚。比如他在谈到美国学者运用西方文学理论研究中国古典文学时说:"这种努力不论成功或失败,都值得注意;它表示中国文学研究已不复是闭关自守的'汉学',而是和美国对世界文学的普遍研究通了气,发生了联系,中国文学作品也不仅是专家的研究对象,而逐渐可以和荷马、但丁、莎士比亚、歌德、巴尔扎克、托尔斯泰等作品成为一般人的文化修养了。"③这与其说是在描绘现状,不如说是在展望未来。他希望中国文学作品能够走向世界,成为人类的精神财富和文化修养,抒发的是一个中国书生的梦想。我们需要走出的第一步,就是改变中国古典文学研究偏于一隅的状况,这亟待研究者改变自我封闭的心态。

---

① 钱锺书:《钱锺书集:写在人生边上·人生边上的边上·石语》,生活·读书·新知三联书店2002年版,第117—119页。

② James J. Liu, *Chinese Theories of Literature*, Chicago & London: The University of Chicago Press, 1975, p. 2.

③ 钱锺书:《美国学者对于中国文学的研究简况》,《钱锺书集:写在人生边上·人生边上的边上·石语》,生活·读书·新知三联书店2002年版,第184页。

余 论

文学家当然有其社会、政治、宗教等方面的诉求，但这一切都要通过文学诉求来实现。所以，文学批评也只能以对其文学诉求的回应为出发点，否则，既证不了史，也谈不了艺。谁能以"白发三千丈"和"飞流直下三千尺"的对比来证明李白的愁发比庐山的瀑布长十倍呢？在今日古代文学研究需要考虑再出发的问题时，我们最应接续的是以钱锺书、程千帆为代表的学术传统，这不仅因为他们都针对实证主义和印象式批评予以纠偏，坚持面对文学说属于文学的话，而且他们珍贵的学术遗产，也已经为我们在探索之路上继续前行树立了典范。

"文学批评"是本文的一个关键词。约三十年前，我在南京见到第一次来中国开会的韩国学者车柱环，他对我说："我认为中国文学批评是一门高次元的学问。"作为"高次元"学问，是必然应拥有并超越文献学的。钱锺书说："批评史的研究，归根到底，还是为了批评。"[①] 然而今天的中国文学批评史研究，大部分工作集中到了文献的收集、整理，从诗话、词话、文话、赋话的"全编"到攒集各种评点本的"汇评"，不一而足。文学批评史的研究渐渐沦为文学批评文献的汇编，并且成为各种名义不一的"标志性"项目。而在古代文学的实际批评中，占较大比重的也还是文献的和历史的研究。究其原因，是文学批评在中国没有建立起自身的尊严和地位。

在西方，文学批评崇高地位的建立时间也不是很长。1957 年诺斯洛普·弗莱出版了《批评的剖析》一书，他把批评定义为"是整个与文学相

---

① 钱锺书：《中国诗与中国画》，《七缀集》，上海古籍出版社 1985 年版，第 1 页。

关的学问和艺术趣味"①，首次严厉批驳了"把批评家视为（文学的）寄生虫或不成功的艺术家的观念"，强调批评家应该"成为知识的开拓者和文化传统的铸造者"，并且抨击了诗人身份的批评家："诗人作为批评家所说的话并不是批评，而只是可供批评家审阅的文献。"②他试图建立文学批评的系统，尽管他认为文学批评的原则只能从文学中归纳而来，"不能从神学、哲学、政治学、科学或任何这些学科的合成中现成地照搬过来"③，但是批评家若不关心批评理论，那就只能"在史实上求助于历史学家的概念框架，而在观点上求助于哲学家的概念框架"；"由于缺乏成系统的批评而产生了一种动力真空，使所有相邻的学科都涌了出来"。弗莱提出的解决方案就是"批评家们各不相同的兴趣都可以同一个系统理解的中心的扩展模式相联系"④，把批评"设想成一种连贯的、系统的研究"⑤。从此以后，文学批评是一门知识体系的观念开始深入人心，它本身就可以作为一门学问而具备充分的存在价值。

而在中国，"文学批评史"总是处在一个尴尬的地位，在不同的大学里面，它或者附在古代文学或者附在文艺学专业，在国务院学位委员会公布的学科目录中，它甚至一度被取消。在这样的背景下，人们讲起文学批

---

① ［加］诺斯洛普·弗莱：《批评的剖析》"论辩式的前言"，陈慧等译，百花文艺出版社1998年版，第1页。
② ［加］诺斯洛普·弗莱：《批评的剖析》"论辩式的前言"，陈慧等译，百花文艺出版社1998年版，第2—4页。
③ ［加］诺斯洛普·弗莱：《批评的剖析》"论辩式的前言"，陈慧等译，百花文艺出版社1998年版，第7页。
④ ［加］诺斯洛普·弗莱：《批评的剖析》"论辩式的前言"，陈慧等译，百花文艺出版社1998年版，第15页。
⑤ ［加］诺斯洛普·弗莱：《批评的剖析》"论辩式的前言"，陈慧等译，百花文艺出版社1998年版，第17—18页。

评，联想到的或是主观任意的文学鉴赏，往往流于"公说公有理，婆说婆有理"的相对主义；或是夸多逞博的文献考证，难免成为"痴人面前说不得梦"的冬烘学究。说到底，还是传统学术中"汉学"与"宋学"、"学"与"思"之争在现代的变形、延续。陈寅恪在20世纪30年代批评当时的中国史学界"旧人有学无术，新人有术无学"[①]。钱锺书在20世纪80年代的演讲中也借用"康德所说理性概念没有感觉是空虚的，而感觉经验没有理性概念是盲目的"，用以评论当代的文学研究"'掌握资料'的博学者，往往不熟悉马克思主义的方法；而'进行分析'的文艺理论家往往对资料不够熟悉"[②]。到了20世纪90年代之后，"思想家淡出，学问家凸显"，为了证明自己有"学问"，古代文学研究者纷纷向历史靠拢，向文献靠拢，向考证靠拢。造成的后果之一，就是"治文学者十之八九不能品味原作"[③]，还以"软学问"反唇相讥。文学研究，无论是理论批评还是实际批评，其难以自振也是情理中的事了。

然而文学批评的确是一门学问，是一门独特的知识体系。用韦勒克的话来说，文学批评的对象是作品，其精神状态是"凝神细察进行分析、做出解释，最后得出评价，所根据的标准是我们所能达到的最广博的知识，最仔细的观察，最敏锐的感受力，最公正的判断"[④]。其中当然少不了知识和学问，但他坚持文学研究的自主性，尤其强调文学理论、文学批评和文

[①] 卞僧慧：《陈寅恪先生欧阳修课笔记初稿》，《中国学术》总第二十八辑，商务印书馆2011年版。
[②] 钱锺书：《粉碎"四人帮"以后中国的文学情况》，《钱锺书集：写在人生边上·人生边上的边上·石语》，生活·读书·新知三联书店2002年版，第194页。
[③] 钱锺书给钱瑗的信，转引自《听杨绛谈往事》，第318页。这封信虽然写在将近四十年之前，但从学术现状看，至今恐怕也没有什么改善。
[④] 雷内·韦勒克：《文学理论、文学批评和文学史》，《批评的概念》，张今言译，中国美术学院出版社1999年版，第15页。

学史三者的互相包容与合作,明确指出:"主张文学史家不必懂文学批评和文学理论的论点,是完全错误的。"那些否认批评和理论重要性的学者,"他们本身却是不自觉的批评家,并且往往是引证式的批评家,只接受传统的标准和评价"①。抛弃了实证主义,超越了文献考证,文学批评有其自身的知识系统,也需要不断更新自身的知识储备。让我们再听听韦勒克的忠告吧:"我们并不是不再那样需要学问和知识,而是需要更多的学问、更明智的学问,这种学问集中研究作为一种艺术和作为我们文明的一种表现的文学的探讨中出现的主要问题。"②这让我想起了另外两位中外先哲的遗训,一位是中国的孟子,他说:"人病舍其田而芸人之田。"(《孟子·尽心下》)③放弃自家田地不种,偏偏去耕耘他人之田,在孟夫子看来已经成为某些人的"病"。另一位是法国的伏尔泰,他笔下的"老实人"在历经人间生死荣辱之后,终于在最后幡然醒悟道:"我们还不如去耕种自己的园地。"④

(原载《文艺研究》2020 年第 1 期)

---

① [美]勒内·韦勒克、奥斯汀·沃伦:《文学理论》,刘象愚等译,江苏教育出版社 2005 年版,第 38—39 页。
② 雷内·韦勒克:《近年来欧洲文学研究中对于实证主义的反抗》,《批评的概念》,张今言译,中国美术学院出版社 1999 年版,第 267 页。
③ 朱熹:《四书章句集注》,中华书局 1983 年版,第 373 页。
④ 周作人:《自己的园地》,《周作人文选·散文》,群众出版社 1999 年版,第 160 页。

中华造物文化的传承与创新

管 宁

一、造物文化：研究背景、现状与问题

造物文化就其内涵而言，是人类利用自然资源，通过一定的工艺和技术手段，制作和生产物质产品的活动，从最初单纯的功能性逐步发展为功能与艺术的融合，并由此发展出古代造物文化与现代造物文化，它是人类聪明才智与美学思想的物质化体现。造物过程中以一定的美学理念将造物与艺术相融合，使对象物在形式和造型、图案和画面、内涵与寓意等方面具有美感或意境，进而形成独特的美学风格，我们称之为"造物美学"。狭义的造物文化，指的是具有较高文化与艺术含量并以物质形态呈现的文明创造，主要包括文化产业中的工艺品、工业设计、建筑设计、时尚设计等以物质形态呈现的产品（这些门类已纳入国家统计局最新颁布的《文化及相关产业分类（2018）》目录之中）；广义的造物文化，指的是一切以物质形态呈现的人类文明创造，在范畴上要大于工艺美术和设计，包括装备制造业中的汽车、动车、轮船、天文望远镜、航天飞机、桥梁、影像设备、计算机等，当然也包括狭义造物文化中涉及的各门类造物产品。对于

广义造物文化，著名美学家宗白华曾做过这样的定义："物质文化就是人类利用自然界材料制造人类实际生活所需用之物品，如衣服、居室、器械、舟车、桥梁、街道等类。"①本文主要在狭义范畴讨论造物文化。

造物文化是相对于精神文化而言的文化创造，二者都是人类文明重要组成部分，其主要区别在于前者以物质形态呈现，如瓷器、丝绸、漆器、家具、园林、古村镇、传统民居（建筑）等；后者以无形的精神及符号形式存在，如中国古代的诗词歌赋、书法绘画、戏剧曲艺，现代的小说、话剧、交响乐、舞蹈、油画、影视等。但二者之间又存在密切联系甚至交叉融合，如附着于瓷器上的山水画、丝绸织品中的花卉图案、建筑中的木雕石刻等。建筑作为人类的居所具有丰富的精神文化内涵，著名建筑学家贝聿铭认为"艺术、历史和建筑确实是合为一体、密不可分的"，"艺术和历史才是建筑的精髓"②。中国古代江南门窗所饰山水，就深受吴门画派、松江画派等影响，"或远山近水，或一水两山，典型的明清山水画的布局，在门窗浮雕板上均可寻到芳踪"③。中国古典园林与传统文人如书画家和诗人等更有着不解之缘，"园林为他们提供了一个美好的生活起居和艺术创作的环境，这些艺术家以园林风景为题材的创作又推动了中国古典园林艺术的发展和提高。两者相互借鉴相得益彰"④。优秀造物文化必然是哲学、文化和技术美学等多种精神文化因素综合作用的结果，并通过科技、工艺等手段以物化的方式呈现出来。

---

① 宗白华：《美学与艺术》，华东师范大学出版社2013年版，第61页。
② [美]菲利普·朱迪狄欧、珍妮特·亚当斯·斯特朗主编：《贝聿铭全集》，李佳洁、郑小东译，电子工业出版社2015年版，第10—11页。
③ 马未都：《中国古代门窗》，中国建筑工业出版社2006年版，第26页。
④ 阮仪三主编：《江南古典私家园林》，译林出版社2012年版，第3页。

造物文化作为中华传统文化的重要组成部分，既在中国古代社会创造了辉煌成就，也体现了古代中国文化的精神高度，为世界所瞩目。我国古代社会就有不少造物文化研究成果。中国古代基于丰富造物实践经验和卓越成就，产生了一批造物文化经典著作，如《考工记》《天工开物》《髹饰录》《长物志》《工段营造录》《装潢志》《陶说》《绣谱》《园冶》《琴史》《瓶花谱·瓶史》乃至《燕闲清赏笺》和《闲情偶赋》等。这些著作蕴含着深厚丰富的造物哲学理念、美学思想和设计思想（如"以物克物""造物为人""物我和谐""天人合一"等思想），成为我们今天造物文化可资汲取的丰厚养料。步入近现代之后，因政体更迭、社会转型、外族入侵所带来的激烈变革与动荡，相关研究明显缺失，以致不及西方学者对中国造物文化的研究。出生于1896年的德国人古斯塔夫·艾克，对中国古典家具有深入研究，其《中国花梨家具图考》对明式家具的美学内涵、工艺基础和材料处理等做了深入解读，成为系统研究中国古典家具的开山之作；生活于18世纪的英国家具大师托马斯·奇彭代尔撰写的《家具指南》，"其中有各种别具风格的专供喝茶时使用的中国式桌椅"[①]。王世襄感慨于中国家具研究竟被外国人"捷足先登"，于是立下志向、潜心钻研，写出了《明式家具研究》《明式家具珍赏》专著，出版至今被翻译成十几种文字，成为中国人研究明式家具的经典著作。中华人民共和国成立后，有关造物文化的研究逐步有了新的起色，陆续出现一批具有较强学术价值的研究论著。尤其在古典家具研究方面著述最多，如张金华编著的《维扬明式家具（研究篇）》，濮安国的《明清苏式家具》《明清家具装饰艺术》，伍嘉恩

---

① ［美］威廉·弗莱明、玛丽·马里安：《艺术与观念》下，宋协立译，北京大学出版社2008年版，第494页。

的《明式家具二十年经眼录》，陈仁毅的《中国当代家具设计——从文化鉴赏到春在创新》，马未都的《中国古代门窗》，乔子龙的《匠说构造：中华传统家具作法》。其他还有涉及建筑、园林、民居，以及陶瓷、漆器、雕刻等工艺美术之造物文化的研究著作问世。从设计角度研究造物文化的著作，则主要有大型系列丛书《中国设计全集》（共20卷），王受之的《世界现代设计史》，傅克辉、周成的《中国古代设计图典》，王琥的《设计与百年民生》，孙机的《中国古代物质文化》，沈榆的《中国现代设计观念史》，许江、杭间等主编的《包豪斯藏品精选集》，杭间、冯博一主编的《从制造到设计：20世纪德国设计》，梁梅的《设计美学》等。这些从专业门类和设计角度进行的造物文化研究，以现代学者眼光，梳理、揭示和发掘了中国古代造物文化的杰出创造。

从中国古代造物文献到现当代传统造物文化与设计美学研究来看，所取得的成就是多方面的。古代造物文化研究，以阐述造物材料遴选、工艺流程、制作技艺和构造原则为主，同时揭示内在造物设计的美学原则和哲学理念，往往兼具制作过程详尽记述与设计美学分析，成为后人研究古代制作工艺与审美遵循的珍贵文献。现当代学者对古代造物文化的研究，以考据鉴别、鉴赏分析为主，运用现代学术方法，梳理总结了中国传统造物文化的历史发展轨迹与美学特征，从现代观念出发，对传统造物美学价值进行挖掘与阐发，成为今天人们认识传统造物历史与当代价值的重要资料。而从设计学角度展开的造物文化研究，主要体现为各类设计史研究和设计美学研究，内容包括古代造物设计和中外现代设计史，专门从事当代设计理论研究的则较为匮乏。尽管相较于西方设计理论和美学研究，这些著述在数量和质量上还有差距，但都是中华和世界造物文化精华的总结，成为我国造物文化和设计学领域重要的甚至是权威性论著，也是我们今天创造新的造物文化需要依托的基础知识谱系和可资借鉴的设计美学宝库。

但从中国造物文化现实发展角度考察，今天我们面临许多新的困惑：中国古代领先世界的辉煌造物与当代中国原创造物产品匮乏和国际品牌缺失的历史落差究竟是如何形成的？是中国工匠精神的缺失，还是传统造物思想的落伍？是基于农耕社会的造物传统不适应工业和信息社会发展，还是我们尚未找到对接传统与现代的有效途径和方法？从这些思考来反观现今造物文化研究，可以看出存在的不足和问题：以往造物文化研究最大不足，即是缺乏一个整体性概念，未能将复杂的造物文化放置在与精神文化（意识形态）、社会生产方式、文化传播方式、国家形象塑造等诸多因素的关系中进行考察，其关注点主要落在具体专业门类或者设计美学、造物思想的研究上。这种单一维度的研究，影响了对造物文化内涵、意义及延伸范畴的深度阐发。具体表现如下：

一是未能从造物文化这一总体性概念出发进行研究，更多是论及具体专业领域的造物设计，也就缺乏专门论及造物文化的价值意义及其与国家战略之间的密切关系；二是缺乏对精神文化与造物文化内在联系的分析阐发，未能以精神文化为参照来探讨造物文化的独特性和重要性；三是局限于某一造物领域的专门性研究，如建筑、园林、家具、陶瓷等专项研究，从造物思想、哲学理念、设计美学的宏观理论视野进行整体性考察则较为匮乏；四是缺乏全球视野和现代眼光，未能立足当代造物文化发展需求和趋势，考察造物文化在经济发展大格局中的地位和作用；五是未能从文化"走出去"与国家文化形象塑造等国家战略角度，探讨造物文化传统的现实意义及其当代转化问题。

笔者试图立足于从建设文化强国的国家战略和塑造提升国家文化形象角度出发，探讨中华优秀造物文化的传承与创新；从学术层面出发，将造物文化作为中华优秀传统文化重要组成部分进行整体性考察，阐发其特征并发掘其深厚文化价值、美学思想，揭示其在当代经济社会发展与文化"走出去"中的重要意义，探索在新时代重振中华造物文化、铸就新辉煌的战略思路。

二、中华造物文化与国家形象

中华灿烂辉煌的优秀传统文化，是世界文明史的重要篇章。传统并不只是属于古代，更不是"古代"的同义语[①]。优秀传统必然以各种方式延续至今，活跃在当代文化创造的各个领域。但这种活跃是以传统的继承、转换和创新为前提，唯其如此，传统才更有生命力。中国文化的当代创新与中国形象的树立，不仅要重视精神文化，也要发展和提升造物文化。

传统造物文化是中华文化的重要组成部分，不仅历史悠久、底蕴丰厚，而且自成体系、传承有序。习近平总书记指出："要系统梳理传统文化资源，让收藏在禁宫里的文物、陈列在广阔大地上的遗产、书写在古籍里的文字都活起来。"[②] 这高度概括了传统文化资源的三个方面或类型——文物、遗产和文字，前两个方面主要由造物文化构成，后者则属于精神文化。中华造物文化有着独特的内涵与美学特征，凝聚着中国人特有的审美理想与造物智慧，是中国人在长期实践中解决人与工具、人与自然关系中创造的杰出文明。中华传统造物文化具有如下几个基本美学特征：1. 简约清雅，流畅灵动。简约而不失优雅，简单而富有韵律，体现在古代造物

[①] 刘伟冬：《设计的文化力量》，载杨志麟主编《中国设计全集》第 20 卷，商务印书馆 2012 年版，第 12 页。

[②] 《习近平谈治国理政》，外文出版社 2014 年版，第 161 页。

的诸多领域。古典建筑中斗拱的使用，将屋檐向外延伸并提升，化解了建筑本体的厚重，形成稳固而不笨重的灵动美感。明式家具更以简洁明快的线形结构，形成飘逸韵味与洗练流畅之美；宋代瓷器则巧于造型，凸显器物轮廓的典雅玲珑，辅以色泽的淡雅隽永，成为一个时代的美学经典。2. 形式功能，巧妙融合。既以用为本，又重人性。既重器物的精巧功用，又重其纹饰美感，以达到形式与内容、功能与美学的完美结合，这与西方过于追求形式的造物思想判然有别。3. 心物相照，巧法造化。秉承"天人合一"的哲学理念，模仿自然而顺乎自然，造物过程往往表现为"法天象地的艺术思想、收天纳地的空间意识、融天入地的造物观念、顺物自然的造物原则"[1]。中国园林就因崇尚自然的造化之妙，亦以人工之巧构自然天成之美，达到"虽由人作，宛自天开"的美学效果[2]。4. 文士情怀，丝竹意趣。中华造物文化善于从精神文化汲取养分，造物美学时常源自诗书画意，崇尚雅趣；众多文人士大夫也亲自参与造物设计[3]，在造物中寄托和呈现审美理想，如将书法艺术线型美运用于家具造型，使"中华传统家具特别是明式家具，就是线条艺术的器物化"[4]。贝聿铭也曾坦言："我深爱中国优美的诗词、绘画、园林，那是我设计灵感之源泉。"[5]这就形成造物美学与艺术美学于内在气韵、美学意趣上一脉相通的独特传统。这些造物文化理念与思想精髓，是我们民族宝贵的造物文化基因，可为我们今天工业时代和后工业时代的造物提供智慧启迪与思想动力。

---

[1] 张燕：《论中国造物艺术中的天人合一哲学观》，《文艺研究》2003 年第 6 期。
[2] 计成：《园冶》，江苏凤凰文艺出版社 2015 年版，第 18 页。
[3] 计成：《园冶》，江苏凤凰文艺出版社 2015 年版，第 17 页。
[4] 乔子龙：《匠说构造：中华传统家具作法》上，江苏凤凰科学技术出版社 2016 年版，第 8 页。
[5] ［美］菲利普·朱迪狄欧、珍妮特·亚当斯·斯特朗主编：《贝聿铭全集》，李佳洁、郑小东译，电子工业出版社 2015 年版，第 4 页。

古代社会国家之间文明交流通常始于物质贸易，商品通过消费的形式抵进和嵌入人们的日常生活，成为引发不同国家民族精神文化交流的媒介和诱因，而商品精美程度不仅体现着审美水平和文化趣味，且由此影响着贸易流向和文化输出方向。凭借领先世界的造物文化，中国人在2000多年前开辟了通往世界的丝绸之路。驼队与商船将制作精美的瓷器、丝绸、漆器、铁器等高档消费品与日用品源源不断输送到海外，展示了中华高超造物技艺、独特美学趣味，令沿线各国人民所喜爱、崇尚和追捧，一度成为丝绸之路沿线国家和地区上流社会趋之若鹜的奢侈品。拥有中国丝绸、瓷器等商品也因此成为那个时代的社会时尚。西班牙在整个殖民时代从美洲掠夺来的白银达40亿比索，相当于14万多吨，其中有一半流入中国，以满足当时西方对丝绸、瓷器和茶叶等的需求，由此也拉开了世界经济体系的序幕。① 这些器物包含着中华造物智慧和地方美学情趣，令世人推崇、仰慕和追逐，无声地充当着中华民族文化使者的重要使命。从1700年到1800年的整个18世纪，中华造物文化的强盛举世公认、备受推崇，甚至其器物为欧洲王公贵族争相收藏、引以为荣。正是因为这些精美造物文化，"中国才被奉为'文化渊薮''文明古国'；对于全世界死掉的、活着的大多数人而言，这些东西要比唐诗宋词元曲明清小说、外加京剧中药书画印章这些'国粹'（只有炎黄子孙才肯捧场）绑在一起都要伟大得多，有文化得多。"② 就在这个过程中，中国借助卓越的造物技艺和智慧，使国家形象逐步树立了起来。

---

① 孙欣、王影总编导:《姑苏影像志》第5集"姑苏繁华"，2017年7月18日。(http://tv.cctv.com/2017/07/18/VIDEYLRgrKbLoL1AE9gKQwDT170718.shtml)
② 刘伟冬:《设计的文化力量》，载杨志麟主编《中国设计全集》第20卷，商务印书馆2012年版，第14页。

当代中国国际话语权的增强和中国形象的树立是一个系统工程，不仅要借助精神文化的传播来建构，而且要靠造物文化的输出来支撑。精神文化具有直接传递价值观念、审美趣味的作用，但也存在文化折扣、接受障碍等问题；造物文化通过器物所承载的文化内涵产生影响，虽然是间接的，却具有日常性、持久性和潜移默化的作用。造物文化的输出，通常以货物贸易方式来实现，满足人们的生产和日常生活需要，通过消费行为潜在地产生影响。从这个意义上说，造物文化是比精神文化更有效、更持久和更深入的文化传播，是以物质的形态进行的一种文化传播方式，也是更优于精神文化传播方式的文化名片。

中华造物文化在数千年的发展积淀中，形成了极为丰富的造物审美与设计美学思想，与之相应的是工艺技术水平也达到登峰造极的程度。由于丝绸、瓷器的贵重精美和紧俏难得，销往欧洲的这些产品，也就多半成为国王的收藏品，贵族也效法国王，使得一时间收藏中国瓷器、丝绸的多寡成为地位和财富的象征。一些欧洲国家甚至掀起"中国热"，"18 世纪中叶，在英国兴起一股中国热，一股模仿中国风格的风潮。自马可·波罗的时代起，中国就被描绘成一个高塔、丝绸和香茶的梦境世界"①。事实上，瓷器、丝绸不仅代表那个时代造物的最高水平，也代表那个时代的美学与精神高度。中国商品不仅工艺先进，而且设计精美巧妙，以中国的人物、动植物和风景为题材，向西方展示了文明古国独特的东方艺术魅力，并在欧洲兴起中国风设计。凭借从工艺到设计的领先，中华造物文化才能跨越欧亚非大陆，产生极广泛的影响，中国也因此成为引领农耕时代人类造物

---

① [美]威廉·弗莱明、玛丽·马里安：《艺术与观念》下，宋协立译，北京大学出版社 2008 年版，第 495 页。

文明的东方大国。

丝绸、瓷器这些以独特工艺呈现和传递中国美学内涵的器物，因其美妙、精致、神秘而获得欧洲人的普遍青睐。这种喜爱由瓷器、丝绸逐渐延伸到其他日用品、家具装饰和园林等，进而向往中国人的生活方式。由简单的商品消费，进而形成一种生活习惯与方式，足见物品一旦被接纳，日积月累便会嵌入人们的日常生活，产生诉诸心灵和情感的深刻影响。如英国形成喝下午茶的习俗，甚至对中国的艺术风格和生活习俗也进行模仿。中国园林营造的诗意栖居环境令当时的西方人赞不绝口，并将园林中的许多元素用到园艺设计中。西方人把园林"蜿蜒小径"称作"蛇形曲线"，甚至将园林建筑风格整体移植到自己国家，还把中国艺术风格称为"中国（chinoiserie）时尚"[①]。18世纪中叶英国一位名叫威廉·钱伯斯的皇家建筑师，在其经典著作《东方园林论》（1773）一书中，对中国园林艺术赞赏有加。在他看来，中国人美轮美奂的园林设计，其艺术性堪称高超完美，在这方面欧洲人难以与东方相媲美，只能如同沐浴阳光那样吸收其艺术的光辉。可见，那个时代中国文化引领全球，成为时尚文化的风向标，无疑是得益于精美的造物产品，并由此确立了具有深远影响力的国家形象。

当体现农耕文明时代造物文化辉煌成就的中国丝绸、陶瓷等产品遍布全球时，一种新的文明形态开始在西方孕育。随着工业革命的来临，人类的造物文化掀起了一场全新的变革——从以手工艺为基础的传统技艺向以工业流水线生产为主的现代工业生产转换。这种文明以批量化机器生产创造了另一种造物产品和体系，并最终取代了中华造物文化在世界的领先地位。从历史发展角度反思中华传统造物文化，不难看出其在近现代落伍的

[①] 朱奎：《中国瓷器在欧洲的收藏与欧洲十七、十八世纪的中国热》，《收藏与投资》2017年第2期。

原因：第一，未能实现从手工形态向工业形态的造物转换，并实现生产方式的变革。这既与中国的工业化进程迟缓有关，也与造物本身脱离日常生活不无关系，"使本应为现实生活服务的日用品成为少数权贵手中的'玩物'"，"从而使中国的设计与西方先进发达工业国家的设计逐步拉开了距离"[①]。第二，过度依赖自然材料，缺乏对新技术新材料运用的自觉，进入现代后因自然资源日渐枯竭而陷入造物原材料匮乏的困境，工业化批量造物生产进步迟缓，难以实现可持续发展。第三，造物文化与设计美学停留于农耕时代，未能吸收工业美学、西方现代造物文化等新的思想与文化资源。第四，造物文化学术传统匮乏，传统社会重精神文化轻造物文化，导致造物文化的学术积累与传承受到人为阻碍。

伴随现代设计美学的诞生，新造物文明发展迅猛，在很短时间里便席卷全球，包括早期工业国家自身的传统造物文化也受到极大冲击。中国作为后发工业化国家，在这场世界性的造物文化转型中错失良机，落后于西方，没有成为新造物文化的引领者，而且在那之后相当长的时期里，都处于落伍与追赶状态。清末民初的民族工业得到了迅猛发展，中华造物文化开始吸收西方现代造物与设计文化，产生一批融合传统和现代设计元素的转型期造物产品，形成一批被称作"民国风格"的造物产品。但由于政局不稳、社会动荡、外族入侵等原因，这个转型被中断。

今天，中国在人工智能、生物技术、高铁制造、超级计算机、卫星导航系统、航天科技等领域拥有了许多领先世界的创造。但由于我国工业化进程起步晚、现代设计教育滞后、职业教育水平低、先进制造业发展慢等原因，以及中国在工业美学、现代主义美学等方面的落伍，中国制造与欧

---

① 傅克辉、周成：《中国古代设计图典》，文物出版社 2011 年版，第 6 页。

美国家还存在明显差距。"中国人生产了全世界近一半的成衣和面料,却没有一款可以列入世界级的时装品牌;中国人生产了全世界九成以上的玩具,却没有一个中国设计院校开设类似的课程;中国人还生产了全世界 80% 的鞋子、90% 的农机、40% 的手术器械、60% 的五金和家用工具、70% 的雨伞、95% 的打火机……但迄今没有一款成为'国际名牌'。"① 这显然与我国当代造物和设计水平的滞后密切相关,也与中国作为全球第二大经济体的地位很不相称。

从文化创造角度看,造物文化与精神文化一样,其发展水平与高度体现着一个民族的文化创造力。造物文化不仅关乎国力、民生,而且与精神文化一样能诉诸人的心灵与情感,因为"每天,货品都通过在消费者、拥有者和物品之间打造一种更亲近的情感联系"②。某种程度上可以说,借助造物文化建起来的文化认同,并不逊色于精神文化,因为它既是硬实力,又是软实力。

文明的昌盛必须兼顾精神文化与造物文化,并在互动推进中实现平衡发展。领先兴盛了几个世纪的中华造物,在近代的落伍,表面是源于科技和生产力的落后,未能实现工业化转型,实则是制度文化和思想观念的落后。造物观念滞后,必然带来造物文化局限于农耕文明和手工作坊模式,无法推进与现代造物体系的对接与融合,实现向工业设计及与之相应的现代生产方式的转变。因此,在新时代和"一带一路"建设中,我们要高度关注并积极探索如何科学有效继承中华传统造物文化,实现传统文化基因

---

① 刘伟冬:《设计的文化力量》,载杨志麟主编《中国设计全集》第 20 卷,商务印书馆 2012 年版,第 7 页。
② [美]乔纳森·M. 伍德姆:《20 世纪的设计》,周博、沈莹译,上海人民出版社 2015 年版,第 7 页。

的现代延续与转化，让中华造物文化重回世界中心，全面提升国家形象和文化软实力。

三、中华造物文化与现代社会

在人们通常的观念里，一提起文化或文化产品，总是将其与文学作品、戏剧曲艺、音乐舞蹈、书法绘画、影视等精神文化产品相联系，而不会将之视为建筑、桥梁、园林、家具、服装、工业品等具有功能性的建造物与日用品。事实上，造物文化不仅是文化的重要组成部分，也与精神文化息息相关、密不可分。英国著名园艺学家佩内洛普·霍布豪斯曾表示："对我而言，只有当引入一种特别要素时，这一切才能构成一座'园林'：源自审美的对布局的某种选择和控制。"[①] 这较好地阐明了园林建筑与审美意识的高度相融性。中国古典园林萌芽于殷商时期帝王、诸侯所建的苑、囿与台，这是皇家园林的雏形，历经秦汉、魏晋、隋唐和明清的发展而逐渐成熟，成为世界几大园林体系之一。[②] 魏晋南北朝时期出现重大转折，发展出不同于皇家苑囿的山水园林，即后来江南地区的私家园林。皇家园林多以宫殿建筑群为其依托背景，以苑囿或宫苑为其形式，是最高统治者享有的园林；私家园林则与皇家园林不同，是六朝之后由文人主导发展起来的具有独立造园方法与风格的园林，注重营造山水自然境界、花木天然生机和造型典雅精致，更多体现文人士大夫的审美趣味和隐逸山林的心

---

① ［英］佩内洛普·霍布豪斯：《造园的故事》，童明译，清华大学出版社2013年版，第9页。
② 贾珺：《中国皇家园林》"前言"，清华大学出版社2013年版，第3页。

态①，甚至到晚明还发展出力求雅化的"文人园林"②。从园林与文人关系中可以看出，一个民族的文化不仅体现在精神文化中，也深刻、普遍地体现在造物文化中，造物往往是精神的延伸、情感的寄寓，是思想意识、美学意趣的"对象物"，因而也是载道之器。造物文化在传播方式上也表现出与精神文化的关联：它往往借助造物产品的贸易交往与消费行为来传递和体现民族的文化精神。关于美国文化的传播，好莱坞电影无疑扮演了重要角色，但自20世纪以来如无大量来自美国的电灯电话、夹克尼龙、墨镜卷烟、电脑互联网等日用造物产品，美国形象的树立就要大打折扣。事实上，美国人正是"靠这些看上去鸡零狗碎，却无一不经过精心设计、精心营造的民生类产品征服全世界人民的，一个美国新文化形象就此被树立起来，继而培养了世界人民对美国产品的认可，占有世界市场的最大份额，获取了丰厚的政治、文化和经济利益"③。

中国古代文人士大夫往往更看重精神文化，而忽略造物文化，尤其不注重其积累、传承与创新，这一传统甚至延续至今。少数文人可能是个例外，如沈从文。他能从造物中观察体悟到一个朝代的美学思想与精神追求，认为"唐代物质文化反映于造型艺术各部门，都显得色调鲜明，组织完美，整体健康活泼，充满着青春气息"④。在《中国服饰史》一书中，沈从文全面梳理了中国数千年的服饰文化发展历程，对各个朝代服饰特点和审美风格都做了深入研究，从服装这样的日常用品中透视出一个民族的精

---

① 顾凯：《江南私家园林》"前言"，清华大学出版社2013年版，第7页
② 康格温：《〈园冶〉与时尚：明代文人的园林消费与文化活动》，广西师范大学出版社2018年版，第182页。
③ 王琥：《设计与百年民生》，江苏凤凰美术出版社2016年版，第13页。
④ 沈从文：《沈从文说文物·器物篇》，重庆大学出版社2014年版，第19页。

神气质。他同时对中国古代的玉器、陶器乃至玻璃工艺及其装饰艺术都进行了深入探讨。① 事实上,每个时代器物的制造在其原初时,多出于生活与生产之需,但在工艺不断成熟、物质日益富足后,美学、精神的诉求就逐渐融入器物,使之文化含量增加,甚至成为艺术品。于是形成"一件日用品里所包含的文明往往比文字更为生动和直观"② 这样的现象。造物过程对美感的追求,使手工业生产的工艺日趋完善与完美,由此便进一步演变为专门的学科——设计学,即从生产领域独立出来而成为纯粹的设计活动。在一些专家看来,设计所体现的文化含量不仅丰富,而且是一个民族文化极为重要的传承方式。"之所以我们认为中国设计传统是具有很高文化含量的本民族精神文脉,正因为自新石器时代大农耕形成开始起,中国传统设计就一直是我们民族造物文明最主要的应用实体与承载方式,是中国人最凸显的文化特征。"③ 尽管这一学科具有很强的实践性,设计美学也是"基于设计的实物及其造型、色彩和装饰,但包含了哲学的内容和深度,体现了每个民族、每个时代所崇尚的生活方式及其秉承的价值观念"④。同时,设计文化的变迁,也是文化观念、审美趣味变迁的重要风向标,甚至预示着一个新时代、新生活的到来。历史上"往往出现这样的情形:每一件新出现的设计事物,都是对中国社会既有物质形态与精神架构的一个巨大的挑战和突破,从衣食住行,到闲用文玩。一个白炽灯泡,能给上至皇族王公、中至商贾衙役、下至工匠农妇,带来恍如隔世的观念巨

---

① 参见沈从文《古人的文化》,中华书局 2013 年版,第 51—140 页。
② 梁梅:《设计美学》,北京大学出版社 2016 年版,第 2 页。
③ 刘伟冬:《设计的文化力量》,载杨志麟主编《中国设计全集》第 20 卷,商务印书馆 2012 年版,第 7 页。
④ 梁梅:《设计美学》,北京大学出版社 2016 年版,第 7 页。

变。一件免袖、立领、高开衩的民国旗袍,能给一个封闭小镇带来革命性的伦理意识突破,所有既往的道德、审美、人伦皆为之剧变"①。很显然,造物文化不仅与精神文化有着千丝万缕的关系,而且在某种意义上更直接、更广泛、更普遍地影响着社会风尚和文化走向。"我们说文化形而上,但实际上它的根基一定是形而下的,形而上的东西无形地浸透在所有形而下里,这才更重要也更持久。"②

与精神文化的存在方式不同,造物文化总是更多地与日常生活融为一体,更具世俗性与日常性,这导致某种程度淡化了它的美学内涵与精神色彩。但只要换个视角,专注于造物所蕴含的美学、艺术等精神内涵,就不难体会优秀造物必然是哲学、文化和设计等多种精神文化因素综合作用的结果。中国哲学注重生命体验、内心体悟和生命感受,强调对生命的感怀与超越。其天人合一的理念注重融入自然、物我一体,强调人是自然的组成部分而非凌驾于自然之上。这些思想都深刻影响了中国的造物美学,并或多或少体现在造物之中,形成了格物致知、技进乎道的认知。中国的儒释道思想、礼乐文化等体现世界观、价值观、历史观、哲学观和审美观的精神文化,都在造物文化中有着深刻的体现。就瓷器而言,文人士大夫有其特殊追求,他们往往讲求色泽温润、朴素清雅,造型浑然天成、气韵贯通,无怪乎美学家宗白华认为瓷器是玉之精神的承受与光大,瓷器最高的美学标准便是"类玉"③。就服装而言,汉服的高领阔袖、宽衣博带所形成的飘逸感、朦胧感,正符合其所追求的舒展、从容、含蓄、大气和优雅的精神内涵,同时还与中国画的墨韵写意相融通。就玉器而言,基于中国人

---

① 王琥:《设计与百年民生》,江苏凤凰美术出版社 2016 年版,第 3 页。
② 王澍:《造房子》,湖南美术出版社 2016 年版,第 217 页。
③ 宗白华:《美学与艺术》,华东师范大学出版社 2013 年版,第 21 页。

独特的玉文化,玉材质的温润朴拙、纯洁无瑕暗合了中国文化顺乎自然、合乎天道的思想,因而总是被赋予温润平和、儒雅含蓄的品质。就园林而言,更是体现了人在自然、人在诗画、人在意境中的哲学与美学的深厚博大精神。这些精妙磅礴、体系宏大的造物美学遗产,需要我们很好地继承与弘扬。贝聿铭深谙中国园林美学精髓,又有深厚的现代建筑设计知识,运用现代设计语言传递出传统园林美学的内在精神。贝聿铭在古今两种建筑语言之间进行创造性转换,体现了他精深的中国古典建筑文化素养,以及有机融合古今建筑美学的高超设计匠思。他甚至能在美国国家美术馆东馆这样纯粹的现代建筑中,以多层空中回廊方式,内在地运用和传递了中国园林构筑灵活多变空间格局的美学精华,让观众在不同空间的穿行中感受艺术和互动交流的魅力。不难看出,中国的造物文化事实上是与中国的精神文化融为一体、难分彼此的。造物其实就是精神文化的物化与日常化,也是借助物的使用传递和规范人们的行为礼仪,以形成某种既定的生活方式——而生活方式本身就是一种精神文化在世俗生活中的呈现。

西方现代造物文化同样是一种精神文化的体现。随着工业革命开启的人类历史新纪元,西方古典造物文化理念和美学发生了巨变,逐步脱离了古典造物的特定规则,形成了"形式上的自由和美学上的新追求",同时由于"技术的演变,尤其是新材料和新工艺的出现,意味着我们必须不断改进对人造物的美观的看法,于是,现代设计美学出现了"[①]。由于工业革命源于欧洲并得到迅速发展,大规模的现代造物实践加速了现代设计思想、理论和美学的诞生与发展,并形成一套完整的理论体系、教育体系和生产体系。正是依赖于这样一种体系的发展和积累,现代西方造物设计一

---

① 梁梅:《设计美学》,北京大学出版社 2016 年版,第 161 页。

路领先,形成当代西方造物称雄世界的局面。

西方众多国际知名品牌本身体现着各自的美学与精神追求。换言之,这些品牌背后都有独特的造物理念和精神内涵作支撑。人们往往只知道拥有和使用路易威登、古驰、爱马仕等国际大牌,可象征财富与地位,却并不真正了解这些品牌各自奉行的独特美学与价值观念。事实上,具有高度设计含量的奢侈品,"已经不仅仅是一件昂贵的商品,它超越了产品本身,具有了形而上的文化意义。表面看来它们是一种财富的象征,而细究它们的内涵,则各具气质","奢侈并不总像皮草和钻石那样醒目,它们很多时候是含蓄的、低调的、私人化的……人们对品牌的钟爱首先是对品牌气质的迷恋或尊崇,期许着将这种气质附载于自身"[①]。路易威登的女装设计理念是基于法国著名设计师盖斯奇埃尔对于女性的独特理解基础上形成的。在他看来,女性魅力体现在自信、独立、个性与自由表达等;纪梵希的女装则突出优雅、自然、从容的女性特质,也因此特别适合当年国际影星赫本的气质,而赫本也因此成为最能诠释纪梵希女装魅力的"模特"。有深厚文化内涵的奢侈品品牌,在某种意义上已超越了作为单纯的物质产品的存在,而是一种特殊的文化符号与精神象征。

尽管中华造物文化的现代性转换较为迟滞,给我们追赶和引领世界造物文化带来诸多困难,但随着我们对传统造物精髓和智慧的不断汲取,同时不断融合现代造物语言和需求,就能逐步探索和建立具有中国特色和东方风格的现代造物文化。在古代海上丝绸之路上,郑和下西洋的船队"船上就带有我国行销的青花瓷器、印花布、丝、色绢、缎匹、雨伞、米谷、

---

① 陈星星编:《奢侈的理由》,社会科学文献出版社2014年版,第5—7页。

草席、鼓板、牙箱等四十余种货物"①，显示了那个时代中国所生产、制造的各类高品质商品。事实上，17世纪的中国，在造物领域的许多方面均已引领世界：如明式家具是由古代工匠与文人士大夫在继承前人经验智慧基础上，经过不断提炼和创新发展，兼具了科学性、艺术性和实用性，具有独特艺术美感和风格体系的经典产物。明式家具外形简约光素、线条清爽，与当代极简之风格在意趣上相通，符合20世纪极简派的艺术理念，备受西方收藏家推崇而成为家具界明星。设计评论家杭间总结了中国古代设计的六个重要理念与特征，认为"重己役物""致用利人""审曲面势、各随其宜""巧法造化""技以载道""文质彬彬"这些来自中国的传统设计文化思想，不仅有助于建立中国本土的设计体系，更是当代设计创新发展和走向世界的珍贵资源。②

中华造物文化蕴含着无限生命力。但在当代，其生命力的显现，需要与现代设计互补互融，与现实生活气脉相通，与时尚趋势相契相合；从而创造具有中华造物文化基因的当代中国本土设计理论体系、话语体系和造物体系，以中国一流的原创设计打造世界知名的中国品牌。"一带一路"倡议的实施，使我们能与各国展开更密切交往，善于学习借鉴的中华民族，一定能扬弃继承、转化创新，实现造物文化的现代转化，创造出新的不愧为这个时代的造物伟绩。

---

① 胡德生主编：《故宫明式家具图典》"导言"，故宫出版社2011年版，第8页。
② 参见杭间《伟大的传统设计智慧》，载杨志麟主编《中国设计全集》第20卷，商务印书馆2012年版，第6—8页。

四、中华造物文化与现代设计

当中国基于农耕文明的造物文化在 15 世纪至 17 世纪达到世界顶峰之时，欧洲则在落后中实现变革，在 18 世纪之后，"经由了从传统手工艺教育到现代设计艺术教育的转变，包豪斯是这时探索设计教育的方法的集大成者"①。芬兰于 1873 年就建立了赫尔辛基设计博物馆，提出"将设计融入生活"的理念，形成具有人文意识和情感的现代设计观。1907 年，德国设立了"新收藏"博物馆，该馆最大特色是不同于通常的手工艺和艺术博物馆，而将工业设计产品作为主要藏品。②1919 年，德国出现世界上第一所专门的设计学院——包豪斯设计学院，成为现代设计和设计教育的起源，引领和影响了整整一个时代的设计风潮。③然而在中国，直到 1998 年才在高等教育中以"艺术设计"取代沿用了半个多世纪的工艺美术。由此可见，现代设计启蒙在今天的中国是多么需要和迫切。

设计不仅是简单的造物，而且能借助器物表达和传递丰富的精神内涵。"如果设计富有智慧，那么它便可以带来快乐、选择、力量、美好、舒适、体面、敏感、抱负、安全、财富、同情心、正义感、多样性、友情以及很多。"④ 现代设计是现代造物文化发展的基石与重要支撑，它与现代绘画、视觉艺术、电脑技术、工艺水平等的发展密不可分，甚至与众多行业领域的发展密切关联。设计在今天不仅是经济转型升级的重要引擎，也

---

① 李超德、束霞平、卢海栗：《设计的文化立场》，江苏凤凰美术出版社 2015 年版，第 114 页。
② 参见科里娜·罗恩斯《书写设计的历史与文化：德国"新收藏"博物馆的理念与运作》，冯娴编译，载《中国建筑文化遗产（12）》，天津大学出版社 2013 年版，第 118 页。
③ 参见[德]玛格达莱娜·德罗斯特《包豪斯 1919—1933》，丁梦月、胡一可译，江苏凤凰科学技术出版社 2017 年版，第 6 页。
④ [英]爱丽丝·劳斯瑟恩：《设计，为更好的世界》，龚元译，广西师范大学出版社 2015 年版，第 3 页。

是国家软实力的重要体现，甚至是文化繁荣的标志之一。身为伦敦博物馆馆长的迪耶·萨迪奇，对设计有着精到深刻的理解和表述，他认为现代设计语言的作用不限于产品本身，它能赋予产品性别与个性，体现"珍贵"或"廉价"，甚至能形成国家和民族认同；设计语言能将产品塑造得更具人性化，并成为我们理解世界的一种重要方式。① 因此，不论是政府、企业，还是科研机构、学术界，确立设计引领的思想格外重要，唯有设计引领才有利于创造出更多高附加值的中国创造产品和国际品牌。我国政府已充分意识到发展现代设计的重要性，2014年发布的国务院《关于推进文化创意和设计服务与相关产业融合发展的若干意见》，在制造业、建筑设计等七个领域进行了全面的战略布局。

历史上的丝绸之路能在世界范围产生如此深刻的影响，得益于中国古代丰富的设计思想和美学资源，得益于独特的东方视觉美学和视觉艺术，得益于中华高超的造物技艺和智慧。中国明式家具所包含的简约风格以及推崇自然的观点，在历史上不同程度地影响了法国巴洛克式家具和洛可可式家具，而这两种风格一度成为西方家具史上的两个高峰。那是因为，传统家具凝聚了线条、色彩、材质、纹饰和文化寓意等丰富美学内涵，如果"把中国家具的文化抽丝剥茧开来，就会惊讶地发现，全世界真的没有一个民族的家具文化，像中国这样丰富多彩；也没有一个地方的家具文化，会比中国家具的内涵更充满智慧"②。步入21世纪，中华丰富的造物文化资源是构建当代本土设计文化的厚实根基，是实现中华造物文化再度辉煌的珍贵宝藏。深入挖掘传统造物文化，使之适应当代社会发展，需掌握传

---

① 参见［美］迪耶·萨迪奇《设计的语言》，庄靖译，广西师范大学出版社2015年版，第50—51页。
② 陈仁毅：《中国当代家具设计——从文化鉴赏到春在创新》，故宫出版社2016年版，第25页。

统造物设计和现代设计两套语言,并实现二者的有机融合。

中华造物文化的现代化,需要现代艺术的涵养。传统造物文化在其深刻的层面,得益于中国哲学、绘画、书法等的博大精深;但在当代,中国艺术的现代发展和世界性影响还不尽如人意,这构成现代设计资源在当代艺术层面的匮乏。现代艺术流派纷呈、争奇斗艳,无不是观念解放的产物,造物领域从中汲取了丰富养料。因此,现代设计的启蒙与发展,很重要的一个方面就是必须大力推动艺术领域的前卫探索与发展,促进现代艺术的繁荣,形成开放的艺术发展环境,推动新的艺术思想和流派的竞相发展。以此为基础,要让更多艺术家参与到现代设计中来,让他们更多介入设计产业和工作坊,使艺术领域的最新观念和思想能融入设计。

作为西方现代艺术理论的鼻祖,杜尚的成就和影响不在创作,而在其另类的艺术思想。现代艺术最重要的是打破已有的成规,实现思想观念的解放。在他看来,艺术没有边界,一切皆可为艺术;甚至现成品也可以成为艺术,只要给出适当的环境。① 杜尚关于艺术具有无限可能性的思想,极大拓展了人们的思维空间,激励和推动了当代艺术的发展和繁荣,产生了达达主义、超现实主义、抽象表现主义、波普艺术、先锋艺术等众多当代艺术流派。而作为高度依赖视觉艺术的奢侈品以及工业设计产品,则拥有了开辟设计新思路和尝试新创造的不竭源泉,形成表现的、折中的、模糊的和讽刺的后现代设计方法。② 同时,设计文化也在丰厚的后现代艺术土壤滋养下,开启了一个千姿百态、风格多样、流派纷呈的设计文化新时代。

中国一批有抱负和担当的设计师,他们潜心探究传统造物之精妙,悉

---

① 参见[法]皮埃尔·卡巴纳《杜尚访谈录》,王瑞芸译,广西师范大学出版社2013年版。
② 参见托马斯·哈福《设计》,梁梅译,黑龙江美术出版社2001年版,第108页。

心汲取现代设计之优长,将中国人的造物智慧发扬光大,创造出令世人瞩目的设计精品。王澍在其最新作品——乌镇世界互联网大会永久会址设计中,没有一味照搬西方现代建筑设计,而以对中国民间建筑的独特理解和表达,创造性地解决了现代建筑与古镇相融合的问题。王澍还认为,园林"作为文人直接参与的生活世界的建造,以某种哲学标准体现着中国人面对世界的态度",因而造园"是特别本土,也是特别精神性的一种建筑活动"①。他创造性地将这些元素运用于现代建筑设计,实现在历史与现代、民族与世界之间的穿越和衔接,构建了独特的本土建筑设计文化。马岩松作为第一个赢得国际标志性建筑设计权的中国建筑师,也善于从中国传统绘画中汲取灵感和养分,秉承中国传统"人与自然和谐相处"的人居美学,对接现代生态概念,力图解决现今城市建筑存在的远离自然、千篇一律的不足,以独有的山水城市设计理念,在当代建筑中诠释和呈现了中国建筑美学独有的山水意境。马岩松的成功,在于很好地把握了古代中国绘画的视觉特征和精髓,以及人造物与自然合一的造物思想,并能结合现代建筑的功能需要,富有创造性地解决了美学与功能间的矛盾,把中国符号有机地嵌入人们的日常生活空间,成为潜在地影响当代人审美的重要途径。②

在现代家具设计领域,收藏家陈仁毅立足挖掘传承明式家具的内在审美文化底蕴,他深入剖析和阐发了明式家具八个方面的核心价值。如中国家具文化中特有的"道""器"合一的哲学观,以结构来展现"和"的智慧,以家具来延续自然生活之道的方式,对"视觉"与"适觉"的多层次顺畅感受,以及虚实相生、由静化动的微妙感受之追求等。③陈仁毅并未

---

① 王澍:《造房子》,湖南美术出版社2016年版,第16—17页。
② 参见马岩松《山水城市》,广西师范大学出版社2014年版,第13—16页。
③ 参见陈仁毅《中国当代家具设计——从文化鉴赏到春在创新》,故宫出版社2016年版,第53—83页。

泥古不化，而是致力于创造源于中国古典家具设计基因的"新东方"风格家具品牌"春在"，潜心在现代家具设计中融入中国文化意蕴，以"咏竹""赞直"为主题，传递竹的气节挺拔和线的稳定劲道等审美理念，力图在新中式家具中营造"静"与"境"的东方美学意象。

当然，中华造物文化的复兴才刚刚开始。新时代的造物从工具、手段、技艺，到途径、条件、环境，以及消费心理、意识和方式等，都发生了巨大甚至颠覆性变化。因此，我们在重振中华造物文化的过程中，需要在多维度、跨领域、大视野中获取元素、汲取思想、撷取智慧。在前沿性、前瞻性、引领性中逐步占据当代造物的制高点与领先地位。

结　语

我们之所以关注造物文化并进行相对独立的考察，是基于对文化发展问题整体性思考的一种逻辑必然。这种具有哲学意义上的整体性文化观照，包括了历史视野、整体视角与系统方法，希望从中探寻出中华传统造物文化在世界范围的历史地位与当代价值，揭示造物文化在文化整体发展中扮演的独特角色，由此凸显造物文化研究的理论价值与现实意义。而这种价值与意义的实现，不仅离不开整体性观照，而且还需引入根本性视角，即造物文化应当如何发展才不至于偏离人类的本质性需求，并以此来确立其发展的现实方位。

（原载《文艺理论研究》2019 年第 2 期）

两汉：中国古代自然审美之自觉期

——以汉赋为中心

薛富兴

"凡一代有一代之文学。楚之骚，汉之赋，六代之骈语，唐之诗，宋之词，元之曲，皆所谓一代之文学，而后世莫能继焉者也。"① 两汉是一个以赋称盛的时代，赋是该时期文学的标志性样式。汉赋所取得的成就首先表现在数量上。据班固《汉书·艺文志》，当时有赋家 37 人，赋作 369 篇。马积高认为，两汉赋文今存全篇者当为 150 篇。② 费振刚等辑校的《全汉赋》收两汉赋文连篇及名者凡 296 篇。

严格意义上的纯粹自然审美经验没有必要留下任何物化之迹，因而也是不可追溯、研究的，有间接证据的自然审美经验均为纯自然审美经验之拓展性记录与改造，比如图像与诗文相关材料。诗歌，尤其是中国古代诗歌与自然审美经验高度相关，自《诗经》以来，历代诗人惯于借景抒情或

---

① 王国维：《宋元戏曲史序》，载谢维扬、房鑫亮主编《王国维全集》第三卷，浙江教育出版社、广东教育出版社 2009 年版，第 3 页。

② 参见马积高《历代辞赋研究史料概述》，中华书局 2001 年版，第 42 页。

托物言志，然而，旨在自我表达的抒情诗词在言及自然时往往极为克制与矜持，且目的在于以自然为人类心灵状态的诱因与象征。因此，在山水画与花鸟画正式登场之前，以《诗经》为代表，以情景交融取胜的诗歌似乎并不能成为研究自然审美意识的理想材料。研究汉代自然审美意识，更为合适的材料不在汉诗而在汉文，特别是汉代标志性的文学样式：赋。这是因为与《诗经》相比，汉赋无论抒情还是写物，气势都更为开张从容，更为重要的是，汉赋代表了一种与《诗经》"诗言志"根本不同的新的审美趣味——写物之趣。这属于一种直面对象，对各类外在对象自身内外特性具有浓厚兴趣，因而愿以语言文字探测、描摹、呈现的新的审美理念。辅之以语言美的自觉，即追求语言文字本身之华美、悦耳、精准、新颖等，成就了汉赋的荣耀。

本文尝试立足汉赋，考察汉代自然审美意识。一方面通过汉赋考察两汉自然审美意识发展水平，另一方面讨论赋对促进汉代自然审美意识自觉所起到的特殊作用，揭示两汉辞赋家对中国古代自然审美经验自觉做出的突出贡献，以及两汉在中国古代自然审美史上不可替代的独特地位。汉赋内容丰富，赋家审美视野同时兼及自然、人事与人类文化对象，并不仅述自然之美，本文对汉赋的讨论仅及其中与自然相关者。

一、赋家之眼：汉代自然审美频谱

两汉赋作所展开的自然景观有七类：天文、气候、地理、动物、植物、矿物和园林。其自然审美视野可谓完备，后代很难出其右。

汉赋涉及的天文对象较少，描述天文对象与现象的作品亦寡，故而相对于其他自然对象之审美略显薄弱。比如，汉赋中并无以日为题的作品，一篇以星为题的《星德赋》目前仅存一句，曰"敬天光"①。若论汉赋视野下的天文审美，也许当推公孙乘的《月赋》。

汉赋视野下的气候图景由风雨、寒暑与四时三者构成。写风者有汉武帝刘彻《秋风辞》与赵壹《迅风赋》，写云者有贾谊《旱云赋》与东方朔《旱颂》。雨似乎受到赋家更多关注，比如蔡邕《霖雨赋》，以及王粲和应玚《愁霖赋》。与严寒相比，赋家们似乎对酷热有更多关注。述暑之赋凡四篇，除繁钦《暑赋》外，其余三篇均为《大暑赋》（作者分别为王粲、陈琳和刘桢）。四时节律的变化显然已进入赋家视野，可惜唯有陆贾的一篇《孟春赋》，现仅存其目。

两汉赋家的地理审美有两类，曰山、曰水。进入赋家审美视野的名山有首阳山（杜笃）、终南山（班固）、梓桐山（司马相如）与黎阳山（刘桢），以前两者最为知名，后代屡有述之者。首阳山亦如泰山，乃儒家核心文化理念塑造的古代文化名山，终南山则是道家逍遥甚至羽化登仙的文化符号。虽然汉赋中未有直接以华山为题者，但位于华山的函谷关已受到赋家关注（李尤《函谷关赋》）。关于水的赋篇内容则有海（班彪与班固父子《览海赋》及王粲《游海赋》），有河（应玚《灵河赋》、王粲《浮淮赋》及崔骃《大将军临洛观赋》），有泉（扬雄《甘泉赋》与张衡《温泉赋》），有井、有池（李尤《井铭》与《鸿池陂铭》）。

两汉赋家的动物审美对象有三，曰兽、鸟与虫。其兽有虎（孔臧《谏格虎赋》、马融《龙虎赋》），鹿（公孙诡《文鹿赋》），马（刘琬《马赋》、应玚《慜骥赋》），猿（徐幹《玄猿赋》）及传说中的神兽龙（刘琬《神龙

---

① 刘协：《星德赋》，载费振刚、胡双宝、宗明华辑校《全汉赋》，北京大学出版社1993年版，第751页。

赋》）与麒麟（刘向《麒麟角杖赋》）；其鸟有鸮（孔臧《鸮赋》、贾谊《鹏鸟赋》），鸡（王褒《碧鸡颂》），鹄（崔琦《白鹄赋》），孔雀（杨修《孔雀赋》），莺（王粲《莺赋》），鸠（张升《白鸠赋》），雁（刘向《行过江上弋雁赋》），鸿（张衡《鸿赋》），雀（傅毅《神雀赋》、班固《神雀颂》、班昭《大雀赋》），鹖（王粲《鹖鸟赋》）与鹤（路乔如《鹤赋》、王粲《白鹤赋》）。鸟类中最受关注的当属鹦鹉，祢衡、王粲、陈琳、阮瑀和应玚均有《鹦鹉赋》。虫则有孔臧《蓼虫赋》及蔡邕和班昭《蝉赋》。

两汉赋家的植物欣赏有三，曰木、卉与果。其中，木有松（刘向《松枕赋》），桑（繁钦《桑赋》），槐（王粲《槐树赋》），栗（蔡邕《伤胡栗赋》），梨（司马相如《梨赋》），樗（马融《樗蒲赋》）和橘（徐干《橘赋》）。此外，杨、柳（孔臧和应玚《杨柳赋》，枚乘、王粲、陈琳、繁钦《柳赋》及繁钦《柳树赋》）、迷迭（王粲和陈琳《迷迭赋》，应玚《㯶迷迭赋》）受到赋家关注最多。卉则有竹（班固《竹扇赋》），蓝（赵岐《蓝赋》），郁金香（朱穆《郁金赋》）和芙蓉（张奂《芙渠赋》、皇甫规《芙蓉赋》）。果则有王充《果赋》、刘桢《瓜赋》及王逸《荔支赋》。

矿物类对象则为两种玉石，曰车渠（应玚、陈琳、王粲、徐幹及无名氏《车渠椀赋》），曰玛瑙（王粲与陈琳《玛瑙勒赋》）。园林类对象有上林（司马相如《上林赋》），甘泉宫（刘歆《甘泉宫赋》、王褒《甘泉宫颂》）及菟园（枚乘《梁王菟园赋》）。

汉赋中综合性的自然审美景观主要呈现两类主题，一曰狩猎，一曰行游。属于前者的作品有司马相如《子虚赋》，应玚《西狩赋》，王粲、扬雄与张衡《羽猎赋》，应玚《驰射赋》，应玚《校猎赋》及扬雄《长杨赋》；属于后者的作品有蔡邕、繁钦《述行赋》和杨修《节游赋》。前者在以各式野生动物为对象的狩猎活动中带出全景式野生自然空间，后者则在叙事主人公的旅行中展现各地的自然与人文景观。

审美频谱包括两个维度，一是振幅，即自然审美视野之宽度。两汉辞赋家对自然有极广泛的关注，对天地间各自然现象有浓厚的审美趣味，故而这些自然现象与对象进入了其作品，辞赋家以极大的热情为它们传神写照。在此方面，可以说两汉赋家已然建立起一个较为完善的自然审美对象系统，其中包括天文、地理、山水、草木、花卉、鸟兽。二是频率。上述对汉赋相关篇章的概观说明，各类自然现象所得到两汉辞赋家关注的程度并不等同。相对而言，天文对象在汉赋中得到的审美反映较少，气候略多；地理范畴的山川对象，特别是具体的名山河海等，得到的审美关注明显增加；植物与动物对象得到的审美关注最多，如鹦鹉、杨柳与芙蓉；矿物中车渠和玛瑙得到特别垂青。审美趣味与其他任何趣味一样，乃特定审美主体之特殊偏好，难以一视同仁地均施于各类自然对象，上述审美频谱中的频率一维较典型地反映了两汉辞赋家的自然审美偏好。至于此趣味在同代诗歌中如何反映，是否得到大致相等的体现，以及延续时间长短，则需另文专门讨论。此自然审美频谱中的振幅一维可以较客观地反映一个时代自然审美发展之整体水平，而其频率维度则是特定时代主观性审美趣味的绝佳证明。

如何评价两汉自然审美的成就？初看起来，它似乎俨然建立起一个关于自然审美对象的系统，呈现了中华古代自然审美的基本框架，后世在此框架内推进和增加了更为具体、新颖的自然对象名录。其实不然。或许汉赋中确实存在这个自然审美对象系统，但此系统实不始于两汉，而始于先秦，《诗经》已存在这个自然审美对象系统，汉赋忠实地继承了它。汉赋与《诗经》所异者，乃对于此框架下所展开的自然对象具体品类的丰富与更新。两汉自然审美的最大成就在于：汉赋中被呈现的各类自然对象具备了独立的意义、新的价值，它们不再如在《诗经》中那样，仅作为比德或言情的媒介存在，而是作为独立的自然审美对象存在，因其内外特性的审美价值得到赋家的关注和呈现，此乃本时期自然审美意识实现自觉的第一义。

二、赋家之心：汉代自然审美视角

中国古代自然审美实不始于两汉而始于先秦。孔子有"仁者乐山，智者乐水"的自然审美经验，《诗经》中不乏丰富的描摹与吟诵自然的经典篇章，庄子对自然美的赞赏更达到形而上高度，提出"山林欤，皋壤欤，使我欣欣然而乐欤"①，"天地有大美而不言"②等精彩论断。应当如何理解两汉自然审美所取得的独特成就？我们以对月亮的呈现与欣赏为例。

匪东方则明，月出之光。③

月出皎兮，佼人僚兮。④

《诗经》中"月"出现凡72次，其中言自然之月者16次。我们有理由相信：《诗经》时代，月亮已是时人十分熟悉且喜爱的天体，因而频繁地进入诗篇。然而，月亮的每次出场似乎总是太匆匆。对于月光之美，诗

---

① 《庄子·知北游》，载陈鼓应注译《庄子今注今译》下册，商务印书馆2012年版，第677页。
② 《庄子·知北游》，载陈鼓应注译《庄子今注今译》下册，商务印书馆2012年版，第677页。
③ 《诗经·齐风·鸡鸣》，载朱熹注《诗经集传》，上海古籍出版社1987年版，第39页。
④ 《诗经·陈风·月出》，载朱熹注《诗经集传》，上海古籍出版社1987年版，第56页。

人们最多以"皎"状之。进入汉赋,其情形则大为不同:

> 月出皎兮,君子之光。鹍鸡舞于兰渚,蟋蟀鸣于西堂。君有礼乐,我有衣裳。猗嗟明月,当心而出。隐员岩而似钩,蔽修堞而分镜。既少进以增辉,遂临庭而高映。炎日匪明,皓璧非净。①

这是一幅内涵丰富的月夜图。正因有了天上一轮明月,夜的世界才可辨认,月光下依然是一个生趣盎然的世界,有鹍鸡的舞姿,蟋蟀的鸣唱,还有人类的活动:你表演礼乐,我展示衣裳。这也是赋家呈现月的高超技巧:不直接描述月的光辉,而通过描述月下鸟虫与人类的活动,凸显月亮对这个世界的意义:没有月光,这些活动便不可能展示。当然,月光才是此篇主角。作者着意从两个方面展示月亮:其一为形,分别用"钩"与"镜"呈现月的两种基本形态——缺月与满月;其二为性,即月光区别于太阳的独特光辉。"炎日匪明",白天太阳触目的光芒仍不能剥夺晚上月亮所特有的明晰,它如此清澈,碧玉的光彩亦无法与之相比。再看两个时代对柳的呈现:

> 昔我往矣,杨柳依依。②

> 有菀者柳,不尚息焉。③

---

① 公孙乘:《月赋》,载费振刚、胡双宝、宗明华辑校《全汉赋》,北京大学出版社1993年版,第40页。
② 《诗经·小雅·采薇》,载朱熹注《诗经集传》,上海古籍出版社1987年版,第72页。
③ 《诗经·小雅·菀柳》,载朱熹注《诗经集传》,上海古籍出版社1987年版,第113页。

这是柳树在《诗经》中的情形，或仅及其名，或一词摹态——"依依"。

> 枝逶迟而含紫，叶萋萋而吐绿。出入风云，去来羽族。既上下而好音，亦黄衣而绛足。蜩螗厉响，蜘蛛吐丝。阶草漠漠，白日迟迟。于嗟细柳，流乱轻丝。①

这是一幅独立的写生小品，柳树的生物个性在此得到较完善的展示。汉赋的这种"极貌声"特点，与《诗经》以一字摹声写形的特点"多识于鸟兽草木之名"②形成鲜明对照。若赋在《诗经》那里仅为写物之萌芽，到汉赋这里可谓已独立成体，面目卓然。

如何理解自然审美在《诗经》与汉赋中的区别？我们可首先将两者的状物简繁之异理解为文体之别：一以抒情，一以状物；一为短章，一为整篇。然而，文体之异的背后有更重要的历史信息，即两者的时代差异：《诗经》写景摹物之句代表中华古代自然审美萌芽期，其自然审美感知粗疏，文字表达简易；汉赋代表中华古代自然审美新阶段，即自然审美意识之自觉。《诗经》中作为写物手法因素而存在的赋，经由荀子、屈原、宋玉等战国辞赋家的创造性拓展，到两汉已演化为一种独立的审美趣味，乃至体制成熟的文学样式，一种专以状物为要事与能事的新文体。此文体兴盛与成熟的背后，是一种充分自觉的自然审美趣味：它将《诗经》时代仅作为抒情言志工具、比兴之资的自然现象，直接转化为一种独立呈现、刻

---

① 枚乘：《柳赋》，载费振刚、胡双宝、宗明华辑校《全汉赋》，北京大学出版社1993年版，第35页。
② 《论语·阳货》，载朱熹注《四书集注》，岳麓书社1985年版，第215页。

画与观赏的审美对象。这种自然审美意识的转变带来自然在汉赋中的新状态——它们成为赋家笔下的主角,得到日益细腻、精准的呈现,其面目也日益明晰。例如:

> 吾有骏马,名曰骐雄。龙头乌目,麟腹虎胸。尾如雪彗,耳如插筒。①

这段关于马的白描或特写,可视为唐人韩干等马图之先驱。

总之,自然的面目在《诗经》与汉赋中有简繁、明晦之别,这是因为赋家的心理状态发生了变化,其自然审美意识实现了自觉,在本时期,自然已成为独立、正面的审美对象。

此外,汉赋篇章中诸自然审美对象在呈现方式上也有鲜明变化。例如:

> 乃睹荔支之树,其形也,暧若朝云之兴,森如横天之彗,湛若大厦之容,郁如峻岳之势。修干纷错,绿叶臻臻。角卵兴而灵华敷,大火中而朱实繁。灼灼若朝霞之映日,离离如繁星之着天。皮似丹罽,肤若明珰。润侔和璧,奇喻五黄。仰叹丽表,俯尝嘉味。口含甘液,心受芳气。兼五滋而无常主,不知百和之所出。卓绝类而无俦,超众果而独贵。②

---

① 刘琬:《马赋》,载费振刚、胡双宝、宗明华辑校《全汉赋》,北京大学出版社 1993 年版,第 563 页。
② 王逸:《荔支赋》,载费振刚、胡双宝、宗明华辑校《全汉赋》,北京大学出版社 1993 年版,第 517 页。

作为最后效果,读者感受到自然界动物与植物的内外特性在汉赋中得到远比《诗经》篇章更为细腻、完善的呈现。其于果木,既赏其形色又及其滋味;其于鸟兽,既观其行姿又洞悉其生活习性。何以故?"古者包牺氏之王天下也,仰则观象于天,俯则观法于地,观鸟兽之文,与地之宜,近取诸身,远取诸物,于是始作八卦,以通神明之德,以类万物之情。"①两汉自然审美观念的核心变化在于正面、独立地欣赏自然,同时促进了自然审美方式的成熟。赋家将《易传》所提倡的人类观照自然的哲学路径"俯察"成功转化为一种自然审美欣赏方式,即静观式格物,后世画家将它发展成一种具体的视觉形象表达方式,即工笔式写生。

  白露凄其夜降,秋风肃以晨兴。声嘶嗌以沮败,体枯燥以冰凝。虽期运之固然,独潜类乎大阴。要明年之中夏,复长鸣而扬音。②

蝉这样的微物能进入赋家审美视野,且声性描摹如此精准,若无一种童趣与仁心,极难想象。我们在某种意义上可将上述作品视为宋代花鸟画的语言版,其细腻、逼真与生趣,比之于宋代花鸟工笔毫无逊色。汉赋何以能"极声貌"?关键在于两汉赋家之心的转变。其自然审美意识——眼光与趣味——由粗转精,由《诗经》时代之远观转为近察,甚至俯察。赋家有一颗赤子之心,以极大的审美兴趣走近山水、草木与鸟兽,悉心体察其形色、行止与哀乐,愿意做自然众物的知音。由远而近、由粗转精,这种自然审美视角的转变,很好地解释了汉代赋家的独特成就:其赋物之笔

---

① 《易传·系辞下》,载郭彧译注《周易》,中华书局2006年版,第380页。
② 蔡邕:《蝉赋》,载费振刚、胡双宝、宗明华辑校《全汉赋》,北京大学出版社1993年版,第586页。

如此丰富、细腻。上述诸赋可作为汉代物赋成就的代表,它们既及物象,更及物性。其作品同时展开自然审美的两个维度:外在的物象之美与内在的物性之美。如贾谊《旱云赋》:

> 汤风至而含热兮,群生闷满而愁愦。畎亩枯槁而失泽兮,壤石相聚而为害。农夫垂拱而无聊兮,释其锄耨而下泪。忧疆畔之遇害兮,痛皇天之靡惠。惜稚稼之旱夭兮,离天灾而不遂。①

在这里,贾谊较物性更深一层,进入"物功"。它揭示特定物性给自身和其他对象带来的客观后果。旱云首先是一种客观自然现象,若持续太久,对众多植物、动物与人类而言,便成为一种灾祸,作者在此显然以极大的同情心描述了旱云的严重后果。再如应玚《慜骥赋》:

> 慜良骥之不遇兮,何屯否之弘多?抱天飞之神骏兮,悲当世之莫知。赴玄谷之渐涂兮,陟高冈之峻崖。惧仆夫之严策兮,载悚栗而奔驰。怀殊姿而困遇兮,愿远迹而自舒。思奋行而骧首兮,叩缰绁之纷拏。牵繁辔而增制兮,心愊结而盘纡。涉通逵而方举兮,迫舆仆之我拘。抱精诚而不畅兮,郁神足而不摅。思薛翁于西土兮,望伯氏于东隅。愿浮轩于千里兮,曜华轭乎天衢。瞻前轨而促节兮,顾后乘而踟蹰。展心力于知己兮,甘迈远而忘劬。哀二哲之殊世兮,时不遘乎良

---

① 贾谊:《旱云赋》,载费振刚、胡双宝、宗明华辑校《全汉赋》,北京大学出版社1993年版,第12页。

造。制衔辔于常御分,安获骋于遐道。①

这篇《慜骥赋》更进一层,以同情之心体察良骥之悲苦命运,可视为韩愈《马说》之先驱。

> 天所以谓之观物者,非以目观之也。非观之以目而观之以心也,非观之以心观之以理也。天下之物莫不有理焉,莫不有性焉,莫不有命焉……圣人之所以能一万物之情者,谓其圣人之能反观也;所以谓之反观者,不以我观物也。不以我观物者,以物观物之谓也。既能以物观物,又安有我于其间哉!②

邵雍高度概括了人类对待外在对象的两种态度——"以我观物"和"以物观物",它们分别客观地对待自然与主观地对待自然。前者任情,故不可能获得对外在对象的特性认识;后者自觉克制人的意识层面的主观性,努力客观地对待外在对象,对象的特性与秩序(性与理)因此向人开放。邵雍从认识论角度对人对待外物态度的概括,可被用以说明自然审美欣赏的两种倾向。"以我观物"与"以物观物"不仅是认知自然世界知识与规律的两种方法,也是审美地感知和理解自然的两种方法,是自然欣赏者的两种自觉立场。上述两端,汉赋均有其例:

> 睹兹茂蓼,结葩吐荣。猗那随风,绿叶紫茎。爰有蠕虫,厥状似

---

① 应场:《慜骥赋》,载费振刚、胡双宝、宗明华辑校《全汉赋》,北京大学出版社1993年版,第724页。
② 邵雍:《观物内篇》,《邵雍集》,中华书局2010年版,第49页。

螟。群聚其间，食之以生。于是悟物托事，推况乎人。幼长斯蓼，莫或知辛。膏粱之子，岂曰不人。惟非德义，不以为家。安逸无心，如禽兽何。逸必致骄，骄必致亡。匪唯辛苦，乃丁大殃。①

此乃汉赋"以我观物"或曰"以物比德"之例。这种主观主义视角在两汉物赋中不算少。汉赋与《诗经》在此意义上的自然审美趣味并无本质差异，二者皆善于、贵于借自然酒杯浇自我块垒。汉初贾谊《鹏鸟赋》开此先河。此篇仅在序文中提及鹏鸟（即鸮，据言是种凶鸟，会给见之者带来厄运），有"貌甚闲暇。异物来萃兮""举首奋翼"②二语。正文通篇言祸福相倚、造化弄人，不及鹏鸟本身，并未对之作正面、细致描写。对鹏鸟与赋体"极声貌"特性而言，此篇名不副实。以物比德之习始于春秋晚期，这一强大的"究天人之际"、实乃以物言人的传统，极大地影响了赋家的自然审美趣味，这种"自然的人化"倾向，对自然审美的健康发展极为不利。

三星在隅，温风节暮。枕翘于藤，流美远布。黄花炳晔，潜实独着。丰细异形，圆方殊务。扬晖发藻，九采杂糅。厥初作苦，终然允甘。应时溲熟，含兰吐芳。蓝皮蜜理，素肌丹瓤。乃命圃师，贡其最良。投诸清流，一浮一藏。折以金刀，四剖三离。承之以雕盘，幂之

---

① 孔臧：《蓼虫赋》，费振刚、胡双宝、宗明华辑校《全汉赋》，北京大学出版社1993年版，第122页。
② 贾谊：《鹏鸟赋》，载费振刚、胡双宝、宗明华辑校《全汉赋》，北京大学出版社1993年版，第2页。

以纤绨。甘逾蜜房，冷亚冰圭。①

此乃"以物观物"自然审美模式，其所状者极似齐白石笔下的《瓜果图》，物趣自成其妙，全篇只呈对象之形、性，未及审美主体立场。这种客观主义欣赏模式最能体现汉赋格物、写物的特色与成就，是赋区别于诗词的本质特征。

上述诸例以特写方式体现汉人自然审美的细腻眼光与静观视野，王粲《游海赋》则呈现另一种景观：

> 登阴隅以东望，览沧海之体势，吐星出日，天与水际。其深不测，其广无臬。寻之冥地，不见涯泄。章亥所不极，卢敖所不届。怀珍藏宝，神隐怪匿。或无气能行，或含血而不食，或有叶而无根，或能飞而无翼。鸟则爰居孔鹄，翡翠鹔鹴，缤纷往来，沉浮翱翔。鱼则横尾曲头，方目偃额，大者若山陵，小者重钧石。乃有贲蚑大贝，明月夜光，蠵鼊玳瑁，金质黑章，若夫长洲别岛，棋布星峙，高或万寻，近或千里。桂林蓁乎其上，珊瑚周乎其趾。群犀代角，巨象解齿，黄金碧玉，名不可纪。洪洪洋洋，诚不可度也。处嵎夷之正位兮，同色号于穹苍。苞纳污之弘量，正宗庙之纪纲。总众流而臣下，为百谷之君王。②

---

① 刘桢:《瓜赋》，载费振刚、胡双宝、宗明华辑校《全汉赋》，北京大学出版社1993年版，第722页。
② 王粲:《游海赋》，载费振刚、胡双宝、宗明华辑校《全汉赋》，北京大学出版社1993年版，第657页。

由于所欣赏对象的自身特性，作者在此不得不采取远观的审美视野，以便得其全貌，如此方可展示大海独有的崇高之美。作者在呈现大海包容对象的丰富性时，又能由远而近、化整为零，大海整体的宏阔又包括一幅幅别景小象，如洲屿、渔鳖，能上下察焉。两汉有关树木鸟兽类物赋，典型地体现了静观审美方式，特别适合体量适中的单个对象。

以园囿、游猎为主题的作品反映了另一种自然审美方式，在特定区域内对众多自然对象作综合、动态的审美体验：

> 封峦为之东序，缘石阙之天梯。桂木杂而成行，芳肸向之依依。翡翠孔雀，飞而翱翔，凤皇止而集栖。甘醴涌于中庭兮，激清流之淙淙。黄龙游而蜿蟺兮，神龟沈于玉泥。离宫特观，楼比相连。云起波骇，星布弥山。高峦峻阻，临眺旷衍。深林蒲苇，涌水清泉。芙蓉菡萏，菱芍苹蘩。豫章杂木，梗松柞棫。女贞乌勃，桃李枣檍。①

这是一种典型的动态综合自然审美视野。这里所展示的景观，正是唐宋以来中国山水画应用的散点透视、动态游观的审美方式。② 可见，中国古代山水画特有的观照自然的方式在汉赋中就已出现。汉赋也许为中国古代山水画的构图方式、画家审视自然的方式奠定了基础。这是汉赋对中国美术史的特殊贡献。

综上，两汉赋家为我们呈现了系统性自然审美经验。他们对自然的审

---

① 刘歆：《甘泉宫赋》，载费振刚、胡双宝、宗明华辑校《全汉赋》，北京大学出版社1993年版，第237页。
② 可参见郭熙《林泉高致·山川训》，载叶朗等主编《中国历代美学文库·宋辽金卷》上，高等教育出版社2003年版，第406页。

美感知、理解与体验已较为完善，与其日常生活中的自然经验大致重合，其自然审美经验是其日常生活经验中感知和理解自然的一种反思性提升和精致化。两汉自然审美视野的广泛与丰富不逊于先秦，是对先秦自然审美视野与趣味的继承，而两汉赋家观照自然的目光比先秦更为细腻、丰富和深入。先秦是中华古代自然审美萌芽期，两汉掀开中华古代自然审美新篇章，进入自然审美意识自觉时代。

汉赋建立起自然审美的欣赏方法系统，有静观与游观，有特写与全景。该时期奠定了自然审美的两种基本路径："以物观物"的客观主义路线与"以我观物"的主观主义路线。完善的自然审美自觉包括审美对象的自觉（独立、正面地欣赏）与欣赏方法的自觉（从不同角度、路径全方位地欣赏）。

如何理解两汉自然审美经验与其辞赋的关系？前所未有的成熟、精致的自然审美经验何以可能？当且仅当两汉赋家以文学创作的名义，有意识地反思其自身朴素的自然审美经验，自觉地对其当下自然审美经验进行再经验，并用语言文字成功地将它们表达出来，又被其读者充分地接受时，其自然审美经验才真正自觉与成功。当下直接的自然审美经验很难自觉，它在很大程度上需要艺术的接引与转化，两汉赋家将其朴素自然的审美经验用语言文字表达的过程，就是其自然审美经验由质朴到自觉和精致化的过程。艺术化是自然审美经验自觉与精致化的必要津梁。读者从汉赋中读到的自然审美经验是经过赋家反思、提升和精致化，已然自觉的自然审美经验。赋家观照自然的视角、趣味与方法，在很大程度上影响着读者的自然审美经验。这是赋对汉代自然审美经验的成全，它促进了两汉自然审美经验的自觉。文学是自觉的生命意识反思活动，两汉赋家在辞赋创作中反刍自身的自然审美经验，也极大地改造和升华了时人的自然审美经验，这正是汉赋对本时期自然审美自觉做出的独特贡献。我们也需要清醒意识到：汉赋于两汉自然审美并不只是成全，也是规定，有时还是误导。比如赋作中屡有以物比德、托物言情之例。汉代自然审美经验的发展语境并不单纯，赋家既有可促进自然审美自觉的格物、写物趣味，也要面对源于《诗经》以物比德、言志抒情的强大历史惯性。

  自然审美意识有从西汉到东汉的演化之迹。首先，以自然对象为主题的物赋篇章日多，进入赋家审美视野的动植物品类日繁。其次，两汉赋家审视与描摹自然的审美眼光体现为由粗转精、日益细腻的过程。以该时期鸟赋为例。鸟赋乃两汉物赋大宗，若将西汉路乔如的《鹤赋》与汉魏之际祢衡《鹦鹉赋》做一比较，两者在审美视野上的粗精之别立判。与《诗经》相比，前者已是有独立物趣的写生小品，后者更像一部结构复杂的戏剧，除了静态刻画鹦鹉形貌与物种特性的格物、写物之趣，更动态展开为一部鹦鹉家族由野生到遭捕猎、驯养的命运史，表达了作者极为难得的对鹦鹉跨物种同情，其审美意趣远比前者复杂。祢衡《鹦鹉赋》实乃两汉到魏晋自然审美意识转折的标志性作品，它既代表了汉末自然审美的最高成就，乃同类作品中最细腻者，又开魏晋自然审美精致化之先河。在树木花卉类辞赋中，从西汉刘胜《文木赋》到东汉朱穆《郁金赋》，我们亦可从中发现赋家察物之心和状物之笔由粗到精的理路。最后，我们立足自然审美视角差异则可发现：主观性以物比德、言情式审美盛行于汉初之赋，贾谊《鵩鸟赋》乃其代表，进入东汉，以格物、写物为主旨的物赋则渐成主流。赋家如应玚、陈琳，尤其是王粲，在其鸟类和树木赋作中突出呈现了"以物观物"的客观审美视角。他们的每篇物赋恰如一幅宋元花鸟画，颇得物趣。这些作品有力说明：到东汉，辞赋家已超越《诗经》开创的托物言情、以物比德传统，在物赋这一特殊领域培育起独立欣赏自然对象自身之美的崭新审美意识。

三、汉赋在中国美学史上的意义

前面的分析显示，汉代关于自然的物赋中潜藏着重要历史信息，代表了自然审美史的新阶段——自然审美意识之自觉。此自觉具体内涵有二：格物意识与格物趣味。格物意识意味着两汉赋家具备了一种新的自然审美理念——自觉地将各类自然现象纳入目前，将其定格，使之成为清晰、有效的审美对象。格物趣味指两汉赋家不满足于关于自然的日常生活经验，而将其陌生化，使之成为一种需特别用心重新观照的对象。《诗经》作者大多粗疏地利用自然物象表达自我，大部分情形下，他们在作品中仅提及各类自然对象之名，少数略状其声貌。两汉赋家则像儿童一样对这个世界充满好奇，想为身边所见的所有东西传神写照，以测试人类语言的状物极限。格物趣味超越对自然的功利态度，超越日常生活中对自然的漠然，以强烈的好奇与探究心，近距离细致、深入地了解诸自然对象的内外特性。他们不满足于日常生活中对自然的粗疏印象，而欲详究其情。他们像画家，将各类自然对象置于目前，用心地观摹、探测，不厌其烦地描摹、刻画，用语言文字再现自然。他们像戏剧导演，将日常生活中人们熟视无睹的山川草木、虫鱼花鸟置于审美舞台中心，以强光定格、追逐之。众多看似普通的自然物自此倩丽起来，产生了强烈的"陌生化"审美效果。

先民为生存而究天人之际，初步接触和了解自然，此乃功利意义上的认识自然。在汉赋里，赋家以超功利之心开启了认识自然的第二个历程——审美地认识自然，超越地、客观地认识自然，从物象、物性、物功三个层次展示自然特性。这是关于自然的精神生活，是人类与自然的再次结盟——审美之盟。相对于《诗经》仅及鸟兽草木之名，汉赋描摹自然篇幅之宏、笔触之细与语汇之繁，均缘于此格物之趣。概言之，正是这种格物意识与格物趣味，促进了汉代自然审美意识自觉，继承庄子的逍遥游精神，使自然审美成为中国古代审美的重要形态，同时也奠定了山水艺术的基本格局。中国美学史界普遍认为中国古代自然审美意识自觉始于魏晋，本文的研究则表明它始于两汉。

如何认识汉赋对整个中国古代美学的意义？赋有三义：一是《诗经》"六义"之一，如朱熹所言"敷陈其事而直言之者也"①，是作为文学特殊表达手法之赋；二是如刘勰所说"受命于诗人，拓宇于楚辞也"②，"与诗画境，六义附庸，蔚成大国"③，"极声貌以穷文"④，是作为文学新体裁的文体之赋；三是以对象化意识为基础、以用心观照与探究对象内外特性为核心，作为审美趣味的格物之赋。本文的任务便是以手法与文体之赋证格物之赋，或者说赋之格物意识、格物趣味。

以格物趣味为核心的汉赋，首先，成全了足与诗词并立的经典文体，在历史上形成赋的伟大传统；其次，促进了中国古代自然审美意识自觉，汉赋也许正是促成此自觉的核心平台；再次，确立了与强大的"诗言志"抒情传统相抗衡、以对象为中心的格物传统和对象化审美领域。"一方面为了使人的感觉成为人的，另一方面为了创造同人的本质和自然界的本质

---

① 朱熹注：《诗经集传》，上海古籍出版社1987年版，第2页。
② 刘勰：《文心雕龙·诠赋》，载范文澜注《文心雕龙注》上，人民文学出版社1958年版，第134页。
③ 刘勰：《文心雕龙·诠赋》，载范文澜注《文心雕龙注》上，人民文学出版社1958年版，第134页。
④ 刘勰：《文心雕龙·诠赋》，载范文澜注《文心雕龙注》上，人民文学出版社1958年版，第134页。

的全面丰富性相适应的人的感觉,无论从理论方面还是从实践方面来说,人的本质的对象化都是必要的。"[1] 马克思把是否有意识地从事某种活动、是否明确地将自己生活中的诸外在物在自我意识中列为自身活动的必要对象,视为人和自然界其他动物的本质区别,并把此生命活动的自觉性或自我意识当作人类的物种特性,即类本质。当然,马克思首先在人类为生存而进行的与自然界的交际领域中——物质生产、劳动实践活动——论证人类活动的特殊性、自觉性。其实,人类活动的意识特征不止于物质生产领域,自从在这一生存性领域实现了自我生命意识的初步自觉,人类便将有意识的对象化活动推广至其生活的所有领域,包括其极为广泛且日益丰富、精深的精神生活领域。正像在物质生产领域,是否有意识地将自己的操作工具、材料与产品当成自身活动的有意识对象,是人类整体生命意识自觉的标志,人类精神生活的所有领域也存在同样情况:是否能够将特定领域精神生产诸要素在心理意识层面理解为自身在本领域活动的客观对象物,也就成为精神生产领域每一部门是否实现自觉的重要标志。

卢卡奇在考察审美特性这一论题时,对马克思上述以对象化论人类生命活动自觉性和自由特性的思路予以深化。"我们同样已经确定,社会的前进运动逐渐形成了各种对象化系统,这些系统具有与日常生活相区别的独立性。"[2] 他认为,人类生命活动的进化中存在着思维形式分化之势。总体而言,日常生活是一种直接性思维:人们会操作不同对象,但在心理意识层面往往感受不到自身与对象之别,呈现为物我同一的直接性综合形态。然而,随着人类精神生活的进化,至少在超越日常生活领域的精神生

---

[1] 马克思:《1844年经济学哲学手稿》,中共中央马克思恩格斯列宁斯大林著作编译局译,人民出版社2000年版,第88页。

[2] 卢卡奇:《审美特性》第一卷,徐恒醇译,中国社会科学出版社1986年版,第44页。

活之两端——以艺术为代表的审美领域与穷究自然真相的科学领域——出现了自觉、明确的主客二分对象化趋势。这种对象化的道路甚至导致了两种特性鲜明的思维方式：以艺术为代表的审美始终保持对象个性在内的对象化（拟人化）；最大限度地超越对象个性、以容纳最多普遍性为宗旨的科学活动的对象化（非拟人化）。

作为人类精神生活特殊部门的自然审美如何发展？对象化亦其必由之路。《诗经》时代，先民已有能力欣赏天文地理之美，以及天地间各种动物与植物之美，但那只是一种自然审美的萌芽状态，它在整体上尚未自觉，其突出表现是仅在自我表达中提及自然对象之名，涉及对象声貌时极其简约，只是将它们作为人类自我表达的引子（即"兴"）或喻体（即"比"）。古典自然审美意识自觉需要一个旗帜鲜明的对象化时代——自觉地引天文地理、天地间万物进入自己的审美视野，直接请自然入眼帘、进心田，凝神地审视、探究与赞美之。唯有有意识地重新发现自然，才能开辟自然审美这一古典时代人类审美的基本形态、场域。

对象化只是自然审美的总体原则。在自然审美中，如何具体地实现此目标，以便清晰、深入、完善地欣赏自然呢？唯有一途，即格物，"欲诚其意者，先致其知。致知在格物。物格而后知至"①。"格物致知"命题始于《大学》，朱熹对此命题之内涵给出权威阐释："所谓致知在格物者，言欲致吾之知，在即物而穷其理也。盖人心之灵，莫不有知，而天下之物，莫不有理；惟于理有未穷，故其知有不尽也。是以大学始教，必使学者即凡天下之物，莫不因其已知之理而益穷之，以求至乎其极。至于用力之久，而一旦豁然贯通焉，则众物之表里精粗无不到，而吾心之全体大用无

---

① 《大学》，朱熹注：《四书集注》，岳麓书社1985年版，第4页。

不明矣。此谓物格，此谓知之至也。"①"格物致知"是中国古代哲学史关于认识论的核心命题，它强调人类认识世界、获得关于外在对象知识的必由之路。格者，至也，亲接对象之谓也。唯有直接接触、深入探究，方可获得关于特定对象之必要知识。

认识领域如此，自然审美亦然。从认识论角度看，与强大的诗歌文学主流——抒情言志——相并行的赋之直接铺陈传统，其实就是一种格物致知传统，这是一种直接面对外在世界的路径。这也是自然审美活动中人类想弄清这个世界究竟如何的重要审美心理，是人类自我生命意识自觉的特殊表现形式。作为审美需求，它与科学理性实际上共享一种客观精神。我们在美学上将它概括为格物趣味。这是一种积极面向外在世界的审美趣味，它耐心、细致、深入、完善地感知、理解与体验自然，是人类自然审美意识自觉的重要内涵与途径。

在文学艺术领域，直到宋元戏剧登场、明清小说大器晚成，这种对象化观照的艺术精神方走向成熟。当然，文学领域这种以人类自我命运作为对象化观照的艺术形式取得如此成就，当以另一种非文学领域叙事艺术——史传人物叙事传统的早熟为依据。在文学领域之外，这种以格物即对象化观照为核心的艺术当以绘画与雕塑为代表。人物造像成熟于魏晋，大盛于唐宋。绘画领域对自然之呈现则以山水与花鸟两科为代表。这两科的成熟均始于唐。贯通文学与美术两个领域的写物成就，唯有通过格物意识、格物趣味才能实现。两汉发端的自然审美意识自觉，为唐之后中国古代山水与花鸟画奠定了重要的自然审美态度、趣味和方法基础。宋之后，赋的伟大传统消歇，原存在于赋中的自然格物趣味由文学领域转入美术。

---

① 《大学》，朱熹注：《四书集注》，岳麓书社1985年版，第8—9页。

始于唐、发达于宋元、延续于明清的山水花鸟画，实在是赋家格物趣味的继承。

由汉赋所表达和承载的这种客观式审美趣味是一种普遍性审美倾向。首先，它普遍地存在于各审美领域。在以自然对象为主题的自然美术（山水与花鸟）成熟之前，中国古代的格物式审美趣味主要表现在两个领域：一是由史传所展开的人类文化世界，其具体承载者是史家笔下重要历史人物丰富多彩的命运史，这是人类自我对象化、自我观照的重要方式；二是由两汉物赋对自然界各类对象的悉心呈现。以对象化为内涵的格物趣味是兼跨科学与审美两大领域的普遍精神，这种精神最早在两汉体现出来。两汉是中国人自我对象化观照意识自觉的时代，它以司马迁《史记》与班固《汉书》为典范。这又是赋这一新文学样式昌盛的时代，其中极为发达的以各类自然现象为主题的物赋，成就了另一种对象化典范——对天地间万物的对象化观照，即自觉的自然审美。宋代之后，赋体走向衰微，但中国人依然有格物之趣和对象化审美观照的要求，造型艺术领域的山水花鸟及人物画高度成熟。戏剧与小说正式登场，并很快走向辉煌。所以，赋与史传文学乃中国古代对象化审美的最早代言者，之后是造型艺术与戏剧、小说。它们共同构成中国古代格物趣味的主体景观、对象化审美之典范形式。

余 论

无论本文所讨论的核心文体（赋），还是其核心观念（正面、集中地对自然对象进行审美观照的格物、写物趣味），均由战国开端。从先秦自然审美意识萌芽到两汉的自然审美意识自觉，战国是一个重要中介，荀子

《云赋》《蚕赋》及宋玉《风赋》都透露出这种清晰可辨的历史信息。篇幅所限，本文对此不展开讨论。

本文主旨是立足两汉辞赋文本，考察汉代自然审美相对于先秦的重要变化。先秦时代相关信息便成为主要参考，因而未及将另一重要参照——魏晋自然审美——纳入其中。虽如此，本文实无意在此夸大汉代自然审美成就，以遮蔽魏晋自然审美的精彩。魏晋乃中华古代自然审美拓展期，它继承了两汉自然审美意识自觉这一重大的方向性成就，以此为基础展开了新的主题，将审美意识推向全范围的精致化。魏晋自然物赋比之于两汉有以下三方面的新贡献：其一，自然物赋篇章更多，进入赋家审美视野的山水、动植物新品类更繁，自然审美对象扩容；其二，赋家在自然对象之格物、写物趣味方面走上一条自觉的精致化道路，可谓精益求精；其三，在自然审美欣赏中充分强调山水、田园、众物对人类心灵的解放意义，升华了自然美的形而上价值。然上述诸端需专文深入讨论，此不赘。

（原载《文艺研究》2021 年第 1 期）

编后记

《新时代文化艺术思想研究文库》分为"文艺高峰与中华民族新史诗研究""中国艺术学'三大体系'研究""中华优秀传统文化创造性转化、创新性发展研究"等主题,收录著述近200篇,展现了学术界对国家文化艺术发展的思考。同时,编选以研究报告的形式对各主题的学术研究近况做了梳理和阐释,合编为一部"研究报告集"。

文库得以顺利出版,要感谢各个主题的编选者鲁太光、陈越、杨娟、李修建、孙晓霞、金宁、李松睿、任慧、李彦平、张敬华、汪骁、宋蒙(排名不分前后)等的辛勤付出。感谢中国艺术研究院基本科研业务费项目对文库编辑出版的资助和支持。感谢文化艺术出版社,特别是杨斌社长、王红总编辑以及各位责任编辑,他们一丝不苟的工作态度令人感佩。更要感谢来自全国各大高校和科研机构的诸位学界同仁,他们不吝赐稿,让这套文库具备了应有的学术分量。

希望这套文库能够为新时代中国特色社会主义建设略尽绵薄之力,能够为新时代文化艺术研究和实践提供有益的学术参考和理论资源。

2021年8月